# Runter kommen sie immer

Fliegen, so heißt es, sei die sicherste Art des Reisens – statistisch gesehen. Aber der weltweite, rücksichtslose Konkurrenzkampf der Fluggesellschaften zwingt alle Beteiligten zu einschneidenden Sparmaßnahmen. Und gespart wird vornehmlich dort, wo es der Passagier nicht sieht: beim System »Sicherheit«. Das betrifft u. a. die Wartung, die Entwicklung neuer Flugzeuge, die Ausbildung und Qualifikation der Piloten.

Van Beveren schildert eine beklemmende Wirklichkeit – am Himmel und auf Erden. So ist in den letzten Jahren eine Unzahl minderwertiger, gefälschter und daher billiger Ersatzteile in zivile Verkehrsmaschinen installiert worden. Die zuständigen nationalen Überwachungsbehörden übersehen dieses Problem geflissentlich. Dabei haben unzulässige Ersatzteile u. a. schon zum Absturz einer norwegischen Chartermaschine geführt, bei dem 55 Menschen den Tod fanden.

Kosten bei Personal und Wartung einsparen soll auch die neue Generation von computerüberwachten Flugzeugen wie dem Airbus. Die Auswertung der Unfallberichte zeigt aber auch Denk- und Programmierfehler der ambitionierten Konstrukteure auf. Und für die nun vom Bordrechner zu reinen Erfüllungsgehilfen degradierten Piloten ist das Fliegen gewiß nicht einfacher geworden.

In der Luftfahrtindustrie redet man nicht gern über Unzulänglichkeiten und Fehler. Wenn es zu einer Katastrophe kommt, wird sie allzu gerne mit der Floskel »menschliches Versagen« bevorzugt den Piloten in die Schuhe geschoben. Die Passagiere sollen nicht damit beunruhigt werden, daß Notlandungen, Abstürze und Unfälle die konsequenten Folgen des Kostendrucks sind.

*Tim van Beveren* studierte Rechtswissenschaft und ist seit 1984 als freier Journalist in Köln tätig. Er arbeitet überwiegend für Magazinsendungen und Dokumentarfilmreihen bei ARD und ZDF sowie für internationale Printmedien. Seit 1990 hat er sich u. a. auf die Themen Luftfahrt und illegaler Waffenhandel spezialisiert. Seine Dokumentarfilme *Zündstoff: Das Risiko fliegt mit* (gesendet am 30. 3. 1994 im ZDF) und *Tödliche Logik* (gesendet am 2. 1. 1995 im WDR) sorgten für einige Aufregung.

Tim van Beveren

# Runter kommen sie immer

## Die verschwiegenen Risiken des Flugverkehrs

Campus Verlag
Frankfurt/New York

Redaktion: Margret Klösges, Aachen, und Dorothee Köhler, Wächtersbach

Die Deutsche Bibliothek – CIP-Einheitsaufnahme

*Beveren, Tim* van:
Runter kommen sie immer : die verschwiegenen Risiken des Flugverkehrs / Tim van Beveren. – 2. Aufl. – Frankfurt/Main ; New York : Campus Verlag, 1995
ISBN 3-593-35254-0

2. Auflage 1996


Umschlaggestaltung: Atelier Warminski, Büdingen
Umschlagmotiv: Cockpit des Lufthansa A 320 »Kulmbach« nach dem Unfall in Warschau (Foto Tim van Beveren)
Satz: Typo Forum Gröger, Singhofen
Druck und Bindung: Druckhaus Beltz, Hemsbach
Gedruckt auf säurefreiem und chlorfrei gebleichtem Papier
Printed in Germany

Für alle meine Freunde,
die irgendwo in dieser Welt
ihre Maschinen sicher von A nach B bringen müssen und
ohne deren Ansporn, Hilfe und Unterstützung
ein solches Buch undenkbar wäre.
Always Happy Landings!

*Tim van Beveren*

Besonderer Dank gilt

dem Department of Transportation, Office of Inspector General, Washington DC, USA
dem National Transport Safety Board, Washington DC, USA
der Flight Safety Foundation, Arlington/Virgina, USA
der NASA, ASRS Documentation, Kalifornien, USA
dem Federal Bureau of Investigation, Miami/Florida und Washington DC, USA
der Metro-Dade-Police, Miami/Florida, USA
Pratt & Whitney, Hartford/Connecticut, USA
dem Luftfahrtbundesamt, Braunschweig, Deutschland
der Joint Aviation Administration, Hoofddorp, Niederlande
Flight International, London, England
der Civil Aviation Administration, London, England
Peter F. Friedman, San Francisco/Kalifornien, USA
Peter L. Gallimore, Boeing Commercial Airplane Group, Seattle/Washington, USA
Howard B. Davidow, Miami/Florida, USA
Flugkapitän Heino Caesar, Quickborn, Deutschland
Flugkapitän Thomas Baberg, Frankfurt a. M., Deutschland
Flugkapitän Christian Kepp, Rabertshausen, Deutschland
Flugkapitän Bernd Kopf, Kronberg, Deutschland
Flugkapitän Hajo Lebuser, Walldorf, Deutschland
Erster Offizier Oliver Will, Frankfurt a. M., Deutschland
Günther Schweser, Bad Nauheim, Deutschland

sowie den zahlreichen ungenannt bleiben wollenden Informanten aus der internationalen Pilotenschaft und den Mitarbeitern bei Herstellern und Fluggesellschaften.

# Inhalt

## 3. Teil: Gefälschte Flugzeugteile

## 4. Teil: Gefährliche Entwicklungen



## 5. Teil: Der Passagier

# Vorwort

Noch vor einigen Jahren habe ich mich bedingungslos auf jeden Flug eingelassen, Freunde und Bekannte, die mir von ihren Flugängsten berichteten, milde belächelt. Als ein unbeschreibliches und großartiges Gefühl empfand ich jedesmal das Beschleunigen zum Start und dann den Moment des Abhebens. Unzählige Male habe ich es genossen, ohne das leiseste unterschwellige Gefühl von Angst, es könne etwas passieren. Blind vertraute ich den Slogans der großen Fluggesellschaften, die sich rühmten, ihre Piloten seien hochqualifizierte Spezialisten am Steuerknüppel, ihre Flotten die modernsten der Welt und ihre Wartung die gründlichste von allen. Fliegen ist sicher. Sicherer als jede andere Art des Reisens. Das Gefährlichste beim Fliegen ist die Fahrt zum Flughafen. – So glaubte ich.

Durch meinen Beruf bedingt fliege ich sehr viel. Mein Urvertrauen in die Fliegerei und die strenge Überwachung durch die jeweiligen Aufsichtsbehörden wurde aber dann durch eine fast zweijährige Recherche im Zusammenhang mit dem Auftauchen und der Verwendung von sogenannten »bogus parts« – zu deutsch »Falschteilen« – jäh erschüttert. Mir wurde quasi über Nacht klar, daß die weltweit etablierten Überwachungssysteme eindeutig versagt haben, ja daß sogar mit Vorsatz und aus Prinzip gegen bestehende Reglements verstoßen wurde. Manchmal waren es individuelle Fehlleistungen einer Cockpitbesatzung oder eines Wartungsmechanikers. Teilweise geschah es aber auch auf klare Direktive der betreffenden Fluggesellschaft, die sich zum Beispiel gerade in einer finanziellen Zwangslage befand (wie fast alle Fluggesellschaften) und so einen Dreh gefunden hatte, ein paar Mark oder Dollar einzusparen – auf Kosten der Sicherheit ihrer Passagiere, Besatzungen und des internationalen Luftverkehrs.

Weltweit gelten für die Zivilluftfahrt die strengsten Standards und Vorschriften. Verstöße hiergegen können mit empfindlichen Geldbußen oder in schwerwiegenden Fällen sogar mit dem Entzug der Betriebsgenehmigung geahndet werden – Sanktionsmaßnahmen, die aber in der Praxis so gut wie nie angewendet werden.

In meinem Bekanntenkreis finden sich zahlreiche Flugkapitäne und Piloten aus aller Herren Länder. Von ihnen bekam ich in den vergangenen Jahren viele Bestätigungen für meine plötzlich aufgekommene Skepsis. In der Tat liegt einiges im argen, aber noch ist es nicht zu spät. Würden die geeigneten Maßnahmen gegen die mannigfachen Risiken, die die Sicherheit unserer Zivilluftfahrt heute mehr bedrohen als je zuvor, rasch und umfassend ergriffen, dann könnten Unfälle in Zukunft effizient verhindert werden. Doch die Erkenntnis ist bitter, daß hier wirtschaftliche Interessen Vorrang vor Sicherheitsinteressen haben, denn mehr Sicherheit kostet auch mehr Geld. Solange Flugzeuge nicht in großer Zahl verunglücken und der Blutzoll von getöteten Passagieren nicht auf beängstigende Zahlen anwächst, wird wohl nichts geschehen.

Für mich habe ich Konsequenzen gezogen. Wenn ich fliege, suche ich mir die Fluggesellschaft genau aus. Nicht die billigste oder die schnellste Verbindung muß auch die sicherste sein. Ich meide alle Flugzeugtypen sowjetischer Bauart und die ehemaligen Sowjetsowie chinesische Fluggesellschaften. Dieses Risiko ist mir eindeutig zu hoch. Vorsicht ist auch immer dann geboten, wenn Gesellschaften mit kleinen Vergünstigungen beim Passagierkomfort werben, mit den hübschesten Stewardessen oder mit dem besten Essen an Bord. Gerade dann liegt der Verdacht nahe, daß diese Fluggesellschaft eigentlich schon lange bankrott wäre und gerade mit Mühe und Not das Kerosin für den Flug bezahlen kann.

Leider stoße ich selber sehr schnell an die Grenzen dieser Vorsätze. Zum Beispiel genau dann, wenn ich von einer Sendeanstalt beauftragt werde, unter dem üblichen Zeitdruck einen Film in einem Land zu machen, das sich nur unter erheblichem Zeitaufwand auf dem Landweg erreichen läßt, oder gar in Übersee.

Außerdem neigen viele Firmen in den ihnen auferlegten Sparzwängen dazu, ihre Angestellten und Mitarbeiter auf die billigste Art und Weise per Flugzeug von A nach B zu befördern. Aber es gibt für die Angestellten solcher Unternehmen gute Gründe, dies abzulehnen. Der billigste Flug ist meistens nicht der sicherste, und trotz gleicher Anfoderungen seitens der Behörden sind bei weitem nicht alle Fluggesellschaften, was ihre Standards und Verfahren, ihre Piloten und ihre Flugbegleiter angeht, auf gleichem Niveau.

Damit wir uns richtig verstehen: Nicht über jeder Flugreise schwebt das Damoklesschwert eines Absturzes oder eines Unfalles. Statistiker werden nicht müde, das Fliegen als die sicherste Form des Langstreckenreisens zu bezeichnen.

Doch diese Statistiken bedürfen einer eingehenderen Betrachtung. Ausgesprochen dienlich wären hier nämlich Vergleichszahlen im Hinblick auf die Todesfälle je Flug- bzw. Fahrstunde im PKW pro Reisendem oder je 100.000 km zurückgelegter Strecke. Leider liegen solche Zahlen für den Fahrzeugverkehr nicht vor. Da man aber weit mehr Zeit im Auto als im Flugzeug verbringt, erscheint das Risiko, in einen Flugzeugunfall verwickelt zu werden, eindeutig als geringer.

Aber – runter kommen sie immer und leider nicht immer so, wie es gedacht war. Die Unfallzahlen im internationalen Flugverkehr steigen zwangsläufig weiterhin an, da auch mehr als noch vor ein paar Jahren geflogen wird. Eine Boeing-Studie über die Flugunfallentwicklung bis zum Jahr 2000 bringt es ziemlich genau auf den Punkt. Wenn es nämlich nicht gelingt, so das Fazit des weltgrößten Flugzeugherstellers, die Unfallrate bis zum Jahr 2000 auf die Hälfte zu reduzieren, dann wird sich bald schon wöchentlich irgendwo in der Welt ein kapitales Flugzeugunglück mit Toten und Verletzten ereignen. Im Moment liegt der durchschnittliche zeitliche Abstand erst bei 3,2 Wochen...

Köln, Januar 1995

# Das Flugzeug und wie es funktioniert

Jedes große Verkehrsflugzeug besteht aus dem Rumpf, den Tragflächen, dem Leitwerk, zwei bis vier Triebwerken und dem Fahrwerk. Bei allen modernen Flugzeugen ist die Konstruktion dieser Komponenten so ausgelegt, daß eine etwa auftretende Beschädigung nicht zum Versagen der Gesamtkonstruktion führen kann. Streng einzuhaltende Wartungsintervalle sollen garantieren, daß etwaige Mängel oder Beschädigungen rechtzeitig entdeckt und beseitigt werden können.

Der Innenraum des Rumpfes bietet Platz für Passagiere, Ladung, die Steuerungseinrichtungen und andere Systeme des Flugzeuges. Heute finden im wesentlichen zwei Rumpftypen Verwendung im Flugzeugbau: sogenannte Schmalrümpfe (z.B. DC 8, 9, MD 80er Serie, Boeing 707, 727, 737, 757 und Airbus A 319, 320, 321) und Breitrümpfe (z.B. DC 10,11, Lockheed Tristar, Boeing 747 – der klassische Jumbo Jet, Boeing 767, 777, Airbus A 300, 310, 330 und 340). Die Kabine, das Cockpit und der Frachtraum sind für eine Druckbelüftung ausgelegt und deshalb nach außen hin hermetisch abgeschlossen. Da die Luft mit zunehmender Flughöhe immer dünner wird, ist es notwendig, den Druck im Inneren des Flugzeuges zu erhöhen, damit die Passagiere eine Flugreise als so angenehm empfinden, wie es heute die Regel ist. Zu diesem Zweck wird mit Hilfe der Klimaanlage und eines regelbaren Ausströmventiles ein Überdruck erzeugt, der in der Kabine ein normales Atmen bei komfortablen Temperaturen erlaubt. Das bedeutet, daß die Kabine nach dem Start, ähnlich einem Luftballon, aufgeblasen werden muß. Vor der Landung wird dieser Überdruck dann wieder dem Außendruck angeglichen.

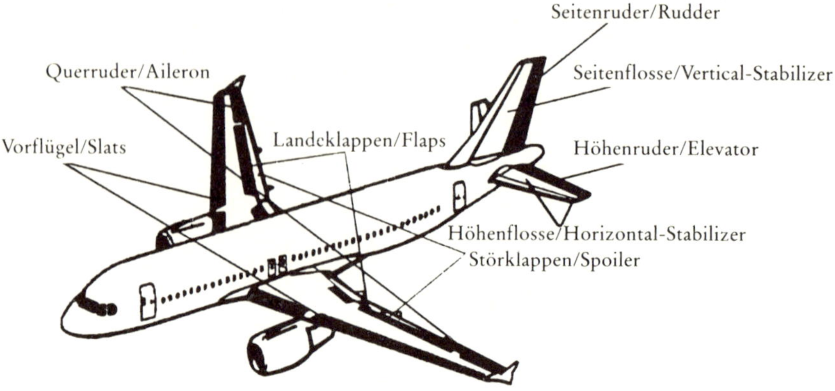


*Abbildung 1: Die Steuerflächen eines Flugzeuges*

Die Tragflächen tragen das gesamte Gewicht des Flugzeuges und sind daher auch die stabilsten Bauteile. Sie müssen sowohl statische als auch dynamische Kräfte aushalten und zeichnen sich deshalb durch eine außerordentliche Flexibilität aus. In ihrem Aufbau bestehen sie aus Holmen, Hilfsholmen, Querrippen und einer Verkleidung oder auch Beplankung. Der Hohlraum in den Flächen dient als Tank für den Treibstoff.

An der Hinterkante der Tragflächen befinden sich die Querruder (Ailerons). Dabei handelt es sich um nach oben und unten verstellbare Steuerflächen, mittels derer das Flugzeug um seine Längsachse bewegt werden kann. Eine solche Bewegung wird als Rollen (Roll) bezeichnet (vgl. Abb. 1 und 2).

Bei modernen Flugzeugen versuchen die Konstrukteure, den Luftwiderstand möglichst klein zu halten. Dadurch werden die heutigen hohen Reisefluggeschwindigkeiten bei relativ geringem Treibstoffverbrauch möglich. Zum Starten und Landen allerdings ist eine geringe Geschwindigkeit wünschenswert. Vorflügel (Slats) und Landeklappen (Flaps) erhöhen den Auftrieb und verbessern die Flugeigenschaften bei in langsameren Geschwindigkeiten. Auch sie können im Bedarfsfall mechanisch, hydraulisch oder elektrisch auf vorgesehene Winkelstellungen aus- und eingefahren werden. Auf den Tragflächen befinden sich schließlich noch die Brems- und Störklappen (Spoiler), die einerseits zum Abbremsen in der Luft und andererseits nach der Landung zum Vernichten des Auftriebes einge-

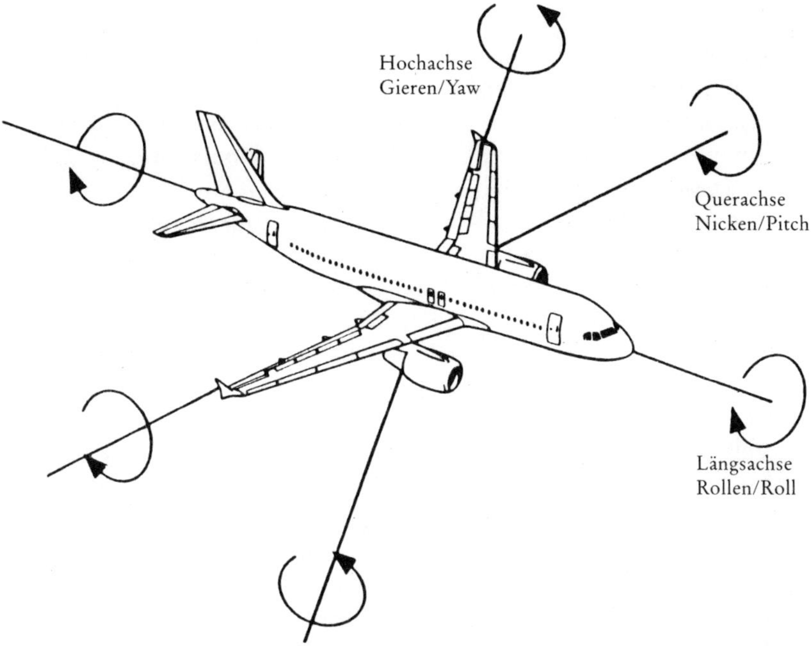


*Abbildung 2: Die Bewegungsachsen eines Flugzeuges*

setzt werden können. Sie klappen nach oben aus und stören so den Luftstrom auf der Oberseite der Tragfläche.

Das Leitwerk besteht im wesentlichen aus sechs Teilen: einer Seitenflosse (Vertical Stabilizer) mit dem Seitenruder (Rudder) und rechts und links davon jeweils einer Höhenflosse (Horizontal Stabilizer) mit Höhenrudern (Elevator). Höhen- und Seitenflosse sind für die Flugstabilität notwendig, die Ruder für die Steuerbewegungungen und die Quer- bzw. Hochachse.

Früher wurden die Steuersignale der Piloten über Stahlseile, eventuell mit Hydraulikunterstützung, heute zunehmend über Kabelleitungen, elektrische Stellmotoren und Hydraulik (fly by wire) an die Ruder weitergegeben. Durch ihre Auslenkung bewirken die Ruder eine Bewegung um die jeweilige Achse und so eine Richtungsänderung des Flugzeuges in die vom Piloten gewünschte Richtung. Dabei hängt die Effektivität der Ruder von ihrer jeweiligen Größe und dem Abstand zum Schwerpunkt des Flugzeuges sowie der Fluggeschwindigkeit ab. Letztere ist ein wichtiger Parameter, weil die Reaktion bei hohen Geschwindigkeiten direkt ist, bei abnehmender Geschwindigkeit hingegen träger wird.

Früher gab es an den Höhenrudern noch sogenannte Trimmklappen, mit deren Hilfe dem Ruder eine andere Neutralstellung vorgegeben werden konnte. Dies ist notwendig, weil die aufzubringende Kraft des Höhenruders sich nach Schwerpunktlage, Landeklappenstellung und geflogener Geschwindigkeit ändert. Die Fluglage wird außerdem durch strukturelle und aerodynamische Asymmetrien beeinflußt. Solche Asymmetrien würden ohne Trimmung dazu führen, daß der Pilot sie während des gesamten Fluges durch Steuerbewegungen ausgleichen müßte. Durch die Trimmung werden die Steuerflächen nun so verstellt, daß bereits so die notwendigen Ausschläge erfolgen. Dabei arbeiten Trimmung und normale Steuerung unabhängig voneinander. Ein korrekt ausgetrimmtes Flugzeug behält selbständig seine Fluglage bei. Bei modernen Flugzeugen ist die Höhenflosse insgesamt um ihre Querachse drehbar gelagert und kann elektrisch oder hydraulisch verstellt werden. Bei Großraumflugzeugen wird der Hohlraum der Höhenflossen, ähnlich den Tragflächen, als zusätzlicher Treibstofftank benutzt. Durch Umpumpen von Treibstoff läßt sich das Flugzeug natürlich auch trimmen, das heißt in diesem Fall: der Schwerpunkt verlagern.

Das Fahrwerk besteht aus zwei oder mehreren Hauptfahrwerksbeinen und einem Bugfahrwerk. Die Fahrwerksbeine sind nach dem Teleskop-Prinzip konstruiert, um beim Landestoß das hohe Gewicht des Flugzeuges möglichst komfortabel für die Passagiere und möglichst schonend für die Struktur des Flugzeuges abzufedern. Das Bugrad verfügt darüber hinaus über ein Hydrauliksystem, mit dem es gelenkt werden kann. Das gesamte Fahrwerk kann nach dem Abheben über eine Hydraulik in den Rumpf eingefahren werden und bleibt dort, bis es vor der Landung wieder ausgefahren wird. Die Reifen sind speziell für extrem hohe Geschwindigkeiten (mehr als 350 km/h) ausgelegt. Sie haben ein Längs-, aber kein Querprofil. Bei allen modernen Flugzeugen sorgt mittlerweile ein sogenanntes Anti-Skid-System (so heißt das Anti-Blockier-System bei Flugzeugen) für optimale Bremswirkung.

Alle größeren Passagierflugzeuge werden heutzutage von Turbinentriebwerken angetrieben. Gegenüber den Kolbenmotoren eines

Propellerflugzeuges sind sie bei gleicher Leistung erheblich kleiner und leichter, verbrauchen weniger Kraftstoff und lassen darüber hinaus noch höhere Geschwindigkeiten zu. Außerdem bestehen sie nur aus drehenden Teilen, was ihren Aufbau einfacher macht. Ein Turbinentriebwerk funktioniert, einmal vereinfacht ausgedrückt, nach folgendem Prinzip: Ein von außen, am vorderen Teil angesaugter Luftstrom wird im Triebwerk verdichtet, dadurch erhitzt, und tritt als energiereicheres Gas-Luftstromgemisch am hinteren Ende durch eine Düse wieder aus und erzeugt dort einen vorwärts gerichteten Schub. Zusätzlich sorgt ein von der Turbine angetriebener Schaufelkranz (Fan), ganz vorne am Triebwerk, nach dem Prinzip eines Ventilators für einen enormen Luftdurchsatz, der diese modernen Düsentriebwerke außerdem auch angenehm leise macht. Das ganze arbeitet nach Isaac Newtons Reaktionsgesetz[1], demzufolge jede Aktion eine gleichgroße entgegengesetzte Reaktion verursacht.

Die Hauptbauteile eines Triebwerkes sind: Kompressor, Brennkammer und Turbine. Der Kompressor saugt beim Startschub mehrere hundert Kubikmeter Luft pro Sekunde an. Er besteht aus einer großen Anzahl hintereinander angeordneter Stufen von feststehenden und rotierenden Schaufelkränzen. Sie pressen die Luft durch einen sich nach hinten verjüngenden Querschnitt. Dabei wird der Druck der Luft bei gleichbleibender Geschwindigkeit auf ein Vielfaches erhöht. Durch den hohen Druck erhitzt sich die Luft, etwa ähnlich dem Phänomen, das man beim Aufpumpen eines Fahrradreifens an der Luftpumpe spüren kann. Die komprimierte Luft wird in die hinter dem Kompressor befindliche Brennkammer geleitet, einen Ring aus stählernen Flammrohren. In der Brennkammer ist eine große Anzahl von Kraftstoffdüsen so angeordnet, daß das Kerosin fein zerstäubt mit der zugeführten Luft vermischt und unter einem großen Luftüberschuß kontinuierlich verbrannt wird. Dadurch erhöhen sich Druck und Temperatur in der Brennkammer. Das Gas tritt aus der Brennkammer aus und trifft auf die Turbine. In etwa gleicht diese dem Aufbau des Kompressors mit mehreren abgestuften, abwechselnd feststehenden und rotierenden Schaufelkränzen. Die durch die Verbrennung gewonnene Energie wird von der Turbine in eine Drehbewegung umgesetzt. Dadurch, daß die Turbinen-

1 Sir Isaac Newton (1643–1727), englischer Mathematiker, Physiker und Astronom.

schaufeln und die Kompressorschaufeln auf einer gemeinsamen Welle verbunden sind, wird der Kompressor angetrieben, und der Kreislauf ist geschlossen.

Zum Fliegen benötigt das Flugzeug den Auftrieb der Tragflächen. Auftrieb entsteht dadurch, daß sich unter der Tragfläche ein Überdruck und über ihr ein Sog bildet. Wichtig ist, daß Luftstrom um die Tragflächen herum »fließen« kann (vgl. Abb. 3). Auftrieb läßt sich entweder durch eine höhere Geschwindigkeit oder einen größeren Anstellwinkel erhöhen. Der Anstellwinkel wird in der Fliegerei allgemein mit dem griechischen Buchstaben $\alpha$ bezeichnet. Als technische Hilfen der Auftriebssteuerung kommen darüber hinaus die Vorflügel und Landeklappen in Frage. Allerdings muß man beachten, daß es für den Anstellwinkel einen Grenzwert gibt, der nicht überschritten werden kann. Die Luftströmung muß bei einer ständigen Erhöhung des Anstellwinkels zwangsläufig einen größeren Bogen um die Tragfläche herum machen. Irgendwann wird aber dabei ein Punkt erreicht, an dem sich die Luftströmung von der Tragfläche abhebt und verwirbelt. Dann kommt es zum sogenannten Strömungsabriß (Stall). Ein solcher Strömungsabriß kann bei konventionellen Flugzeugen sehr plötzlich auftreten und führt in vielen Fällen zu einem Abkippen über die Tragfläche, an der die Luftströmung eher unterbrochen wurde. Der Stall ist ausschließlich vom Anstellwinkel abhängig, und es ist bei jeder Fluglage und allen Geschwindigkeiten möglich, durch genügend starkes Betätigen der Höhenruder einen überzogenen Flugzustand herzustellen. Da sich so schon viele Unfälle ereignet haben, wurde ein optisches bzw. akustisches Überziehwarnsystem für alle Flugzeuge zur Bau- bzw. Betriebsvorschrift gemacht. Bei älteren Flugzeugtypen wird diese Warnung durch einen sogenannten »Steuersäulen-Rüttler« (Stick Shaker) an den Piloten weitergegeben – ein System, das dadurch, daß es die Steuersäule in starke Vibrationen bringt, auf den kritischen Flugzustand aufmerksam machen soll.

Allen voran hat Airbus Industrie für seine Flugzeuge eine besondere Sicherung entwickelt, die einen Strömungsabriß eigentlich verhindern soll: die sogenannte »$\alpha$-protection«. Das ist eine Computersoftware, die die Steuermöglichkeiten des Piloten begrenzt, so daß der Anstellwinkel nicht zu groß gewählt werden kann. Eine weitere Software, die »$\alpha$-floor-protection«, soll verhindern, daß das Flug-

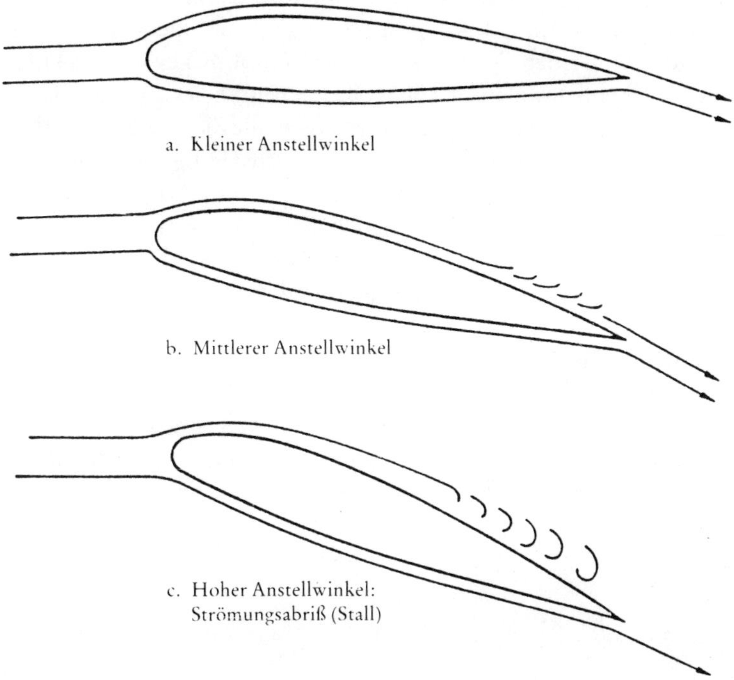


*Abbildung 3: Luftströmungen bei verschiedenen Anstellwinkeln (Angle of Attack)*

zeug aus irgendeinem Grund zu langsam geflogen wird und es deshalb zum Stall kommt. Daher wird in einem solchen Fall automatisch der Schub erhöht, um das Flugzeug immer über der kritischen Geschwindigkeitsgrenze zu halten. Wie gesagt, so soll das Programm in der Theorie funktionieren, doch mehr dazu in Teil 2 dieses Buches.

Längst haben zahlreiche Computer Einzug in die Cockpits gehalten. Sie überwachen die wesentlichen Systeme des Flugzeuges und können die Maschinen sogar vollautomatisch fliegen. Ein solches System ist z. B. auch der automatische Pilot oder auch »Autopilot«. Darunter versteht man eine Automatik, die, einmal von den Piloten aktiviert, je nach Größe und Bauart automatisch Kurs, Lage,

Geschwindigkeit und Höhe des Flugzeug nach vorbestimmten oder unterwegs eingegebenen Werten einhalten kann. Noch ausgereiftere Autopiloten-Systeme können heutzutage exakt die vorgegebene Flugroute von einem Wegpunkt zum anderen abfliegen und ein Flugzeug sogar vollautomatisch landen. Dazu benutzen sie u.a die Daten aus den bordeigenen Navigationssystemen, die die aktuelle Position aufgrund von Funkpeilungsdaten oder eigenständig ermitteln können. Auch das eventuelle Durchstartmanöver Go-Around, also der Abbruch eines Landeanfluges, kann vom Autopiloten geflogen werden. Es ist in der Regel heute so, daß die Piloten schon kurz nach dem Start den Autopiloten aktivieren und ihn erst im Landeanflug wieder ausschalten müssen, um dann die Landung von Hand durchzuführen, wenn sie nicht auch das von ihm erledigen lassen.

Die Cockpits moderner Flugzeuge werden oft auch als Glascockpits bezeichnet. Darunter versteht man – im Gegensatz zu den alten konventionellen Cockpits mit analogen Uhrenanzeige-Instrumenten – die moderne Cockpitausstattung mit Bildschirmen und digitalen Anzeigen.

# I. Das System

## 1. Die Entwicklung des Flugverkehrs

> »Wer Wettbewerb will, muß auch faire Konkurrenz zulassen. Es ist fatal, wenn auf staatlichen Intensivstationen klinisch Tote an einem würdevollen Marktaustritt gehindert werden.«
>
> *Jürgen Weber* auf der 41. Hauptversammlung der Deutschen Lufthansa am 6. Juli 1994 in Berlin

Kein Industriezweig hat im 20. Jahrhundert so dramatische Steigerungsraten erlebt wie die Zivilluftfahrt seit dem Erstflug der Gebrüder Wright im Jahre 1903. Für den Passagier ist die Beförderung dabei stetig billiger geworden. Kostete zum Beispiel 1960 noch ein 1. Klasse-Flug von Frankfurt nach New York mit einer Flugzeit von 10 Stunden 4.099 Mark (das entspräche heute ca. 13.000 Mark), so findet man heute vereinzelt schon Last-Minute Angebote um die 500 Mark. Sicherlich ist das Fliegen heutzutage durch technische Innovationen billiger und wirtschaftlicher geworden, und sicherlich profitieren davon auch nicht zuletzt die Reisenden. Doch spielen hier wie immer auch Angebot und Nachfrage eine Rolle. Betrachtet man die Tabellen, die die Verkehrsleistungen der IATA[1]-Gesellschaften im Passagierlinienverkehr von 1984 bis 1993 dokumentieren, stellt man fest, daß sich das Volumen der bezahlten Passagierkilometer innerhalb dieses Zeitraumes mehr als verdoppelt hat. Nur 1991 ist eine

1 IATA = International Air Transport Association, ein internationaler Zusammenschluß der Fluggesellschaften.

Beförderte Zahlgäste

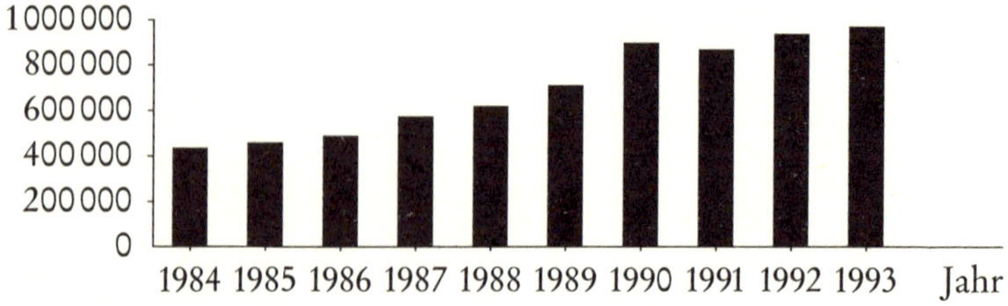


*Quelle: Lufthansa, Weltluftverkehr, Lufthansa und Konkurrenz, Ausgabe 1994*

Angebotene Sitzkilometer

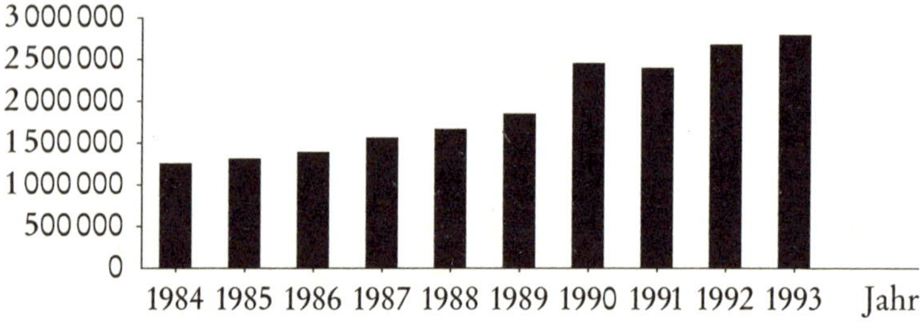


*Quelle: Lufthansa, Weltluftverkehr, Lufthansa und Konkurrenz, Ausgabe 1994*

Bezahlte Passagierkilometer

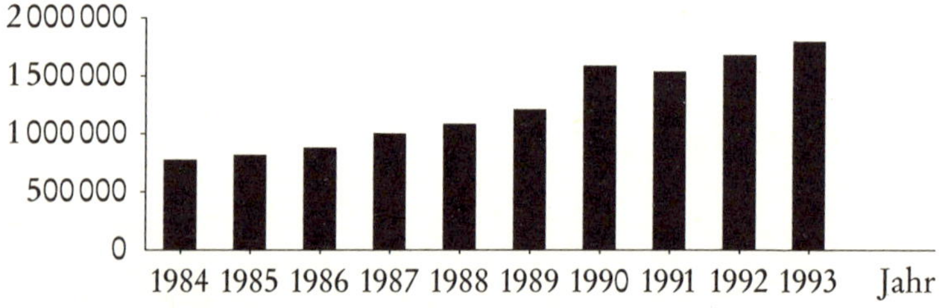


*Quelle: Lufthansa, Weltluftverkehr, Lufthansa und Konkurrenz, Ausgabe 1994*

Unfälle mit Todesfällen und Todesfälle von 1983 bis 1994

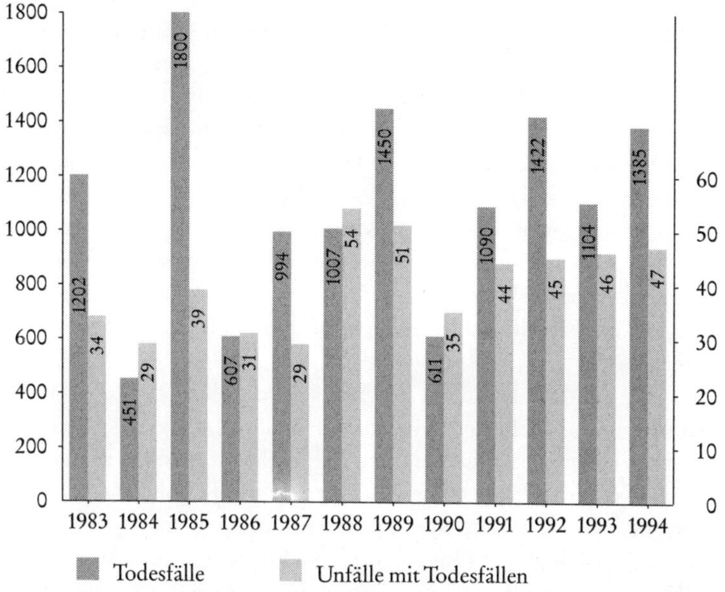


*Quelle: Flight International, 29. 1. – 4. 2. 1992, 18. – 24. 1. 1995*

negative Veränderung von 3,2% gegenüber dem Vorjahr zu erkennen. Dementsprechend paßten sich die IATA-Gesellschaften an und boten im gleichen Zeitraum auch mehr als doppelt so viele Sitzkilometer an – ebenfalls mit einem leichten Rückgang im Jahre 1991. Auffällig ist jedoch, daß 1993 immer noch fast 1 Mrd. angebotene Sitzkilometer unbezahlt blieben. Der Sitzladefaktor, also die Auslastung der Flugzeuge, liegt nach wie vor bei etwa 64%.

Vergleicht man die Entwicklung des Passagelinienverkehrs in der Zeit von 1984 bis 1994 und die Unfälle mit Todesfällen im gleichen Zeitraum, ist es nicht verwunderlich, daß auch hier die Zahlen bis 1989 drastisch angestiegen sind. 1990 war die Zahl zwar wieder rückläufig, stieg aber von da an wieder stetig an.

Da die Anzahl der Todesfälle pro Jahr erheblich schwankt, kann man hier nicht von einer steigenden Tendenz reden – glücklicherweise. Waren es 1985 bei 39 tödlichen Unfällen 1.800 Tote, so waren es fünf Jahre später bei 35 Unfällen mit Todesfolge »nur« 611 Todesfälle – bedeutet das, daß das Fliegen sicherer geworden ist, oder waren es nur ausgesprochen »glückliche« Jahre für die Zivilluftfahrt?

Das Angebot jedenfalls steigt weiterhin. Besonders, seitdem viele asiatische Staaten realisiert haben, daß mit diesem Geschäft einträgliche Devisen zu verdienen sind. Die Lohnkosten für das fliegende, das Boden- und das Wartungspersonal liegen in den meisten asiatischen Staaten weit unter dem westlichen Niveau. Dieser Trend ist aber nur als sehr ungesund für die gesamte Industrie zu bezeichnen, denn er birgt ungeheure potentielle Gefahren. Die Deregulation des Flugverkehrs in den USA hat das in anschaulicher Weise deutlich gemacht.

Eine wichtige Rolle bei der Betrachtung der gravierenden Einschnitte in das Sicherheitssystem der zivilen Luftfahrt spielen aber auch die Führungskräfte bei den Fluggesellschaften, die Manager.

Die Sicherheit in der Luftfahrt ist die direkte Folge eines Zusammenspiels von verschiedenen Faktoren. Eine notwendige Voraussetzung dabei bildet das Flugzeug. Es darf in seinen Funktionsweisen nicht eingeschränkt sein, muß also so gut und regelmäßig wie vorgesehen gewartet werden. Moderne Hilfssysteme sind ebenso zwingend erforderlich. Darunter fallen besonders solche Systeme, die den Piloten auf eine mögliche Gefahr hinweisen. Also z. B. TCAS[1] zur Vermeidung einer Kollision in der Luft, GPWS[2], das vor einer gefährlichen Annäherung an den Boden warnt, oder ausgeklügelte Wettersysteme, die etwa eine gefährliche Windscherung erkennen und melden können. Außerdem müssen die Piloten gründlichst ausgebildete und ständig durch Training weitergeschulte Spezialisten im Cockpit sein und nicht nur notdürftig ausgebildete Systembeobachter.

Ein so anspruchsvoller Sicherheitsstandard hat natürlich seinen Preis. Kosten, die relativ genau ermittelt werden können, denn die Ausgaben für die Trainingsstunden im Flugsimulator und fortführende Schulungsmaßnahmen sind keine unbekannten Größen. Eine

---

1 Traffic Alert and Collision Avoidance System; s. auch Kap. 1.2.
2 Ground Proximity Warning System; s. auch Kap. 1.2.

unbekannte Größe ist lediglich der finanzielle Vorteil, der sich durch eine solche Maßnahme erzielen läßt. Und mit dieser nicht definierbaren Größe, die einerseits Geld kostet, andererseits aber keinen spürbaren Effekt auf der Habenseite der Bilanz hinterläßt – zumindest solange keine Unfälle passieren –, haben die Manager von einigen Fluggesellschaften so ihre Probleme.

Wenn man sich nun die Entwicklung in den USA seit Beginn der Deregulation genauer ansieht, werden der Ablauf, die Effekte und deren Konsequenzen mehr als deutlich. Dennoch verschließen gerade die Verantwortlichen der europäischen Airlines wacker die Augen.

Vor der Deregulation ging es vielen amerikanischen Fluggesellschaften gut. Es wurden kräftige Gewinne erzielt, der Sicherheitsstandard wurde sehr hoch gesetzt, viel Geld in dessen Erhalt und Ausbau investiert und nicht zuletzt auch mit diesem hohen Standard bei den Passagieren geworben. Als der Krieg um die Marktanteile auf dem amerikanischen Kontinent eskalierte, kamen die Gesellschaften, die nicht über ein ausreichendes finanzielles Polster in Form von Rücklagen verfügten, als erste in starke Bedrängnis. Nun mußte gespart werden, also beschäftigte sich das Management intensiv mit dem Aufspüren von Kostenfaktoren, die unangemessen hoch oder sogar überflüssig waren. Sie fielen dann dem Rotstift zum Opfer, das Unternehmen blieb konkurrenzfähig.

Mit weiter zunehmendem Druck am Markt reichten diese Einsparungen aber nicht mehr aus. Gewinne wurden nicht erzielt, also gab es keine Rücklagen, auch kein Geld mehr für eventuell notwendige Investitionen. Zum Beispiel in die Erneuerung der Flotte, die den größten Kostenfaktor ausmacht. In der Konsequenz mußten immer älter werdende Flugzeuge immer länger und am besten noch mehr fliegen, da man ja versuchte, die Produktivität zu steigern. Jetzt wurde der Rotstift an den ehemals so hoch gehängten Standards angesetzt. War das Renommee der Gesellschaft bis dahin gut, fiel das zunächst kaum auf. Die Standards wurden nun auf die gesetzlichen Mindestanforderungen der US-Luftfahrtbehörde Federal Aviation Administration (FAA)[1] reduziert, mit der Folge, daß nun auch in

1 Federal Aviation Administration. Hauptaufgabe der FAA mit ihren ca. 53 000 Mitarbeitern ist es, die Sicherheit des Flugverkehrs zu garantieren. Der Direktor der FAA wird vom Präsidenten ernannt, er muß jedoch vom Kongreß genehmigt werden. Verantwortungsbereiche der FAA: das Aufstellen von Minimalstandards für das Design, die Mate-

sicherheitssensiblen Bereichen nur noch das gemacht wurde, was zwingend vorgeschrieben war. Die Flugzeuge flogen immer noch, jetzt aber mit immer mehr Systemausfällen, sofern die Minimum Equipment List (MEL) das irgendwie zuließ.

Das »Sicherheitspolster« wurde schlagartig dünner und dünner. Der Passagier merkte das allenfalls am kleiner gewordenen Tablett mit Essen, der eingeschränkten Auswahl von Getränken und Zeitungen an Bord und im ungünstigsten Fall an einer Verspätung, wenn eine Maschine wegen eines technischen Problems nicht planmäßig starten konnte. Amerikanische Vielflieger berichteten mir, daß dies bei einigen US-Gesellschaften fast schon symptomatisch wurde. Nun bewegte sich die Gesellschaft aber schon haarscharf an der kritischen Grenze zum sicheren Betrieb. Dabei kann es dann schnell einmal passieren, daß man unter die Mindestanforderung rutscht. Geflogen wird aber trotzdem. Die Deregulation war jetzt so weit fortgeschritten, daß einige Gesellschaften sich gezwungen sahen, mit anderen Mitbewerbern zu fusionieren, um überhaupt überleben zu können. Dabei herrschten aber zu diesem Zeitpunkt nicht bei allen Unternehmen die gleichen Voraussetzungen in bezug auf die Firmenphilosophie. Als Ergebnis ereigneten sich bei einer Gesellschaft, die in dieser Phase aus sieben ganz unterschiedlichen Firmen zusammengeschlossen wurde, gleich fünf Totalverluste in nur vier Jahren.

Die Dumpingpreissituation auf dem amerikanischen Markt verschärfte den Wettbewerb erneut. Einige Gesellschaften boten Ticketpreise an, die noch nicht einmal die Kosten für das Kerosin gedeckt hätten, selbst wenn der Flug ausgebucht gewesen wäre. Das liegt vor allem an einer Besonderheit des amerikanischen Wettbewerbs- und

---

rialien, Komponenten, Bearbeitungsweisen, Konstruktion und das Funktionieren von Flugzeugen; die Zertifikation, also Lizensierung von Piloten, Flughäfen, Flugzeugen, Fluggesellschaften, Mechanikern und Technikern sowie Flugschulen; die Flugverkehrsüberwachung auf dem Gebiet der USA (Air Traffic Control, ATC); das Durchführen von Sicherheitsinspektionen; das Aufstellen von Minimalstandards für Flugverkehrssicherheit; das Aufstellen und Erlassen von Sicherheitsvorschriften, vom Festlegen der maximalen Flugdienstzeiten der Piloten bis zu Minimalanforderungen an Flugzeugwartungen und Inspektionen; die Überwachung der erlassenen Anordnungen und Vorschriften; das Aufstellen und Einleiten von Lärmschutzmaßnahmen an Flughäfen; die Durchführung von Forschungsprogrammen für neue Luftfahrttechnologien; die Überwachung von Sicherheitsstandards auch im Ausland, wo immer US-Fluggesellschaften operieren; die Zusammenarbeit mit der International Civil Aviation Organisation (ICAO), um weltweite Flugsicherheitsstandards zu garantieren.

Konkursrechts, dem sogenannten »Chapter 11«. Dieses Gesetz schützt nämlich ein Unternehmen vor dem Gang zum Konkursrichter, solange es »Cash« einnimmt. Eine gesetzliche Regelung, die den ruinösen Wettbewerb sogar noch richtig fördert. Zahlreiche US-Fluggesellschaften genossen diesen Schutz über lange Zeiträume, bis hin in die jüngste Vergangenheit, obwohl sie nach unserer Rechtsauffassung schon lange bankrott wären.

Wie konnte jetzt noch gespart werden, fragten sich die vom Überlebenskampf gezeichneten Mitbewerber mit dem Rücken zur Wand. Auf jeden Fall nicht mehr legal. Also versuchte man es dort, wo es einerseits nicht offensichtlich war und andererseits, wenn die FAA dahinterkam, die zu erwartenden finanziellen Sanktionen gering waren: im Wartungsbereich. Tatsächlich wurden bei Eastern Airlines in dieser Phase Wartungen nur auf dem Papier durchgeführt, erforderliche Umbauten an sicherheitsrelevanten Systemen des Flugzeugs, die einige Millionen Dollar gekostet hätten, gar nicht ausgeführt und dafür ein Bußgeld von 100.000 Dollar in Kauf genommen.

Eine Horrorvorstellung, die sich aber über kurz oder lang auch in Europa anbahnen wird. Denn sehen wir uns den Markt hier einmal genauer an, herrschen annähernd dieselben Voraussetzungen. Zahlreiche nationale Gesellschaften kämpfen ums Überleben in Europa – so u.a. Sabena, Air France, AUA. Der Markt ist überdies flächenmäßig um ein vielfaches kleiner als die USA. Es ist nur eine Frage der Zeit, wann diese Zustände den amerikanischen Verhältnissen gleichen. Fast jede Fluggesellschaft hat im Bereich der Wartung massive Einsparungen vorgenommen, die nicht immer positiv sind. So wurden z.B. im Zuge des Personalabbaus bei Lufthansa viele altgediente und erfahrene Wartungstechniker in den Ruhestand versetzt oder entlassen und durch billigere, junge Techniker ersetzt. Auf dem Papier haben diese die gleiche Qualifikation, aber bei weitem nicht die gleiche Erfahrung.

Teure Ersatzteilbevorratung wurde abgebaut und auf ein Minimum reduziert, mit der Folge, daß sich heute bei Lufthansa Flugausfälle einstellen, ja sogar von Zeit zu Zeit schon mal eine Boeing 747 in Frankfurt auf dem Vorfeld stehenbleiben mußte und alle Passagiere ins Hotel gebracht wurden.

Ein altgedienter Kapitän sagte mir beim Blick auf die Beanstandungsliste seiner Boeing 747: »Noch vor fünf Jahren hätten die Mechaniker sich nicht getraut, mir den Vogel so in Frankfurt hinzustellen, weil sie wußten, daß ich mit der Kiste nicht gestartet wäre. Heute verbringe ich etwa 30 Minuten vor dem Abflug damit, mir bei Durchsicht und Überprüfung dieses Wisches zu überlegen, ob ich so überhaupt noch fliegen gehen darf und was mir jetzt noch ausfallen kann, bis ich ein ernsthaftes Problem habe.«

Ein Wartungstechniker auf der Frankfurter Basis konnte das nur bestätigen: »Es ist eine einzige Katstrophe. Uns fehlen vorne und hinten die Teile, pausenlos wechseln wir von einem Flieger auf den anderen Systeme, weil sie im Lager nicht verfügbar sind. Manchmal dauert es Monate, bis die Hersteller mit Lieferungen nachkommen. Ob das oben, vom Management, weiter verzögert wird, entzieht sich meiner Kenntnis. Ich weiß nur, daß ich das Teil schon lange angefordert habe und es früher nach spätestens 48 Stunden zur Verfügung stand.« Ähnliche Schilderungen erhält man aber auch von Angestellten anderer großer europäischer Airlines. Wie es das Führungsmanagement kleiner Fluggesellschaften hält, denen das Wasser zum Teil schon bis zur Nasenwurzel steht, darüber wage ich erst gar nicht nachzudenken.

Wie gesagt, der Passagier bekommt von alledem nur sehr wenig mit. Er möchte ja möglichst billig und schnell an sein Urlaubsziel oder zu seinem Geschäftspartner, seinem Arbeitsort. Da heute die meisten Fluggesellschaften durch die hartnäckigen und gnadenlosen Konkurrenzkämpfe untereinander wirtschaftlich stark angeschlagen sind, müssen sie, um weiterzuleben, die Produktivität weiter erhöhen. Das läßt sich durch Kapazitätserhöhungen mittels größerer Flugzeuge oder durch mehr Flüge zu lukrativen Zielen erreichen. Außerdem kann man versuchen, die vorhandenen Plätze optimal auszunutzen, und bietet daher auch schon einmal absolute Dumpingpreise an. Auch eine Art, das Passagieraufkommen und damit, wenn auch nur in bescheidenem Maße, die Einnahmen zu steigern. Ein Flugpreis von 99 Mark für eine Inlandstrecke ist betriebswirtschaftlich genauso unhaltbar wie ein Interkontinentalflug für 600 Mark. Aber die Masse macht's. Und solange Passagiere dieses Treiben unterstützen und an ihre Beförderung auch eigentlich keine Ansprüche stellen, zumindest was ihre Sicherheit angeht, wird sich daran wohl so schnell nichts ändern. Leider.

## 2. Statistik – was kostet ein Menschenleben?

»Wenn die den Luftverkehr nutzende Öffentlichkeit wüßte, daß Vorschriften, die ihre Sicherheit betreffen, von einer Kosten-/Nutzenanalyse abhängen, gäbe es eine Revolution.«

*Peter DeFazio*
(US-Kongreßabgeordneter) in Nader/Smith 1994: S. 35

»Wenn es billiger ist, Menschen zu töten, dann töten wir sie eben!«
*Peter DeFazio* am 22. 3. 1994 im *ZDF-Wirtschaftsmagazin WiSo*

Diese beiden Sätze treffen leider nicht nur auf den Staat zu, dessen Kongreßangehöriger sie ausgesprochen hat. Der Vorrang wirtschaftlicher Gesichtspunkte ist eines der Hauptübel, wenn es um die Verstärkung und Erweiterung der Sicherheit im Flugverkehr geht. Maßgeblich wird diese Verfahrensweise jedoch durch die amerikanische FAA geprägt, die sich zufällig nun mal in dem Land befindet, in dem es auch die größte flugzeugherstellende Industrie der Welt gibt. Noch ist Boeing in Seattle der Marktführer, wenngleich dicht gefolgt vom europäischen Airbus-Konsortium. Aber auch jeder Airbus braucht eine amerikanische Zulassung, soll er in den USA betrieben werden oder für eine dortige Fluggesellschaft fliegen.

Nun sind gerade in den letzten Jahren enorme Fortschritte in bezug auf neue Flugzeugmaterialien und -komponenten gemacht worden, die partiell auch mehr Sicherheit, nicht nur für den Passagier, bedeuten. So zum Beispiel das Kollisionswarninstrument TCAS: Es warnt den Piloten davor, daß sich ein weiteres Flugzeug auf Kollisionskurs zu ihm befindet. Und weil das System so schön ist, gibt es gleich zwei Versionen davon: TCAS 1 und TCAS 2. TCAS 2 ist noch etwas raffinierter. Es weist den Piloten an, entweder zu steigen oder zu sinken, und zeigt ihm auch, aus welcher Richtung sein vermeintlicher Kollisionsgegner zu kommen droht.

Dieses System ist in den USA auf allen Linienmaschinen mit mehr als 30 Sitzplätzen vorgeschrieben. In der Anschaffung liegt das gute Stück mit knapp zwei Millionen US-Dollar noch recht günstig. Merkwürdig ist jedoch, daß es nicht auch für die Passagiermaschinen mit weniger als 30 Sitzen vorgeschrieben ist. Dort brauchte man bisher noch gar kein TCAS und von 1995 an nur das TCAS 1, das lediglich vor einer möglichen Kollision warnt, den Piloten aber mit dieser Information recht alleine läßt, obwohl er sich in den gleichen Flughöhen bewegt wie die großen Linienmaschinen und mitunter auch fast genau so schnell. Außerdem kann auch ein kleines Flugzeug ein größeres Flugzeug gefährden und sogar zum Absturz bringen. So geschehen in San Diego am 25. September 1978, als ein Privatflugzeug des Typs Cessna 172 mit einer Boeing 727 der amerikanischen Fluggesellschaft PSA kollidierte. Auch Frachtmaschinen brauchen kein TCAS, obwohl zum Beispiel eine Boeing 747 Cargo mehr als 30 Sitzplätze hat. Gerade bei schlechter Sicht oder zum Beispiel im Steig- oder Sinkflug durch eine dicke Wolkendecke könnte man auf die Warnung des TCAS angewiesen sein. Die Frage drängt sich auf, warum das Leben eines Linienpassagiers durch das bessere TCAS 2 geschützt wird, nicht jedoch das desjenigen, der ein einfaches Lufttaxi oder auch Zubringerflugzeug – mitunter zum selben Tarif – benutzt? Offensichtlich eine Frage der Kosten-/Nutzenanalyse, bei der dann mit zweierlei Maß gemessen wird.

Man sollte dem Passagier fairerweise vor Antritt seines Fluges sagen, daß er bei der Benutzung von kleinen Flugzeugen[1] höheren Risiken ausgesetzt ist, da für diese Flugzeuge andere Ausrüstungsanforderungen gelten. Hier sind besonders Fluggesellschaften und Reiseveranstalter, Buchungsagenturen und Reisebüros gefordert. Selbstverständlich kann jeder Passagier bei seiner Buchung fragen, welches Fluggerät auf der Strecke, die er zu fliegen beabsichtigt, verwendet wird. Bloß – wer macht das schon, auf die Gefahr hin, sich dann eventuell kurzfristig anders entscheiden zu müssen? Und machen Sie mal in Ihrem Reisebüro die Probe auf's Exempel! Welcher Reiseagent ist in der Lage, diese Informationen in seinem System zu erkennen?

Aber wie geht man nun als Aufsichtsbehörde vor, um den Nutzen einer zusätzlichen Sicherheitseinrichtung in Flugzeugen abzuwägen? Ganz einfach: Ein festgelegter Geldbetrag bestimmt, was ein Menschenleben kostet. In den USA ist diese kalkulatorische Größe

1 »Klein« in diesem Zusammenhang sind Flugzeuge mit weniger als 30 Sitzplätzen, die nicht mehr unter die FAR 25, die Grundlage für den Betrieb von »großen« Verkehrsflugzeugen, fallen. Regionalflugzeuge wie z. B. die Fokker 50, die ATR 42 oder die Dornier 228 sind von dieser Bestimmung betroffen.

auf 1,2 Millionen Dollar festgelegt worden. Eigentlich lächerlich, wenn man bedenkt, um welch astronomische Größenordnungen dortzulande so manch ein Schadensersatzprozeß wegen geringfügiger Verletzungen oder gar ärztlicher Kunstfehler geführt wird. Aber mit den 1,2 Millionen Dollar läßt sich wohl ganz passabel rechnen. Zur Abwägung der Kosten gegen den Nutzen wird jetzt eine einfache Gleichung aufgestellt: Man addiert die Entwicklungs- und Herstellungskosten sowie den Verkaufspreis. Dann läßt man, mathematisch, ein Flugzeug mit 30 Passagieren abstürzen. Das macht dann 36 Millionen Dollar in Menschenleben. Sind die auf der einen Seite addierten Vorkosten höher als diese 36 Millionen Dollar, dann fällt selbst das ausgeklügeltste System mit einem Maximum an Sicherheitseffektivität dem Rotstift zum Opfer. Bei den relativ hohen Kosten für die Entwicklung und Serienherstellung von Flugzeugteilen leider keine Seltenheit. Im Falle von TCAS 2 sah es da bei den größeren Flugzeugen mit mehr als 30 Passagieren offenbar günstiger aus.

Nun ist das TCAS-System jedoch nur Vorschrift für Flugzeuge, die sich nach und in den USA bewegen. Wie vermeidet man aber als Pilot, zum Beispiel nachts, eine Kollision mit einem anderen Flugzeug? Bis Anfang 1994 galt auch bei der Lufthansa die Regelung, daß im Steig- sowie im Sinkflug und wenn eine Begegnung mit einem anderen Flugzeug abzusehen ist, tags- und nachtsüber die Landescheinwerfer eingeschaltet werden sollen. Aber die Lufthansa muß sparen, und irgendein schlauer Rechner im Konzern kam auf die brillante Idee, daß auch hier gespart werden könne. Angeblich sollen sich nämlich durch das Einschalten der Scheinwerfer und die damit verbundene Aufheizung von minus 50 Grad auf 1.800 Grad die Glühfäden der Scheinwerfer schneller abnutzen. Eine wirklich aberwitzige Idee, denn dann kann man die Lampen ja gleich auch in Bodennähe ausgeschaltet lassen. Da ist es im Winter nämlich nur 40 Grad wärmer. Dennoch sollte bei Lufthansa ab sofort darauf verzichtet werden, die Landescheinwerfer bei möglichen Begegnungen einzuschalten, um die Brenner zu schonen. Das teilte Chefpilot Robert Salzl dann auch gleich allen Lufthansapiloten per Rundschreiben mit. Dazu ein erfahrener, mittlerweile pensionierter Lufthansakapitän: »Hoffentlich werden die Profis in den Cockpits solche Ergüsse eines Schreibtischtäters beharrlich ignorieren.« Wollte man warten, bis sich zwei Lufthansa-Jumbos durch Zufall mal auf Kollisionskurs begegnen? Dazu kam es glücklicherweise nicht, denn im Oktober 1994 wurde der Flottenführung mitgeteilt, daß sich bereits einige Journalisten nach dieser Anordnung erkundigt hatten. Binnen einer Stunde wurde sie umgeschrieben und in den Verteiler gegeben. Angeblich sei die frühere Anordnung des Chefpiloten »mißverständlich« gewesen...

Aber wie teuer ist denn in der Luftfahrtindustrie wirklich ein Menschenleben? Bescheiden gering. Einen kleinen Hinweis findet jeder Passagier in seinem Ticket. Zugegebenermaßen werden sich aber nur die wenigsten schon mal mit dem Kleingedruckten zwischen der ersten Seite und dem Flugcoupon auseinandergesetzt haben. Doch nehmen wir einmal ein Ticket des deutschen Charterunternehmens LTU. Auf Seite 4 findet man einen glasklaren Wert, was dem größten deutschen Ferienflieger das Leben seiner Passagiere wert ist: gerade mal 25.000 Mark. So hoch ist nämlich die Versicherungssumme für die Hinterbliebenen, wenn ein Passagier bei einem von LTU durchgeführten Flug ums Leben kommen sollte. Lediglich bei Flügen in, über und von den USA ist die Summe etwas höher, nämlich 65.000 Mark.

Und wie hält es die Lufthansa? »Körperschäden werden nach dem Warschauer Abkommen mit einer Höchsthaftungssumme von 26.750 DM, nach dem Haager Protokoll mit 53.500 DM, nach dem Deutschen Luftverkehrsgesetz mit 320.000 DM, nach den Besonderen Beförderungsbedingungen für den internationalen Luftverkehr mit 150.000 DM und nach den Besonderen Beförderungsbedingungen für den internationalen USA-Verkehr, einschließlich der Kosten für die Rechtsverfolgung, mit 75.000 US-Dollar abgefunden.«[1] Wohlgemerkt, das sind die Höchsthaftungsbeträge. Daraus kann man dann messerscharf den Schluß ziehen: Ein Unfall, der sich mit einer Lufthansa-Maschine ereignet, ist am besten abgesichert, egal wohin.

Reduziert man diese Summen, die ja nur im Falle einer Körperverletzung oder bei Tod gezahlt werden, nun noch einmal auf die ihnen zugrundeliegenden Versicherungsprämien, ergibt sich noch ein ganz anderes Bild. Das finanzielle Risiko – dabei kann man die

1 Lufthansa-Pressestelle, Frankfurt a. M., Pressesprecher Christian Klick am 29. 12. 1994.

Herunterstufung im Schadensfreiheitsrabatt getrost vernachlässigen – ist im Schadensfall für die Fluggesellschaft nicht sehr hoch.

Einzig und allein die Flugzeughersteller fürchten ein höheres Risiko, sollte jemand der Angehörigen versuchen, gegen sie zu klagen, und damit auch noch durchkommen. Daher ist es nur verständlich, daß genau diesen Firmen daran gelegen ist, daß ihr Flugzeug, ihr Design oder andere Dinge, die ihrem Verantwortungsbereich und ihrer Produkthaftung unterliegen, nach Möglichkeit keine Schuld an einem Unglück trifft. Und wenn es trotzdem mal passiert? Dann kann man als Hersteller nur hoffen, daß keine US-Amerikaner an Bord waren und invalid wurden oder umgekommen sind.

## 3. Flugsicherheit und Aufsichtsbehörden: »Kontrolle ist gut, Vertrauen ist besser«

Bei der Betrachtung der gesetzlichen Grundlagen für die Zivilluftfahrt seit dem Ende des 2. Weltkrieges kann man feststellen, daß die gesetzlichen Anforderungen an den sicheren Betrieb mit der rapiden technischen Entwicklung nicht Schritt gehalten haben.

Neue Entwicklungen hätten sofortige Reaktionen erfordert, aber ehe man sich über ein neues Gesetz Gedanken machen konnte, waren diese von der Technik bereits überholt, oder die technische »Innovation« hatte sich als Flop erwiesen, und alles war fallengelassen worden. So flogen z.B. schon längst als hervorragend erkannte und bewährte neue Werkstoffe aus Kunststoffen an Teilen der Flugzeugkonstruktion, obwohl es noch gar keine dementsprechende Bauvorschrift oder Zulassung gab.

Ein anderes Beispiel: Um in den 60er Jahren ein Flugzeug vom Typ DC 3 oder Convair legal fliegen zu dürfen, hatte ein Pilot eine Mindestanzahl von Flugstunden nachzuweisen. Die gleiche Anzahl von Stunden gilt auch heute noch, um die Musterberechtigung für den 747–400 oder A 340 aufrechtzuerhalten. Um die komplizierte

Elektronik dieser Flugzeuge aber wirklich in jeder Lage zu beherrschen, wäre weitaus mehr Erfahrung nötig.

Bis vor kurzem mußten Anwärter für die Langstreckenflugberechtigung sich mit der komplizierten Navigation unter Zuhilfenahme von Sternbildern auseinandersetzen, während in der Praxis bereits jedes besser ausgerüstete Geschäftsreiseflugzeug mit Satellitenempfängern und vollautomatischen Aera-Navigationsgerät ausgerüstet ist. Nicht, daß eine solide Grundausbildung nicht sinnvoll wäre, viel nötiger hätte der frisch gebackene Langstreckenpilot aber Erfahrungen mit diesen modernen Geräten. Das heißt mit anderen Worten, der Pilot heute muß sich zwar immer noch mit antiquierten Lernzielen abplagen, die neuen modernen Möglichkeiten werden ihm aber aufgrund fehlender Regelungen gar nicht erst vermittelt.

Unabhängig von den gesetzlichen Grundlagen, die – schon wegen der komplizierten Gesetzgebungsverfahren – weit hinter dem aktuellen Stand hinterherhinken, hat sich nach dem 2. Weltkrieg in der Zivilluftfahrt glücklicherweise eine Art Ehrenkodex entwickelt, zu dem Begriffe wie »Verantwortung« und »Moral« gehören. Das heißt z. B., daß Fluggesellschaften und Flugzeugkonstrukteure stets bemüht waren, gesetzliche Anforderung zu übertreffen, natürlich auch, um sich dadurch von anderen Konkurrenten abzuheben. Dem Gesetzgeber blieb nichts anderes übrig, als seine Vorschriften allmählich den Gegebenheiten anzupassen. So hätten z. B. die Airbus-Flugzeuge der neuesten Generation nach den bestehenden Vorschriften gar nicht zugelassen werden können. Als der Prototyp schon längst flog, wurden diesem die Zulassungsbestimmungen eben einfach angepaßt. Dies ist auch in vielen Punkten gelungen. Man darf also nicht verkennen, daß solche Innovationen durchaus positiv auf die gesetzlichen Anforderungen eingewirkt haben.

Das eigentliche Problem trat aber dann auf, als die Luftfahrtindustrie Mitte der 80er Jahre in die Krise geriet. Plötzlich schraubten alle Gesellschaften und Betreiber aufgrund wirtschaftlicher Einbußen und zum Teil astronomischer Verluste ihre Anforderungen drastisch zurück. Dabei endeten sie in vielen Punkten auf den gesetzlichen Mindestanforderungen, die sich aber – wie gesehen – zum Teil an veralteten, bis heute nicht redigierten oder modifzierten Vorschriften aus der Nachkriegszeit orientieren.

So galt z. B. für Cockpitbesatzungen immer eine maximale Flugdienstzeit von maximal 14 Stunden. Das ist im Vergleich zum normalen Bus- oder LKW-Fahrer schon recht hoch, muß aber vor dem Hintergrund gesehen werden, daß damalige Flugzeuge bis Mitte der 70er Jahre in der Regel mit Besatzungen bis zu fünf Personen im Cockpit unterwegs waren. Seit einigen Jahren sind die Flugzeughersteller sehr bemüht, den Betreibern beim Kosteneinsparen behilflich zu sein, indem sie Personal durch Technik kompensieren und so die Personalkosten senken. So haben z.B. moderne Großraumflugzeuge nur noch eine Zwei-Mann-Cockpit-Besatzung. Die zulässige Dienstzeit von 14 Stunden ist aber unverändert geblieben. Diese modernen Flugzeuge haben größere Reichweiten als die alten Maschinen. Eine Langstreckenmaschine wie der Airbus A340 kann ohne Probleme mehr als 15 Stunden Non-Stop fliegen. Damit unterliegen die Einsatzzeiten, an denen die Gesellschaften naturgemäß sehr interessiert sind, keiner technischen Limitierung mehr, sondern werden allenfalls durch eine von Gewerkschaften und Personalvertretungen erwirkte »maximale Arbeitszeit« in Schranken gehalten.

Was hat das nun mit den Aufsichtsbehörden zu tun? Gar nichts mehr, denn diese sehen dem Treiben mit stoischer Ruhe zu. Vom deutschen Luftfahrtbundesamt (LBA) in Braunschweig werden sogar noch Ausnahmegenehmigungen für einzelne Gesellschaften erteilt, die die zulässige Dienstzeit und damit die technische Reichweite des Flugzeuges erhöhen (vgl. Kap 4.5).

Vor diesem Hintergrund ist es doppelt bedenklich, wenn die Aufsichtsbehörden einen anderen Bereich ihrer Verantwortung sträflich vernachlässigen. Die Rede ist von der Sicherheit des Flugverkehrs. Hier muß nach allen bisherigen Erfahrungen der traurige Schluß gezogen werden, daß fast alle Aufsichtsbehörden auf der ganzen Welt erst dann regulierend eingreifen, wenn es bereits zu fatalen Zwischenfällen oder sogar Unfällen mit Todesfolgen gekommen ist. Nur in den seltensten Fällen werden sie präventiv tätig.

Die amerikanische Luftaufsichtsbehörde FAA, die weltweit eine gewisse Vorreiterrolle innehat, wird in den USA schon lange deshalb kritisiert. Im Kreuzfeuer der Kritik steht die Tatsache, daß ihre beiden Aufgabenbereiche eigentlich nicht miteinander zu vereinbaren sind: Einerseits soll sie die Luftfahrtindustrie fördern, zum anderen soll sie sie überwachen und regulieren. Mit einer nicht zu verkennenden Frustration in der Stimme äußerte sich der US-Kongreßabgeordnete Peter DeFazio, Mitglied des Luftfahrausschusses, mir gegenüber folgendermaßen:

»Unglücklicherweise spielt die FAA eine verhängnisvolle Rolle: Sie hat die Aufgabe, die Luftfahrtunternehmen zu kontrollieren und Gesundheit und Sicherheit der Passagiere zu gewährleisten. Diese Unternehmen befinden sich aber gleichzeitig in großen finanziellen Schwierigkeiten, und die FAA steht unter dem Druck, ihnen zu helfen. Ich denke, wir sollten die Aufgaben der FAA aufteilen und so eine Behörde schaffen, die sich um die Sicherheitsbelange kümmert, und eine andere, möglicherweise im Handelsministerium angesiedelt, die für die wirtschaftliche Förderung dieser Unternehmen zuständig ist ... Ich fürchte aber, daß viele meiner Kollegen im Luftfahrtausschuß des US-Kongresses ebenso wie die FAA ihre Aufgabe eher darin sehen, die Luftfahrtindustrie zu fördern, als sich um die Belange der Öffentlichkeit in puncto Gesundheit und Sicherheit zu sorgen.« (Interview am 2. Februar 1994 in Washington DC)

Der Abgeordnete weiß, wovon er spricht. Er kämpfte recht alleine über mehrere Jahre im amerikanischen Kongreß dafür, daß die FAA gezwungen wurde, schärfere Vorschriften für zusätzliche Notausgänge über den Tragflächen von Verkehrsflugzeugen zu erlassen. Dieses sicherheitsrelevante Thema wurde von der FAA lange verzögert. Zufällig ging es einigen amerikanischen Fluggesellschaften in dieser Zeit wirtschaftlich nicht besonders gut. Eine Vorschrift, die die Fluggesellschaften gezwungen hätte, die Sitzreihen im Bereich der Notausgänge an den Tragflächen in einem größeren Abstand einzubauen, hätte zwangsläufig zu weniger Sitzplätzen geführt. Das wiederum, so hatten findige Buchhalter der Gesellschaften berechnet, hätte weitere Verluste verursacht. Also passierte erst einmal nichts.

Ein hoher Beamter der unabhängigen Unfalluntersuchungsbehörde NTSB (National Transportation Safety Board) hat diese Hinhaltetaktik einmal als »Grabsteinmentalität« bezeichnet: Die FAA unternehme immer erst etwas, wenn es wiederholt zu Unfällen mit Toten und Verletzten gekommen sei. Das klassische Beispiel ist der Beinahe-Unfall einer American Airlines DC-10 in den 70er Jahren, als das Flugzeug fast verloren ging, weil die Frachtraumverriegelung defekt war. Es grenzt an ein Wunder, daß der Pilot ohne einen schwerwiegenden Unfall landete. Der damalige Leiter der FAA rief daraufhin seinen Freund an, den Direktor von McDonnell-Douglas, die die DC-10 herstellten. Es sagte ihm, die FAA würde nicht unbedingt darauf bestehen, daß McDonnell-Douglas die Frachtraumtür verbessere, doch man solle dort etwas unternehmen. – Ein paar Monate später starben 390 Menschen in Paris, weil eine defekte Frachtraumtür einer Turkish Airlines DC-10 sich geöffnet hatte und das Flugzeug steuerungslos abstürzte.

Nach Gründen für diese Misere braucht man nicht lange zu suchen. Im Frühjahr sprach ich in Washington DC mit dem geistigen Vater der US-amerikanischen Konsumentenbewegung, dem Rechtsanwalt und Publizisten Ralph Nader. Er sieht das so: »Erstens, die FAA ist vom Mittel- bis zum Führungsmanagement vollgespickt mit Leuten, die aus der Flugzeugindustrie stammen. Sie wird von der Industrie kontrolliert, die sie eigentlich regulieren sollte. Der jetzige Leiter der FAA ist der ehemalige Direktor einer Pleite gegangenen Fluggesellschaft aus Chicago [David R. Hinson, ehemals Chief Executive von Midway Airlines, d. A.]. Zweitens, es gibt keine Gegenwehr von seiten der Verbraucher, also der Passagiere. Es gibt nur sehr wenige Organisationen, die Passagierinteressen vertreten und die Fluggesellschaften und die FAA genauestens beobachten sowie auf den amerikanischen Kongreß einwirken, daß wenigstens dieser von der FAA mehr Verantwortungsbewußtsein verlangt bzw. sie zur Rechenschaft zieht. Drittens, Leute aus der Branche, die den Mund aufmachen, Mißstände ausplaudern oder Machenschaften verpfeifen, werden extrem unter Druck gesetzt. Es gibt viele, die wissen, daß verdammt viel falsch läuft, doch sie schweigen, weil sie sonst gefeuert werden.«

Nicht nur der Kongreßabgeordnete De Fazio ist frustriert. Auch das NTSB hat seine liebe Not mit der FAA. Besonders deutlich wird das im 25. Jahresbericht des NTSB von 1992 an den amerikanischen Kongreß. Bereits 1985 hatte das NTSB als Folge eines Unfalles, der der Kategorie CFIT (Controlled Flight Into Terrain)[1] zugerechnet werden mußte, die Einführung eines Bodenannäherungs-Warnsystems (GPWS) auch für kleinere Flugzeuge gefordert und auf seine Liste »Most Wanted« gesetzt. Das System muß übrigens in großen Verkehrsflugzeuges bereits seit Ende 1975 installiert sein. Am 20.

1 Bei einem »kontrollierten Flug in den Boden« bemerken die Piloten meist viel zu spät, daß sie sich der Erde zu stark angenähert haben. Durchschnittlich ereignen sich etwa fünf solcher Unfälle pro Jahr. In den letzten 25 Jahren sind durch CFIT-Unfälle mehr als 120 Flugzeuge zerstört und über 7.000 Menschen getötet worden.

März 1992, also sieben Jahre nach der dringenden Forderung des NTSB, hat die FAA dann endlich die Installation eines GPWS auch für Commuter-Flugzeuge vorgeschrieben – aber erst ab Frühjahr 1994 …[1]

Bei uns in Deutschland sieht es aber auch nicht rosig aus. Im Gegensatz zu den Amerikanern, die mit der FAA über eine sehr personalintensive (ca. 53.000 Mitarbeiter) und auch in finanzieller Hinsicht nicht gerade schlecht ausgestattete Administration für die Belange der Luftfahrt verfügen, steht das Luftfahrtbundesamt recht kläglich da. Die Behörde, die dem Bundesminister für Verkehr unterstellt ist, residiert gegenüber dem Braunschweiger Flughafen. Sie hat insgesamt 420 Mitarbeiter, davon 110 beamtet. Das LBA verfügt über einige Flugzeuge zu Meßzwecken und über einen Jahresetat für 1994 von gerade mal 52 Millionen Mark. In diesem Etat sind die Kosten für ein neues Dienstflugzeug in Höhe von 7 Millionen Mark eingeschlossen. Aufgrund unseres angespannten Staatshaushaltes soll auch das LBA bei den allgemeinen Kosten mindestens 10% und bei den Reisekosten 5% einsparen. 1,5% der Stellen sollen ebenfalls abgebaut werden.

Schon relativ früh ging man in Deutschland dazu über, die Verantwortung auf die einzelnen »luftfahrttechnischen Betriebe«, also die Fluggesellschaften und die Wartungsbetriebe, abzuwälzen. Unabhängige Prüfer der eigentlichen Behörde in Braunschweig statten diesen Betrieben nur in absoluten Ausnahmefällen einen Besuch ab. Man hat das Problem der Überwachung in deutschen Landen anders gelöst. Jeder Betrieb, der vom LBA eine Zulassung erhält, hat eigene Prüfer zu beschäftigen, die zwar formal gegenüber dem LBA verantwortlich sind, aber auf der Gehaltsliste des jeweiligen Unternehmens stehen. Das gilt für Prüfkapitäne, die die Piloten auf Checkflügen regelmäßig überprüfen müssen, genauso wie für die Inspektoren in den Wartungsbetrieben und Flugzeugwerften. Bei der Lufthansa gibt es einen Angestellten, der in seiner Schreibtischschublade einen Stempel des LBA hat und diesen auf das Formular zur Lizenzverlängerung drückt, wenn ein Proband erfolgreich war. Kopien der Unterlagen gehen dann auf dem Postweg nach Braunschweig. Genauso verhält es sich in den Wartungsbetrieben.

1 National Transport Safety Board: »25th Annual Report to Congress«, Washington DC, 1992.

Wohl weil das LBA unter chronischem Personal- und Geldmangel leidet, ist auch der oberste deutsche Flugbetriebsprüfer »Charly« Zimmermann kein Beamter des LBA, sondern ein vom LBA mit entsprechenden Kompetenzen ausgestatteter Angestellter des Charterunternehmens LTU. Dort fliegt er, wenn er nicht gerade für das LBA prüft, wobei ersteres häufiger der Fall ist.

Meist bewegen sich die Beamten der Behörde nicht von Braunschweig weg, zumal auch noch im Zuge der Einsparungen im Bundeshaushalt ihr Reisekostenetat drastisch reduziert wurde. So klagt jedenfalls der Amtsleiter Klaus Koplin.

»Wir sind darauf angewiesen, zunächst einmal den Betrieben zu vertrauen, daß alles mit rechten Dingen zugeht. Besteht allerdings begründeter Verdacht, daß es zu Unregelmäßigkeiten oder Verstößen gegen die Vorschriften kommen, werden die Betriebe von uns auch überprüft«, erklärte Koplin mir einmal bei einem Fernsehinterview für die ARD. Dabei läßt man sich allerdings recht viel Zeit. Obwohl das LBA z. B. von verschiedenen Seiten auf Unregelmäßigkeiten im Flugbetrieb einer deutschen Chartergesellschaft hingewiesen wurde – in diesem Fall auf Fälschungen von Bordbüchern und Flugbüchern in bezug auf die wirklich angefallenen Flugdienstzeiten –, dauerte es fast ein ganzes Jahr, bis man Stichproben unternahm. Nach den geltenden Bestimmungen müssen die Bordbücher aber nur sechs Monate aufgehoben werden ...

Wirkliche Experten und Spezialisten sucht man in dieser Behörde vergeblich, wobei Ausnahmen die Regel bestätigen. Das liegt natürlich nicht zuletzt an der nicht gerade üppigen Bezahlung nach dem Bundesbesoldungsgesetz; die nicht beamteten Mitarbeiter werden nach BAT vergütet. Spezialisten gehen mit ihrem Fachwissen am liebsten in die Industrie, dort verdienen sie nämlich das 5- bis 10fache. Da entwickeln sie dann neue Systeme, die aber, so verlangen es die Vorschriften, wiederum von der Behörde zugelassen werden müssen. Nicht selten wird dann schnell ein Stempelchen erteilt, wahrscheinlich weil es die »renommierten Experten« in der Industrie ja schon alles richtig gemacht haben.

Mit Argusaugen schielt das LBA stets zu anderen Luftaufsichtsbehörden, vornehmlich der FAA, und kupfert, allerdings mit zeitlicher Verschiebung, fleißig ab, was sich die »Kollegen« dort bereits ausgedacht haben. Große Erwartungen und Hoffnungen setzen die

Braunschweiger Beamten offenbar in die gemeinsame europäische Luftaufsichtsbehörde JAA (Joint Aviation Administration). Die steckt zwar noch in den Kinderschuhen, da man ihr beim »europäischen Vereinigen« wohlweislich weitgehende Kompetenzen nicht eingeräumt hat, aber sie ist zumindest »ausbaufähig«. Die JAA hat bisher keine Exekutivgewalt. Sie beschränkt sich daher auf das Ausarbeiten von Vorschlägen. Überwachung und Prüfung finden auch hier nicht statt.

Manchmal scheint es mir, daß die Devise der Aufsichtsbehörden in Umkehrung der Maxime Lenins lautet: »Kontrolle ist gut, Vertrauen ist besser.« Obgleich es genügend Vorfälle in der Vergangenheit gibt, die Anlaß zu mehr Überprüfung von Fluggesellschaften und luftfahrttechnischen Betrieben bieten, findet dieses Prinzip weiterhin Anwendung.

## 4. Flugunfalluntersuchung – die Suche nach dem schwächsten Glied in der Kette

Wann immer sich ein Fugzeugunglück ereignet, entbrennen heiße Diskussionen und die wildesten Spekulationen, was die Ursache sein könnte. Eine sehr unrühmliche Rolle dabei spielen leider viele meiner eigenen Kollegen, die in ihrem ständigen Bestreben und dem Druck aus den Redaktionen ihrer betreffenden Medien, als erste mit der Ursache auf der Titelseite oder als Aufmacher in der Nachrichtensendung zu sein, alle Prinzipien des sorgfältigen journalistischen Arbeitens über den Haufen werfen. Da werden dann angebliche »Augenzeugen« befragt, die meist gesehen haben wollen, daß ein Flugzeug »noch in der Luft explodiert ist«, man verschafft sich zuweilen gewaltsam Zugang zu den Krankenzimmern verletzter Passagiere und Besatzungsmitglieder und lauert Angehörigen der Opfer vor ihren Wohnungen auf – alles Vorgehensweisen, von denen ich mich ausdrücklich distanziere und die ich ausnahmslos als unseriös verurteile. Hier wird allenfalls eine abartige Sensationslust befriedigt; über die Hintergründe eines Flugzeugunfalles erfährt man auf diese Weise wenig bzw. gar nichts.

Die Erfahrung im Umgang mit Flugzeugunglücken hat mir gezeigt, daß es immer Sinn macht, zumindest erst einmal auf die ersten Stellungnahmen der wirklichen Experten zu warten. Mit Experten meine ich die offiziellen Unfalluntersucher, eine meist sofort nach einem Unglück eingesetzte Untersuchungskommission. Sie hat die Aufgabe, die Unfallursache zu ermitteln, ohne Ansehen der involvierten Staaten und ihrer Einrichtungen, der betroffenen Personen und Fluggesellschaften. Im allgemeinen wird sie von weiteren Spezialisten unterstützt, nicht selten von Kriminalisten und besonderen Labors der Polizeibehörden, deren vornehmlichstes Ziel nach einem Unfall ist, alle Beweise und Spuren zu sichern und auszuwerten. Diese Auswertung nimmt in der Regel einige Monate bis hin zu Jahren in Anspruch, und die Ergebnisse werden in einem abschließenden offiziellen Untersuchungsbericht veröffentlicht. Dabei unterliegen die Unfalluntersucher einem speziellen Regelwerk, dem Annex 13 der Chicagoer Konvention. Sie bildet das Grundsatzdokument der ICAO (International Civil Aviation Organisation), die 1994 als Unterorganisation der Vereinten Nationen (UNO) entstand und der Standardisierung des internationalen Luftverkehrs dienen soll. Die folgenden Anmerkungen zum Annex 13 beziehen sich auf die neueste Fassung, die 8. Ausgabe, die allerdings noch nicht gedruckt vorliegt.

Der Annex 13 ist auf alle Unfälle (Ereignis mit Sach- oder Personenschaden) und Zwischenfälle (Ereignis, das eine Beeinträchtigung der Flugsicherheit zur Folge hatte) anzuwenden, in die Flugzeuge verwickelt sind, die in einem Mitgliedstaat der ICAO entworfen, gebaut, registriert oder betrieben wurden.

Sinn und Zweck einer Unfall- oder Zwischenfalluntersuchung nach Annex 13 ist es einzig und allein, künftige Unfälle oder Zwischenfälle zu verhindern. Juristische Schuld- oder Haftungsfragen spielen dabei keine Rolle.

Die Unfalluntersuchung soll grundsätzlich von einer Kommission durchgeführt werden, die absolut unabhängig ist, um vorbehaltlos ihrer Aufgabe nachkommen zu können. Dabei ist eine möglichst weitgehende Trennung der untersuchenden von der zulassenden Behörde anzustreben. Dies wurde vorbildlich in den USA gelöst, wo die FAA für die Zulassung, das davon aber völlig unabhängige NTSB für die Unfalluntersuchung zuständig ist. Ähnlich verhält es sich beispielsweise in England. Leider ist diese Unabhängigkeit nicht in allen Ländern gegeben, was, wie die Erfahrung zeigt, schon mal zu Interessenskonflikten innerhalb der untersuchenden Behörde führen kann. Hersteller und Betreiber eines Flugzeuges können verständlicherweise nicht unabhängig sein, denn hier spielen wirtschaftliche Zwänge meist eine erhebliche Rolle. Unrühmlich ist in diesem Zusammenhang bereits mehrfach die französische Commission d'Enquête, also die französische Unfalluntersuchungsbehörde aufgefallen. Bislang konnte aber keine Einflußnahme des ebenfalls in Frankreich angesiedelten Herstellers Airbus Industrie nachgewiesen werden. Bei Airbus Industrie handelt es sich um einen Staatsbetrieb, und das wirtschaftliche Wohl dieses Industriezweiges ist von nationalem Interesse. Auch ist es bedenklich, wenn der Repräsentant der deutschen Flugunfalluntersuchungsstelle (FUS) beim Luftfahrtbundesamt, Christian-Heinz Schuberdt, der z.B. als Vertreter dieser Behörde an der Untersuchung des Lufthansa A 320-Unfalles in Warschau mitgewirkt hat, seine eigene Fluglizenz für den A 320 kostenlos bei Airbus Industrie in Toulouse erhalten hat und er darüber hinaus dort, ebenfalls kostenlos, seine zum Erhalt der Lizenz jährlich erforderlichen Flugstunden absolviert.

Nun zum Ablauf der Unfalluntersuchung nach Annex 13: Über einen langen Zeitraum hinweg werden im wesentlichen alle Fakten und Hinweise gesammelt. Dabei sollen bewußt keine voreiligen Schlüsse gezogen oder gar spekuliert werden. Dieser Vorgang ist vergleichbar mit einem Puzzlespiel, bei dem man die Vorlage nicht kennt. Einige Teile sind dabei unter Umständen nicht mehr da, weil sie bei dem Unfall zerstört wurden, andere wiederum haben mit dem Endbild gar nichts zu tun. Voreilige Schlußfolgerungen können die gesamte Untersuchung in eine Sackgasse führen. Ein Besinnen oder gar Umkehren ist dann nicht mehr möglich, weil zwischenzeitlich Beweise verlorengegangen sind oder auch vernichtet wurden. Erst wenn das Sammeln aller Fakten und Faktoren abgeschlossen ist, diese Informationen in geeigneter Weise aufbereitet und interpretierbar gemacht wurden, ist es sinnvoll und möglich, den Ablauf unter Berücksichtigung aller Fakten zu rekonstruieren. Dabei ist oberste Maxime, »nichts auszuschließen«. In der nächsten Phase müssen dann Beweise für ausgeschlossene Unfallursachen gefunden werden.

Für eine möglichst effektive Unfalluntersuchung ist es notwendig, die Unfallstelle sofort nach der Bergung der Verletzten hermetisch abzuriegeln. Nur so kann verhindert werden, daß an Teilen des Flugzeuges manipuliert wird oder wichtige Beweisstücke abhanden kommen. Bei der Sicherung der Beweisstücke muß man außerordentlich vorsichtig vorgehen, um keine Spuren zu verwischen. Dabei sind zu diesem Zeitpunkt möglicherweise schon einige Spuren durch die Bergungs- und Löscharbeiten zerstört worden – ein Risiko, das man in Kauf nehmen muß.

Wrackteile erzählen Geschichten. Anhand von Beschädigungen kann man zum Beispiel mit Hilfe moderner Kriminaltechnik feststellen, mit welcher Geschwindigkeit, in welcher Lage und aus welcher Richtung das Flugzeug aufgeschlagen ist. Es ist sogar nachzuvollziehen, ob einzelne Beschädigungen oder gar ein Feuer bereits in der Luft oder erst am Boden aufgetreten sind. Auch minimale Spuren von Sprengstoff, z.B. einer eventuell im Gepäck versteckten Zeitzünderbombe, lassen sich schon sehr rasch nachweisen und geben den entscheidenden Hinweis auf die Absturzursache, so etwa im Fall des durch einen Terroranschlag am 21. Dezember 1988 verunglückten PAN AM-Jumbo Jets im schottischen Lockerbie.

Ausgesprochen hilfreich bei der Analyse eines Unfalles sind die Daten des Flugdatenschreibers (FDR) oder – bei neueren Flugzeugen – des digitalen Flugdatenschreibers (DFDR) sowie die Tonaufzeichnungen des Cockpit-Voice-Recorders (CVR). Diese Aufzeichnungsgeräte sind meist im Heck des Flugzeuges untergebracht und werden immer noch als »black boxes« bezeichnet, obwohl die Gehäuse mit einer eher orangenen Signalfarbe lackiert sind. Sie verfügen über einen eigenen kleinen Sender, der das Auffinden erleichtern soll. Während die alten FDRs nur einige wenige Flugparameter in eine Aluminiumfolie gekratzt haben, ermöglicht heute die Computertechnik bei den DFDRs die digitale Speicherung von wesentlich mehr Informationen auf Chips. Seit 1990 verlangen die internationalen Aufsichtsbehörden das Aufzeichnen und Speichern von mindestens 32 verschiedenen Parametern bei allen neuen großen Flugzeugen. Eigentlich, so sollte man meinen, könnten solche Geräte heutzutage so konstruiert werden, daß ihre Speicher der

Hitze eines Feuers widerstehen können und die Unfalluntersucher nachher mit ausreichenden Daten versorgen. In den vergangenen Jahren hat sich jedoch gezeigt, daß die Geräte in einigen Unfällen so stark beschädigt wurden, daß ihre gesamten Daten verloren gingen, und zwar meist nach Bränden. In anderen Fällen sind die Aufzeichnungsbänder einfach irgendwann einmal gerissen, niemand hatte das Gerät offenbar überprüft, und so flog das Flugzeug monatelang ohne Datenschreiber weiter.[1]

Der Cockpit-Voice-Recorder besteht aus einem Endlosband, das kontinuierlich die letzten 30 Minuten aller Gespräche und Geräusche im Cockpit aufzeichnet. Dabei erweisen sich die ebenfalls aufgezeichnten Nebengeräusche, die in manchen Fällen die Gespräche der Besatzung übertönen, oft als ausgesprochen hilfreich. Durch Spektralanalysen kann man feststellen, woher ein bestimmtes Geräusch stammt und wodurch es verursacht wurde. Beispielsweise kann so ein überzogener Flugzustand (Stall) oder auch die jeweilige Triebwerksleistung ermittelt werden, sogar dann, wenn keine Daten des Flugdatenschreibers zur Verfügung stehen. Die Ausdrucke der Flugdatenschreiber und Abschriften der Cockpit-Voice-Recorder werden bei der Unfalluntersuchung auf eine »Zeitschiene« gesetzt und miteinander verglichen. In der Regel werden sie später im Unfallbericht als Anhang auch veröffentlicht.

Während man noch vor einigen Jahren den Vorteil hatte, daß die herkömmlichen Zeigerinstrumente im Cockpit meist einen durch den Aufschlag bedingten Abdruck auf der Skala hinterließen und somit die Rekonstruktion der wirklich angezeigten Flugparameter ermöglichten, ist dies im heute weit verbreiteten »Glascockpit« mit seinen Bildschirm-Instrumenten nicht mehr möglich. Es kann also nicht auf Anhieb erkannt werden, was die Piloten auf ihren Anzeigen abgelesen haben. Da sich gerade in den Glascockpits auf modernen Flugzeugen Fehlanzeigen häufen, die sich dann am Boden plötzlich nicht mehr reproduzieren lassen, stehen vor allem die Piloten vor einem ernsthaften Problem, wenn ihnen eine vermeintliche Fehlanzeige nicht geglaubt wird. Durch die weitgehende Computerisierung kann niemand garantieren, daß die auf dem Flugdatenschreiber

1 So bei einem Airbus A 310 der rumänischen Fluggesellschaft Tarom, der am 24. September 1994 einen Zwischenfall beim Anflug auf den Pariser Flughafen Orly hatte. Die Auswertung ergab, daß die letzte Aufzeichnung auf dem DFDR vom 27. März 1994 stammte.

aufgezeichneten Daten auch wirklich mit den auf den Bildschirmen angezeigten übereinstimmen. Diese Daten werden nämlich auf getrennten Wegen und in unabhängig arbeitenden Systemen verarbeitet und aufbereitet. Daher fordert der internationale Pilotenverband IFALPA den Einbau von Kleinstkameras, die genau diese Bildschirmanzeigen ständig filmen und deren Videobänder, wie der DFDR und der CVR, nur im Falle eines Unglücks oder eines Zwischenfalles ausgewertet werden dürfen.

In einer weiteren Untersuchungsphase werden von der Kommission oder einer dazu bestimmten Gruppe der technische Zustand des Flugzeuges sowie die Wartungs- und Reparaturhistorie unter die Lupe genommen. Außerdem beleuchtet man den operationellen Aspekt, das heißt unter anderem die Lizenzen, Qualifikationen und Überprüfungen der Besatzung sowie deren Aktivitäten vor dem Unfallflug. Darüber hinaus werden die Flugbetriebshandbücher, die Trainingsunterlagen, die Flugzeughandbücher, allgemeine Betriebsverfahren, Flugplanungsunterlagen, Beladeplan, Frachtpapiere, Zulassung und vieles mehr geprüft.

Vor diesem Hintergrund ist es verständlich, warum die Kommission oft lange Zeit braucht, bevor sie die eigentliche Untersuchung abschließt und mit der Ausarbeitung eines endgültigen schriftlichen Unfallberichtes beginnen kann. Dieser ist gemäß Annex 13 in einem Standard-Format zu erstellen. Am Ende stehen die Empfehlungen der Kommission, eigentlich der wichtigste Teil des Berichtes, weil sie eine etwaige Wiederholung des Unfalles verhindern sollen. In einigen Fällen können es technische Konstruktionsänderungen sein, vielfach handelt es sich aber um Empfehlungen zu behördlichen Vorgängen, Zulassungs- und Betriebsverfahren sowie Aspekte der Ausbildung und des Trainings. Ihre Umsetzung ist nicht selten äußerst problematisch, ja sogar unmöglich, weil der Unfallbericht nicht auf die für die Maßnahme entstehenden Kosten oder aber auf die technische Realisierbarkeit eingeht. Wenn im Zuge solcher Empfehlungen für den Hersteller oder den Betreiber des Flugzeuges untragbare finanzielle Belastungen zu entstehen drohen, ist unbedingt die jeweilige Aufsichtsbehörde aufgefordert, aktiv zu werden.

War es früher üblich, nur die letzten Minuten eines Fluges zu analysieren, so hat hier in den letzten Jahren eine erfreuliche Änderung stattgefunden. Bis in die 80er Jahre hinein wurde häufig als Unfallursache der »Pilotenfehler« genannt, nur weil gerade in der letzten, ausweglosen Situation eben der Mensch, als schwächstes Glied in der Kette der Ereignisse, versagt hatte. Dann setzte ein Umdenken ein, und man beschäftigte sich verstärkt mit der Frage, welche Begleitumstände zu dieser ausweglosen Situation geführt hatten.

Ein einzelner Grund kann aber eigentlich nicht zum Verlust eines modernen Verkehrsflugzeuges führen. Es ist immer die Verkettung von mehreren fatalen Umständen, die auf einen Flug einwirken, bevor dieser einer unmittelbaren Gefahr ausgesetzt ist. Das kann man an praktisch allen Unglücken der letzten Zeit erkennen. Jeder einzelne Punkt kann das schwächste Glied der Kette werden, deshalb ist es so wichtig, alle Fehler exakt zu analysieren und auch offensichtliche Kleinigkeiten weiter zu verbessern.

Bei der Lektüre von über 50 Unfallberichten der verschiedensten Kommissionen aus der ganzen Welt konnte ich mich des Eindruckes nicht erwehren, daß die Ermittler häufig aus einer gewissen Bequemlichkeit heraus den Piloten die Schuld an einem Unfall gaben. Das ist besonders dann immer ausgesprochen erfolgreich, wenn die Besatzung bei dem Unfall umgekommen ist und keine Argumente zu ihrer Verteidigung mehr vorbringen kann. Es ist eben das Einfachste, den Piloten die Schuld an einer Katastrophe unterzuschieben. Technische Fehler, werden sie überhaupt nach einem Absturz in den Trümmern entdeckt, bedürfen einer weitaus intensiveren Beschäftigung. Hierfür zwei Beispiele:

Nach dem Absturz einer DC-9 der amerikanischen Fluggesellschaft Midwest-Express am 6. September 1985 in Milwaukee kommt der Untersuchungsbericht des NTSB[1] zur Unfallursache: ein Pilotenfehler. Im Startvorgang, noch auf der Rollbahn, war das rechte Triebwerk des zweistrahligen Flugzeuges aufgrund eines fehlerhaft gewarteten Abstandsrings ausgefallen. Solche Teile wurden später auch als gefälschte Teile identifiziert und ausgesondert. Die Maschine hob ab, flog eine leichte Kurve und stürzte ab. Alle 31 Passagiere und die Besatzung kamen ums Leben. Daß 1,5 Sekunden nach dem Ausfall des rechten Triebwerkes auch das linke aus »bisher ungeklärter Ursache« versagte, wird in dem 101 Seiten umfassenden

1 NTSB, Aircraft Accident Report, AAR-87/01, Midwest Express Airlines DC 9-14, N 100 ME vom 3. 2. 1987.

Bericht nur mit einem Nebensatz erwähnt. Wie man angesichts solcher Fakten von einem Pilotenfehler sprechen kann, ist für mich nicht nachvollziehbar.

Der zweite Fall ist der berühmte Unfall einer DC-10 der amerikanischen Fluggesellschaft United am 19. Juli 1989 über Sioux City. Die Maschine hatte aufgrund einer Explosion im mittleren Triebwerk die gesamte Steuerungshydraulik verloren. (In der Folge des Unfalles wurde diese Konstruktion dann auch vom Hersteller McDonnell-Douglas geändert.) Steuerlos gelang es der Besatzung in einer schon heldenhaften zu nennenden Aktion, das Flugzeug nur durch unterschiedliche Schubregelung der verbliebenen beiden Triebwerke in die Nähe des Flughafens von Sioux City zu manövrieren. Wie ungeheuer präzise die United-Piloten hierbei vorgegangen sind, weiß jeder DC-10-Pilot, der einmal versucht hat, die Situation mit dem Simulator nachzufliegen – einige sind dabei einfach abgestürzt.

Beim Versuch, das wohlgemerkt steuerlose Flugzeug auf der Landebahn aufzusetzen, kämpften die Piloten mit einer ständig wiederkehrenden Auf- und Abwärtsbewegung der Maschine um ihren Schwerpunkt. Gerade als sie aufsetzten, befand sich das Flugzeug wieder in einer solchen Abwärtsbewegung, in deren Konsequenz es sich überschlug und in Flammen aufging. 111 Menschen kamen in den Flammen um, doch 187 Menschen, darunter der Kapitän des Fluges, überlebten den Unfall. Auch hier sprach der offizielle Untersuchungsbericht zunächst von einem Pilotenfehler, mußte dann aber revidiert werden.

Man kann an praktisch allen Unglücken der letzten Zeit erkennen, wie erst die Verknüpfung von mehreren widrigen Umständen zur Katastrophe geführt hat. Ein Triebwerksausfall führt erst dann zur Katastrophe, wenn die Besatzung z. B. aufgrund falschen, zumindest jedoch nicht optimalen Trainings, Folgefehler begeht und dann das fehlerfreie Triebwerk abstellt (British Midland; vgl. Kap. 2.2).

Auch am Beispiel der Lufthansa A 320 in Warschau (vgl. Kap. 2.4) gab es mehrere Faktoren, von denen jeder einzelne, hätte er vermieden werden können, diese Kette durchbrochen hätte. Hier waren es die nicht präzisen Windangaben vom Tower, die extrem schnell sich verschlechternde Wettersituation, das Wasser auf der Bahn, der Rükkenwind, das Computerdesign der Bremssysteme, der Wall am Ende der Bahn und vielleicht noch andere. Jeder dieser Faktoren hätte dazu beigetragen, das Unglück zu verhindern oder es doch zumindest glimpflicher ablaufen zu lassen. Wenn z.B. der Wall nicht gewesen wäre (was hat der da überhaupt zu suchen, am Ende einer Landebahn?), hätte die Kulmbach ihren Flug zwar außerhalb der Bahn beendet, aber ohne Personenschaden.

Als Musterbeispiel für einen hervorragenden Unfallbericht gilt nach wie vor der sogenannte »Moshansky-Report«. Es geht um den Unfall einer Fokker 28 der Air Ontario in Dryden, Kanada vom 10. März 1989. Das zweimotorige Flugzeug war mit 65 Passagieren und vier Besatzungsmitgliedern unterwegs nach Winnipeg. Wegen schlechten Wetters und der hohen Beladung der Maschine mußte die Besatzung außerplanmäßig in Dryden zwischenlanden, um Sprit aufzufüllen. Dieses Nachtanken erwies sich als ausgesprochen schwierig, weil das Hilfsstromaggregat (APU) der Fokker ausgefallen war. Genauer gesagt, waren an dem Aggregat schon über eine Woche lang Fehlfunktionen aufgetreten, aber nicht repariert worden. So mußte der Pilot einen Motor während des Tankvorganges laufen lassen, da man sonst die Maschine nicht wieder hätte anlassen können. Die Fokker 28 befand sich nur eine knappe halbe Stunde auf dem Dryden Municipal Airport. Es fiel leichter Schnee, der sich auch auf den Tragflächen des Flugzeuges ablagerte. Die Maschine wurde nicht enteist. Ein Enteisen während eines solchen Betankens mit laufendem Motor wäre gegen die operationellen Verfahren gewesen, und der Kapitän entschied sich, keine Ausnahmegenehmigung einzuholen.

Kurz nach 12 Uhr mittags rollte das Flugzeug wieder auf die Startbahn. Aber es kam nicht sehr weit. Weil sich auf den Tragflächen eine dünne, mit dem bloßen Auge nicht zu erkennende Eisschicht gebildet hatte, konnte kein ausreichender Auftrieb erzeugt werden. Nur mit Mühe und Not hob gerade das Fahrwerk von der Bahn ab, dann senkte sich die rechte Tragfläche, und das Flugzeug zerschellte in einem nahegelegenen Waldstück. Die Piloten, ein Flugbegleiter und 21 Passagiere kamen dabei ums Leben.

Anstatt die Unfalluntersuchung der offiziellen Kommission der kanadischen Luftfahrtbehörde anzuvertrauen, erhielt der Richter Virgil P. Moshansky den Auftrag, eine spezielle Untersuchungskommission anzuführen. Moshansky nahm seine Aufgabe sehr ernst und erstellte einen mehr als 1.700 Seiten umfassenden Abschlußbericht. Dieser Bericht kommt unter anderem zu dem Schluß, daß auch operationelle Aspekte, die von der Fluggesellschaft zu verantworten waren, eine Teilschuld hatten. Dies ist besonders häufig der Fall, wenn eine Fluggesellschaft ihre Piloten unter finanziellen und psychischen Druck setzt. Ferner fand der Richter bei der kanadischen Luftaufsichtsbehörde grobe Mängel und Schwachstellen. Wenige Monate nach dem Unfall wurde ein erster Interim-Bericht von der Kommission veröffentlicht. Schon dieser Bericht enthielt – neben anderen Sicherheitsempfehlungen – die Aufforderung an die Luftaufsichtsbehörde, sofort eine Vorschrift zu entwickeln und zu erlassen, die sicherstellt, daß die kritischen Oberflächen eines Flugzeuges wie Tragflächen und Ruder vor Antritt eines Fluges auf Eisbildung untersucht werden. Im Abschlußbericht des »Moshansky-Reports« sind über 190 Sicherheitsempfehlungen aufgeführt.

Aber die Luftaufsichtsbehörde des Nachbarlandes USA, die FAA, schenkte weder den Zwischenberichten noch dem Abschlußbericht große Beachtung. Obwohl der »Moshansky-Report« bei den Insidern im internationalen Luftverkehr schnell bekannt war und auf ein großes Echo stieß, behaupteten FAA-Angehörige, sie hätten keine Kenntnis davon, unter anderem, weil ihnen der Bericht nicht offiziell zugestellt wurde. Die FAA war schon seit geraumer Zeit vom NTSB immer wieder auf die desolaten und unzureichenden Enteisungsvorschriften, die für die USA gelten, hingewiesen worden – ohne Erfolg. Am 22. März 1992 kamen 27 Menschen bei einem fast identischen Unfall einer Fokker 28 auf dem New Yorker Flughafen La Guardia ums Leben. Unfallursache: Vereisung. Richter Moshansky am 31. März 1992 zur *New York Times*: »Wenn unser Bericht gelesen worden wäre, hätte man feststellen können, daß es in ihm mehr als nur angemessene Informationen gibt, die einen solchen Unfall vorhergesehen haben.«

Vor diesem Hintergrund ist der neuerdings von Unfalluntersuchern verfolgte Ansatz von Bedeutung, bei dem die Fragestellung lautet: Was hätte dem Piloten geholfen, den Unfall abzuwenden oder zu verhindern? Erfreulich ist auch, daß ein Wandel in der Klassifizierung der Unfallursachen stattgefunden hat. Die bisher angewandte Suche nach der Hauptunfallursache ist aufgegeben worden. Heute geht man dazu über, alle wichtigen Glieder in der Kette der Ereignisse ihrer Wertigkeit entsprechend aufzulisten. Dabei wird ein Glied in dieser Kette definiert als etwas, dessen Fehlen den Unfall verhindert hätte.

Doch die Zeichen der Zeit scheinen einige Aufsichts- und Zulassungsbehörden wie die amerikanische FAA, aber auch Flugzeughersteller wie z. B. Airbus Industrie in Toulouse noch nicht zu beherzigen. So legte ein Sprecher des Unternehmens gegenüber der *Süddeutschen Zeitung* Wert auf die Feststellung, »daß bei keinem der bisherigen Airbus-Unglücke die eingesetzten Untersuchungskommissionen einen direkten Zusammenhang zwischen einem Flugunfall und einem Maschinendefekt herstellen konnten«[1]. In der Tat konnte Airbus bisher bei jedem Unfall nachweisen, daß die Flugzeuge immer völlig »designgemäß« funktioniert hatten.

Auf dieses Statement des Pressesprechers reagierte ein erfahrener Airbus-Pilot mit folgendem Kommentar: »Da man getrost davon ausgehen kann, daß die Piloten nicht urplötzlich dümmer geworden sind, muß es dann doch wohl andere Ursachen geben. Offensichtlich, und das verkennt der größte europäische Flugzeughersteller allzu gerne, gibt es ein Problem des mangelnden Wissens, einer nicht ausreichenden Ausbildung und dazu einer solch schlechten Ergonomie, die diese Flugzeuge ganz einfach schlecht handhabbar machen.«

1 Gerhard Heidelberg: »Wir sind nicht schlechter als die anderen«, *Süddeutsche Zeitung* vom 11. 8. 1994.

# 2. Von Menschen und Maschinen

»Die Maschine isoliert den Menschen nicht vor den großen Problemen der Natur, sie stürzt ihn noch tiefer hinein.«
*Antoine de Saint-Exupéry*

## 1. Ein (fast) alltäglicher Take-Off

Die Boeing 757 war voll betankt. Zusätzlich zu dieser Menge Kerosin war der Frachtraum mit Waren vollgepackt und die Maschine bis auf die Notsitze voll besetzt. Bei dieser Fluggesellschaft, der Staatsairline eines kleinen asiatischen Entwicklungslandes, eine völlig normale Situation.

Bei dieser Fluggesellschaft dürfen nur die »erfahrensten Piloten« die Langstrecke fliegen. Da aber zwei Drittel der Pilotenschaft schon zum Kapitän avanciert sind, kommt es häufig vor, daß zwei Kapitäne im Cockpit sitzen. Meist wird vorher ausgelost, wer der Kommandant, also derjenige mit der Befehlsgewalt sein soll. So kam es, daß auch an diesem Tag gleich zwei Kapitäne an Bord waren und der von der Seniorität her, das heißt aufgrund seines Alters oder seiner Flugstunden »Höhergestellte«, auf dem rechten Sitz, also dem Platz des Copiloten saß.

»XY 460, you are cleared to take-off runway 1–8, wind 2–1–0 with 0–5 knots, good night«, war die Anweisung des Towers. Die Boeing 757 hatte Starterlaubnis. »Frankfurt tower, cleared for take-off runway 1–8, thank you and bye bye, XY 460...«, gab der Copilot an den Tower durch. In diesem Moment schob der amtierende Kommandant auf dem linken Sitz bereits beide Schubhebel nach vorne und gab beiden Triebwerken Vollgas. Während des nun beginnenden Beschleunigungsvorganges herrscht immer höchste Anspannung im Cockpit. Nur noch wenige Sekunden lang gibt es jetzt eine Möglichkeit zum ungefährlichen Startabbruch. Nach Erreichen der kritischen Marke $V_1$, der Geschwindigkeit, bei der die verbleibende Rollbahn für ein Abbremsmanöver nicht mehr ausreicht, gibt es kein Zurück mehr, dann muß gestartet werden. Fällt in diesem Moment eines der beiden Triebwerke aus oder fängt es gar Feuer, muß das Flugzeug trotzdem eine Platzrunde fliegen und sofort wieder landen. Daher ist diese Phase eine Hochkonzentrationsphase für alle Piloten. Auf den Anzeigen im Cockpit suchen sie förmlich nach Indikatoren dafür, daß irgend etwas mit den Komponenten des Flugzeuges nicht in Ordnung ist. Denn noch kann man den Start abbrechen und der Defekt von den Bodenmechanikern repariert werden – in einer Reiseflughöhe von 10.000 Metern nicht mehr. Gleichzeitig bedeutet genau dieser Moment die letzte Maximalbelastungs-Prüfung der Triebwerke über einen Zeitraum von fast 50 Sekunden, bevor man sich in der Luft befindet.

Noch vor der kritischen Marke $V_1$, dem Erreichen der Entscheidungsgeschwindigkeit zum Abbruch oder Fortsetzen des Starts, beginnt eines der beiden Triebwerke unruhig zu laufen. Auf dem mittleren Monitor zwischen den Piloten leuchten die Anzeigen für das Triebwerk in Gelb auf. Das bedeutet Gefahr. In Sekundenbruchteilen entscheidet daraufhin der Kapitän auf dem linken Sitz, den Start abzubrechen. Noch hat er genügend Startbahn vor sich, um die 109 Tonnen aus Stahl und Aluminium abbremsen zu können. Er zieht mit der rechten Hand beide Schubhebel zurück und öffnet die Reverser, jene Klappen am Triebwerk, auch Schubumkehrer genannt, die den Schub statt nach hinten nunmehr nach vorne umlenken, wodurch eine Bremswirkung erzeugt wird. Zu seinem Entsetzen schiebt jedoch sein Copilot die Gashebel wieder auf volle Leistung. »Nur eine Fehlanzeige! – Take off!«, raunzt er in schroffem Befehlston und läßt den Untergebenen seine Seniorität spüren. Die den Piloten entlastenden und überwachenden Computersysteme sehen aber für den Fall eines plötzlichen Startabbruches ein »Max-Brake«, also maximale Bremsleistung, vor. Und einmal darauf programmiert, zieht der Computer auch in dieser Situation seinen

Programmablauf durch. Also beginnt das System mit voller zur Verfügung stehender Leistung abzubremsen. Fatal, denn das verkürzt die verbleibende Rollstrecke, die ein Abheben des Stahlkolosses noch zuließe, dramatisch um ein Vielfaches. Der Pilot auf dem linken Sitz der Boeing 757 erstarrt in seinem Sitz. »You have Control«[1], sind seine letzten Worte an den Mann rechts neben ihm, der nun das eigentlich schon gescheiterte Startmanöver übernimmt.

Der »Senior« deaktiviert das automatische Bremssystem, und die Maschine beginnt erneut voll zu beschleunigen. Das kann einfach nicht gutgehen, gleich kommt der Crash, denkt der soeben auf unter erfahrenen Piloten absolut unübliche Weise seines Kommandos enthobene Kommandant des Fluges. Noch wenige Meter, da rasen schon die Endlichter der Runway an ihnen vorbei, und vor ihnen, durch die starken Scheinwerfer klar zu erkennen, tauchen Bäume aus dem Dunkel der Nacht auf. Jetzt muß es gleich knallen, dann ist alles vorbei. Die 40 Tonnen Kerosin werden das Flugzeug binnen Sekunden in eine Feuerhölle verwandeln …

Aber der »Senior« hat mehr Glück als Verstand. Genau auf den letzten Metern der Betonpiste zieht er an seiner Steuersäule und gibt so dem Flugzeug den Befehl, die Nase hochzunehmen. Langsam hebt sich die Maschine, sehr schwerfällig, aber sie beginnt zu fliegen. Die Luftströmung um die Tragflächen reicht aus, um genügend Auftrieb zu erzeugen und den Giganten in die Luft zu heben.

Im Cockpit herrscht Totenstille. Nur die allernotwendigsten Mitteilungen werden ausgetauscht, bis die Boeing 757 fünfeinhalb Stunden später in Dubai landet und die Crew durch eine neue Besatzung ersetzt wird.

Der Kapitän, der das Flugzeug hier in Dubai übernahm, mußte etwas später eine Meldung der Bodenmechaniker abzeichnen, auf die er sich keinen Reim machen konnte: »Aus den Radkästen des Hauptfahrwerkes wurden Tannenäste und Laub entfernt.« Dubai liegt fast in der Wüste, und weit und breit gibt es keine Bäume, vor allem keine Tannen. Da die vorige Besatzung schon gegangen war, zeichnete er die Meldung halt ab. Einige Wochen später war sie aus dem Logbuch der Maschine verschwunden. Da es bei dieser Fluggesellschaft keine Interessenvertretung der Piloten gibt und auch keine

1 »Sie haben die Kontrolle« – Übergabekommando im Cockpit.

unabhängige Aufsichtsbehörde, wurde der Pilot, der diesen höchst riskanten, ja schon kriminellen Start verursacht hatte, auch bis heute nicht disziplinarisch belangt, geschweige denn von seiner Gesellschaft zur Rechenschaft gezogen. Anders hätte es sicherlich ausgesehen, wenn das Flugzeug in den Wald gerast und dort explodiert wäre, viele Passagiere getötet und vielleicht ein paar wenige mit schwersten Verbrennungen für ihr Leben entstellt worden wären. Vielleicht hätte die dann einberufene Unfallkommission den Cockpit-Voice-Recorder, jenes feuersicher verpackte Tonbandgerät, gefunden, das die letzten 30 Minuten alle Worte und Geräusche im Cockpit aufnimmt, und ihn zusammen mit dem Flugdatenschreiber, der jedes Manöver genauestens festhält, ausgewertet. Die Unfallursache wäre, wie so häufig, glasklar gewesen: ein Pilotenfehler.

Aber keiner der 213 Passagiere hatte etwas von dieser hochbrisanten Situation vor dem Abheben in Frankfurt bemerkt. Sie genossen unbekümmert ihren Urlaub und flogen auch mit der gleichen Fluggesellschaft wieder zurück nach Deutschland.

Es war – mal wieder – alles gerade noch gutgegangen.

## 2. Irren ist menschlich – vom Absturz des British Midland Fluges 092 am 8. 1. 1989

Es war ein sehr schönes, neues Flugzeug. Nur 521 Stunden war die Boeing 737–400 seit ihrer Auslieferung an die englische Fluggesellschaft British Midland geflogen. Und gerade mal 23 Stunden hatte der Kapitän auf diesem Flugzeugtyp Erfahrungen gesammelt. Der Copilot konnte 140 % mehr Flugstunden vorweisen, um einmal eine freundlichere Zahl zu nennen.

Die Reise sollte von London Heathrow nach Belfast in Irland gehen. Neben den beiden Männern im Cockpit und einer sechsköpfigen Kabinenbesatzung waren 118 Passagiere an Bord der Maschine. Man befand sich im Steigflug auf die Reiseflughöhe von 35.000 Fuß und hatte gerade die Flughöhe 280, also 28.000 Fuß (9.300 m) passiert, als die Passagiere und die Besatzung unangenehme starke Vibrationen spürten. Dann nahmen die Insassen einen beißenden Brandgeruch wahr. Die Crew entschied sich, ein vermeintlich defektes Triebwerk abzustellen und den nächsten verfügbaren Flugplatz anzufliegen: East Midlands. Dort endete der Flug an einer Böschung der Autobahn M 1, eine halbe Meile vor der angesteuerten Landebahn. 47 getötete Passagiere waren zu beklagen. Schwer verletzt überlebten 67 Passagiere und sieben Besatzungsmitglieder den Absturz, fünf Personen blieben unverletzt. Die Unfalluntersuchung enthüllte 15 Monate später: Die Piloten hatten das falsche Triebwerk abgestellt und waren sozusagen antriebslos abgestürzt. Wie konnte das geschehen?

Um die oben genannten Zahlen ein wenig zu relativieren: Der Kapitän hatte immerhin eine Gesamtflugerfahrung von 13.100 Stunden. Auch der Copilot kann mit seinen 3.300 Stunden insgesamt nicht als unerfahren bezeichnet werden. Also der Reihe nach: Man versuche sich einmal in die Situation im Cockpit zu versetzen. Auch die Boeing 737–400 ist ein hochmodernes Flugzeug. Längst ist das alte Uhren-Cockpit modernen LCD- und Digitalanzeigen gewichen. Flug 092 hat eine Freigabe für den Steigflug auf Flightlevel 350, also 35.000 Fuß, erhalten. Zu diesem Zeitpunkt, etwa 25 Minuten nach dem Start in Heathrow, ist der Autopilot eingeschaltet, und auch die automatische Schubregelung ist aktiviert. Als alles so schön normal läuft, bricht im linken Triebwerk der äußere Teil einer der 38 Turbinenschaufeln weg. Die auftretende Unwucht ist erheblich. Der Schaufelkranz läuft oszillierend an seiner Ummantelung und schabt sie ab. Als Folge wird in der gesamten Kabine Rauch wahrgenommen. Die Vibrationen versetzen die Wände des vorderen Küchenkompartments in starke Schwingungen.

Zu diesem Zeitpunkt ist der Copilot der fliegende Pilot, aber der Kapitän schaltet den Autopiloten einfach aus und übernimmt ohne jeden weiteren Kommentar die Flugzeugführung. Der folgende Satz aus dem Unfalluntersuchungsbericht verdeutlicht sehr schön, wie der Hase im modernen Glascockpit läuft: »Er (der Kapitän ) erklärte später, daß er auf die Anzeigen der Triebwerke geschaut hätte, aber dort keinerlei klare Anhaltspunkte über die Ursache des Problems ablesen konnte.«

Heftige Vibrationen und gleichzeitiger Brandgeruch liegen außerhalb der Erfahrungen und des Simulatortrainings – nicht nur dieser Besatzung. Das Fliegen und Landen mit nur einem Triebwerk gehört dagegen zum Standardprogramm einer jeden Simulatorüberprüfung, die ja immerhin die Grundlage für die Lizenzverlängerung bildet und daher mindestens jedes Jahr einmal von jedem Piloten absolviert werden muß. Da aber nun eine Situation auftritt, die bisher nicht geübt wurde, erschließt sich dem Copiloten das Problem auch nicht in seinem vollen Ausmaß. Außerdem war er Bruchteile von Sekunden zuvor ja auch noch auf die wesentlichen Instrumente der Flugzeugführung konzentriert, sprich: Er beobachtete auf seinem vorderen Monitor die Navigationsanzeigen. Auf die Frage des Kapitäns, welches Triebwerk denn das fehlerhafte sei, antwortet der Copilot: »Es ist das li..., es ist das rechte.« Darauf sagt der Kapitän: »Okay, nimm da den Schub raus!«

Und genau das passiert dann auch: Der Copilot stellt das rechte Triebwerk auf Leerlauf. An dieser Stelle sind Zweifel erlaubt, ob da eine gründliche Fehleranalyse vorgenommen wurde, bevor man sich zu einer Aktion entschied. Das rechte Triebwerk als das fehlerhafte paßt jedoch genau in die Vorstellung des Kapitäns. Glaubt er doch, der Rauch zöge aus der Kabine ins Cockpit, denn deren Klimaanlage wird ja hauptsächlich mit Druckluft vom rechten Triebwerk versorgt. Der Copilot weiß später nicht mehr zu sagen, welche Anzeigen ihn zu seiner Analyse veranlaßt haben. Und für den Laien, der da glaubt, es gäbe keine Doppelfehler im modernen, computerüberwachten Flugzeug, bringt diese Geschichte auch noch eine Überraschung: Just als das rechte Triebwerk auf Leerlauf gebracht wird, stabilisiert sich wegen des Ausschaltens des automatischen Schubregelsystems das linke Triebwerk wieder.[1] Gibt es eine deutlichere Bestätigung der Richtigkeit des eigenen Handels?

Mit dem Abstellen des vermeintlich defekten Triebwerkes ist es ja dann nicht mehr so eilig. Die kritische Situation ist zunächst einmal

1 Wenn ein Triebwerk »pumpt«, sinkt seine Drehzahl ab. Solange das automatische Schubregelsystem eingeschaltet ist, versucht es die zu niedrige Drehzahl eines pumpenden Triebwerkes auf die angestrebte Soll-Drehzahl zu bringen. Deshalb läßt das System mehr Treibstoff in die Brennkammer einspritzen, was aber in diesem Fall dazu führt, daß sich ein höherer Druck im hinteren Bereich des Triebwerkes bildet. Dieser höhere Druck setzt sich schlagartig nach vorne durch, das Triebwerk pumpt so noch stärker. Beim Ausschalten des automatischen Schubregelsystems wird dann wieder weniger Treibstoff in die Brennkammer eingespritzt, das Pumpen hört auf.

unter Kontrolle – so nimmt man in diesem Augenblick im Cockpit an, und das heißt: etwas Luft für andere Dinge. Nur leider wird in diesem Fall diese Chance nicht genutzt, denn jetzt hat ein Funkspruch mit der Operations-Abteilung der eigenen Gesellschaft Vorrang. Kurzum, zwei Minuten und sieben Sekunden nach Einsetzen der Vibrationen wird in einer Gesprächspause dieses Funkgesprächs das rechte Triebwerk stillgelegt. Das geschieht dadurch, daß der Starthebel auf die Position »Cut-off«, also »Abgeschaltet« gesetzt wird. Das eigentlich defekte Triebwerk, nämlich das linke, läuft weiter und verhält sich unauffällig.

Wirklich unauffällig? Die Vibrationsanzeige steht seit Auftreten des Fehlers auf Maximum und bleibt dort auch für weitere drei Minuten. Es handelt sich um eine dieser hochmodernen Formen der Darstellung mittels mehrerer LCDs. Nicht etwa ein deutlich ins Auge fallendes zeigerähnliches Gebilde mit eventuell noch einem roten, sozusagen »kritischen« Bereich. Nein, das wäre viel zu altmodisch. An der Peripherie der Skala wandert ein kleines Strichlein, das den anzuzeigenden Wert darstellt. Fatal, daß bei dieser Art der Vibrationsanzeigen zwischen den Werten 3,8 und 5 dieses Strichlein sehr nahe unter der vergleichsweise dominanten Ölmengenanzeige zu stehen kommt. Da sieht man es leider schlecht. Oder ist es ein Problem, daß an der Stelle, an der bei der alten, elektromechanischen Instrumentierung die Vibration angezeigt wurde, das moderne, elektrische System den Hydraulikdruck zeigt? Mit diesen Handicaps allein könnte man vielleicht noch leben, aber, wie so oft, kommt noch ein wenig hinzu.

Als der 43jährige Kapitän seinen Kursus auf einer Boeing 737–300, also der etwas älteren, kleineren Version, gemacht hatte, da gab es noch kein Notfall-Verfahren für Engine High Vibration, also starke Triebwerksvibrationen! Und als er zehn Monate später seine eintägige Umschulung auf das Modell Boeing 737–400 machte, da gab es keinen Simulator mit einem voll-elektronischen Instrumenten-System. Und hätte es ihn gegeben, hätte es ihm in dieser Situation, in die er nun geraten war, etwa geholfen? Die persönliche Erfahrung vieler Piloten spricht dagegen. Viel lieber wird nämlich bei Simulatorübungen stereotyp ein Triebwerk nach dem anderen wegen einer Feuerwarnung oder sinkenden Öldrucks abgestellt.

Aber noch eine weitere Chance, dem, was da kommt, zu entrinnen, geht ungenutzt vorüber: Während des eingeleiteten Sinkfluges macht der Kapitän eine Passagieransage und erklärt, man habe das rechte Triebwerk abgestellt. Einige Passagiere, so bestätigen später die Befragungen, haben die Flammen zwar am linken Triebwerk gesehen, enthalten sich aber jeden Kommentars über diese Diskrepanz. Eigentlich auch nicht die Aufgabe von Passagieren. Die Kabinencrew jedoch hört diese Ansage angeblich überhaupt nicht. Wieso eigentlich nicht? Die drei Flugbegleiter, die die Probleme am linken Triebwerk gesehen haben, behalten ihr Wissen für sich. Hat ihnen nie jemand gesagt, daß ihre Informationen wichtig, ja sogar überlebenswichtig sein können? Oder geht der Satz »Der Kapitän hat immer recht« wirklich schon so weit?

Im Anflug reagiert der linke Motor auf die Kommandos der Schubhebel normal. Die Vibrationsanzeige steht zwar wieder im absoluten Maximum, aber das Triebwerk läuft noch weitere vier Minuten, bis es sich plötzlich spektakulär in seine Einzelteile zerlegt. Teile der jetzt zerstörten Triebwerksschaufeln werden später aus einem überflogenen Schweinezuchtbetrieb geborgen.

Nun erst werden die Piloten sich ihrer fatalen Lage bewußt. Ohne Antrieb haben sie keine großen Chancen, die rettende Landebahn zu erreichen. Der Versuch, das übriggebliebene rechte Triebwerk zu starten, kommt wesentlich zu spät. Dabei ist anzumerken, daß es bei der Boeing 737 für ein solches Anlassen des Triebwerkes im Flug noch nicht einmal eine Checkliste gibt. Sie hätte den Piloten in dieser Situation wertvolle Hilfestellung geben können. Die einzig verwendbare Checkliste ist aber eine, die für den Zustand nach »All Engines Flame Out« (Verlöschen aller Triebwerke) gilt. Und die sieht ausgerechnet nur das Wiederanlassen des linken Triebwerks vor. Eine Logik, die sich keinem so recht erschließen will. Das heißt also, daß das Wiederanlassen des rechten Triebwerkes improvisiert werden muß. Aber dazu kommt es nicht mehr, die verbleibende Zeit reicht nicht mehr aus.

Um ein im Flug stillgelegtes oder ausgefallenes Triebwerk wieder zu starten, bedarf es nämlich einiger elementarer Voraussetzungen: Erstens braucht das Triebwerk zum Anlassen Druck aus dem Kompressor. Das kann im Flug durch sogenanntes »Windmilling«, also das Drehen der Luftschaufeln durch den Fahrtwind (ähnlich dem Prinzip einer Windmühle) erreicht werden, vorausgesetzt die Geschwindigkeit ist hoch genug. Im Landeanflug ist ein Flugzeug jedoch so langsam, daß dieses Verfahren ausscheidet. Als andere Möglichkeit käme die Hilfsgasturbine (APU) in Frage. Damit sie jedoch die erforderliche Druckluft an das Triebwerk liefert, müssen zunächst mittels verschiedener Schaltungen die entsprechenden Voraussetzungen geschaffen werden, die zu allem Überfluß bei der Boeing 737 für beide Triebwerke unterschiedlich sind. Hierbei vergehen bereits einige Sekunden. Die dritte Möglichkeit wäre, die Druckluft des linken Triebwerkes mittels einer Schaltung auf den Startermotor des rechten Triebwerkes zu leiten. Das schied in diesem Fall jedoch von vornherein aus, da sich das linke Triebwerk ja bereits »verabschiedet« hatte. Dann dauert es immer noch ca. 20–30 Sekunden, bis der erforderliche Druck am Kompressor des Triebwerkes aufgebaut ist und es nun gestartet werden kann. Seine eigentliche Schubleistung erreicht es erst nach weiteren 10–20 Sekunden.

Fazit: Der Unfall wäre so nicht geschehen, wenn nicht mindestens drei Umstände zusammengetroffen wären: Erstens fiel die Turbinenschaufel einem Ermüdungsbruch zum Opfer, zweitens stellte die Crew das falsche Triebwerk ab, und drittens enthielten die Dokumentation und das Handbuch des Flugzeuges kein Verfahren, das für eine Situation, in der alle Triebwerke ausgefallen sind, einen Anlaßvorgang des rechten Triebwerkes (z.B. mit Hilfe der APU) beschrieben hätte. Dieser Mangel war bis dahin weder der Zulassungsbehörde, der amerikanischen FAA, noch dem Hersteller Boeing aufgefallen. So hätte man aus der Sicht der Piloten doch wieder mehr als das berühmte »Minimum« wissen müssen.

Am CFM 56–3C Triebwerk traten im Juni 1989 zwei weitere, nahezu identische Brüche auf. Es stellte sich später heraus, daß im Verlauf der Zulassung dieses Triebwerkes sein Vibrationsverhalten unter nicht realistischen Bedingungen ermittelt und dann hochgerechnet worden war. Ähnlich leichtsinnig hat Boeing das Verhalten eines Flugzeuges mit geöffnetem Schubumkehrer auf einem Triebwerk mit nur geringer Geschwindigkeit und in einer geringen Höhe untersucht und dann auf die Bedingungen bei Hochgeschwindigkeit und großer Höhe hochgerechnet. Das falsche Ergebnis hat maßgeblich zu dem Absturz einer Boeing 767 der Lauda-Air in Thailand beigetragen (vgl. Kap. 2.3), als sich dort im Steigflug plötzlich der linke Schubumkehrer öffnete. Erst im Zuge der Analyse dieses Unfalls mußte Boeing einsehen, daß man von falschen Annahmen ausgegangen war, und hat daraufhin das System verändert. Wenn die Rechnung falsch ist, kann das Ergebnis kaum richtig sein.

Die zweite Unfallursache, das Abstellen des intakten Triebwerkes, gehört sicherlich insofern in die Kategorie »menschliches Versagen«, als die Aktion entgegen den Vorschriften, überhastet und ohne vorhergegangene ausreichende Analyse des Problems geschah. Allerdings muß man den Piloten zugute halten, daß die Symptome neu und überraschend waren und der Streß in dieser Situation entsprechend groß. Es offenbart sich eindeutig ein Mangel an Training und nur unzureichendes Wissen über untergeordnete Systeme wie die automatische Schubregulierung und die Vibrationsanzeige dieses Flugzeugtyps. Das leider mittlerweile überall angewandte Prinzip, daß ein Minimum an technischem Wissen für die Bedienung eines modernen Flugzeuges ausreichend sei, basiert auf der irrigen Annahme, daß alle möglicherweise auftretenden Fehler vorausgesehen werden können. Es liegt aber auf der Hand, daß dies nicht nur eine unsichere, sondern auch sehr gefährliche Annahme ist.

Dieser Unfall wäre möglicherweise auch nicht so geschehen, wenn die Beobachtungen der Flugbegleiter den Piloten mitgeteilt worden wären. Bis sich jedoch die Erkenntnis, daß solche Informationen lebensrettend sein können, überall durchgesetzt hat, könnte man zumindest durch entsprechende Hinweise beim Crew-Briefing, dem Zusammentreffen der gesamten Kabinen- und Cockpitbesatzung vor dem Abflug, kostenlos ein wenig mehr Sicherheit produzieren. Jedenfalls sollte davon Abstand genommen werden, eine außergewöhnliche Wahrnehmung seitens der Flugbegleiter oder auch eines Passagiers lächerlich zu machen, sollte sich die Wahrnehmung als harmlos erweisen. Eine leider weit verbreitete Praxis, besonders unter nicht selten viel zu arrogant auftretenden Flugbegleitern...[1]

1 Quelle: Unfallbericht der Arbeitsgruppe »Accident Analysis« der Vereinigung Cockpit.

# 3. Schlampen, Pfuschen und Vertuschen – der letzte Flug der »Mozart«, oder: 61 Fehlermeldungen bis zum Crash

»Ist die Boeing wegen einer Idiotie von mir abgestürzt, dann höre ich auf mit der Airline.«

Dreifacher Ex-Formel 1-Weltmeister und Airline-Chef *Niki Lauda* im Mai 1991 zum *Spiegel*.

»Und liebst du deine Frau nicht mehr,
dann schick sie mit der Lauda Air
und warte auf die Schubumkehr«

Graffiti in der Herrentoilette auf der Lufthansa-Basis in Frankfurt am Main

## Der Unfall

7.444 Stunden hatte die Boeing 767–300 ER mit dem wohlklingenden Namen »Mozart« in den anderthalb Jahren seit ihrer Auslieferung an die österreichische Fluggesellschaft Lauda Air geflogen. Das Unternehmen des ehemaligen Formel 1-Rennfahrers Andreas »Niki« Lauda war schnell expandiert, nachdem er von der österreichischen Luftaufsichtsbehörde die Genehmigung für Langstrekkenoperationen erhalten hatte. Von der heimischen Konkurrenz, der Austrian Airlines, argwöhnisch beäugt, versuchte sich der Neuling offensiv auf dem Markt zu behaupten und baute innerhalb kurzer Zeit ein beachtliches Streckennetz auf.

Am 26. Mai 1991 befand sich die »Mozart« auf dem planmäßigen Linienflug von Hongkong nach Wien. Die Streckenführung sah eine Zwischenlandung auf Bangkoks Don-Muang Flughafen vor. Um 16.02 Uhr hob die Boeing 767 vollgetankt und mit 213 Passagieren und 10 Besatzungsmitgliedern an Bord von der Startbahn 21 L wieder ab. Kommandant des Fluges war der 48jährige Amerikaner Thomas Welch. Welch hatte zum Zeitpunkt des Unglücks mehr als 11.750 Stunden Flugerfahrung. Bevor er zu Lauda Air kam, war er in den USA lange für die amerikanische Fluggesellschaft Eastern geflogen, bis diese in Konkurs ging. Als 1. Offizier saß der 41jährige Copilot

Josef Thurner auf dem rechten Sitz des Cockpits. Der Österreicher flog seit sechs Jahren und hatte insgesamt 6.500 Stunden Flugerfahrung.

Folgt man der Auswertung des Cockpit-Voice-Recorders, verlief alles routinemäßig und normal bis fünf Minuten und 45 Sekunden nach dem Start. Zu diesem Zeitpunkt befand sich das Flugzeug im Steigflug auf die zugewiesene Flughöhe von 31.000 Fuß. Als man gerade 11.000 Fuß passiert, entdeckt der Co-Pilot Thurner auf der mittleren Konsole, vor bzw. zwischen den Schubhebeln, eine gelb flackernde Anzeige des Reverser Isolation Valve.[1] Auch dem Kapitän fällt dieses flackernde Warnlicht knapp zwei Sekunden später auf. Aber noch ahnen die Piloten nicht, daß sich eine Katastrophe anbahnt. Thurners Aufmerksamkeit richtet sich zunächst auf das Korrigieren der Höhenmessereinstellung. Er stellt diesen vom Bodendruck auf den Normdruck von 1.013 Millibar um. Eine Minute und 35 Sekunden später fragt Welch seinen Copiloten aber dann doch, was denn die Checkliste im Boeing-Handbuch über das Aufleuchten der Absperrventillampe aussagt. Thurner schlägt daraufhin das Handbuch auf und liest vor: »Additional system failures may cause inflight deployment. Expect normal reverser operation after landing.« Was zu Deutsch heißt: »Zusätzliche Systemfehler können das Ausfahren der Schubumkehrer während des Fluges verursachen. Erwarten Sie normale Umkehrschubfunktion nach der Landung.«

Den Piloten sollte also spätestens jetzt klar sein, daß sie es mit einem Problem an der Schubumkehr des Triebwerkes zu tun haben. Aber das Boeing-Handbuch ist hier mißverständlich. Es gibt bezüglich des Ventils keine weiteren Anweisungen vor. Eigentlich hätte hier ein Querverweis zum Kapitel »Reverser unlocked«, also »entriegelter Schubumkehrer« enthalten sein müssen. Das hätte die Aufmerksamkeit der Piloten wahrscheinlich erhöht. Durch den – zwar deutlich abgesetzten – zweiten Satz wird die Warnung jedoch abgeschwächt, werden die Piloten in Sicherheit gewiegt, da sie ja eine normale Funktion der Schubumkehrer nach der Landung erwarten dürfen. Welch und Thurner verkennen also das Problem, sie bleiben passiv, weil ihnen die Checkliste keinen Anlaß zu einer Handlung gibt.

1 Absperrventil in der Hydraulikleitung für den Umkehrschub.

Auch Welch liest sich den Satz im Handbuch noch einmal selbst durch und ist dann offensichtlich beruhigt.

Knapp vier Minuten nach dem ersten Entdecken der flackernden Anzeige will der Copilot dann aber doch etwas unternehmen. Er fragt Welch, ob er über die Firmenfunkfrequenz einmal das Bodenpersonal der Lauda Air in Bangkok fragen soll. Der Kapitän widmet wieder seine Aufmerksamkeit dem flackernden Licht zwischen den Schubhebeln. Offensichtlich kann er sich über diesen Fehler kein klares Bild machen, den nun sagt er seinem Copiloten: »Du kannst es ihm erzählen. Gerade... es ist... es ist... es ist gerade... es ist vielleicht,... nein... Luftfeuchtigkeit oder eine andere Ursache. Es ist nicht richtig an, es geht an und aus.« Der Kapitän begreift immer noch nicht den Ernst der Situation. Ihm erscheint es plausibel, daß die hohe Luftfeuchtigkeit in Bangkok einen Kurzschluß ausgelöst hat und es deshalb zu einer »Geisteranzeige« kommt. Solche Phänomene sind in elektronischen Systemen schon mehrfach aufgetreten. In diesem Fall hat das flackernde Licht jedoch offenbar auf einen Systemfehler hingewiesen, bildlich ausgedrückt: auf eine »Auseinandersetzung« zwischen dem hydraulischen Ventil zum Öffnen des Schubumkehrers und der das System überwachenden Elektronik, die den Befehl zum Öffnen des Ventils ständig widerrief. Das gelbe Warnlicht gibt den Piloten keinerlei Hinweis darauf, welches der beiden Schubumkehrsysteme betroffen ist. Eigentlich müßte eine solche Meldung auf der Anzeige des mittleren Bildschirms im Cockpit erscheinen, dort, wo Fehlermeldungen und die betroffenen Systeme angezeigt werden. Doch das war in der Boeing 767 nicht vorgesehen. Also interpretieren Welch und Thurner das Aufleuchten so, wie es in der Checkliste im Handbuch erscheint: ein Systemfehler, der jedoch keine spezifische Aktion vom Piloten verlangt.

Vier Minuten und 38 Sekunden später fällt dem Copiloten Thurner auf, daß das Flugzeug nicht mehr in seiner idealen Fluglage, also »ausgetrimmt« ist. Er weist seinen Kapitän mit den Worten: »Ich denke, du solltest das Seitenruder ein bißchen nach links trimmen« auf diesen Zustand hin. Welch wundert sich: »Was ist denn das?«, und Thurner wiederholt seinen Vorschlag: »Du solltest das Ruder ein bißchen nach links trimmen!« Daraufhin verstellt Welch die Seitenrudertrimmung. Copilot Thurner beginnt nun, minutenlang Zahlen zu addieren. Offensichtlich überprüft er den

Flugplan und versucht, die genaue Ankunftszeit für Wien zu bestimmen.

Dieses Verhalten des Copiloten zeigt, daß er den Ernst der Lage immer noch nicht realisiert hat. Objektiv gesehen ist es außerordentlich ungewöhnlich, daß sich ein Copilot in aller Ruhe dem Flugplan widmet, während eine Warnlampe leuchtet und das Flugzeug aus seiner idealen Fluglage geraten ist. Drei Minuten und 47 Sekunden passiert nun nichts. In dieser Zeit hätte das Unglück zum Beispiel durch einfache Leerlaufstellung des Triebwerkes noch verhindert werden können, wäre es erkannt worden. Genau 15 Minuten und eine Sekunde nach dem Start in Bangkok, zehn Minuten und 44 Sekunden nach dem Bemerken des flackernden Lichtes des Reverser Isolation Valve kommt es dann zur Katastrophe: Der Schubumkehrer des linken Triebwerkes öffnet sich. Schlagartig bricht an dieser Tragfläche der Auftrieb zusammen und die Maschine wird herumgerissen. Thurner meldet dem Kapitän noch: »Reverser aufgefahren!« Im Cockpit erklingen nun verschiedene Alarmsirenen. Das Flugzeug geht in einen unkontrollierbaren Sturzflug über. Noch 20 Sekunden versuchen die Piloten vermutlich verzweifelt, die Boeing 767 wieder abzufangen. Die letzten Worte des Kapitäns Thomas Welch, der während dieser Phase des Absturzes mit Atemproblemen zu kämpfen hatte, waren: »Jesus Christ. – Warte einen Augenblick. – Verdammt!« Das Flugzeug erleidet bei diesem Sturzflug zahlreiche Schäden an der Konstruktion. Mehrere Teile reißen noch in der Luft ab. 27 Sekunden, nachdem die Schubumkehr des linken Triebwerkes aufgefahren ist, zerschellt die »Mozart« in einem unwegsamen, bergigen Dschungelgebiet, 94 Meilen nordwestlich von Bangkok. Niemand überlebt den Absturz.

Dieser Unfall einer Boeing 767 war der erste eines bis dahin sehr bewährten und in mehr als 350 Exemplaren ausgelieferten Flugzeugtyps. Alle Experten tappten wochenlang im Dunkeln, konnten sich einfach keinen Reim auf die Geschichte machen.

Der dreifache Formel 1-Weltmeister und Airline-Chef Niki Lauda begab sich noch in der Nacht an die Unglücksstelle im Dschungel Thailands. Erschüttert inspizierte er die Trümmer seines Flugzeuges, umringt von Helfern und zahlreichen Plünderern auf der Suche nach Wertsachen. »Niemand konnte diesen Leuten Einhalt gebieten, sie rissen den Toten sogar noch die Ringe von den Fingern«, erzählte er mir später. Lauda hoffte auf die Auswertung des feuersicheren Cockpit-Voice-Recorders und des Flugdatenschreibers. Beide Geräte wurden geborgen, aber der Flugdatenschreiber hatte nach dem Aufschlag in der Nähe eines starken Brandherdes gelegen. Als die Unfallexperten das Gerät öffneten, mußten sie feststellen, daß der Datenträger unbrauchbar geworden war. Schon bald gab es einige klarere Hinweise für die Unfalluntersucher. Als sie die Trümmer der beiden zerstörten Triebwerke bargen, mußten sie feststellen, daß am linken Triebwerk die Verriegelung des Schubumkehrsystems geöffnet war. In der Folge der Untersuchungen wurde viel spekuliert, besonders vor dem Hintergrund, daß der Hersteller Boeing in der Tatsache, daß sich die Schubumkehr im Flug geöffnet hatte, noch lange nicht die endgültige Absturzursache sehen wollte. Angeblich wäre ein solcher Flugzustand von der Besatzung kontrollierbar gewesen. Auch Niki Lauda, der kurz nach Bekanntwerden dieser Fakten gemeinsam mit seinem damaligen Chefpiloten Jörg Stöckl in einem 767-Simulator den Zustand selber nachgeflogen hat, war überzeugt, daß allein ein plötzliches Ausfahren der Schubumkehr das Flugzeug noch nicht zum Absturz gebracht hätte. In einem Interview erklärte er: »Ich bin selbst Pilot und weiß: Mit der Schubumkehr stürzt man nicht ab. Die Schubumkehr kann ein Auslöser gewesen sein für zwei, drei weitere Fehler, die dann – vielleicht – den Flieger zum Absturz gebracht haben.« (*Spiegel* Nr. 24/1991, S. 236) Niki Lauda ahnte damals noch nicht, wie unrecht er einerseits zu seinen Gunsten und wie recht er andererseits zu seinen Ungunsten haben sollte.

Der Schock für alle Beteiligten, allen voran Flugzeughersteller Boeing, kam einige Monate später, als der Unfall im Windkanal unter realistischen Bedingungen nachgestellt wurde. Zu diesem Zweck hat man ein Öffnen der Schubumkehr des linken Triebwerkes mit einem Modell einer Boeing 777[1] im Boeing Windkanal in Philadelphia simuliert. Die so gewonnenen Daten wurden dann in den 767-Simulator in Seattle überspielt. Das Ergebnis ließ den Flugzeugkonstrukteuren die Haare zu Berge stehen: Wenn die Schubumkehr bei 900

1 Zum Zeitpunkt dieser Windkanaltests in Philadelphia stand kein maßstabgetreues Modell der 767 zur Verfügung, und es hätte etliche Monate gedauert, ein solches Modell herzustellen. Daher verwendete man das Modell einer Boeing 777, die über ähnliche aerodynamische Eigenschaften wie die 767 verfügt.

km/h ausgefahren wird, dreht sich das Flugzeug mit 30 Grad pro Sekunde um die Längsachse. Das war sogar von Boeings Cheftestpilot in den Simulationsflügen nicht zu meistern. Mehrere Male stürzte er beim Versuch, geeignete Gegenmaßnahmen zu treffen, mit dem Simulator ab. Den Ingenieuren war in ihren anfänglichen Analysen bei der Konstruktion des Prototyps der Boeing 767 ein schwerwiegender Fehler unterlaufen: In der Realität verhalten sich nämlich die Großraumflugzeuge wie die Boeing 767 bei hohen Geschwindigkeiten ganz anders, als man ursprünglich angenommen hatte.

Bislang hatte man bei Boeing die Schubumkehrsysteme unter folgenden Bedingungen untersucht: In Höhen von etwa 10.000 Fuß und einer Geschwindigkeit von 500 km/h wurden die Schubumkehrer ausgefahren. Die Testpiloten mußten die Flugzeuge in dieser Phase abfangen, was auch immer gelang. Die so gewonnenen Daten wurden dann in speziellen Modellrechnern hochgerechnet. So meinte man, fehlerfrei ermitteln zu können, was in 20.000 Fuß mit 900 km/h passieren würde. Diese Testflüge und die hochgerechneten Modellanalysen reichten der amerikanischen Zulassungsbehörde FAA für die Zertifizierung des Systems völlig aus. Erst nach dem Absturz der »Mozart« und den Windkanaltests in Philadelphia entdeckten die Boeing-Spezialisten, daß eine im Reiseflug aktivierte Schubumkehr eines Mantelstromtriebwerks der betroffenen Tragfläche schlagartig bis zu 25 % Auftrieb entziehen kann. Ein zusätzliches Handicap, an das bisher niemand gedacht hatte. Weiterhin, so ergaben die Auswertungen im Hause Boeing, könnte so auch die Luftströmung um das Leitwerk am Heck abreißen. Dann ist das Flugzeug praktisch nicht mehr steuerbar.

Alle diese Erkenntnisse stehen aber eindeutig im Widerspruch zu den – wenigstens in dieser Hinsicht – strengen Anforderungen der Zulassungsbehörde FAA, nach denen ein Passagierflugzeug »selbst dann nicht in einen unsicheren Flugzustand geraten darf, wenn die Schubumkehr im Flug ausfährt«.[1]

Die FAA reagierte nach diesen Erkenntnissen mit einer sonst eher ungewöhnlichen Schnelligkeit. Die Anordnungen waren drastisch:

1 Schreiben der FAA vom 11. 9. 1991 in der Anlage E zum Untersuchungsbericht des AAIC des Thailändischen Verkehrsministeriums.

»1. Bei sämtlichen Boeing 767, die mit Pratt & Whitney-Triebwerken der 4.000er Baureihe ausgestattet waren, muß die Schubumkehr mechanisch verriegelt werden, bis Boeing die Systemphilosophie und die Designdetails der Schubumkehr grundlegend überarbeitet hatte.
2. Alle diese Designänderungen an der 767 sollen auch für die 747–400, die mit ähnlichen Triebwerken ausgestattet sind, übernommen werden.
3. Bei sämtlichen Flugzeugeen der 757er Baureihe, die wie die 767 über zwei Triebwerke verfügt, müssen die Elektrik und das Solenoidventil[1] der Schubumkehr überprüft bzw. ausgetauscht werden.
4. Auch die Flugzeuge der Baureihe 737 sollen nach denselben Kriterien überprüft werden, obwohl sie »mutmaßlich nicht von der latenten Fehlerquelle im Schubumkehrsystem betroffen sind.«[2]

Angesichts dieser Erkenntnisse und Maßnahmen konnte Niki Lauda gegenüber der österreichischen Wochenzeitung *Profil* triumphieren: »Der Endbericht wird völlig klar belegen, wie es zu dem Absturz gekommen ist, und uns einen Persilschein ausstellen.« (*Profil* Nr. 48/1992, S. 24)

## Der »offizielle« Unfallbericht

Einige Monate später erschien dann der Abschlußbericht der thailändischen Unfalluntersuchungskommission. Weil er für alles Weitere von maßgeblicher Bedeutung ist, nachfolgend auszugsweise der Wortlaut des Kapitels 3, »Schlußfolgerungen«:

»3.1. Ergebnisse

1. Die Besatzung war nach den gültigen Gesetzen und Bestimmungen der Republik Österreich für ihre Aufgaben trainiert, qualifiziert und zertifiziert.
2. Das Flugzeug wurde in Übereinstimmung mit den Bestimmungen und zugelassenen Verfahren der Republik Österreich zugelassen, ausgerüstet und gewartet …
4. Der physische Zustand des linken Schubumkehrers an der Absturzstelle bewies, daß dieser geöffnet gewesen ist.
5. Die Untersuchung des vorhandenen Computerspeichers in der linken EEC[3]

1 Ein weiteres Hydraulikventil am Schubumkehrsystem, das elektrisch über eine Magnetspule betätigt wird.
2 Zit. n. Schreiben der FAA vom 11. 9. 1991 … (s. o.)
3 Electronic Engine Control. Ein Triebwerkssteuerungscomputer, der in seinem Speicher selbständig Triebwerksdaten, festgestellte Systemfehler sowie Ergebnisse von Selbstkontrollen seiner eigenen und der von ihm überwachten und kontrollierten Systeme speichert.

weist darauf hin, daß das Triebwerk in Steigschub lief, als der Reverser aufging; der Triebwerksschub ging zurück auf Leerlauf, und die aufgezeichnete Mach-Geschwindigkeit[1] stieg von 0,78 auf 0,99 nach dem Ausfahren. Die wirklich erreichte maximale Geschwindigkeit ist wegen der Druckmeßweise und Aufzeichnungsungenauigkeiten unbekannt...

9. Die Simulation eines 25prozentigen Auftriebsverlustes, der aus dem Auffahren der Schubumkehr des linken Triebwerkes resultiert, weist darauf hin, daß ein Abfangen in dieser Situation von einer überraschten Besatzung nicht möglich ist.
10. Aus Sicht der Flugfähigkeit des Flugzeuges bleiben Fragen in bezug auf das Auftriebsverhalten bei Schubumkehr und hoher Mach-Zahl, im Flug durch Schubumkehr induzierte Beschädigung des Flugzeugrahmens bei hoher Mach-Zahl sowie die Effekte von Trudelbewegungen, die durch ein Triebwerk in Umkehrschub bei hoher Mach-Zahl verursacht werden.
11. Die Zertifizierung des Schubumkehrsystems durch die FAA erfordert, daß das Flugzeug auch bei jeder möglichen Stellung der Schubumkehr in der Lage sein muß, einen sicheren Flug und eine Landung durchzuführen (FAR 25.933(a)(2)). Windkanalversuche und Daten, die bei der Simulation dieses Unfalles verwendet wurden, haben gezeigt, daß die auftretenden aerodynamischen Effekte eines Triebwerkes, das im Flug auf Leerlauf zurücklief, in einem 25 prozentigen Auftriebsverlust unter der Tragfläche resultierte. Die Simulation des Unfalles hat gezeigt, daß ein kontrollierter Flug mit dem Flugzeug nur möglich gewesen wäre, wenn in einem Zeitraum von 4 bis 6 Sekunden nach Öffnen der Schubumkehr ein Vollausschlag durch Seiten- und Querruder erfolgt wäre.
12. Die Untersuchung des Unfalles hat ergeben, daß verschiedene Kurzschluß-Bedingungen im elektrischen System während des automatischen Zufahrbefehls möglicherweise das Directional Control Valve (DCV)[2] veranlassen können, auf die Öffnungsposition umzuspringen. Es konnte aber keine bestimmte Kabel- oder andere Fehlfunktion einer Komponente physisch identifiziert werden, die das ungewollte Ausfahren der Schubumkehr bei dem Unglücksflugzeug verursacht hat...
14. Es konnte keine spezifische Lauda Air-Wartungsaktivität identifiziert werden, die das ungewollte Öffnen der Schubumkehr verursacht hatte.

### 3.2. Mögliche Ursache

Die Unfalluntersuchungskommission der Thailändischen Regierung bestimmt als mögliche Ursache dieses Unfalles das ungewollte Öffnen des Schubumkehrers am linken Triebwerk, was zu einem Verlust der Flugpfad-Kontrolle führte. Die genaue Ursache für das Öffnen der Schubumkehr konnte nicht eindeutig festgestellt werden.«

---

1 In großen Höhen wird die Fluggeschwindigkeit in Prozent der aktuellen Schallgeschwindigkeit (= Mach) errechnet und angezeigt.
2 Dieses Ventil ist für das Auf- und Zufahren des Schubumkehrers zuständig.

Von einer »klaren Ursache« und einem »Persilschein« ist der offizielle thailändische Abschlußbericht also weit entfernt. Der Bericht differenziert in manchen Bereichen stark, z.B. in bezug auf die Wartung und den Betrieb der »Mozart«. Im entsprechenden Abschnitt ist zu lesen, daß dies in Übereinstimmung mit den österreichischen Bestimmungen durchgeführt wurde, jedoch nicht immer mit den Vorschriften des Herstellers Boeing. Das galt insbesondere für die unzureichende Wartung und Systemfehlersuche an der Schubumkehr des Flugzeuges. Die Lauda-Techniker hatten über Monate immer die gleiche Fehlermeldung ohne jeden Erfolg untersucht, ohne ein einziges Mal den Hersteller Boeing darüber bzw. über einen eventuellen Fehler in der Dokumentation des Wartungshandbuches zu informieren. So kann dann auch die Feststellung in Punkt 14 der »Ergebnisse« nur als ein »Mangel an Beweisen« verstanden werden, bei weitem jedoch nicht als ein Freibrief. Doch solche Feinheiten erschließen sich nur demjenigen, der in die Materie tiefer einsteigt.

Airline-Chef Niki Lauda jedenfalls atmete erst einmal auf. Aber auch einige Herren in der österreichischen Luftaufsichtsbehörde, dem Bundesamt für Zivilluftfahrt (BAZ), konnten sich zurücklehnen. Zumindest, bis ein gutes Jahr später durch reinen Zufall Inhalte aus einem weiteren Gutachten bekannt wurden. Auch dieses Gutachten beschäftigte sich mit dem Absturz der »Mozart« am 26. Mai 1991 und kam stellenweise zu ganz anderen Feststellungen als der thailändische Unfallbericht. Immerhin war es von der Abteilung für Strafsachen des Wiener Landgerichts in Auftrag gegeben worden. Hier war ein Ermittlungsverfahren gegen Unbekannt anhängig. Das Verfahren kam aber nie zur Anklage, sondern wurde sang und klanglos wieder eingestellt. Etwa auf »höheren« Druck? Kurz darauf jedenfalls war das drei Leitz-Ordner umfassende Werk plötzlich wieder spurlos verschwunden. Höchstwahrscheinlich moderte es in einem hinteren Winkel in den Kellern der österreichischen Justiz vor sich hin, bis es im Frühjahr 1994 wieder ans Tageslicht kam und mir, allerdings über einige Umwege, zugespielt wurde.

## Das »inoffizielle« Gutachten

Der Gutachter, Prof. Dr. Dipl.-Ing. Ernst Zeibig aus Wien, hatte sich sehr viel Mühe gemacht. Über ein Jahr lang hatte er Fakten gesammelt, Unterlagen der Lauda Air und der Untersuchungskommission gesichtet und sich in die Konstruktionsproblematik der Schubumkehr bei der Boeing 767 vertieft. Dabei wurde er von der Lauda Air, verständlicherweise, nicht sonderlich unterstützt. Einige dringend vom Gutachter benötigte Unterlagen konnte dieser nur mit gerichtlicher Hilfe, unter Androhung einer Hausdurchsuchung, erhalten. Dabei zeigen sich schon Parallelen zu der offiziellen thailändischen Untersuchung. Auch bei dieser Untersuchung lagen sämtliche Unterlagen erst einmal 10 Tage in den Geschäftsräumen der Firma, bevor sie von einem Sachverständigen gesichtet und dann von der Staatsanwaltschaft beschlagnahmt werden konnten. Dazu Johann Rausch, Präsident des österreichischen Bundesamtes für Zivilluftfahrt: »Internationale Gepflogenheit ist es, sofort alle Unterlagen sicherzustellen. Daß es hier zehn Tage gedauert hat, dazu gebe ich keinen Kommentar.« Der mit der offiziellen Untersuchung betraute Leiter der österreichischen Flugunfallbehörde, Günther Raicher, sagte dazu: »Ich hatte schon die Absicht, das Papier zu holen, aber keine gesetzliche Handhabe. Bei Lauda wurde uns damals gesagt, daß man zur Herausgabe nur gegenüber der Internationalen Kommission verpflichtet und bereit wäre.« (Zit. n. *Profil* Nr. 48/1992, S. 24)

Während die offizielle Unfalluntersuchungskommission die Logbücher und Wartungsunterlagen der »Mozart« gerade mal für vier Stunden am 19. Juni 1991 und nochmals vier Stunden am 23. Juni 1991 untersucht hat, zeigt das Gutachten von Prof. Zeibig, zu welchen Feststellungen man bei genauerer Lektüre kommen kann:

Zunächst einmal ist ihm aufgefallen, daß einige Unterlagen nicht vollständig waren. So z. B. fehlten 25 Seiten des technischen Logbuches, die immerhin den Zeitraum vom 27. Mai bis zum 8. Juni 1990 abdecken. In den Dokumentationsunterlagen der C-Checks[1] fehlt

1 C-Check: in vorgeschriebenen Intervallen durchzuführende Überprüfungen des Flugzeuges und aller seiner Bauteile und Systeme im Wartungsbetrieb.

eine Arbeitskarte[1], die offenbar am 31. Mai 1991, also nach dem Absturz, entnommen wurde. Weiter sind einige Trouble-Shooting-Blätter[2] in den Formblättern für Wartungsaktivitäten nicht aufgeführt.

Da ja der Flugdatenschreiber der »Mozart« unbrauchbar war, hatte der Hersteller des Triebwerkes, die amerikanische Firma Pratt & Whitney, erfolgreich versucht, den unbeschädigten Speicher der EEC des linken Triebwerkes auszulesen. Die in diesem System gespeicherten Fehlermeldungen wurden an das Wartungssystem PIMU[3] weitergeleitet und deckten den Zeitraum vom 27.4.1991 bis zum Unfallflug ab. Bei der Auswertung dieser Daten entdeckte man 26mal die Fehlermeldung »Reverser Cross Check Fault« und 35mal die Fehlermeldung »Local Reverser Position Fault«. Das heißt mit anderen Worten: Insgesamt sind 61 Fehlermeldungen des Schubumkehrsystems vor dem Absturz der »Mozart« gespeichert worden. Dieselben beiden Fehlermeldungen sind auch während des Unfallfluges aufgezeichnet worden. Dies wird allerdings im offiziellen Unfallbericht der thailändischen Untersuchungskommission mit keiner Silbe erwähnt. Der Fehler »Local Reverser Position Fault« ist sogar noch am Boden in Bangkok, also vor dem Start des Flugzeuges aufgetreten. Der Fehler »Reverser Cross Check Fault« ist dann in einer Höhe von ca. 24.000 Fuß, also umittelbar vor dem Absturz, gespeichert worden.

Daß es seit Monaten, genauer gesagt seit dem 28.12.1990, zu Fehlermeldungen am Schubumkehrsystem der »Mozart« gekommen ist, verkennt auch der thailändische Bericht in seiner Beurteilung nicht. Es war bekannt, daß die Techniker der Lauda Air hier von einem Problem wußten und in der Vergangenheit auch mehrfach an der Fehlerbehebung gearbeitet hatten. Der Sachverständige, Professor Zeibig, setzt in seinem Gutachten nun die aufgetretenen Fehlermeldungen in Bezug zu den von ihm gesichteten Wartungsunterla-

1 Alle Wartungsaktivitäten werden auf Arbeitskarten aufgeführt und vom Mechaniker sowie gegebenenfalls von einem Prüfer abgezeichnet. Sie geben Aufschluß über Zustand, vorgenommene Reparaturen, verwendete Ersatzteile u. a.

2 Trouble Shooting File: ein Formblatt, auf dem die Fehlersuche dokumentiert wird.

3 Propulsion Interface and Monitor Unit: ein Computersystem mit einem eigenen Bildschirm, der in einem Raum unter dem Cockpit eingebaut ist. Die auftretenden Fehlermeldungen sind hier im Rahmen der vorgeschriebenen täglichen Checks sowie vor jedem Abflug von einem Wartungstechniker abzulesen.

gen und vergleicht diese wiederum mit den Wartungsvorschriften des Herstellers Boeing. Dabei stellt er, wie auch die thailändische Unfallkommission, fest, daß die Techniker der Lauda Air sich nicht an die Herstellervorschriften zur Fehlerbehebung gehalten haben. Fehlermeldungen wurden beispielsweise ohne Ursachenanalyse einfach wieder gelöscht, Wartungsmaßnahmen nicht wie vorgeschrieben im technischen Logbuch verzeichnet, angefangene Fehlerbehebungsmaßnahmen nicht zu Ende geführt, Meßergebnisse, obwohl sie außerhalb des zulässigen Bereichs lagen, als »in Ordnung« befunden und sogar unsinnige Wartungsmaßnahmen durchgeführt, die vom Hersteller Boeing gar nicht vorgesehen sind.

Boeing wurde dabei kein einziges Mal um Rat gefragt. Zwar behauptet Niki Lauda heute, man habe mit dem verantwortlichen Boeing-Repräsentanten, einem gewissen Elmar Shore, der sein Büro genau neben der Lauda-Technik auf dem Wiener Flughafen hatte, in ständigem Dialog gestanden, doch Beweise dafür liefert er nicht. Im Gegenteil – im November 1992 äußerte der Airline-Chef: »Und daß da ein Boeing-Mann in Wien ist, das ist zwar schön und freut uns alle, aber ich muß zu dem überhaupt nicht gehen, denn ich habe meinen eigenen Wartungsbetrieb und das Boeing-Manual zur Fehlersuche, an das ich mich nachgewiesenermaßen genau gehalten habe.« (Zit. n. *Profil* Nr. 45/1992. S.34) Elmar Shore ist heute jedenfalls nicht mehr für die Firma Boeing tätig. Darüber hinaus hüllt sich der amerikanische Flugzeughersteller über diese Vorgänge in Schweigen.

Und Niki Lauda verkennt offenbar, daß es neben dem Boeing-Handbuch zur Fehlersuche und -behebung auch noch zwei weitere Auflistungen von Verfahrenshinweisen und Vorschriften gibt, die in der Luftfahrt so etwas wie Gesetzescharakter haben: die Minimum Equipment List (MEL) und den Dispatch Deviations-Guide (DDG), die zum Flughandbuch gehören. Bei der MEL handelt es sich um eine Aufstellung der für den sicheren Betrieb des Flugzeuges erforderlichen Ausrüstung und Systemfunktionen. Vor dem Hintergrund, daß wegen der Zulassungsanforderungen viele Systeme mehrfach, also redundant an Bord eines Flugzeuges vorhanden sind, ist es tolerabel, daß ein Flugzeug auch geflogen wird, wenn Teile von einzelnen Systemen defekt oder nicht hundertprozentig funktionstüchtig sind. Die MEL legt nun fest, bei Ausfall welcher Systemteile das Flugzeug nicht mehr als lufttüchtig betrachtet wird. Ist ein Flugzeug nicht mehr lufttüchtig, so darf es nicht mehr starten. Fällt dagegen ein System während des Fluges aus, kann unter bestimmten Voraussetzungen der Flug bis zum Zielflughafen fortgesetzt werden. Anderenfalls muß zwischengelandet werden, und das Flugzeug darf erst wieder starten, wenn der Fehler behoben worden ist.

Der Dispatch Deviations-Guide, sozusagen die Anweisung zur Verwendung der MEL, legt gleich in seinem ersten Abschnitt fest, daß alle Fehlermeldungen, die auf dem EICAS[1]-Bildschirm als Kategorie »Status« oder höher (z.B.: Advisory, Caution und Warnings) angezeigt werden, unbedingt vor dem nächsten Flug behoben werden müssen bzw. die MEL für eventuelle Ausnahmeregelungen zu konsultieren ist. Bei einigen EICAS-Meldungen erlaubt die MEL nämlich einen Aufschub der Reparaturmaßnahmen. Ein solcher Aufschub ist aber meist an bestimmte Bedingungen geknüpft, die eben von der MEL genauestens definiert werden.

Gutachter Zeibig hat beim Studium der Wartungsunterlagen eindeutig festgestellt, daß bei konsequenter Anwendung der Vorschriften der MEL und des DDG hätte die »Mozart«, so wie sie am 26. Mai 1991 von Bangkok nach Wien gestartet ist, gar nicht mehr hätte fliegen dürfen. Und das gleich aus mehreren Gründen:

Am weitesten zurück liegt ein Vorfall vom 23. Juli 1990, also knapp zehn Monate vor dem Unglücksflug. Folgt man einer Eintragung in den Wartungsunterlagen, dann lag an diesem Tag eine EICAS-Meldung »Air/Ground Disagree« vor. Das heißt, einige Flugzeugsysteme erkannten, daß das Flugzeug am Boden ist, andere wähnten es in der Luft. Dieser Fehler stellt gemäß MEL/DDG eine Statusmeldung dar, die eine weitere Inbetriebnahme des Flugzeuges ohne Reparatur verbietet. Aus den Wartungsunterlagen geht aber nicht hervor, ob und wann diese Meldung gelöscht wurde und ob und welche Reparaturmaßnahmen durchgeführt wurden. Dieser

1 EICAS: Engine Indication and Crew Alerting System. Dieses »Triebwerksanzeige- und Crew Alarm-System« besteht im wesentlichen aus zwei Computern und zwei Bildschirmen, die zwischen den Piloten im Cockpit angeordnet sind. Das System übernimmt im Betrieb des Flugzeuges die Anzeige der Triebwerksparameter und bringt darüber hinaus Meldungen über abnormale Systemzustände sowie Daten für die Wartung zur Anzeige. Die Meldungen werden in die Kategorien »Warning« (Warnung), »Caution« (Vorsicht), »Advisory« (Hinweis), »Status« und »Maintenance« (Wartung) unterteilt und durch unterschiedliche Farbgebung entsprechend ihrer Wertigkeit hervorgehoben.

Verstoß gegen die MEL bestand wegen einer späteren gleichlautenden Fehlermeldung auch zum Zeitpunkt der Abfertigung am Tage des Absturzes, da die Ursache für diese Fehlermeldung nicht behoben war (zumindest nicht dokumentiert und somit nachvollziehbar).

Am 28. Dezember 1990 erhielt ein Techniker beim Messen des elektrischen Widerstandes der EEC Meßwerte, die außerhalb des zulässigen Bereiches liegen. Ursächlich war hierfür eine PIMU-Meldung »EEC CH-B Reverser RNG Fail«. Gemäß MEL muß dieser Fehler binnen 500 Betriebsstunden des Flugzeuges behoben werden, sonst darf das Flugzeug nicht mehr betrieben werden. Die gleiche Fehlermeldung trat bis zum 25. Januar 1991 noch weitere drei Male auf. An diesem Tag waren seit der ersten Fehlermeldung am 28. Dezember 1990 bereits 495 Stunden verstrichen. Das Flugzeug sollte jetzt den Langstreckenflug Wien-Sydney-Wien gehen – Gesamtflugzeit mehr als 30 Stunden. Eigentlich hätte die »Mozart« für diesen Flug keine Freigabe erhalten dürfen, wenn nicht vorher die Ursache für die immer wieder auftretende Fehlermeldung behoben wurde. Sie startet trotzdem. Dieser Verstoß gegen die MEL, die wie gesagt eine Art Gesetzescharakter hat, bestand auch noch am Tag des Unfallfluges.

Im Zeitraum zwischen dem 5. und dem 15. Mai 1991 wurde in den Wartungsunterlagen ohne Eintrag eines Datums vermerkt, daß der äußere Verriegelungsmechanismus des linken Triebwerkes funktionsuntüchtig war. Aufgrund dieser Eintragung hätte gemäß der MEL die Schubumkehr mechanisch deaktiviert werden müssen. Eine solche Maßnahme ist aber nirgendwo in den Unterlagen vermerkt. Dieser Zustand hat, wenn man der Dokumentation in den Wartungsunterlagen folgt, bis zum 25. Mai 1991 angehalten, ohne daß er aber für die Piloten, die in diesem Zeitraum mehrere Flüge mit der »Mozart« absolvierten, aus irgendeinem Dokument ersichtlich gewesen wäre.

Bis zum 25. Mai 1991, einen Tag vor dem Unfallflug, wurden mehrfach die Verriegelungsmechanismen des linken Schubumkehrers ausgetauscht. Dabei wurden aber gravierende Fehler von den Lauda-Technikern gemacht, zumal sie immer wieder feststellten, daß diese Form der Fehlerbehebung nicht den gewünschten Erfolg brachte. Der Fehler tauchte ja weiterhin immer wieder auf. Hier, so meint der Gutachter Zeibig, wäre es dann schon dringend notwendig gewesen, mit dem Hersteller Boeing in Kontakt zu treten. Aber dazu kam es offensichtlich nicht. Am 26. Mai 1991 hat der Lauda-Techniker Peter Kranawetter in Bangkok, also noch vor dem Start zu dem Unfallflug, am EICAS-Monitor die Meldung »L ENG EEC C2« abgelesen und auf einer Transit-Check-Karte[1] vermerkt (s. Abb. 4). Damit lieferte Kranawetter den endgültigen Beweis, daß die bis zu diesem Zeitpunkt versuchte Fehlerbehebung nicht erfolgreich abgeschlossen war. Aus diesem Grund hätte die »Mozart« gemäß der MEL und des DDG Bangkok nicht verlassen dürfen.

Niki Lauda schmeckten diese Erkenntnisse des Gutachters Zeibig aus verständlichen Gründen überhaupt nicht. Also versuchte er erst einmal, die Person und Kompetenz des Gutachters kräftig zu diskreditieren, mußte aber schnell klein beigeben. Flankenschutz erhielt er dabei offensichtlich auch aus dem Verkehrsministerium und der Luftaufsichtsbehörde. Das Ministerium hatte ihm immerhin die Genehmigung zum Betrieb der Boeing 767 erteilt und war insofern mitverantwortlich. Die Aufsichtsbehörde ist gehalten, auch die Wartungsaktivitäten am Flugzeug und generell die Fluggesellschaft zu überprüfen. Durchschriften der wesentlichen Unterlagen gehen der Aufsichtsbehörde zu und verbleiben dort in Kopie. Das Zeibig-Gutachten ist schon deshalb für die Aufsichtsbehörde nicht gerade rühmlich, weil der Gutachter bei der zusammenfassenden Bewertung der Wartungsaktivitäten am Unfallsflugzeug zu folgenden Feststellungen gelangt:

»Die durchgeführten Wartungsmaßnahmen waren

- zum Teil nicht sinnvoll, weil sie nicht zum erhofften Erfolg führen konnten, und
- zum Teil sicherheitstechnisch bedenklich.

Die Dokumentation der Fehlermeldungen war in mehreren Fällen mangelhaft. Dadurch wurde

- gegen interne Richtlinien der Lauda Air verstoßen und
- gegen die Erfordernisse für den sicheren Betrieb des Luftfahrtzeuges.«[2]

1 Auf einer Transit-Check-Karte werden Fehler, die bei einer Zwischenlandung des Flugzeuges bemerkt wurden, verzeichnet.
2 Strafsache gegen Unbekannten Täter an Lauda Air wg. § 186 StGB, AZ 22d Vr 5741/91, Gutachten Prof. Ernst Zeibig vom 3. 12. 1992, Band I, Seite 236ff.

TRANSIT CHECK 767-300ER

THE TRANSIT CHECK IS INTENDED TO ASSURE CONTINOUS SERVICEABILITY OF A TRANSIT AIRCRAFT FOR NORMAL AND ER OPERATIONS.
A TRANSIT CHECK IS CARRIED OUT PRIOR TO EACH FLIGHT.

| ITEM | DESCRIPTION | SIGN/ LIC. |
|---|---|---|
| 01 | Check Crew Oxygen Discharge Indicator Disc for presence. | |
| 02 | Check Static Ports, TAT and Pitot Static Probes and Angle of Attack Vanes for obvious damage. | |
| 03 | Check Nose Wheel Bay for obvious leaks and security. | |
| 04 | Check Nose Landing Gear and Tires for condition, extension appears normal. | |
| 05 | Check Fuselage in areas of Drain Masts and Drains for fluid leakage. | |
| 06 | Check, from ground level, for missing or damaged Navigation/Communication Antennas. | |
| 07 | Check that Ram Air Inlet/Exhaust Doors and Cabin Pressure Outflow Valve are clear of obstructions. | |
| 08 | Check Positive Pressure Relief Valves for (Flag-) indication that Valves have opened. | |
| 09 | Check RH Engine Cowling for obvious damage, open Blow Out Door, open Latches, and sign of fluid leakage. | |
| 10 | Check RH Engine Inlet Cowl, Fan Spinner, and Fan Rotor Blades for obvious damage. | |
| [illegible] | Check RH Engine Turbine Exhaust Sleeve, Plug and Sixth Stage Low Pressure Turbine Blades. | |
| 12 | Check RH Lower Wing Surfaces and Wing Tips, from ground level, for obvious damage and fuel leakage. | |
| 13 | Check visible portions of RH Wing Flight Control Surfaces, from ground level, for obvious damage. | |

Revision: 3 — Page 1 of 3
1990-02-23/TEF/PP

OE-LAV
BKK-VIE NG 4
260591

FUEL QTY BITE
L ENG EEC C2
R PIMU
L PIMU
AC ⇒

*Abbildung 4: Original Transit-Check-Karte der »Mozart« vom 26. Mai 1991. Unten rechts ist handschriftlich die immer wiederkehrende Fehlermeldung »L ENG EEC C 2« vom Wartungstechniker abgelesen und eingetragen worden.*

Eigentlich Feststellungen, die in anderen Ländern empfindliche Sanktionen seitens der Aufsichtsbehörden und im Extremfall den Entzug der Betriebserlaubnis nach sich ziehen würden.

Außerdem fand der Gutachter hinsichtlich der Absturzursache heraus, daß höchstwahrscheinlich ein Leitungsschaden an der Verkabelung der Grund für die diversen Fehlermeldungen und schließlich das Auffahren der Schubumkehr gewesen ist. Hier könnte ein Kabelbruch, ein Wackelkontakt oder eine Durchscheuerung der Kabelisolation vorgelegen haben. Ein sehr neuralgischer Punkt, denn einerseits müssen die Kabelstränge irgendwie an das Triebwerk geführt werden, welches seinerseits wiederum in einem bestimmten Umfang frei schwingen können muß. Das genau erhöht das Risiko von Durchscheuerungen, wenn auch nur ein einziges Kabel versehentlich zu lang oder zu kurz geraten ist. Immerhin hatten die Unfalluntersucher der offiziellen Kommission im Zuge ihrer Ermittlungen bei baugleichen Flugzeugen von Delta, United Airlines, China Air und SAS Kabeldurchscheuerungen gefunden. Den »Schwarzen Peter« dafür bekam abermals der Hersteller Boeing, denn SAS konnte beweisen, daß man dreimal hintereinander bei brandneu von Boeing ausgelieferten 767s entweder zu lange oder zu kurze Kabel an der Turbinenaufhängung als gefährliche Scheuerbereiche beanstandet hatte, jedoch von Boeing nicht einmal eine Antwort darauf erhalten hatte.

Einmal schon hatten auch die Lauda-Techniker diese Kabelstränge untersucht. Leider nicht vollständig. Diese Maßnahme ist in den Wartungsunterlagen unter dem 6. März 1991 verzeichnet. Die etwa 20 Meter langen Kabel verlaufen im Bereich der Triebwerksaufhängung über 50 cm auf sehr engem Raum, der nur schwer von außen zugänglich ist. Der Techniker kapitulierte jedoch an genau dieser kritischen Stelle, weil er nur schlecht an diesen Bereich herankam. Hier hätte man unbedingt alle Bauteile entfernen und dann die Kabel überprüfen müssen. Das bedeutet jedoch, daß das Flugzeug für eine längere Zeit am Boden stehen muß, also geplante Flüge nicht durchgeführt werden können. Offenbar hat das Management der Lauda Air im Hinblick auf den entstehenden wirtschaftlichen Schaden eine andere Entscheidung getroffen. Aber unterblieb die Aktion wirklich nur aus Zeitmangel? Die »Mozart« wurde vom 4. April 1991, 11:58 Uhr, bis zum 6. April 1991, 16:04 Uhr, nicht geflogen.

Hier hätte ausreichend Zeit bestanden, auch den schwer zugänglichen Bereich der elektrischen Leitungen genauer zu untersuchen.

Soweit die Feststellungen des Gutachters Zeibig zum technischen Teil. Offenbar mehr zufällig stolperte er bei seinen Recherchen noch über andere Ungereimtheiten, die im Zusammenhang mit dem Absturz der »Mozart« einen faden Beigeschmack hinterlassen.

## »Doppelte Buchführung« bei Überprüfungsflügen?

Wir erinnern uns: Die Piloten des Unglücksfluges waren der Amerikaner Thomas Welch und der Österreicher Josef Thurner. Laut offiziellem Unfallbericht für ihre Aufgaben »ausgebildet, qualifiziert und zertifiziert«.

In den Unterlagen des österreichischen Bundesamtes für Zivilluftfahrt wurde der Pilot Josef Thurner als Akte Nr. 313 geführt. Seine Grundberechtigung für Linienpiloten erhielt er am 24. April 1985, die Erweiterung der Grundberechtigung für das Flugzeugmuster Boeing 767 am 4. Mai 1988. Sein Pilotenschein wurde das vorletzte Mal vor dem Unfallflug am 23. April 1990 aufgrund eines Überprüfungsfluges im Simulator am 29. März 1990 verlängert. Prüfkapitän war Lauda Air-Chefpilot Josef Stöckl. Das Formular, das beim BAZ in der Akte vorhanden ist und die Grundlage für die Lizenzverlängerung bildete, weist in der Spalte »Bemerkungen« keine Eintragungen auf. Dem Gutachter Zeibig fiel nun beim Vergleich dieser Papiere mit den bei Lauda Air nach dem Unfall beschlagnahmten Unterlagen der Flugunfallkommission auf, daß dort unter dem gleichen Datum ein fast identisches Formular enthalten ist, in dem unter der Spalte »Bemerkungen« gleich fünf Beanstandungen eingetragen sind und der abschließende Zusatz: »Hat keine Vorstellung von Anflugprofilen, Flugverfahren und Geschwindigkeitsbegrenzungen.« Weiter heißt es, daß der Pilot Thurner »innerhalb von drei Monaten neu geprüft werden soll«. Trotzdem erhielt Thurner eine Verlängerung der Lizenz und flog weiter, mit Passagieren.

Eine weitere Verlängerung der Lizenz erfolgte dann am 22. Oktober 1990, gültig bis zum 24. April 1991 aufgrund eines weiteren Überprüfungsfluges im Simulator. Der prüfende Pilot war abermals

Lauda Air-Chefpilot Josef Stöckl. Über diesen Prüfflug liegt in der Akte des BAZ ein Prüfbericht vor, der in der Spalte »Bemerkungen« lediglich das Wort »nil« (nichts) aufweist. Sonst sind keinerlei Beanstandungen im Prüfbericht vermerkt.

In den Unterlagen der Flugunfallkommission findet sich aber unter demselben Datum ein Prüfbericht, bei dem in der Spalte »Bemerkungen« folgendes verzeichnet ist: »...hat ein grundlegendes, schwerwiegendes Problem mit genereller Orientierung, z.B. Schwierigkeiten, QDM und QDR[1] zu verfolgen. Einige Male ist er unfähig, Warteschleifen zu fliegen. Beim Durchstartmanöver rotiert[2] er zu spät, stürzt ab. Unorganisiert, was das Setzen von Navigationshilfen betrifft. Große Abweichungen von Höhe/Geschwindigkeit. Überschießt die (vorgegebene) Höhe und bleibt 2.020 Fuß[3] zu hoch.«

Mit solchen Eintragungen im Checkformular, da sind sich alle von mir konsultierten Experten einig, darf ein solcher Pilot 1. nicht mehr mit Passagieren fliegen und 2. keine Lizenzverlängerung erhalten. Keine der von mir in diesem Zusammenhang befragten großen internationalen Fluggesellschaften würde einen solchen Piloten ohne weitergehende intensive Schulung und Überprüfungen in ein Cockpit lassen. Aber Thurner flog weiter, seine Lizenz wurde aufgrund der »sauberen« Prüfberichte beim BAZ anstandslos verlängert. Der mittlerweile von Lauda persönlich abgesetzte ehemalige Chefpilot Josef Stöckl räumte, als ich ihn dazu befragte, etwas kleinlaut und verlegen ein: »Vielleicht habe ich ihn an diesem Tag etwas hart rangenommen, für mich hatte er bestanden. Und bei dem ersten Überprüfungsflug hat er gleich am nächsten Tag zufriedenstellende Leistungen im Simulator gezeigt...« Ein nicht ganz überzeugender Versuch einer nachträglichen Erklärung der Existenz von zwei so unterschiedlichen Prüfberichten. Niki Lauda hat da noch eine etwas bessere Ausrede parat: »Der Stöckl hat da Mist gebaut, der hat seine internen, also intern, nur für die Lauda Air bestimmten Bemerkungen auf ein Formblatt geschrieben. Das hätte mal eine Bedeutung

1 QDM, QDR: Peilung bzw. Kurse zu einem bodenseitigen Navigationssender oder von diesem weg.

2 Als »Rotieren« bezeichnet man das Ziehen an der Steuersäule zum Abheben oder Durchstarten.

3 Die vorgeschriebenen Höhen sind auf jeden Fall einzunehmen und einzuhalten. Abweichungen von maximal 100 Fuß werden dabei toleriert.

gehabt, wenn der Thurner Kapitän bei uns hätte werden wollen.« Auch das vermag aber nicht zu überzeugen, denn nach international geltenden Vorschriften ist ein Check beim Überschießen der Höhe und erst recht beim Absturz mit dem Simulator auf jeden Fall gescheitert, egal mit welch widrigen Umständen der Getestete dabei zu tun hatte.

Zugunsten der Lauda Air und für eine legitim erlangte Fluglizenz des Herrn Thurner zum Zeitpunkt des Unfallfluges spricht einzig und allein ein Prüfflug vom 10. April 1991 unter Aufsicht eines anderen Prüfkapitäns. Dort findet sich keine »doppelte Buchführung« in den verschiedenen Akten, und Thurners Lizenz wurde vom BAZ am 12. April 1991 bis zum 24. Oktober 1991 verlängert.

Anders beim Kapitän des Unglücksfluges, dem Amerikaner Thomas Welch, der unter der Aktennummer 5148/90 beim BAZ geführt wurde. Hier findet der Gutachter in keiner der beiden Akten, also weder in der BAZ-Akte noch in der Akte der Flugunfallkommission, überhaupt irgendwelche Unterlagen über einen etwaigen Überprüfungsflug. Ex-Chefpilot Stöckl, von mir auf diesen Umstand angesprochen: »Ich hab' ihn aber mal geprüft. Als dann die Unterlagen nicht mehr auffindbar waren, habe ich angeboten, eine eidesstattliche Erklärung abzugeben, daß ich ihn geprüft habe. Ich konnte ja nicht nachträglich ein neues Formular ausstellen...« – Nun ja, diese Aussage ist wiederum höchst fragwürdig, weil nämlich im Sommer 1994 ganz plötzlich alle Formulare der Überprüfungsflüge des Herrn Welch einer Kommission der Lufthansa vorgelegt werden konnten, die unter Führung ihres Sicherheitspiloten den neuen Partner Lauda Air einmal genauer unter die Lupe nehmen sollte.

Weiterhin fällt aber bei der Lizenz des amerikanischen Kapitäns Thomas Welch auf, daß dieser aufgrund eines Antrages vom 3. August 1990 eine Anerkennung seiner amerikanischen Fluglizenz in Österreich befristet bis zum 31. Dezember 1990, also für ein halbes Jahr, erhielt. Gemäß § 10 ZLLV 1983 werden die Gültigkeit der Instrumentenflugberechtigung für Linienpiloten und die österreichischen Linienpilotenlizenzen generell auf sechs Monate begrenzt. Dann können sie unter dem Nachweis eines erfolgreichen Überprüfungsfluges für weitere sechs Monate verlängert werden. Die letzte Verlängerung der Lizenz von Thomas Welch durch das BAZ erfolgte am 18. Dezember 1990 gleich für ein ganzes Jahr, nämlich bis zum 31. Dezember 1991, ohne daß für die nunmehr immerhin insgesamt 16 Monate gültige Lizenz auch nur der Nachweis eines einzigen Überprüfungsfluges im Simulator vorgelegen hätte. Weiterhin ergibt sich aus der Akte des BAZ, daß Welch statt der in Österreich üblichen medizinischen Untersuchung von Linienpiloten im halbjährlichen Turnus nur zwei Untersuchungen aufweisen konnte. Diese wurden am 2. November 1989 und am 9. Oktober 1990 in den USA durchgeführt, also in einem Abstand von 11 Monaten. In den Unterlagen der Flugunfallkommission fand sich jedoch ein medizinischer Tauglichkeitsbefund vom 25. April 1991, also einen Monat vor dem Unfall.

Angesichts solch haarsträubender Fakten, die der Sachverständige Prof. Zeibig in seinem Gutachten zusammengetragen hat und die spätestens seit Vorlage dieses Gutachtens auch den verantwortlichen Behörden bekannt sind, ist es mehr als verwunderlich, daß es nicht zu gravierenden Konsequenzen und Sanktionsmaßnahmen gegen die Verantwortlichen gekommen ist. Dies gilt sowohl für die verantwortlichen Abteilungsleiter der österreichischen Luftaufsichtsbehörde als auch für das österreichische Verkehrsministerium. Und nicht zuletzt für die Lauda Air und ihren Chef. Der mit den Ermittlungen betraute Staatsanwalt, Magister Ernst Kloyber, jedenfalls hat das Verfahren gegen Unbekannt eingestellt. Er sah keine Möglichkeit, mit der für ein Strafverfahren notwendigen Sicherheit zu beweisen, daß das plötzliche Öffnen der Schubumkehr nur auf Wartungsmängel zurückzuführen war. Aber auch diese Einstellung bedeutet noch lange keinen »Persilschein« für Niki Lauda und sein Unternehmen, eher ein klassisches »in dubio pro reo«, im Zweifel für den Angeklagten, wie sich die Juristen auszudrücken belieben.

Die Absturzkatastrophe im Dschungel Thailands vom Mai 1991 traf die kleine, nach außen hin piekfeine Fluggesellschaft wie ein Donnerschlag. Bis vor kurzem, so bestätigten mir Insider aus dem Unternehmen, versuchte der Chef Niki Lauda höchstpersönlich alles aus dem Unternehmen rauszuholen. Auch seine Firma, wie sollte es für eine kleine Airline anders sein, steht finanziell nicht gut da. Das belegt schon seine Jahresbilanz. Als er mit dem Flugbetrieb seiner beiden Boeings 767 anfing, hatte Lauda noch nicht einmal einen eigenen Hangar. Alle Arbeiten mußten auf dem Vorfeld erledigt werden, egal bei welchem Wetter, und für die großen Wartungen wich er nach Budapest in einen Hangar der ungarischen Fluggesellschaft MALEV aus. Dort erfuhr auch die »Mozart« ihren letzten C-Check vor dem Unfallflug, diesmal erstmalig von eigenen Lauda Air-Technikern. »Überall mischt der Niki sich ein«, beklagten sich die Wartungstechniker. Meist war das Ergebnis: Im Zweifel fliegt eine Maschine, weil Stehzeiten, Flugausfälle oder Ersatzflüge einer kleinen Fluggesellschaft besonders wehtun.

Jeder im Unternehmen fürchtet den langen Arm des Chefs, die fristlose Kündigung, wenn man es wagt, den »reibungslosen Ablauf« des Flugverkehrs zu stören oder zu verzögern. Ähnliches gilt auch für seine Piloten. Auf ihnen lastet ungeheurer Druck, alles stets planmäßig und richtig zu machen. Sie verdienen weniger als die meisten ihrer Kollegen, müssen dafür aber länger und mehr arbeiten. So erwartet Lauda von seinen Piloten auch, die Maschine sauberzuhalten (sogar die Toiletten). Als einziges Unternehmen in Europa hat Lauda Air außerdem eine Ausnahmegenehmigung von seiner Aufsichtsbehörde bekommen, Flüge mit Dienstzeiten bis zu 18 Stunden durchzuführen. »Das ist nicht nur gefährlich, sondern schon menschenverachtend!«, kommentierte ein erfahrener amerikanischer Flugmediziner. Ich fragte Niki Lauda im Cockpit einer Boeing 767 in einem Interview für das *ZDF*, wie sich denn das Fliegen dieses modernen Flugzeuges so gestaltet. Antwort Lauda: »Sehen Sie, das ist so: Starten tu i noch von Hand, dann schalt' i den Autopiloten ein und den schalt' i erst nach der Landung in Los Angeles wieder aus.« – Beeindruckend, oder beängstigend? Da kann man dann seinen Piloten schon mal weniger bezahlen, »im Schnitt 35 % unter dem internationalen Durchschnitt«, so der Firmenchef. Ein Vertreter der internationalen Pilotenvereinigung IFALPA kommentierte diesen Zustand so: »If you pay peanuts you get monkeys.«[1]

Apropos Pilotenvereinigung: Für Gewerkschaften und Interessenvertretungen hat Niki Lauda nichts übrig, zumindest wenn es um die Luftfahrt und speziell um seine Airline geht. So schreibt er in einem Personalrundschreiben an alle Lauda-Mitarbeiter: »Für die Lauda Air und somit für alle Dienstnehmer, liebe Kolleginnen und Kollegen, ist überlebensnotwendig, die Geschicke selbst zu bestimmen. Wir müssen unsere Probleme hier intern und gemeinsam lö-

1 Zu Deutsch: »Wenn du mit Erdnüssen bezahlst, bekommst du Affen.«

sen, wofür die Geschäftsleitung – wider andere Behauptungen des Betriebsrates – immer zugänglich ist. Keinesfalls darf unsere Firma durch höheren Interessen gehorchende Gewerkschaftsfunktionäre drittbestimmt werden...«[1] Der hier erwähnte Betriebsrat ist übrigens ein alter Bekannter, nämlich Ex-Chefpilot und Check-Kapitän Josef Stöckl. Heute hat er auch diesen Posten aus unklaren Gründen verlassen. Anders als von Gewerkschaften hält Niki Lauda aber ungeheuer viel von guter Public Relations. Mit massiven und aggressiven Methoden trickste er sogar die mächtige österreichische Staatsfluglinie Austrian Airlines aus und trotzte ihr Marktanteile ab. Der *Playboy* war voll des Lobes über die Lauda Air und befand, daß diese Fluggesellschaft für viele Vielflieger zum absoluten Geheimtip geworden sei. Der Passagier fände dort die »knackigsten Mädels« (vom Chef selber ausgesucht), außerdem »die saubersten Flieger, das beste Essen und den freundlichsten Service aller Airlines« vor.

Hoffentlich war dieser Artikel im Nackedeimagazin nicht die einzige Entscheidungsgrundlage für die Manager einer anderen großen Fluggesellschaft, die mit Lauda Air eine Partnerschaft eingingen. Seit 1992 sind über 26 % der Aktien an der Lauda Air in den Händen der deutschen Chartergesellschaft Condor – und die gehört der Lufthansa. Im Frühjahr 1994 erwarb dann die Lufthansa weitere Anteile an Lauda Air und übernahm die Anteile der Condor. Lufthansa möchte 1995, wo nun Österreich der EG angehört, auf 51 % aufstokken. Für Lufthansa-Vorstandsmitglied Klaus Nittinger verkörpert Niki Lauda das »Idealbild des Airline-Unternehmers«. Kein Wunder, Familie Nittinger und Familie Lauda sind gut befreundet und verbringen meist gemeinsam ihren Skiurlaub. Kritik aus den eigenen Reihen am »Lauda-Deal« wird systematisch vom Vorstand der Lufthansa »weggedrückt«. Interessante Aufschlüsse könnte der Bericht des Sicherheitspiloten der Lufthansa geben, den dieser aufgrund seiner Revision (Audit) bei Lauda Air im Sommer 1994 gemacht hat. Doch obwohl dieser angeblich »sehr positiv« ausfällt, wurde er zur »Verschlußsache« erklärt.

1 Personalrundschreiben »Memo« von Niki Lauda an alle Flugbegleiter und Piloten vom 18. Mai 1994.

# 4. Mit tödlicher Präzision – der A 320-Unfall von Warschau

»Wir bauen hervorragende, zukunftsweisende Flugzeuge, und die Piloten haben zu lernen, wie man damit umgeht.«

ein Vorstandsmitglied der Airbus Industrie Toulouse am 8. 7. 1990 im französischen Rundfunk

»Hätten die Piloten nur ihre sündigen Finger von der Steuerung gelassen...«

dasselbe Vorstandsmitglied im Februar 1990 nach dem Absturz eines A 320 in Bangalore

»Man muß sich mal vorstellen, da fliegen wir in einem 70 Millionen Mark teuren Flugzeug rum, die Cockpitsitze kosten pro Stück 65.000 Mark, und die Dinger haben ein schlechteres Gurtverriegelungssystem als ein Kleinwagen...«

Flugkapitän *Michael Lübbert*, überlebender Pilot des Lufthansa A 320 »Kulmbach« im Sommer 1994

Der Lufthansa-Airbus A 320 »Kulmbach« mit 64 Passagieren und sechs Besatzungsmitgliedern an Bord befand sich auf einem ganz normalen Linienflug von Frankfurt nach Warschau. Für Flugkapitän Michael Lübbert war es der letzte der nach mehrmonatiger Krankheit zu absolvierenden »Checkflüge«, das heißt, er mußte in einem Überprüfungsflug unter Beweis stellen, daß er seine fliegerischen Fähigkeiten nicht verloren hatte. Aus diesem Grund flog die »Kulmbach« an jenem verhängnisvollen Freitag mit zwei Kapitänen. Rechts neben Lübbert saß Check-Kapitän Hans-Jörg Hansen auf dem Copilotensitz. Er sollte die Leistungen von Lübbert beurteilen. Keiner der beiden sehr erfahrenen Piloten ahnte beim Anflug auf den Warschauer Flughafen Okecie, daß in weniger als einer Viertelstunde ihr schrecklichster Alptraum Realität werden sollte, für Hans-Jörg Hansen sogar mit tödlichem Ausgang.

Die automatische Wetteransage ATIS meldete seit Stunden etwa gleiches Wetter für Warschau: »Information Uniform, Wind aus 150 Grad mit 22 km/h, Sicht 10 km und mehr, 2/8 Gewitterwolken in 2.000 Meter Höhe und 4/8 Wolken. Temperatur 22 Grad« und den Zusatz: »Nosig« (no significant change – keine bedeutende Änderung). Aus dem NOTAM, den Nachrichten für Luftfahrer, die sich die Crew bereits vor ihrem Abflug zu Gemüte geführt hatte, wußte Kapitän Lübbert, daß die 3.700 Meter lange Hauptlandebahn des Warschauer Flughafens an diesem Tag geschlossen war. Dies bedeutete, daß sie auf der 900 Meter kürzeren Bahn 11/29 aufsetzen würden. Für seinen A 320 sollte dies eigentlich kein Problem darstellen, normalerweise kommt das »Meisterwerk« europäischer Flugzeugbauer nach ca. 800 Metern zum Stehen. Doch an diesem Tag, dem 14. September 1993, war in Warschau gar nichts so, wie es sein sollte.

Im Abstand von vier Minuten vor der Lufthansa steuert der Schweizer Pilot Anton Schneider seine Cessna Citation, ein kleines zweistrahliges Geschäftsflugzeug, auf die Landebahn 11. Im Anflug durchfliegt er stark böige Luft. Mit Querlagen von annähernd 40 Grad wird die Cessna durchgeschüttelt. Schneider landet mitten in einem ordentlichen Regenschauer, und wer so etwas in Warschau schon mal erlebt hat, weiß, daß das Wasser plötzlich mehrere Zentimeter hoch auf der Landebahn steht. Noch auf der Rollbahn meldet Schneider dem Kontrollturm, er habe eine Windscherung im Anflug gehabt. Diese unter Fliegern gefürchtete plötzliche Windänderung sollte zu extremer Vorsicht Anlaß geben oder sogar dazu, den Anflug nicht weiter fortzusetzen. Leider wurden aber allzu oft starke Böen fälschlicherweise als Windscherung apostrophiert, so daß diese Konsequenz heute kaum noch gezogen wird. Zwar gibt der Warschauer Lotse der Lufthansa-Maschine die Windscherung durch, die nasse Landebahn, vom Tower gut zu sehen, erwähnt er jedoch nicht. Auch wird die Besatzung der »Kulmbach« nicht über die aktuellen Wetterveränderungen informiert. Der Tower sagt nichts von der durch das Unwetter eingeleiteten Sichtverschlechterung.

Auf die Meldung der Wind Shears jedenfalls erhöht Michael Lübbert für kurze Zeit den Triebwerksschub seiner A 320, um mit 20 Knoten höherer Geschwindigkeit sicherer durch die Turbulenzen zu kommen. Dies ist Vorschrift bei der Lufthansa und vielen anderen Fluggesellschaften, denn Windscherungen haben schon manchen Flieger in bedrohliche Situationen und knapp über Grund sogar schon zum Absturz gebracht. Außerdem bleibt er etwas über seinem Gleitpfad, auch zur Sicherheit, damit er nicht unbeabsichtigt auf den Boden gedrückt wird. Dort, so hat ihm der Tower gemeldet, weht der Wind immer noch aus 160 Grad mit 25 km/h. Das heißt für ihn, die rechte, dem Wind zugewandte Tragfläche etwas hängen zu lassen, auch dies ein Standard-Manöver unter erfahrenen Piloten. Man vermeidet so ein Aufsetzen mit nicht auf die Landebahn ausgerichteter Längsachse des Flugzeugs – eine von Airbus zugelassene und sogar empfohlene Landetechnik bei Seitenwind-Landungen.

Nun ist die Lufthansa-Maschine an der Reihe. Noch wenige Meter, und sie wird auf der Rollbahn aufsetzen. Dies ist der Moment, wo im Cockpit Hochspannung herrscht. Während Lübbert, die linke Hand an seinem Steuerstift, die rechte auf den Triebwerksreglern, durch die regennasse Frontscheibe auf seinen idealen Aufsetzpunkt zielt, beobachtet Hans-Jörg Hansen angestrengt den kleinen Windanzeiger in der linken oberen Ecke seines Frontmonitors. »Dreht, dreht«, sagt Hansen, als der Pfeil auf dem Monitor wandert und signalisiert, daß sie nunmehr die angekündigte Wind Shear durchfliegen. Knapp 50 Fuß, also ca. 15 Meter über Grund wird die »Kulmbach« kräftig durchgeschüttelt, ergibt später die Auswertung des Flugdatenschreibers. Wegen der vorschriftsmäßigen Korrekturen an Geschwindigkeit und Gleitpfad setzt Lübbert mit genau 152 Knoten erst 770 Meter hinter der Schwelle auf. Bei einer Bahn von 2.800 Metern ist das noch tolerabel. Wegen des erwarteten Seitenwindes hängt sein rechter Flügel etwas herunter, er setzt also mit leichter Schräglage auf. Direkt nach dem Aufsetzen zieht Lübbert die Reverser auf – die Schubumkehrer an beiden Triebwerken, die den Luftstrahl nach vorne umlenken und so Gegenschub erzeugen. Sie können ein Flugzeug ohne jede Aquaplaning-Gefahr zum Stehen bringen. Lübbert erwartet nun, daß gemäß dem Funktions-Design seines A 320 auch die Störklappen automatisch ausgefahren werden. Sie stören die Luftströmung auf der Tragflächenoberseite und unterbrechen damit den Auftrieb. Das drückt die Maschine richtig an den Boden. Zusätzlich tritt er in die Spitzen seiner beiden Pedale, um die Radbremsen zu betätigen. Doch über neun lange Sekunden, so enthüllen es die Datenschreiber der Unglücksmaschine, reagiert keines der drei Systeme.

In dieser Zeitspanne rasen 54 Tonnen Aluminium, Stahl und Sprit mit 70 Menschen an Bord 760 Meter die nasse Bahn entlang. Nun wird die Situation allmählich eng. Noch 1.300 Meter Rollbahn hat die »Kulmbach« vor sich, als die Reverser und Störklappen endlich ausfahren und auch die Radbremse endlich das tut, was sie soll, nämlich das Flugzeug abzubremsen. Lübbert, der bemerkt, daß die Bremswirkung schlecht ist, fordert Hansen auf, mit in die Bremspedale zu steigen, was dieser auch sofort tut. Die Männer stehen förmlich in den Pedalen. Aber das Schicksal meint es nicht gut. Über eine Strecke von 1.100 Meter gelingt es, das Flugzeug auf knapp 70 Knoten (130 km/h) abzubremsen. Doch während dieser Zeit baut sich eine weitere Unglückskomponente auf: die sogenannte Rubber Reversion (Steamplaning). Darunter versteht man einen chemischen Prozeß, der zwar seit Jahren bekannt, aber dessen Entstehungsprozeß dennoch nicht hundertprozentig erklärbar ist. Die Hitze, die sich durch den Bremsvorgang entwickelt, reagiert mit dem Wasser (Regen) auf der Landebahn, dem Sauerstoff aus der Luft sowie dem Kohlenstoff im Gummi der Reifen. Bei dieser chemischen Reaktion entwickeln sich Wasserdampf, Kohlendioxid und/oder Kohlenmonoxid sowie weitere Hitze. Folge ist, daß die Reifen nicht mehr greifen und, ähnlich dem bekannten Aquaplaning, auf einem Dampfkissen gleiten. Die Unfallexperten finden kurz nach dem Crash die bezeichnenden weißen Spuren auf dem letzten Stück der Landebahn. Der Datenschreiber sagt aus, daß hier die Bremswirkung verhängnisvoll abgebaut hat.

Kapitän Lübbert bekommt den Schock seines Lebens. Vor ihm taucht das Ende der Bahn und ein dazu quer stehender Hügel auf. Ihn packt Entsetzen, als er realisiert, daß ein Zusammenstoß mit dem Erdwall unvermeidlich wird. »Was soll ich jetzt machen«, schreit er panisch. Auch Hans-Jörg Hansen hat das Hindernis in diesem Moment wahrgenommen. Seine letzten Worte sind: »Dreh ihn weg, dreh ihn weg!« Lübbert tritt ins rechte Seitenruder und reißt damit den Airbus herum, so daß er mit der linken Tragfläche auf den Hügel zurast. Mit 100 km/h »fährt« das Flugzeug den Erdwall hoch, bäumt sich auf und schlägt auf der anderen Seite krachend herunter. Dank dieses Verzweiflungsmanövers wird der Aufprall erheblich gemildert. Das linke Triebwerk federt die Wucht des Aufschlages ab, aber die Tragfläche reißt auf, Kerosin tritt aus und entzündet sich am heißen Triebwerk.

Die Piloten werden im Cockpit jäh herumgeschleudert. Dabei schlägt Hans-Jörg Hansen auf der Mittelkonsole auf. Die Sitze und Gurte im Cockpit sind nämlich auf frontal wirkende Beschleunigungs- und Bremskräfte ausgelegt, nicht aber auf seitliche Kräfte.

Hinzu kommt, daß die gut 65.000 Mark teuren Pilotensitze zwar über ein Gurtverriegelungssystem verfügen, dies ist aber schlechter als das eines x-beliebigen Kleinwagens. Der Obduktionsbericht sagt später aus, daß Hansen bei dem Aufprall die Aorta vom Herzen abgerissen ist. Demnach ist er sofort tot. Lübbert wird gegen das Seitenfenster geschleudert und wird bewußtlos.

Dem sofortigen Handeln der Kabinenbesatzung ist es zu verdanken, daß 63 Passagiere vor dem dann folgenden Flammeninferno aus dem Flugzeug evakuiert werden können. Nur ein Passagier in der ersten Reihe der Business Class hat den Aufprall nicht überlebt. Einiges spricht für die Vermutung, daß er seinen Gurt nicht ordnungsgemäß angelegt bzw. sofort nach dem Aufsetzen wieder geöffnet hatte. Der selber an der Wirbelsäule schwer verletzte Purser Klaas M. arbeitet sich nach der Evakuierung der Passagiere in das völlig verwüstete Cockpit vor. Er zieht den halb bewußtlosen Michael Lübbert aus seinem Sitz, versucht auch noch Hansen zu befreien, muß aber dann wegen des sich rasch ausbreitenden Feuers aufgeben.

Die Flughafenfeuerwehr verspritzt angeblich 50.000 Liter Schaum, doch die »Kulmbach« brennt völlig aus. Experten der Frankfurter Flughafenfeuerwehr, die am nächsten Tag die Unfallstelle besichtigen, können nur mit dem Kopf schütteln: »Damit löschen wir locker einen Jumbo-Jet.« (Eine vollbetankte Boeing 747 hat 175 Tonnen Kerosin an Bord. In der »Kulmbach« brannten nur 3,5 Tonnen des linken Tanks.) Der rechte Flügeltank blieb unbeschädigt, der Sprit wurde beim Bergen komplett abgelassen. Keiner der in feuersicheren Spezialanzügen agierenden polnischen Feuerwehrleute kommt jedoch auf die Idee, einmal in das Cockpit zu schauen.

Die Fernsehbilder, die am gleichen Abend noch um die Welt gehen, zeigen deutlich, daß die Feuerwehrmänner mit starkem Wind zu kämpfen haben und eher ihre eigenen Fahrzeuge löschen als die brennende »Kulmbach«. Die Bilder zeigen aber noch etwas anderes: Der Wind weht gar nicht aus Richtung 160 Grad, sondern eher aus 280 Grad. Das heißt, die »Kulmbach« hatte bei ihrer Landung gar keinen Seiten-, sondern vielmehr einen satten Rückenwind. Dies wird auch durch die Auswertung der Datenschreiber belegt.

Bei Rückenwind hätte die »Kulmbach« aber gar nicht auf der Bahn 11 landen dürfen, denn Landungen mit Rückenwind von mehr als 10 Knoten sind in der Fliegerei verboten. In der eilig zusammengerufenen Pressekonferenz, noch in der Nacht nach dem Unfall, und auch in dem bereits wenige Wochen nach dem Unfall überraschend veröffentlichten Kommuniqué der polnischen Unfalluntersuchungskommission wird man nicht müde zu betonen: »Den Fluglotsen trifft kein Verschulden, und auch die Landebahn war in einem guten Zustand.« Vielmehr spiele der »menschliche Faktor« und eine »Fehlwirkung des Bremssystems« eine Rolle.

Klar ist heute, daß der Unfall der »Kulmbach« aufgrund der Verknüpfung verschiedener Faktoren zur Katastrophe führte. Jeder Faktor für sich bedarf aber einer genaueren Betrachtung und Analyse.

Erhebliche Unzulänglichkeiten fallen sicher in die Verantwortung des Warschauer Flughafens. Hätte der Fluglotse den Wind auf der Bahn 11 richtig abgelesen, so hätte er entdeckt, daß es sich um einen zu starken Rückenwind handelt. Dann hätte er die Bahn sofort schließen und die »Kulmbach« auf die entgegengesetzte Bahn 29 dirigieren müssen. Außerdem hat er die Meldung, daß der Wind einerseits drehte und außerdem ein Regenschauer eingesetzt hatte, nicht wie üblich und vorgeschrieben weitergeleitet. In der Folge der Unfalluntersuchung stellte sich dann heraus, daß der Tower-Lotse gar nicht autorisiert ist, den von ihm am Anzeigegerät abgelesenen Wind an die anfliegenden Flugzeuge weiterzugeben. Hier herrscht offenbar ein gewaltiges Kompetenzgerangel auf dem Warschauer Flughafen. Einzig und allein die Oberaufsicht des Wetterbüros dürfe solche Angaben machen, heißt es in Polen.

Dieses Wetterbüro hat aber laut polnischem Unfallbericht selber um 15:48 Uhr, also noch vor dem Aufsetzen der »Kulmbach« auf der Bahn, einen neuen Wetterbericht herausgegeben, in dem Regenschauer angekündigt werden. Zumindest diese Meldung hätte jetzt an die Lufthansa-Maschine im Anflug weitergegeben werden müssen. (Merkwürdigerweise erhielt eine hinter der Lufthansa anfliegende polnische Maschine andere Informationen, jedoch in polnischer Sprache!) Aber die Wettervorhersage ist in Warschau öfters ein Problem, wie mir polnische LOT-Piloten berichteten. Oftmals ist die Meßanlage außer Betrieb. Recherchen ergaben, daß sich auf dem Warschauer Flughafen niemand für die Wartung der finnischen Anlage vom Typ VAISALA 21 verantwortlich fühlt. Mehrmals hatte die Firma hier Hilfe angeboten, doch die Polen waren niemals darauf eingegangen. Außerdem war das Gerät zum Unfallzeitpunkt darauf eingestellt, einen über zehn Minuten gemittelten Wind anzuzeigen, der natürlich bei wechselnden Wetter- und Windverhältnissen für den anfliegenden Piloten absolut unbrauchbar ist. Niemand hatte sich die Mühe gemacht, die Anzeige auf die aktuelle Windangabe umzustellen.

Merkwürdig ist jedoch auch, daß die Hauptlandebahn 15 nicht zur Verfügung stand. Dafür gibt es eine Erklärung, die im offiziellen polnischen Unfallbericht mit keiner Silbe erwähnt wird: An diesem Tag wurde mit einem Sonderflug die Leiche des polnischen Weltkrieg II-Generals und Chef der Exilregierung Wladyslaw Sikorski von London nach Warschau überführt. Die gesamte polnische Politprominenz wartete schon seit Stunden mit einer Heerschar von Journalisten und Fernsehteams auf die Ankunft der Maschine. Da die Bahn 11 vom Hauptgebäude und vor allem von der überdachten Besucherterasse nicht einzusehen ist, sollte die Maschine auf jeden Fall auf der Bahn 15 landen, damit alle Teams die Bilder der Landung aufnehmen konnten. Dementsprechend versuchte die Flugsicherung, diese Bahn auf jeden Fall freizuhalten, obwohl ein Anflug auf dieser Bahn bei dem vermeintlichen Wind aus 160 Grad mehr als Sinn gemacht hätte. Nur gibt es dort kein Instrumenten-Lande-System (ILS), was erhebliche Mehrarbeit für die Lotsen bedeutet.

Angehörige des technischen Personals des Flughafens Warschau bestätigten, was die Piloten längst wissen: daß die Rollbahnen bei Regen tückisch sind. Im April 1994 mußte die Hauptbahn 33/15 für mehrere Monate stillgelegt und komplett saniert werden, da Regen und Grundwasser den Beton unterhöhlt hatten. Schon in den Wochen nach dem Unfall wurden nachts klammheimlich erste Reparaturmaßnahmen durchgeführt. Dieser Umstand erklärt natürlich, warum Flughafenchef Maciej Kalita nicht aufhört, die Unfallbahn 11/29 in den blauen Himmel zu loben. Wäre nämlich der Untersuchungsbericht der Flugunfallexperten eventuell zu dem Ergebnis gekommen, daß die Bahn bei Regen ein Risiko bildet, hätte er während der Sanierungszeit seinen Flughafen bei schlechtem Wetter zumachen müssen. Und das wäre sehr teuer geworden, da ein Ausweichplatz nicht zur Verfügung steht.

Doch auch der unter Piloten nicht unumstrittene, computerisierte High-Tech-Flieger A 320 trägt seinen Teil zum Unfall bei. Hier nämlich liegt die Erklärung für die wertvollen neun Sekunden, in denen die entscheidenden 760 Meter Rollbahn verlorengingen. Im Gegensatz zu allen anderen konventionellen Flugzeugen kann nämlich der Pilot seine Störklappen (Spoiler), die das Flugzeug an den Boden drücken, im A 320 nicht von Hand betätigen. Das gilt für alle Landungen mit voll ausgefahrenen Landeklappen (Stellung 4). Die Spoiler sind durch ein aufwendiges und penibel prüfendes Computerprogramm gegen unbeabsichtigtes Ausfahren gesichert. *Zu* sehr gesichert, wie der Unfall in Warschau nun dramatisch klar gemacht hat: Um die Klappen ausfahren zu lassen, benötigt der Computer das Signal, daß beide Hauptfahrwerke mehrere Zentimeter eingefedert sind oder die Räder mit mehr als 72 Knoten drehen. Erst dann nimmt der Rechner an, daß das Flugzeug gelandet ist. Die Schalter befinden sich an jedem Fahrwerk. Damit gekoppelt ist auch die Freigabe der Schubumkehrer.

Fest steht heute, daß, obwohl die »Kulmbach« gelandet war, nicht sofort beide Fahrwerke dieses Signal übermittelt haben. Vielmehr hat nur der rechte Schalter beim Aufsetzen geschaltet. Das linke Rad stand über 9 Sekunden wahrscheinlich nur Millimeter vor dem Schaltpunkt. Jetzt hätte Kapitän Lübbert seine Störklappen gebraucht, um den Auftrieb an den Tragflächen zu vernichten und so das Flugzeug völlig auf den Boden zu drücken. Aber im A 320 gibt es in der Stellung »Volle Landeklappen« keinen Hebel oder Knopf, mit dem die Störklappen aktiviert werden können. Das liegt völlig in der Hand bzw. den Schaltkreislogiken des »Kollegen Computer«.

Im Gegensatz zu allen anderen Flugzeugen kann der A 320 auch nicht vollen Umkehrschub geben. Die Leistung wurde aus Gründen, die Airbus mit dem Terminus »Triebwerksschonung« erklärt, auf maximal 71 % des vollen Umkehrschubes reduziert. Das kann aber, wie in Warschau, bei regennasser Bahn zum Desaster führen, wenn die Bremswirkung der Radbremsen durch das Rubber-Reversion-Phänomen reduziert wird. Der Pilot, der sich nun an dieser Stelle gegen die Triebwerksschonung und für die Rettung von Maschine und Menschenleben entscheidet, wird durch den »vorausschauenden« Programmierer präventiv entmachtet.

Die Voraussetzungen für die Aktivierung der Bremssysteme waren wohl keinem A 320-Piloten bis zum Warschau-Unfall überhaupt bewußt. Das liegt vor allem auch am Aufbau der Bedienungsanleitung zum A 320. Das Handbuch wimmelt von Ungenauigkeiten und zum Teil einander widersprechenden Schaltlogiken. Piloten, die in diese Materie tiefer einsteigen wollen, haben meist keine Chance, auf ihre Fragen eine Antwort zu finden. Auch auf meine Anfrage bei Airbus Industrie in Toulouse konnte man mir keine klare Erklärung geben, wann die Störklappen und die Reverser nun ausfahren und wann nicht. Könnte es sein, daß es die Herren Ingenieure selber nicht wissen? Das wäre denkbar, wenn man sich ihre geistigen Ergüsse in dem Handbuch des A320 genauer ansieht. Denn hier fehlen oftmals wichtige Informationen für den Piloten.

Der Hersteller verkauft mit seinen High-Tech-Produkten auch gleich eine neue Philosophie: »Der Mensch kann irren, der Computer nicht. Und wir wollen unnötige Belastungen von den Piloten fernhalten«, so Airbus-Sprecherin Barbara Kracht. Damit allerdings werden hochqualifizierte Piloten zu reinen Erfüllungsgehilfen eines allmächtigen Bordrechners degradiert, obwohl sich die physikalischen Grundsätze des Fliegens mit der Einführung von solchen computerüberwachten Flugzeugen nicht auf den Kopf stellen lassen.

Die Lufthansa zog schon wenige Wochen nach dem Unfall erste Konsequenzen. Bis zur Umrüstung der Fahrwerke aller A320 galt für Landungen bei regennasser Bahn: Nur noch die geringere Landeklappenstellung 3, Überprüfung, ob die Störklappen automatisch herausfahren, wenn nicht, dann muß der Pilot den Hebel ziehen. Absurderweise fahren nämlich die Klappen in Landeklappenstellung 3 auch auf diesen Befehl hin aus, zumindest teilweise, in Stellung 4 (volle Klappen) jedoch nicht. Eine ausgesprochene Kompromißlösung, denn bei regennasser oder verschneiter Landebahn brauchen die Piloten volle Landeklappen, um entsprechend langsamer anfliegen zu können und auch beim Aufsetzen somit weniger Geschwindigkeit zu haben.[1]

Außerdem fällt so eine der technischen Innovationen, auf die die

1 Unterschied FLAPS FULL zu FLAPS 3 sind 5 Knoten mehr Geschwindigkeit.

Firma Airbus sehr stolz ist, völlig flach: das automatische Landen. Der A320 kann nämlich von seinen Autopiloten vollautomatisch gelandet werden. Der Pilot muß erst nach dem Aufsetzen wieder aktiv werden. Um dieses Manöver fliegen zu können, braucht der Rechner aber volle Landeklappen, da er wegen Programmierfehlern in der Software eine solche Landung in Klappenstellung 3 nicht durchführen kann. Das liegt daran, daß die Dämpfung des aufbäumenden Momentes[1] bei Klappenstellung 3 und dem Ausfahren der Ground-Spoiler schlechter als unvollkommen gelungen ist. Im Linienbetrieb haben sich etliche A320 nach einer automatischen Landung in dieser Klappenstellung so stark aufgebäumt, daß der Hersteller gezwungen war, aus Sicherheitsgründen solche Landungen zu untersagen.

Bei dem bei der Lufthansa schnell eingeführten »Übergangsverfahren« gab es jedoch noch einen Haken: Die Verfahrensliste sieht vor, daß der Pilot nach dem Aufsetzen die Reverser auffährt. Vernünftigerweise verbietet sich aber, nachdem die Schubhebel auf Umkehr stehen, ein eventuelles Durchstartmanöver. Man kann nicht sicher sein, daß die Reverser beide wieder auf Vorwärtsschub umschalten. Ein Durchstarten mit einem gerade geöffneten und einem geschlossenen Reverser kann ausgesprochen kritisch werden. Da unsinnigerweise aber erst nach dem Aufziehen der Schubumkehr vom Copiloten auf dem mittleren Anzeigemonitor geprüft werden sollte, ob die Spoiler ausfahren, nahm dieses Übergangsverfahren den Cockpitbesatzungen bei Lufthansa so jede Möglichkeit, eventuell doch noch durchstarten zu können.

Zu denken gibt schließlich der Umstand, daß es einen ähnlichen Fehler, wie er in Warschau über die verhängnisvollen neun Sekunden auftrat, bei der Lufthansa schon einmal gab. Ein Kapitän hatte nämlich schon einmal bei einer Landung in Hamburg das unangenehme Erlebnis, daß weder Spoiler noch Reverser ausfuhren. 22 Sekunden dauerte der Spuk, dann gab der Computer sie endlich frei, und das Flugzeug konnte abgebremst werden, da die Rollbahn lang genug war. Die Passagiere merkten wohl nichts, doch der gewissenhafte Kapitän schrieb einen Bericht an seine Vorgesetzten und bat um

1 Das Flugzeug hat nach der Landung die Tendenz, die Nase anzuheben. Das wird durch den Auftriebsverlust an der hinteren Kante der Tragfläche verursacht.

Überprüfung. Die interne Untersuchung kam zu einer lapidaren Erklärung, und der Bericht wurde unter dem Kapitel »Triebwerksfehler« abgeheftet. Derjenige, der ihn damals verkehrt einordnete und abheftete, sollte sich einmal überlegen, ob eine Weiterleitung nicht sinnvoller gewesen wäre. Vielleicht würden dann heute zwei Menschen, davon einer ein Kollege, noch leben, und ein 70 Millionen Mark teueres Flugzeug der eigenen Gesellschaft wäre nicht verloren gegangen.

Lufthansa und Airbus Industrie arrangierten sich auf ihre Weise: Leise und fast unbemerkt hat Airbus mittlerweile alle A 320-Fahrwerke der Lufthansa modifiziert. Selbstverständlich auf Kosten der französischen Flugzeugbauer. Die Federbeine wurden gegen sogenannte Doppel-Oleo-Struts ausgewechselt. Diese Federbeine hatte Airbus schon vor dem Unfall im Angebot, allerdings als Nachrüstsatz – gegen Aufpreis. Die Doppel-Oleo-Struts sollten nämlich primär den Passagierkomfort bei einer harten Landung erhöhen. Die französischen Flugzeugbauer stellten nach dem Unfall jedoch fest, daß mit dem Einsatz dieser Federbeine auch das Gewicht reduziert wird, das auf beiden Fahrwerken lasten muß, damit die Blockierung in der Schaltlogik freigegeben wird. Mit diesem System konnte das zum Schalten notwendige Gewicht von etwa sechs Tonnen auf nur zwei Tonnen reduziert werden. Im Dezember 1994 gab die FAA eine Lufttüchtigkeitsanordnung heraus, die allen amerikanischen Betreibern von A 320s vorschreibt, binnen einer 18monatigen Frist ebenfalls dieses verbesserte Fahrwerksbein einzubauen. Die FAA zog mit diesem Schritt eine ungewöhnlich scharfe und schnelle Konsequenz aus dem Warschau-Unfall.

Der Forderung von Piloten nach einem Hebel, der sich im Zweifelsfall eigenhändig ziehen läßt, um die Schaltlogik zu umgehen, will Airbus bislang nicht nachkommen. Dies widerspreche der Philosophie des Flugzeuges. Außerdem argumentiert man mit Zulassungsvorschriften, die einer solchen Forderung seitens der Pilotenschaft entgegenstünden. Bisher ist in Toulouse noch niemand auf die Idee gekommen, eventuell mal generell etwas an diesen Schaltlogiken zu überdenken. Eine Änderung an der Software wurde kurzfristig 1994 angeboten, jedoch lediglich als Option ohne Kaufverpflichtung, keinesfalls als sicherheitsrelevante Ausstattung für alle A 320. Aber auch diese Nachrüstung, bei der bereits eine Fahrwerkschaltung ausreicht, um die Bremssysteme zu aktivieren, funktioniert nur, wenn einige Besonderheiten beachtet werden. So muß mindestens ein Schubhebel in »Reverse« stehen (damit verbietet sich aber wieder das im Zweifelsfall sichere Durchstartmanöver) und die Störklappen und Reverser fahren immer noch nicht dann aus, wenn der Pilot einfach am Hebel zieht.

Bleibt abzuwarten, wieviele weitere Unfälle sich mit dieser Art Flugzeug ereignen müssen, wieviele qualifizierte Crews und Passagiere noch sterben sollen, bevor man sich von solch tödlichen Logiken löst. Oder muß man hier nicht sogar von einer tödlichen Arroganz der Konstrukteure sprechen...?

## 5. Und wieder war die Landebahn zu kurz

»Which is not fitted can not cause trouble.«
(»Was nicht eingebaut ist, macht keinen Ärger.« – englisches Sprichwort)

Der geschworene Feind aller Technik könnte jetzt eigentlich triumphieren. Hatte er doch schon immer gewußt, daß zuviel komplizierte Technik und Elektronik nicht gut sein kann. Aber dieses Argument ist sehr schnell widerlegt. Schauen wir uns doch mal näher an, wie so eine richtige bodenständige Konstruktion, eine Boeing 737, mit dem am Ende eines jeden Fluges auftretenden Problem fertig wird: Wie erreicht man es, daß das Flugzeug nach der Landung auf der Piste angehalten werden kann?

Die Boeing 737 hatte ihren Erstflug im Jahr 1968. Ihre Systeme und Triebwerke wurden im Laufe der Zeit verfeinert und modernisiert, was ja generell nur dann Sinn macht, wenn damit unter anderem auch ein Zuwachs an Sicherheit verbunden ist. Diesem Anspruch konnten nun einige der durchgeführten Modifikationen wirklich nicht genügen. 330 Flugzeuge waren bis zum Jahr 1973 ausgeliefert worden, und das etwaige Überrollen des Landebahnendes war bis zu diesem Zeitpunkt kein Thema. Dann aber begannen die Probleme.

Im Rahmen der Produktpflege wurde vom Hersteller Boeing ein Schalter am Bugfahrwerk eliminiert, der zusammen mit einem weiteren Schalter ein Signal für Störklappen, Reverser und Antiskid-System liefern sollte, daß sich das Flugzeug jetzt am Boden befindet. Fortan signalisierte nur noch ein einziger Schalter am rechten Hauptfahrwerk diese Information. Besser gesagt, er hätte sie liefern sollen, denn allzu oft klappte das nicht wie gewünscht. Von 1973 bis 1985 sind elf Fälle dokumentiert, in denen die Landebahn ruhig ein Stückchen länger hätte sein sollen.

Fast immer war das Wetter schlecht: Regen, Wind, Böen, und nahezu durchgängig ist in den Berichten zu lesen, daß die Besatzung zu schnell angeflogen sei und erst spät auf der Bahn aufgesetzt habe. Diese Unfallberichte sind alle zur Firma Boeing in Seattle gegangen, und man könnte ja durchaus erwarten, daß schon ein einziger Flugunfall eine gewisse Aktivität in Richtung auf Ursachenerforschung auslöst, um eine Wiederholung auszuschließen. Diese elf Fälle bewirkten nichts dergleichen; erst der Landeunfall einer Boeing 737 der amerikanischen Fluggesellschaft Piedmont am 25. Oktober 1986 in Charlotte brachte das Faß zum Überlaufen. Die US-ALPA, der Berufspilotenverband in den Vereinigten Staaten, nahm sich des Problems an. Akribisch wurden nochmals alle weltweit aufgetretenen Fälle zusammengetragen, und dann begann man, die möglichen Gemeinsamkeiten herauszuarbeiten.[1]

Sehr schnell kristallisierte sich als alle drei Bremsmöglichkeiten gleichermaßen beeinflussendes Signal eben dieser Schalter am rechten Hauptfahrwerk heraus. Eigentlich eine völlig irrsinnige Idee, daß man Redundanzen in beinahe beliebiger Anzahl und Fülle in ein solches Flugzeug einbaut, um dann alles, was irgendwie mit dem Bremsen nach der Landung zu tun hat, von einem einzigen Teleflexkabel (einer Art Bowdenzug) abhängig zu machen. Aber wollen wir mal nicht zu hohe Ansprüche stellen. Konstrukteure sind auch nur Menschen und mit allen dieser Spezies nachgesagten Fehlern behaf-

1 Vgl. Harold F. Marthinsen und H. Keith Hagy in »Boeing 737 Overruns – A Case History«, *ISASI forum Proceedings*, 1992, S. 38 f. und *Air Line Pilot*, Oktober/November 1993, S. 27 ff.

tet. Man kann natürlich anführen, daß ja nicht ein einzelner Konstrukteur eine solche Systemauslegung erdenkt, sondern immer eine Gruppe. Wie man sieht, ist das aber kein Garant für Qualität. Was wirklich stark störend, sogar beunruhigend ist, das ist die immer wieder festzustellende Starrköpfigkeit und die daraus resultierende Unfähigkeit, einen begangenen Fehler einzugestehen und zu korrigieren.

Nahezu zeitgleich wurde in Kanada der Unfall einer Boeing 737 der Pacific Western in Kelowna vom 14. Juli 1986 untersucht. Dieser Unfall bekam eine besondere Note durch den Umstand, daß bereits ein Jahr zuvor, am 21. Januar 1985, hier eine weitere Boeing 737 derselben Fluggesellschaft arge Probleme bei der Landung hatte und die Landebahn überschoß. Die kanadische Unfalluntersuchungskommission formulierte im Zuge der Analyse eine Forderung, die eigentlich ganz selbstverständlich ist, aber noch niemand auszusprechen gewagt hatte. Sie lautete: »Das Department of Transport (Canada) zieht Modifikationen an der Air-Ground Logik[1] in Betracht. Diese Modifikationen sollen sicherstellen, daß den Piloten irgendeine Möglichkeit zum Abbremsen des Flugzeuges zur Verfügung gestellt wird, die unabhängig vom Einfedern des rechten Hauptfahrwerkes ist.«

Was für eine Überraschung! Da fliegt die Boeing 737 schon 18 Jahre durch die Welt, und plötzlich sollen die Piloten etwas zum Bremsen bekommen! Nun gibt es wohl keine einzige gute Idee, an der nicht auch herumgemäkelt werden würde. Die amerikanische Air Transport Association (ATA), eine Interessenvertretung der Fluggesellschaften, sah Kosten auf die Gesellschaften zukommen und argumentierte, »nur einmal bei 4,5 Millionen Landungen sei mit einem Überschießen des Landebahnendes zu rechnen; dies rechtfertigt keine Umrüstaktion.« Leider schlecht gerechnet. Die ATA war von den Totalverlusten ausgegangen, nicht von der Gesamtzahl von Fällen, in denen die Landebahn verlassen wurde. Da sahen die Zahlen für vergleichbare Flugzeuge nämlich so aus: Boeing 727: 7mal, DC-9: 11mal und Boeing 737: 26mal.

Die Zahl 26 ist darüber hinaus noch so aufzuschlüsseln: 12 Fälle

1 Durch diese Logikschaltung »erkennen« die automatischen Systeme des Flugzeuges, daß sich die Maschine am Boden bzw. in der Luft befindet.

summierten sich in etwa 18 Jahren, der Rest ereignete sich in nur 4 Jahren! Völlig unverständlich wird die Haltung der ATA, wenn man bedenkt, daß die Reparatur einer einzigen verunfallten Boeing 737 wesentlich mehr kostet als das Umrüsten aller Flugzeuge. Am 10. Mai 1989 wurde von der FAA eine entsprechende Lufttüchtigkeitsverordnung erlassen. Es wurde zwingend vorgeschrieben, daß zum Ermöglichen des Umkehrschubes nach der Landung ein parallel zu dem Schalter am rechten Hauptfahrwerk arbeitender Schalter am Bugfahrwerk einzubauen sei.

Ein Schalter am Bugfahrwerk? Den hatte es doch bis 1973 sowieso gegeben, als er im Rahmen einer Produktpflegemaßnahme ersatzlos gestrichen wurde. Wenn das technischer Fortschritt ist... Die amerikanische Fluggesellschaft United war übrigens der 1973 von Boeing durchgeführten Umbaumaßnahme nicht gefolgt. Sie flog weiter mit dem Schalter am Bugfahrwerk und verzeichnete keinen einzigen Zwischenfall einer ihrer Boeings 737, der zum Überrollen des Landebahnendes geführt hätte.

Nachdenklich stimmt der Umstand, daß Airbus Industrie bei der Entwicklung des A 320, der 1988 erstmals in Dienst gestellt wurde, diese sicherheitsrelevanten Informationen nicht in die Konstruktion einfließen ließ bzw. offenbar falsche Schlüsse zog. Dabei argumentieren die französischen Flugzeugbauer ansonsten gerne mit dem Hinweis auf die erkannten Fehlfunktionen bei Flugzeugen der Konkurrenz...

# 6. Der »intelligente Airbus« und seine Abstürze – Chronik einer avantgardistischen Technologie

»Bis heute hatten wir keinen Zwischenfall oder Unfall, der direkt einer Designschwäche oder einem Problem an den Systemen oder der Struktur zugewiesen werden konnte.«

*Bernard Ziegler*, Senior-Vice-President Airbus Industrie am 5. 12. 1994

Eine besondere Dimension bekommt die selbstgerechte Haltung der Firma Airbus in der Öffentlichkeit vor dem Hintergrund, daß der Unfall in Warschau nicht der erste und auch nicht der letzte Unfall eines Flugzeuges aus ihrem Hause war.

Wer erinnert sich nicht an die Amateurfilmaufnahmen vom 26. Juni 1988, jenem schönen Flugtag im elsässischen Habsheim, als ein funkelnagelneuer – übrigens der erste überhaupt ausgelieferte – A 320 in den Farben der französischen Staatsfluggesellschaft Air France so wunderbar langsam im Tiefflug über den Flugplatz dahinglitt und wenige Sekunden später im angrenzenden Wald verschwand? Dann loderten die Flammen empor, und das Renommée von Airbus hatte gewaltig gelitten. Natürlich war schnell eine Erklärung gefunden: Pilotenfehler. Flugkapitän Michel Asseline, gerade noch von Airbus und seiner Gesellschaft auf diesem Flugzeugtyp ausgecheckt, hatte Mist gebaut. Schlecht für die Firma Airbus, daß Asseline den Absturz überlebt hat. Drei seiner Passagiere starben. Seitdem kämpft Asseline für seine Rehabilitierung. Kritik des in Verruf gekommenen Piloten: Bei der Unfallanalyse wurde kräftig manipuliert. So verschwand zum Beispiel der Cockpit-Voice-Recorder. Als er wieder auftauchte, fehlten Teile des Bandes, andere waren hinzugefügt worden. So soll im Originalband hörbar gewesen sein, daß mindestens eines der Triebwerke beim Beschleunigen einen Strömungsabriß hatte. Die angeblich im Originalband noch vorhandenen charakteristischen Aussetzer waren später nicht mehr hörbar. So behauptet es Asseline.

Ein französisches Gericht entschied aber im Spätsommer 1994

nach einem Gutachten, daß an dem Band nicht manipuliert worden sei. Asselines Gutachter behauptet das Gegenteil.

Michel Asseline hatte, vom Chefpiloten der Air France so gewollt, im extremen Langsamflug mit ausgefahrenen Klappen und Fahrwerk den Platz passiert und zu knapp vor dem angrenzenden Wald wieder versucht zu steigen. Dabei konnte er sich nicht mehr auf die Sicherungssysteme des A 320 verlassen, die die Triebwerke automatisch nachregeln würden. Er flog in dieser Konfiguration haarscharf an der Grenze zum Strömungsabriß. Deswegen wurde sein Steuerimpuls, die Nase zu heben, vom Flugzeug nicht ausgeführt. Lediglich mehr Schub der Triebwerke hätte ihn sicher wieder steigen lassen.

Es zeichnet sich ganz klar ab, daß Kapitän Asseline die Hauptschuld an diesem Unfall trifft. »Rambo« Asseline, wie er bei seinem ehemaligen Arbeitgeber Air France von den Kollegen genannt wurde, hatte keinen guten Ruf. Er gilt in Kollegenkreisen als draufgängerisch und arrogant. Eindeutig überflog er den Platz in Mulhouse zu tief und viel zu lange mit im Leerlauf operierenden Triebwerken. Schon bei einem normalen Anflug, erst recht jedoch bei einem Überflug in geringer Höhe, ist es fundamental wichtig, die Triebwerke mit einer ausreichenden Drehzahl laufen zu lassen. Dies ist notwendig, weil ein Düsentriebwerk bis zu acht Sekunden Beschleunigungszeit hat. Bei dem verhängnisvollen Überflug mit Mindestgeschwindigkeit hat Kapitän Asseline diese Beschleunigungszeit nicht mit ins Kalkül gezogen und rauschte deshalb in den Wald. Air France setzte den Bruchpiloten kurzerhand vor die Tür, seine Fluglizenz wurde eingezogen. Heute fliegt Asseline wieder, mit einer amerikanischen Lizenz, meist zweistrahlige Privatflugzeuge und kleinere Jets. Vom Airbus hält er nichts. Freiwillig steigt er in keinen mehr ein, sondern nimmt lieber die Eisenbahn.[1]

Unabhängig von der Schuldfrage in diesem Fall läßt das Vorgehen von Airbus und der mit der Unfalluntersuchung betrauten französischen Ermittlungsbehörde die sonst gewohnte und vor allen Dingen in der Fliegerei zwingend notwendige Professionalität vermissen. Von vornherein wurde versucht, dem Piloten die Schuld anzulasten. Hochrangige Airbus-Vertreter wiederholten bei jeder sich bieten-

---

1 Michel Asseline, »Le pilote est-il coupable?«, Edition 1, Paris 1993, S. 40.

den Gelegenheit, besonders gegenüber den Medien, diese voreilige Schuldzuweisung. Es hat den Anschein, daß in andere Richtungen erst gar nicht ermittelt wurde.

## Air India 605, Bangalore, 14. 2. 1990

Der Airbus A 320 der Indian Airlines befand sich im Landeanflug auf Bangalores Flughafen in Südindien, als er knapp 800 m von der Landebahn entfernt auf einem Golfplatz aufschlug, wieder in die Luft sprang, dabei eine Straße überquerte und dann noch außerhalb des Flughafengeländes in Flammen aufging. Das Flugzeug wurde durch den Aufschlag und das danach ausbrechende Feuer völlig zerstört. Die beiden Piloten, zwei Flugbegleiter und 86 Passagiere wurden getötet. Es gab 56 Überlebende. Wahrscheinlich hätten mehr Menschen das Unglück überlebt, wenn die Flughafenfeuerwehr nicht so katastrophal schlecht ausgerüstet und ausgebildet gewesen wäre. Sie stand z. B. über 20 Minuten vor einem verschlossenen Flughafentor und fand keinen Weg, es zu öffnen, während wenige Meter weiter der A 320 abbrannte.

Der Unfall passierte um genau 13:03 Uhr Ortszeit, und die Wetterbedingungen waren eigentlich gut. Die Piloten hatten schon aus einer Distanz von 11 km eine gute Sicht auf die Landebahn. Da es in Bangalore kein ILS (Instrument Landing System) gibt, mußte die Crew einen Anflug nach Sicht fliegen. Die Landebahn verfügt über ein visuelles System, die sogenannten VASI-Lichter seitlich der Landebahn, um den Piloten zu signalisieren, daß sie sich im korrekten Anflugwinkel befinden. Bei der sofort eingeleiteten Untersuchung konnte man an diesen Beleuchtungskörpern keinerlei Defekte entdecken. Und es gab auch von anderen Besatzungen keine Mitteilungen über eventuelle Fehlfunktionen dieser Anflugbeleuchtung.

Der Kapitän, der auf dem linken Sitz saß und diesen Anflug durchführte, machte an diesem Tag seinen ersten Route-Check unter der Oberaufsicht des A 320-Checkpiloten, welcher auf dem rechten Sitz saß. Dieser Checkpilot, 44 Jahre alt, war seit September 1989 autorisiert, mit diesem Flugzeugtyp Flüge im Kommandantenstatus durchzuführen, und ausdrücklich von einer Regelung befreit, die ein Minimum von 100 Stunden Flugerfahrung als 1. Offizier auf diesem

Typ verlangte. Er hatte gerade 48 Stunden als 1. Offizier geflogen, und darüber hinaus waren 212 Stunden als Kommandant auf dem A 320 in seinem Logbuch verzeichnet. Zuvor war er als Kapitän auf Boeing 737 und Hawker-Siddley HS 748 S geflogen. Insgesamt verfügte er über eine Flugerfahrung von 10.339 Stunden.

Im Juni 1989 hatte dieser Checkpilot ein Training für den A 320 bei Aeroformation in Toulouse[1] durchlaufen. Seine Leistung während der Ausbildung gab zu eher zweifelhaften Kommentaren Anlaß, so z.B.: »Die Verfahren und Aktionen während eines Nichtpräzisionsanfluges waren sehr langsam.« (3.7.1989) Der Pilot, der auf diesem Flug überprüft wurde, war 46 Jahre alt. Er hatte insgesamt 68 Flugstunden als 1. Offizier im A 320 hinter sich. Zuvor war er als Kapitän auf der Boeing 737 und HS 748 geflogen und hatte insgesamt 9.307 Stunden Flugerfahrung, davon 5.175 als Kommandant. Aus den Bemerkungen in seinem A-320 Trainingsbuch von 1989 in Frankreich: »Das war kein guter Tag für den Kapitän. Doppelten Hydraulik-Ausfall im Anflugverfahren wiederholt. Die automatische Schubregulierung wurde auf dem Gleitpfad ausgeschaltet. Außerdem ergab sich ein Problem mit der Schubregulierung. Der Anflug wurde abgebrochen.« (13.11.1989)

Es ist mehr als fraglich, ob es mit solchen Bemerkungen im Trainingsbuch, die eklatante Schwächen offenbaren, sinnvoll erscheint, einen Piloten in den allgemeinen Flugbetrieb zu übernehmen. Vor allem ohne weitere, intensivere Schulung. Die letzten zweieinhalb Minuten des Cockpit-Voice-Recorders machen deutlich, daß der Pilot des Air India Fluges 605 erst sieben Sekunden vor dem Unfall realisierte, daß etwas nicht so lief, wie es laufen sollte:

| Zeit | Spur | Inhalt |
|---|---|---|
| 13.00.42 | CP<br>Kapitän | Landebahn in Sicht<br>(Der Autopilot wird ausgeschaltet. Das akustische Signal dafür ertönt 3 mal.) |
| 13.00.48 | PF<br>Copilot | Klappen auf 4. (Der Pilot bittet um volle Landklappenstellung) |

1 Aeroformation ist ein 1972 von Airbus Industrie eingerichtetes und seit 1994 in den Bereich des Kundendienstes integriertes Schulungs- und Ausbildungszentrum.

| | | |
|---|---|---|
| 13.00.51 | PF | OK. Landing-checks. |
| | CP | Kommt sofort. Ich gehe auf die Towerfrequenz. |
| | PF | OK. |
| 13.01.08 | CP | Bangalore-Tower India 605. Guten Morgen. |
| 13.01.11 | ATC | Guten Morgen, melden Sie sich im kurzen Endanflug. |
| 13.01.13 | CP | In Ordnung. |
| | | (...) |
| 13.02.13 | CP | Wir sind im kurzen Endteil. |
| 13.02.17 | ATC | Roger. Sie haben Landeerlaubnis |
| 13.02.19 | CP | Landeerlaubnis 605. |
| | PF | Ok. Landechecks. |
| 13.02.23 | CP | OK. Fahrwerk ist draußen. 3 grüne Lampen, Releasesigns sind an, Spoiler sind gearmt, Klappen full, Landechecks abgeschlossen. |
| 13.02.34 | CP | Besatzungen auf ihre Stationen für die Landung (Der Kapitän macht eine Ansage in die Kabine, um die Flugbegleiter auf die bevorstehende Landung hinzuweisen) |
| 13.02.42 | PF | OK. 700 Fuß Sinkrate. |
| | CP | Im Fall des Durchstartens ist... (Der Radiohöhenmesser meldet sich mit »400« – eine synthetische Computerstimme) |
| 13.02.53 | CP | Du sinkst im Leerlauf. Offener Sinkflug, ha. Die ganze Zeit. (Radiohöhenmesseransage: »300«) |

(*Anmerkung*: An dieser Stelle wird deutlich, daß der Checkpilot ein unvernünftiges Verhalten seines Kollegen erst viel zu spät kommentiert, denn auch dieser Pilot sinkt – wie Kapitän Asseline seinerzeit in Mulhouse – mit beiden Triebwerken im Leerlauf. Es wird aber auch noch Schlimmeres deutlich: Die Piloten sind fixiert darauf, daß alle Anzeigen so wie im Training erlernt auszusehen haben, und schenken derweil den Basisparametern – z. B. Höhe, Sinkgeschwindigkeit, Triebwerksleistung – überhaupt keine Beachtung.)

| | | |
|---|---|---|
| 13.03.03 | | (Radiohöhenmesseransage: »200«) |
| 13.03.07 | CP | Bist Du immer noch auf Autopilot? |

(*Anmerkung*: Diese Frage ist mehr als peinlich; zeigt sie doch, daß der Kapitän den Flugverlauf überhaupt nicht nachvollzogen hat und das Ausschalten des

Autopiloten um 13:00:42 – akustisch und optisch mitgeteilt- gar nicht verarbeitet hat. Möglicherweise ist auch das eine Folge des Ausbildungssystems, in dem die Piloten zu blindem Vertrauen in die Technik erzogen wurden, daß der Kapitän es so lange kommentarlos akzeptiert hat, daß – vermeintlich – der Autopilot das Flugzeug in eine unmögliche Situation hineinsteuert.)

| | | |
|---|---|---|
| 13.03.09 | | Nein. |
| | CP | Er ist abgeschaltet |
| 13.03.10 | PF | He, wir stürzen ab. |
| 13.03.11 | CP | Oh shit |
| | | (Radiohöhenmesseransage: »100«) |
| | PF | Kapitän. |
| 13.03.12 | PF | Kapitän, wir sinken immer noch. |
| 13.03.13. | | (Warnung für eine zu hohe Sinkrate) |
| 13.03.15 | | (Sinkratenwarnung und Radiohöhenmesseransage »50«) |
| 13.03.16 | | (Sinkratenwarnung und Radiohöhenmesseransage »10«) |
| 13.03.17 | | Aufschlaggeräusche. |

Daß diese indische Besatzung elementare Grundsätze der Fliegerei beachtet hätte, kann man nun wirklich nicht behaupten. Selbst das modernste Flugzeug fliegt nicht nach dem Prinzip eines »Perpetuum Mobile« ohne ausreichende Antriebsleistung. Die andauernd rückläufige Geschwindigkeit ist während des Anfluges von keinem der beiden Piloten kommentiert, geschweige denn korrigiert worden. Auch das ist jedoch vor dem Hintergrund zu sehen, daß die Piloten in ihrer Ausbildung bei Aeroformation gelernt haben, daß dieses Flugzeug selbst für sich sorgen wird. Denkbar ist allerdings auch, daß die Besatzung einer schon oft vorgeführten Ableseschwierigkeit bei der Geschwindigkeitsanzeige aufgesessen ist. Die vorgewählte Geschwindigkeit wird im A 320 durch ein deutlich abgehobenes Dreieck dargestellt, während die tatsächliche Geschwindigkeit von einer sich bewegenden Skala unterhalb eines kurzen und dünnen Indexstriches abgelesen werden muß. Solange das schön große und vor dem Hintergrund deutlich kontrastierende Dreieck zu sehen ist, ist alles in bester Ordnung, könnte man meinen. Dem ist leider nicht so.

Der schlechten Ablesbarkeit der Geschwindigkeit trug Airbus Industrie später insofern Rechnung, als der Indexstrich nicht nur dicker, sondern auch länger dargestellt wurde und nun optisch besser deutlich wird, an welcher Stelle die tatsächliche Geschwindigkeit abzulesen ist. Ein Zusammenhang mit dem Absturz in Bangalore besteht »selbstverständlich« nicht. Das käme ja fast einem Schuldeingeständnis gleich.

## Der Berg war einfach zu hoch… oder ist das Flugzeug doch zu tief geflogen?

Wieder eine Geschichte vom Wunderflieger, bei dem auch der dümmste Pilot nichts falsch machen kann, der sogar, wie Herr Mehdorn, der Vorsitzende der Geschäftsführung Airbus Deutschland, zu sagen pflegt, von seiner unbedarften Sekretärin oder von einem Schuljungen geflogen werden kann.

Wozu denn auch viel Geld in die Pilotenausbildung stecken, ja vielleicht am Ende noch in laufende Schulungsprogramme investieren, wenn das doch in Wirklichkeit völlig überflüssig ist? Die Erfindung von Airbus war noch besser gelungen als die Quadratur des Kreises: »Ab sofort wird das Fliegen vollkommen sicher, und billiger noch dazu.« Schlagende Argumente von Airbusverkäufern. »Ja, das ist es doch, was wir uns immer gewünscht haben!«, jubilierten nicht die wirklichen Fachleute, sondern die selbsternannten Luftfahrtexperten in den Fluggesellschaften. So ging man forsch ans Werk, einer so wohlklingenden, kühnen Verheißung zum Durchbruch zu verhelfen. Hinweggefegt wurden die in langen Jahren – und aus schmerzlichen Erfahrungen – gewonnenen Erkenntnisse und Lehren. Die Fliegerei war gerade neu erfunden worden, und da wollte man doch nicht etwa nörgelnd abseits stehen? Aber Hochmut kommt nicht selten vor dem Fall. Diesmal war es einer dieser Fälle, bei denen ein völlig intaktes Flugzeug zerstört wird, weil der Berg, der dort steht, wo das Flugzeug fliegt, einfach zu hoch ist…

Es ist Montag abend, 20. Januar 1992. Der Airbus A 320 der französischen Fluggesellschaft Air Inter mit dem Kennzeichen F-GGED nähert sich von Lyon kommend dem Flughafen Straßburg-Entzheim. Am Ende dieser Geschichte stehen 87 getötete und fünf schwerverletzte Menschen; leicht verletzt kommen nur vier Passagiere davon.

Der 41jährige Kapitän hat bei einer Flugerfahrung von 8.806

Stunden den A 320 gerade mal 126 Stunden geflogen. Der Copilot, 37 Jahre alt, bringt in das Geschehen 3.615 Flugstunden ein, davon ganze 61 Stunden auf dem A 320. Wäre da nicht ein dritter Pilot im Cockpit zur Unterstützung sinnvoll gewesen? Aber wo kämen wir denn hin, wenn wir uns auf so etwas einließen? Schließlich haben doch beide Piloten ihre Schulung bei der eng mit der Firma Airbus verzahnten Aeroformation absolviert. Nach Art des Hauses sozusagen »kurz und trocken«. Bitte keinen »unnötigen Schnickschnack« oder den Leuten zu viel Einblick in die von ihnen zu beherrschende Technik gewähren. Und ihnen schon gar nicht die kleinen und großen Ecken und Kanten erläutern, an denen man höllisch auf der Hut sein muß. Frei nach der Devise: »Man kann nichts falsch machen, und daran haben sich alle Beteiligten gefälligst zu halten.«

Man kann doch. Es fehlt die Erfahrung, man kommt mit der Ergonomie des Flugzeugs nicht zurecht, und unter der Vielzahl von Anzeigen geht ein Wert für nur kurze Zeit unter, der ganz wichtig ist: die Sinkgeschwindigkeit. Und so prallt das Flugzeug in den Berg.

Pilotenfehler, ganz eindeutig.

Durchleuchten wir doch einmal, wie es zu diesem Fehler kommen konnte. Denn dies ist die einzig sinnvolle Überlegung, wenn etwas falsch gemacht worden ist.

Die Handhabung des Autopiloten über die sogenannte Flight Control Unit (FCU)[1] kann zu Verwechslungen führen. Mit ein und demselben Drehknopf stellt man, je nach vorgewähltem Modus, entweder die Sinkgeschwindigkeit oder den Sinkwinkel ein. Durch Drücken eines anderen kleinen schwarzen Knopfes wird zwischen Sinkwinkel und -geschwindigkeit hin- und hergeschaltet. In unmittelbarer Nachbarschaft zu diesem Druckknopf befindet sich ein zweiter, identischer Schalter, mit demselben »Druckgefühl«, der aber für die Anzeige der vorgewählten Flughöhe in Metern zuständig ist. Wurde der richtige Knopf nicht fest genug gedrückt? Wurde etwa der falsche Knopf gedrückt? Vor- und Nachteile der »Knöpfchenfliegerei«! Die Anzeige erfolgt in digitalen LCDs und unterscheidet sich nur in einer Kommastelle. Ist z. B. ein Sinkwinkel von

1 Schalttafel für die Eingaben zur Flugkontrolle. Hier können auch Kommandos der Piloten in bezug auf die Flugrichtung (Heading/Track), Sink- oder Steiggeschwindigkeit (Vertical Speed) oder den Flugpfadwinkel (Flight Path Angle) eingegeben werden. Über dieses System wird auch der Autopilot gesteuert.

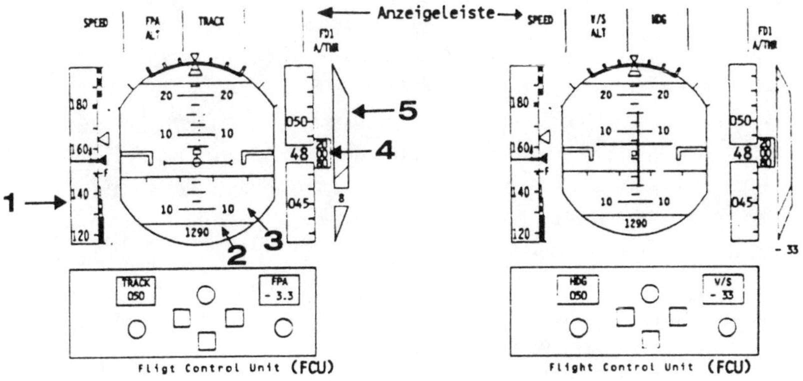


**1) Geschwindigkeitsanzeige**
**2) Radio Höhe**
**3) Künstlicher Horizont**
**4) Höhenmesser**
**5) Vertikale Navigationsanzeige**

*Abbildung 5: Darstellung des Primary Flight Display (PFD) oben und der Flight Control (FCU) unten: Links die Anzeige auf dem Bildschirm und der Schalttafel der FCU bei gewähltem »Sinkwinkel« (–3,3 Grad), rechts dagegen bei »Sinkgeschwindigkeit« (–3.300 Fuß pro Minute).*

3,3 Grad gewählt (das entspricht etwa 800–900 Fuß pro Minute), erscheint in der Anzeige »–3.3«. Wird dagegen ein Sinkflug mit 3.300 Fuß pro Minute eingestellt, erscheint in der Anzeige »–33«. Die Verwechslungsmöglichkeit ist so groß, daß Airbus nach diesem Unfall die Anzeige modifiziert hat. Die Air Inter-Piloten waren der Meinung, sie hätten einen Sinkwinkel von 3,3 Grad vorgegeben, offensichtlich sanken sie aber mit 3.300 Fuß pro Minute. Der Flug endete am Mont Saint Odile, nur wenige Kilometer vor dem Flughafen Entzheim.

Die Kommunikation von der Maschine zum Menschen spielt sich beim A 320 nahezu ausschließlich auf der optischen Ebene ab. Wenn nun versäumt wurde, dem Piloten in der Ausbildung ein Verhaltensmuster an die Hand zu geben, mittels dessen er je nach Flugphase die besonders wichtigen von den im Moment nicht ganz so wichtigen Anzeigen trennen kann, dann ist er gezwungen, nach Möglichkeit alle Anzeigen im Blick zu haben. Da dies wegen der Fülle der Anzeigen nicht verarbeitbar ist, verläßt er sich zwangsläufig darauf, daß der von ihm vorgewählte Wert vom Flugzeug auch eingenommen wird.

Allemal ist die tatsächliche Sinkgeschwindigkeit am Primärbildschirm in digitaler Form abzulesen. Das ist etwa so, als wenn man auf die Frage: »Wie spät ist es?«, die Antwort bekäme: »19 geteilt durch 34, geteilt durch 16,17,18....!« So sinnvoll wie die digitale Uhrzeit ist auch die digitale Vertikalgeschwindigkeit. Nur bedeutend gefährlicher, denn beide sind nicht im beiläufigen Vorüberblicken erfaßbar. Der Zahlenwert muß zunächst abgelesen, dann bewußt verarbeitet werden (»Winkel« oder »Geschwindigkeit«?), bevor er schließlich einen Sinn ergibt.

Nun hatte aber Air Inter zwar die Kosten für ein Bodenannäherungswarnsystem (GPWS) gespart, aber dem Kapitän ein sogenanntes Head-Up-Display (HUD)[1] spendiert. Ungeheuer modern, sozusagen der letzte Schrei in der Zivilluftfahrt. Innen im Cockpit auf die Instrumente zu schauen ist also überflüssig; der Blick des Kapitäns kann ungehindert durch die Frontscheibe schweifen, auch wenn es draußen nebelig oder dunkel ist. Trotzdem sieht er alles: Fluglage, Höhe, Kurs, Geschwindigkeit. Nicht jedoch sieht er, in welcher Betriebsart der Autopilot arbeitet. Das sieht man nur innen, auf dem Bildschirm. Aber wenn man sowieso dorthin schauen muß, wieso dann die eingespiegelte Information auf der Frontscheibe? Sollte man diese vielleicht erst im letzten Teil des Anfluges verwenden, dann erst, wenn auch die letzte Checkliste vor der Landung gelesen worden ist? Hat man das den Air Inter-Piloten so beigebracht?

Ein GPWS ist Ausrüstungsstandard, seit man erkannt hat, daß mit seiner Hilfe ungewollte Bodenkontakte vermieden werden können. Eine markante Computerstimme und ein rotes Licht warnen die Piloten vor einer gefährlichen Annäherung an den Boden, sei es, daß die Maschine zu flach anfliegt, zu schnell sinkt oder daß das Flugzeug nicht entsprechend vorbereitet ist (Landeklappen und Fahrwerk ausgefahren). Diese Geräte sind stetig weiterentwickelt und den neusten Erkenntnissen angepaßt worden, ihr Nutzen ist bewiesen. Nur leider war der Einbau eines solchen Gerätes nach den französischen Zulassungsvorschriften nicht Pflicht, und deshalb war

1 Damit werden die wesentlichen Anzeigen auf die Frontscheibe gespiegelt. Die HUDs wurden ursprünglich für Militärflugzeuge entwickelt, die neben den Flugparametern auch Zielinformationen eingespiegelt haben. HUDs sind bei schlechten Wetterbedingungen oder eingeschränkter Sicht durchaus hilfreich. In der Luftfahrtindustrie ist ihr Einsatz in zivilen Flugzeugen jedoch umstritten. Lediglich in Frankreich und nur bei der Gesellschaft Air Inter wurden sie bislang eingeführt.

es auch nicht eingebaut. Gerüchten aus der französischen Pilotenschaft zufolge wurde bei Air Inter auch deshalb auf den Einbau eines solchen Systems verzichtet, weil sich das Unternehmen in einem heftigen Konkurrenzkampf mit dem französischen Schnellzug TGV befindet. Aus diesem Grund soll bei Air Inter immer schnell und im Landeanflug auch steil geflogen werden, damit es nicht zu Verspätungen kommt. Auf solche Manöver hätte das GPWS aber regelmäßig angesprochen und somit für Verwirrung gesorgt. Die Piloten des Unglücksfluges jedenfalls mokierten sich im Anflug über das Fehlen eines Eisspürgerätes an ihrem modernen neuen Flugzeug. Hätten sie sich nur früher über das Fehlen eines GPWS beschwert...

Die Rettungsarbeiten wurden erheblich verzögert, weil das Flugzeug zwar mit einem ELT (Emergency Locator Transmitter) ausgerüstet war, dieser jedoch beim Aufschlag zerstört wurde. Normalerweise schaltet sich dieses Gerät bei einem Absturz ein und kann z. B. über Satelliten- oder Funkpeilung geortet werden.

Skandalös sind aber die Ereignisse nach dem Absturz und die großangelegte Suchaktion. Als nur leicht verletzte Passagiere sich nach mehreren Stunden vergeblichen Wartens zu Fuß aufmachen, um Hilfe zu holen, wird ihnen von den ersten Rettern, denen sie begegnen, zunächst nicht geglaubt. Etwas später trifft eine Spezialeinheit des Militärs ein, doch statt den Überlebenden, die eigenständig aus dem Wrack gekrochen sind, zu helfen oder aber nach weiteren Überlebenden in den Trümmern der Kabine zu suchen, wird das Gelände, auch für die Sanitäter, abgeriegelt. Man sucht zunächst den Flugdatenschreiber und den Cockpit-Voice-Recorder. Die Notärzte, die ohnmächtig zusehen mußten, sind heute sicher, daß dieses Vorgehen den Tod von weiteren Passagieren zur Folge hatte. Diese Menschen sind erfroren, weil der Datenschreiber und der Voice-Recorder wichtiger waren und die Rettungsaktion im allgemeinen nur als chaotisch bezeichnet werden kann. Seltsamerweise fehlen später auch bei diesem Voice-Recorder einige Sekunden vor dem Absturz. Der Flugdatenschreiber war unbrauchbar. Zur Auswertung wurden die Daten des Wartungs-Flugdatenschreibers (QAR)[1] herangezogen.

1 Quick Access Recorder, ein Datenaufzeichnungsgerät, das die aus Wartungssicht wesentlichen Flugzeugsysteme überwacht und Fehler speichert. Es ist in seiner Aufbau- und Funktionsweise im wesentlichen durchaus mit dem Digitalen Flugdatenschreiber (DFDR) vergleichbar, nur können nicht so viele unterschiedliche Informationen verarbeitet werden.

Die französische Unfalluntersuchungskommission hat nach diesem Unfall empfohlen:

»– den Einbau von Bodenannäherungswarnsystemen zur Pflicht zu machen. Am 24.2.1992 wurde eine entsprechende Verordnung erlassen.
– die Ergonomie des A 320-Cockpits zu verbessern. Die Sinkgeschwindigkeit ist nun besser vom Sinkwinkel zu unterscheiden. Der jeweils gewählte Wert wird auf dem Primärbildschirm heute deutlich angezeigt.
– eine Studie durchzuführen, wie die Betriebsarten des Autopiloten besser erfaßbar dargestellt werden können. (Das Ergebnis dieser Studie steht noch aus; T. v. B.)
– ergonomischen Aspekten bei der Entwicklung neuer Flugzeuge mehr Aufmerksamkeit zu schenken. Gleichzeitig werden die Zulassungsbehörden aufgefordert, eindeutige Vorschriften bezüglich der Ergonomie zu erlassen und Mindestanforderungen an die Schnittstelle Mensch-Maschine zu formulieren. (Das Ergebnis ist bislang enttäuschend; T. v. B.)«

Der französische Unfallbericht macht aber auch deutlich, daß wohl mangelhaftes Training eine der Unfallursachen gewesen ist. An diesem Unfall zeigt sich wieder einmal, daß dieses moderne Flugzeug für einen sicheren Betrieb eine intensivere Ausbildung erfordert als ein konventionelles Flugzeug.

Aber es bleibt die Hoffnung. Hoffen wir weiter darauf, daß der Drang, Verbesserungen einzuführen, nicht erst dann wieder zu spüren ist, wenn die Reihe der Grabsteine länger geworden ist. Wenn also wieder mal der Berg nicht zu hoch war, sondern das Flugzeug tatsächlich zu tief geflogen ist.

## Der »Steuerstift«

Hartnäckig weigert sich Airbus Industrie schon seit Jahren, einer Forderung der Pilotenschaft nachzukommen, die sich immerhin auf die primären Steuerungskontrollen des Flugzeuges bezieht. Sämtliche Flugzeuge der Airbus-Familie, mit Ausnahme der vorbenannten A 300 und A 310, verwenden zur Steuerung des Flugzeuges nicht mehr die klassische Steuersäule vor dem Piloten, sondern den sogenannten Sidestick, oder auch »Steuerstift« im Pilotenjargon. Dabei werden die Steuersignale elektronisch an die Ruderflächen weitergegeben. Als wesentlichen Nachteil empfinden die Piloten dabei, daß diese Sidesticks – anders als die alten Steuersäulen – nicht miteinander verbunden sind. So entfällt jede taktile Kontrolle dessen, was der andere Pilot gerade steuert. In allen Boeing-Flugzeugen, auch den moderneren »fly-by-wire« Maschinen, werden sogar die Steuersignale des Autopiloten auf die Säule übertragen und geben damit den Piloten die Möglichkeit eines taktilen und sogar eines visuellen Feedbacks. Nicht so im Airbus. In welche kritischen Situationen man so geraten kann, zeigt der folgende Vorfall, der sich im Sommer 1992 in Australien ereignet hat.

Um die Kapazität auf den Flughäfen in Sydney und Melbourne zu erhöhen, hatte die australische Luftaufsichtsbehörde die sich jeweils kreuzenden Landebahnen zu zwei völlig voneinander unabhängigen Landebahnen erklärt, wenn die Flugsicherung bei der Landefreigabe den Zusatz: »Überqueren Sie nicht die Kreuzung mit der anderen Landebahn« anhängte. Die Kritik der Fluglotsen wurde mit einer 19prozentigen Gehaltszulage ausgeräumt, die die Lotsen erhielten, wenn wirklich beide Bahnen gleichzeitig in Betrieb waren. Ein »übler Trick«, urteilen Luftfahrtexperten, jedoch der momentan einzig gangbare Weg, da Flugplatzneubauten und neue Landebahnen gegen den Widerstand der Bevölkerung nicht durchsetzbar sind.

Nun befand sich eine DC-10 im Anflug auf die Landebahn 34 in Sydney und erhielt bei der Landefreigabe den Zusatz: »Überqueren Sie nicht die Landebahn 25.« Dort flog nämlich gerade ein A 320 an. Nach dem Aufsetzen bemerkten die Piloten der DC-10, daß sich an einem Triebwerk der Umkehrschub nicht aktivieren ließ, die automatische Bremse versagte und sich das vollbesetzte Flugzeug manuell nur schwer bremsen ließ.

Es zeichnete sich ab, daß die DC-10 nicht vor der Kreuzung der Rollbahnen zum Stehen kommen würde. Zur selben Zeit hatte der Copilot des A 320 die Schwelle seiner Landebahn bereits überflogen und konzentrierte sich auf das Aufsetzen. Im Schwebezustand, kurz bevor die Räder den Boden berührt, beobachtete der Kapitän des A 320 die DC-10 und realisierte, daß das Flugzeug den Kreuzungsbereich überrollen würde. In diesem Schockmoment war der Kapitän offensichtlich unfähig, sich zu artikulieren oder eine Warnung oder die Aufforderung zum Durchstartmönver über seine Lippen zu bekommen. Statt dessen handelte er instinktiv: Er zog an seinem Sidestick, um wieder zu steigen und so über die DC-10 hinwegzukommen, statt in sie hineinzurauschen. Der Copilot, immer noch mit seiner Landung beschäftigt, sah die andere Maschine nicht; er wunderte sich anscheinend nur über das plötzliche Ansteigen der Nase seines A 320 und drückte dagegen, also in Richtung »runter«. Die Reaktionen beider Piloten sind nicht verwunderlich. Das Phänomen der plötzlichen Sprachlosigkeit in Gefahrensituationen ist bekannt, und Piloten haben oftmals beim Landen den berühmten »Tunnelblick«, das heißt sie sehen alles, was sich genau vor ihnen abspielt, nicht aber das, was sich am Rande ihres Sehkreises ereignet.

Da keiner der beiden Airbuspiloten den Prioritätsschalter an seinem Sidestick betätigte, der ihm dann einzig die Kontrolle übertragen hätte, tat der Airbus das, was ihm sein Systemdesigner einprogrammiert hatte: Bei unterschiedlichen Eingaben der Sidesticks, also einer hoch, der andere runter, heben sich beide Signale in ihrer Wirkung auf. Das heißt: Die Maschine fliegt weiter geradeaus. Gleiches gilt für unterschiedliche Rechts-Links Kommandos. Die Steuerung reagiert dabei nach algebraischem Prinzip, wobei jedoch zwei Eingangssignale in die gleiche Richtung nur zu dem zulässigen Maximalausschlag der Steuerfläche führen.

Die Piloten dachten zunächst, daß ihre Steuerung ausgefallen sei. Aber sie hatten unbeschreibliches Glück. Der Airbus verfehlte die DC-10 nur um wenige Meter. Danach sank er wieder auf einen knappen Meter über dem Boden, bevor die Besatzung die Situation endlich richtig erkannte und ein koordiniertes Durchstartmanöver ausführte. Die Piloten einer Boeing 747–400, die den Vorfall aus einer Halteposition neben der Landebahnkreuzung beobachteten, verließen sogar fluchtartig ihre Cockpitsitze, waren sie doch überzeugt davon, daß beide Flugzeuge kollidieren und ihre 747 schwer in Mitleidenschaft ziehen würden. Aber es ging noch einmal alles gut. Wären die Maschinen zusammengestoßen, hätte es eine der schlimmsten Katastrophen in der Geschichte der Luftfahrt gegeben. In den drei Maschinen befanden sich immerhin mehr als 650 Menschen.[1]

Nebenbei sei angemerkt, daß die europäische Flugsicherung ebenfalls den Betrieb auf zwei sich kreuzenden Start- und Landebahnen plant, um nach australischem und US-amerikanischem Vorbild die Kapazität weiter zu steigern. Wie gesagt, ein »Trick«, denn die

1 *Flight Safety Info* 3/92 der Hapag Lloyd, S. 35.

tatsächlich notwendigen Vorraussetzungen für so einen Doppelbetrieb werden nicht geschaffen.

Diese Beinahe-Unfälle weisen noch auf einen weiteren neuralgischen Punkt: Instinktiv richtige Handlungen der Piloten werden vom Airbus-Flugzeug nicht nur nicht umgesetzt, sondern sogar noch ins Gegenteil verkehrt. Um mit einem solchen Flugzeug korrekt umzugehen, sind also wissensgeprägte Handlungsweisen notwendig. Wie jedermann weiß, kann aber in Streßsituationen auf wissensgeprägte Handlungsweisen nicht zurückgegriffen werden, weil der Instinkt die Oberhand gewinnt.

## ... und das Flugzeug hüpfte vor Freude

Am 3. März 1994 landete der A 320 mit dem Kennzeichen 4R – ABB der Gesellschaft Air Lanka auf dem Meenambakam-Flughafen der südindischen Stadt Madras. Das ist an sich noch nichts Besonderes – das Besondere dieser Landung bedarf daher einiger Vorbemerkungen. Ein wesentliches Konstruktionsprinzip und hochgelobtes Sicherheitssystem der Airbus-Flugzeuge vom A 319 aufwärts ist ja, daß die Flugzeugkonstruktion eine Fehlbedienung durch den Piloten verhindert. In diesem Fall geht es auch um die Bedienung, besser gesagt: die automatische Betätigung der Störklappen. Wir erinnern uns: Genau dieses System hat schon bei der Landung des Lufthansa A 320 »Kulmbach« am 14. September 1993 in Warschau nicht sonderlich überzeugen können.

Was passierte diesmal? Richtig schön ist er angeflogen, der Air Lanka A 320. Fahrwerk ausgefahren, Landeklappen gesetzt, mit der korrekten Geschwindigkeit und der richtigen Triebwerksleistung. Sozusagen tägliche Routine, was soll denn da schon schiefgehen? So mag auch die Meinung der Airbus-Systementwickler gewesen sein, die ebenfalls an dieser Stelle wieder einmal nicht die Überlegung »was wäre, wenn?« konsequent zu Ende gedacht hatten.

Wahrscheinlich war es eine Blase von überhitzter Luft, in die der A 320 kurz vor der Landung einflog. Diese meteorologische Gegebenheit ist nicht nur in Südindien anzutreffen. Warme Luft weist eine geringere Dichte als kältere auf. Das wirkt sich allerdings ausgesprochen ungünstig auf die Triebwerksleistung aus, die sinkt dann näm-

R **GROUND SPOILERS CONTROL**

Achieved by the spoilers 1 to 5.

— Ground spoilers are armed when the speed brakes control lever is pulled up into the armed position.

— Ground spoilers automatically extend :

| | | |
|---|---|---|
| R . At both MLG touch down<br>R<br>OR<br>. During T.O run at speed greater than 72 KT | WHEN | . They are armed and all thrust levers are at forward idle<br>OR<br>. When reverse is selected on at least one engine (remaining engine at idle) |

**FOR INFO** *Surfaces extend to 50°*

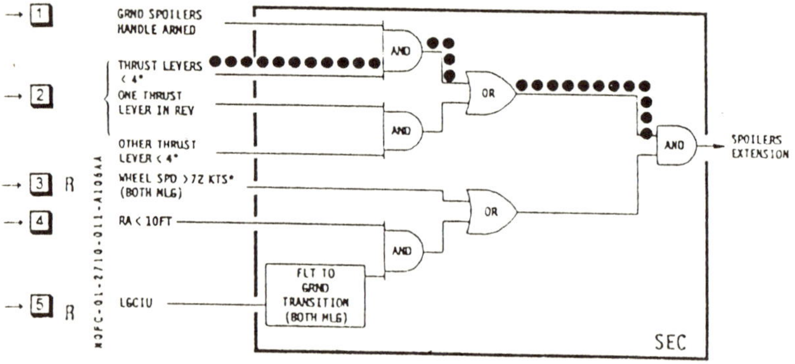


R * Condition on wheel speed is inhibited after GND/FLT transition.
R The condition is rearmed if wheel rotation stops.
R Consequently after an a/c bounce (a/c airborne) :
R – the spoilers remain extended with thrust lever at idle
R – the spoilers retract if thrust is increased above idle (GA), and extend again after the
R next touch down.

— Ground spoilers retraction is achieved when :

| | | |
|---|---|---|
| R . All thrust levers are set at forward idle<br>AND<br>. Speed brake control lever is pushed down. | OR | One thrust lever advanced<br>– above 20°<br>– at least 3 sec between 4° and 20° |

lich ab. Die geringere Luftdichte führt gleichzeitig auch zu einem empfindlichen Auftriebsverlust und einer Abnahme der Geschwindigkeit. Alle diese Einflüsse weisen in dieselbe Richtung: nach unten. Die Sinkgeschwindigkeit erhöht sich spürbar.

Das kann man nur als ein ungewolltes Flugmanöver bezeichnen, das kein Pilot gerne hat, vor allem nicht kurz über dem Boden. Also ist es ganz logisch, daß die Cockpitbesatzung jetzt verschärft tätig wird: Nase hoch und Triebwerksleistung erhöhen sind die Handlungen eines Augenblicks. Aber dann ist auch schon der Boden da, die Landebahn. Der A 320 setzt ziemlich herzhaft, jedoch beileibe nicht extrem hart auf. Jetzt sollten eigentlich die Störklappen ausfahren, um das Flugzeug am Boden zu halten, aber nichts geschieht. An einen solchen Sonderfall hat im Hause Airbus niemand bisher gedacht, wobei die Frage erlaubt sein mag, ob es denn nicht eigentlich relativ normal ist, ein Flugzeug mit anstehender Triebwerksleistung zu landen. Zur Verdeutlichung das Schaubild aus dem Bedienungshandbuch (s. Abb. 6):

(1) ist der Schalterzustand des Bedienhebels im Cockpit, der ein kleines Stück herausgezogen wird, um die Störklappen für ihre Tätigkeit nach der Landung vorzubereiten. Die Bedingungen 3,4 und 5 sind nach dieser Landung gewiß erfüllt: Alle Räder drehen sich, die Höhe ist weniger als 10 Fuß (ca. 3 m) und die beiden Federbeine des Hauptfahrwerkes sind gut zusammengedrückt (5). Und dann kommt's: Die Störklappen fahren nicht aus, weil die Gashebel nicht in der Stellung »Leerlauf« stehen (2). Der im Schaubild gepunktet eingezeichnete Weg der Schaltlogik wird nicht wirksam.

Bedingt durch den notgedrungen erhöhten Anstellwinkel und die erhöhte Triebwerksleistung (die Piloten wollten ja sicher nicht mit hoher Sinkgeschwindigkeit auf der Landebahn aufschlagen – siehe oben) springt jetzt das Flugzeug hoch. Ein sogenannter Bounce, eine Flugfigur, die es auf jedem Flughafen, weltweit, ab und an mal zu sehen gibt. Sehr selten und wohl eher scherzhaft hört man ja auch von erfahrenen Flottenchefs die Meinung, ein A 320 könne gar nicht springen. Er kann schon; nur das, was jetzt kommt, ist relativ neu.

◀ *Abbildung 6: Original-Seite aus dem Airbus A320 AOM, Spoiler-Logik. 1–5 sind die Bedingungen, die als Und/Oder-Logikschaltungen erfüllt sein müssen, damit die Spoiler nach der Landung ausfahren.*

Nach dem »Bums«, wieder ein gutes Stück in der Luft, werden die Gashebel auf »Leerlauf« gesetzt. Was soll daran schon verkehrt sein? Ein kapitaler Hopser bei der Landung, Situation aber im Griff, und wenn die Landebahn lang genug ist, landet man halt ein paar hundert Meter weiter hinten nochmal.

An dieser Stelle wurde aber die Rechnung ohne die Firma Airbus aufgemacht. Der Punkt 5, die sogenannte »Flight to Ground Transition«[1], birgt einige Besonderheiten, die jedoch im Handbuch zum Flugzeug nicht enthüllt werden. Die moderne Fliegerei wäre ja längst nicht so spannend, wenn die Piloten immer das wüßten, was sie eigentlich wissen sollten. Kurzum, es fehlt im Handbuch die Information, daß das Signal »beide Federbeine zusammengedrückt«, einmal im Rechner des A 320 vorhanden, dort auch noch weitere drei Sekunden erhalten bleibt, obwohl dieser Zustand gar nicht mehr stimmt. So kommt es dann, wie es kommen muß, was jedoch niemand wußte: Die Bedingungen 1 und 2 sind erfüllt, das Flugzeug steigt zwar noch, ist aber weniger als 10 Fuß hoch (4), drei Sekunden sind seit dem ersten Aufsetzen auch noch nicht vergangen, somit betrachtet das Programm die Bedingung 5 ebenfalls als erfüllt. Die Störklappen fahren aus, das Flugzeug fällt, weil es jetzt gründlich des Auftriebs beraubt wird, aus dem Himmel auf die Bahn und wird schwer beschädigt. Das 3,4fache der Erdbeschleunigung wird bei diesem Absturz aus nur geringer Höhe vom Datenschreiber registriert. Für das Fahrwerk ist das in etwa so, als wenn ein 50 Tonnen schweres Flugzeug nun ganz plötzlich 170 Tonnen wöge. Das kann einfach nicht gutgehen.

Auch bei dieser Landung haben alle relevanten Flugzeugsysteme so gearbeitet, wie man sich das bei der Konstruktion gedacht hatte. Denkt man diesen Fall nun weiter durch, kann einem jedoch angst und bange werden. Sicherlich haben Piloten schon zur Unzeit die Störklappen ausgefahren und dadurch auch schwere Unfälle verursacht. Weltweit waren es in 40 Jahren eine Handvoll Einzelfälle. Aber Einzelfälle eben, und jeder für sich eine individuelle Fehlleistung. Im Gegensatz zum Menschen ist eine Automatik nicht lernfähig. Eines ist daher gewiß: Das Störklappensystem beim A 319 bis A 340 wird

---

1 Eine Logikschaltung. Wenn alle erforderlichen Bedingungen erfüllt sind, »weiß« das elektronische System, daß das Flugzeug am Boden ist. Die Störklappen können jetzt ausgefahren, die Schubumkehr kann geöffnet werden.

in einer solchen Situation immer wieder dieselbe Fehlleistung produzieren, ohne daß der Pilot dies verhindern kann. Immer, sollte es nicht grundlegend abgeändert werden ...

## Interflug auf dem Weg nach Moskau, 11. 2. 1991

Ein A 310–304 der ehemaligen DDR-Luftfahrtgesellschaft Interflug befand sich auf dem Weg von Berlin-Schönefeld nach Moskau, wo er auf dem Flughafen Sheremetyevo landen sollte. An Bord waren 100 Passagiere und 9 Besatzungsmitglieder. Da die angesteuerte Landebahn blockiert war, wurde auf Veranlassung des Fuglotsen von der Besatzung ein Go-Around eingeleitet. Darunter versteht man, den Anflug abzubrechen, wieder zu steigen, eine Kurve zu fliegen und den Anflug auf die Landebahn erneut zu beginnen. Meist wird dieses Verfahren durchgeführt, wenn das Flugzeug aus irgendeinem Grund zu tief oder zu hoch anfliegt, nicht den genauen Kurs auf die Landebahn einnehmen kann oder eben vom Lotsen dazu angewiesen wird, weil die Landebahn blockiert ist. Die Maschine war relativ leer, das vom Bordrechner gesteuerte und vollautomatisch ablaufende Durchstartprogramm brachte die beiden Triebwerke auf maximale Leistung und das Flugzeug in eine Fluglage für den maximal möglichen Steigflug, ca. 6.000 Fuß pro Minute.

Im Cockpit sieht das so aus: Vor den Scheiben nur noch blauer Himmel, das Fluglageinstrument, der künstliche Horizont, dreht sich nach unten weg, die Nase der Maschine hebt sich fast 20 Grad nach oben.

Die Piloten, die zuvor größtenteils Propellermaschinen geflogen hatten, waren völlig überrascht von der plötzlichen und enormen Steigleistung des Flugzeuges. Sie versuchten, bei eingeschaltetem Autopiloten, durch Drücken auf die Steuersäule den Steigflug flacher zu halten. Aber der Autopilot, der stur darauf programmiert ist, das Maximale aus den Flugleistungsdaten rauszuholen, hatte keine andere Möglichkeit, als gegen die nun auf ihn einwirkenden Kräfte so wie auf eine Windböe oder eine Schwerpunktverlagerung zu reagieren. Den Druck auf die Steuersäule interpretierte der Autopilot nicht als einen Pilotenwillen, sondern nur als einen Einfluß, der seiner Programmierung gemäß überwunden werden mußte. Also verstellte er die riesige Stabilisator-Höhenflosse am Heck weiter in Richtung »Nase hoch«, um seinen angestrebten Steigflug optimal durchzuführen. Dadurch wurden die Piloten fälschlicherweise verleitet, noch stärker zu drücken, was wiederum der Autopilot mit weiteren Trimmänderungen bis zum maximalen Anschlag der Stabilisator-Höhenflosse zu erwidern versuchte. Dieser maximale Trimmausschlag, in dem die Flosse nun stehenblieb, überschreitet jedoch bei weitem die überhaupt mögliche Kraft, die von der Steuersäule und dem Höhenruder ausgeübt werden kann, um diesen Zustand zu neutralisieren.

Als den Piloten das ewige Ankämpfen gegen den Autopiloten offensichtlich zu bunt oder aber auch zu kraftraubend wurde, schalteten sie den Autopiloten einfach aus. Ein weiterer Fehler, denn jetzt konnten sie selbst bei voll nach vorne gedrückter Säule nicht verhindern, daß die Nase immer weiter nach oben stieg, da die Stabilisatorflosse in ihrer »Nase hoch«-Stellung stehenblieb. Das führte dazu, daß der Anstellwinkel schnell immer größer wurde und das Flugzeug sich fast senkrecht aufbäumte. Diese Lage kann aber, auch bei voller Triebwerksleistung, nur zur rapiden Abnahme der Geschwindigkeit führen. Das überforderte schließlich auch das enorme Steigvermögen des nahezu leeren Airbusses. Infolgedessen nahm die Geschwindigkeit bis zum Strömungsabriß ab. In diesem Augenblick, senkrecht in der Luft stehend, drehte sich die Maschine um die eigene Achse, kippte über die rechte Tragfläche ab, nahm die Nase runter und gewann Fahrt. Da die Ausgangshöhe dieses Manövers das »Selbstabfangen« aufgrund aerodynamischer Eigenstabilität zuließ, kam es nicht zu einer Katastrophe. Da ferner die Triebwerke weiter auf Vollgas liefen und die Höhenflosse voll auf »Steigen« vertrimmt war, wiederholte sich dieser Vorgang noch zweimal mit ähnlichen Bewegungen, wobei im Steigflug die Geschwindigkeit teilweise unter 10 Knoten fiel. Bei jeder dieser Bewegungen gewann das Flugzeug mehr an Höhe, bis die konsternierten Piloten endlich die Höhenrudertrimmung betätigten und die Kontrolle zurückgewannen. Bei den abwärtsgerichteten Bewegungen wurden schließlich Geschwindigkeiten erreicht, die einem eigentlich Vertrauen in die Airbusflugzeuge schenken sollte. Der Flugdatenschreiber hat Werte von 295 Knoten verzeichnet – und das sogar mit ausgefahrenen Vorflügeln. Die Vorflügel hätten eigentlich bei solchen auf sie einwirkenden Kräften längst abreißen dürfen.

Die Crew landete »sicher« in Moskau. Das Flugzeug wurde anschließend vermessen und hatte erstaunlicherweise keine strukturellen Schäden. Über die Reaktion der meist russischen Passagiere ist nichts bekannt. Das im Westen zu erwartende Medienecho blieb hier aus. Heute benutzt Bundeskanzler Helmut Kohl genau diese Maschine für seine Staatsreisen, bisher ohne bekannte Zwischenfälle.

Dennoch wurde dieser Fall sofort aktenkundig. Es wurde viel spekuliert, ob die Crew, die bisher nur Flugzeuge sowjetischer Bauart geflogen hatte, mit dem Glascockpit des Airbus vielleicht überfordert war. Airbus Industrie zumindest behauptete, es sei ein fataler Fehler gewesen, in den automatisch ablaufenden Go-Around manuell eingreifen zu wollen. Hätte man die Finger vom Steuerhorn gelassen, wäre nichts passiert, das Flugzeug hätte seinen vorprogrammierten Durchstartmodus abgeflogen. Im ersten Augenblick scheint es, Airbus Industrie hätte da recht. Vom technischen Standpunkt aus muß man der Firma zustimmen. Es stellte sich bei der Untersuchung dieses Zwischenfalles durch die deutsche Flugunfalluntersuchungsstelle (FUS) beim Luftfahrtbundesamt in Braunschweig heraus, daß der Autopilot sich zwischenzeitlich – während des ersten Aufbäumens – wegen der Annäherung an die vorgewählte Go-Around-Höhe selbst abgeschaltet hatte. Das war aber von den Piloten nicht erkannt worden. Sie waren der Meinung, sie müßten gegen den Autopiloten ankämpfen. Schließlich befahl der Kapitän seinem Copiloten, die Sicherungen für den Autopiloten zu ziehen, was zu weiteren Ausfällen von Systemen führte.

Neben dem Autopiloten sind weitere Überwachungssysteme des Airbus während der untypischen Flugmanöver ausgefallen, als sie Daten erhielten, die vom Rechner als »nicht mehr plausibel« interpretiert wurden. In der Reihenfolge des Ausfallens waren folgende wichtige Systeme betroffen:

- das automatische Schubregelsystem (schaltete sich ab, als die gemessene und errechnete Geschwindigkeit so weit gesunken war, daß der Wert vom automatischen Schubregelsystem als nicht mehr plausibel betrachtet wurde)
- beide Flight Directoren (FDs) (sie haben sich durch den Verlust der Informationen über den Anstellwinkel abgeschaltet)

- eines der beiden Trimmsysteme (ebenfalls durch den Verlust der Informationen über den Anstellwinkel abgeschaltet)
- die Autopiloten Nr. 1 und Nr. 2 (die Piloten haben versucht, beide Autopiloten unabhängig voneinander wieder zu aktivieren. Ein Wiederaufschalten war nicht möglich, weil die von der Aufschaltlogik geforderten Systembedingungen nicht erfüllt waren)

Seltsamerweise schließt der fast 40seitige Untersuchungsbericht der deutschen Behörde mit keiner einzigen Sicherheitsempfehlung. Als wahrscheinliche Ursache bestimmt der Bericht: »Die flugbetriebliche Störung ist auf einen Eingriff am Steuerhorn durch den Flugzeugführer zurückzuführen, während das Flugzeug unter der Autorität des automatischen Flugführungssystems (AFS) im ›Go-Around Mode‹ gesteuert wurde. Die Besatzung war über den Zustand und das Verhalten des AFS in dieser Flugphase nicht informiert.«[1]

Schlußkommentar von Airbus Industrie: »In unserem Handbuch steht in Kapitel 2.02.03, Seite 1 unten: Achtung – ein Überdrükken des Autopiloten auf der Trimm-(Längs)Achse kann zu gefährlichen Situationen führen.« Eine von vielen eingerahmten Caution Notes, die sich über das gesamte Handbuch verteilen. Ein Airbus-Pilot hat in seinem Bücherregal mehrere solche Handbücher voller Vorschriften und Erläuterungen stehen, darunter zahlreiche vergleichbare eingerahmte Hinweise. Eigentlich absehbar, daß nicht jede ausdrücklich im Gedächtnis eines jeden Piloten verhaftet bleibt.

## China Airlines, Nagoya, 26. 4. 1994

Szenenwechsel: Flug 140 der China Airlines, ein A 300–600R, flog bei gutem Wetter einen Standard-Anflug auf den japanischen Flughafen Nagoya. Offenbar völlig unbeabsichtigt wurde von einem der Piloten der automatische Go-Around aktiviert. Dies geschieht durch Betätigen eines kleinen Schalters an den Gashebeln, des sogenannten To Ga Buttons. Daraufhin ergab sich ein ähnliches Szenarium wie seinerzeit in Moskau: Die Triebwerke liefen auf vollen

1 Bericht über die Untersuchung der flugbetrieblichen Störung mit dem Flugzeug Airbus A 310-304 am 11. 2. 1991 in Moskau, AZ: 6 X 002-0/91

Schub hoch. Die Besatzung hat aber die Gashebel manuell wieder zurückgezogen, um die Geschwindigkeit nicht zu sehr ansteigen zu lassen. Wenig später schalteten die Piloten den Autopiloten ein, der aber das noch anstehende Signal für den Go-Around verarbeitete. Als sich die Nase des Flugzeuges hob, drückte der fliegende Copilot dagegen, um das Flugzeug im Anflugprofil für die Landung zu halten. Jetzt ergab sich dieselbe Konsequenz, wie sie die Interflug in Moskau erlebt hatte: Der Autopilot regierte mit Verstellen der Stabilisierungsflosse in Richtung Nase hoch. Der Pilot, der aber landen wollte, drückte dagegen, was der Autopilot mit weiteren Trimmänderungen in Richtung »Nase hoch« beantwortete. Offenbar war sich die Crew der in diesem Moment ablaufenden komplexen technischen Zusammenhänge nicht bewußt. Als es unmöglich wurde, aus dieser Situation noch sicher zu landen, wurden, wie bei einem normalen Durchstartmanöver üblich, von Hand die Landeklappen eingefahren. Das Flugzeug hatte zu diesem Zeitpunkt fast 50 Grad Anstellwinkel. Es kam zum Strömungsabriß in nur geringer Höhe, das Flugzeug sackte durch, schlug auf die Landebahn und ging in Flammen auf. 264 Menschen starben, nur neun Passagiere überlebten schwerverletzt.

Hat denn die China Airlines die Information von Airbus Industrie zum Moskauer Zwischenfall nicht erhalten, oder gibt es auch hier starke Ausbildungsdefizite zu beklagen? Airbus-Manager Bernhard Ziegler verschickte schon kurz nach dem Unfall Telexe an alle A 300-Betreiber, in denen er nochmals auf die Funktionsweise des Autopiloten hinwies und im übrigen den taiwanesischen Piloten die Schuld am Unglück gab. Aufgrund der darauf ausgelösten Proteste seitens der internationalen Pilotenschaft und der Fluggesellschaft mußte er sich wenige Tage später offiziell entschuldigen.

Airbus hat bereits Anfang 1993 hinter den Kulissen an einer Modifizierung des Autopilotensystems gearbeitet, die ab einem späteren Zeitpunkt in allen neu ausgelieferten Flugzeugen Teil der Grundausstattung wurde. Airbus-Flugzeuge, die schon ausgeliefert sind, können theoretisch nachgerüstet werden, allerdings optionell und damit kostenpflichtig. Sie soll laut Service Bulletin »eine Verbesserung des Autopiloten bei Turbulenzen bewirken«.

Warum wurde im Zuge solcher Modifizierungen nicht auch gleich der hochgefährliche Designmangel im Autopiloten grundlegend, verbindlich und unverzüglich mit den längst vorhandenen technischen Möglichkeiten aus der Welt geschafft? Weitere Zwischenfälle, die eventuell auch in Unfällen gipfeln können, sind vorprogrammiert, solange man sich lediglich darauf beschränkt, den Piloten Verhaltensmaßnahmen vorzuschreiben, anstatt das Flugzeug so zu konstruieren, daß ein solcher gefährlicher Flugzustand erst gar nicht entstehen kann.

Es läßt sich unter Insidern in der Luftfahrtindustrie leicht nachvollziehen, daß eine sofortige und offensichtliche Veränderung des Systems, das unlängst am Tod von 264 Menschen beteiligt war, die Versicherungen auf den Plan rufen würde. Diese hätten das Verhalten von Airbus Industrie wahrscheinlich als eine Art Schuldanerkenntnis interpretiert und vom Unternehmen Schadensersatz gefordert.

Peinlich, daß am 24.9.1994 über Paris-Orly die Piloten des Airbus A 310 der rumänischen Fluggesellschaft Tarom mit 182 Menschen an Bord gleich nochmal in die Falle tappten und nur knapp einer Katastrophe entgehen konnten.

## A 330-Testflug in Toulouse – wenn der Autopilot nicht das kann, was er soll

Die leider nur bruchstückhaft vorliegenden Informationen zu diesem Airbus-Unfall (es handelte sich um einen Testflug) vom 30. Juni 1994 lassen folgende Rückschlüsse zu: Nach bereits mehreren an diesem Tag absolvierten Testflügen auf unterschiedlichen Flugzeugtypen stand für die Testpiloten Nick Warner und Jean-Pierre Petit eine Versuchsreihe auf dem mit Pratt & Whitney-Triebweken ausgerüsteten A 330 an. Hier sollte das Verhalten des Autopiloten bei Ausfall eines Triebwerkes im Startvorgang überprüft werden. Zu diesem Zweck wurde, unmittelbar nach dem Abheben, eines der Triebwerke auf Leerlauf gestellt und die entsprechende Hydraulikpumpe ausgeschaltet, um den Zustand zu simulieren, der eintreten würde, wenn das Triebwerk wirklich ausgefallen wäre. Im Vertrauen darauf, daß der Autopilot dieses Manöver ordentlich durchführen würde, hatte es sich die Crew beim Pre-Flight-Briefing, also der Vorbesprechung des Fluges, recht leicht gemacht. Es erfolgte, fast nebenbei, während des Rollens auf dem Taxiway. Völlig übersehen hatte man dabei, daß eine Flughöhe von 2.000 Fuß vorgewählt war, die dann später vom Autopiloten als Höhenbeschränkung angesteuert wurde. Die Automatik sorgt dabei dafür, daß das Flugzeug wirklich nicht über diese vorgewählte Höhe hinausschießt, also bei Erreichen in einen Horizontalflug übergeht.

Die Steiggeschwindigkeit nach dem Start war so hoch, daß der Autopilot nahezu unmittelbar in das automatische Ansteuern der Flughöhe, das sogenannte Altitude Capture überging. In dieser Phase wird vom Autopiloten nur der errechnete Flugweg berücksichtigt, um diese Höhe sicher einzunehmen. Da aber fast gleichzeitig das Triebwerk auf Leerlaufschub zurückgenommen wurde, war die vom Autopiloten geflogene Steiggeschwindigkeit zwangsläufig höher als die von der Flugleistung her überhaupt mögliche. Dies führte zu einem dramatischen Ansteigen des Anstellwinkels und drastischem Geschwindigkeitsverlust.

Das von Airbus mit dem Slogan »Man kann einen modernen Airbus nicht zu langsam fliegen« vielgepriesene Sicherheitsverhalten hat nicht funktioniert. Es wird nämlich programm- und designgemäß im Altitude Capture-Modus unterdrückt. Hier hatten Airbusdesigner dem Erreichen der vorprogrammierten Flughöhe die Priorität vor dem Nicht-Unterschreiten einer sicheren Geschwindigkeit gegeben.

Das Flugzeug schlug noch innerhalb der Flughafenumzäunung auf; alle sieben Insassen kamen ums Leben. Nebenbei sei bemerkt, daß der Pilot, der dieses Manöver flog, nämlich Jean-Pierre Petit, überhaupt keine Testfluglizenz besaß. Der eigentliche Airbus-Cheftestpilot Nick Warner war bei diesem Flug nur der Copilot. Anscheinend waren auch ihm die komplexen Zusammenhänge der unterschiedlichen Systeme und ihre Arbeitsweise nicht in erforderlichem Umfang bewußt. Eigentlich ein sehr trauriges Bild für den Cheftestpiloten des zweitgrößten Flugzeugherstellers der Welt...

Alle diese Unfälle mit den Flugzeugen der Airbus-Familie zeigen sehr deutlich, daß es offensichtlich doch einige Probleme mit der Philosophie des Herstellers gibt. Das entscheidende Problem ist meiner Ansicht nach die Schnittstelle Mensch-Maschine. Menschen haben ganz simple Kommunikationsprobleme mit der intelligenten Technik, und daraus resultieren ihre Fehleinschätzungen und Fehlentscheidungen, die dann immer wieder zu tragischen Unfällen und dramatischen Situationen führen. Die vermeintlich unfehlbare Sicherheit der Airbusse A 319 bis A 340 stützt sich auf eine Menge Technik, die ganz ohne Zweifel vorher nicht gekannte Vorteile bringt: So »kann« das Flugzeug nicht zu langsam geflogen werden und in Kurven nicht zu steil. Das alles funktioniert sogar ganz hervorragend, solange sich die Technik nicht unvermittelt abschaltet, wie es beim Absturz des A 330 in Toulouse, sozusagen auf der Schwelle des Hauses Airbus, geschehen ist.

Der Nachteil dieser rein technikorientierten Denkweise ist jedoch nicht zu übersehen: Der Pilot ist in den Prozeß des Fliegens nur noch ungenügend eingebunden. Letztlich muß er aber doch am Ball bleiben, zur richtigen Zeit sinnvolle Entscheidungen treffen und auf unvorhergesehene Entwicklungen angemessen reagieren. Die bisherigen Erfahrungen zeigen außerdem, daß der Pilot noch lange unverzichtbar seinen Platz im Cockpit haben wird. Mit dieser Art von Technologie wird ihm aber seine Aufgabe wahrlich schwer gemacht. Dafür nun noch einige Beispiele.

## Trügerische Präzision

Alle Flugzeuge der neuesten Generation haben eines gemeinsam: Ihr Hauptnavigationssystem besteht aus einem Verbund von Trägheits-Navigations-Laser-Kreiseln. Diese sind von bodenseitigen Navigationssystemen, wie z. B. Funkfeuern, eigentlich unabhängig, verwenden sie aber doch, um die nach einigen Stunden Flugzeit auftretenden Ungenauigkeiten wieder auszugleichen. Das funktioniert normalerweise so genau, daß dem Piloten eine auf die Zehntelmeile genaue Position angezeigt wird. Er fliegt dem grünen Strich auf seinem Navigationsbildschirm nach, zum Beispiel genau 0,2 Meilen rechts oder links seiner angezeigten Soll-Linie, und es ist ihm ein leichtes, auch diesen kleinen Fehler zu korrigieren.

Vor einigen Jahren flog ein A 300–600 von Frankfurt nach Nairobi. Im Cockpit war außer der Besatzung noch ein weiterer Pilot der Fluggesellschaft, der sich aus privaten Gründen den Anflug und die Umgebung des Flughafens ansehen wollte. Noch konnte er jedoch nichts sehen, da das Flugzeug gerade durch eine Wolkenbank tauchte. Der Kapitän flog die Maschine und hielt sie exakt auf dem grünen Strich. Auch der Copilot, dessen Aufgabe es unter anderem ist, die Navigation des Kapitäns mit zu überwachen, hatte eine präzise Anzeige: Sie waren auf Kurs, noch wenige Minuten bis zur Landung.

Kurz nachdem die Piloten die Checkliste für den Anflug durchgegangen waren, tauchte der Airbus aus den Wolken. In diesem Moment erkannte der privat mitfliegende Pilot auf dem Notsitz, daß sie sich genau über der Stadt Nairobi befanden. Ein atemberaubender Ausblick, so empfand er es, und freute sich auf seinen Urlaub. Imitten in dieser Stimmung meldete sich jedoch der Gedanke, daß er bei seinen eigenen, früheren Anflügen auf Nairobi die Stadt noch nie von oben zu sehen bekommen hatte. Irgend etwas irritierte ihn, aber ein kurzer Blick über die Schulter des Kapitäns auf den Navigationsbildschirm zerstreute alle seine plötzlich aufgekeimten Bedenken: genau 0,2 Meilen neben der aufgezeigten Fluglinie. Für diesen Riesenvogel kaum von Bedeutung.

Etwas westlich von Nairobi, in diesem Moment durch die dichten Wolken verdeckt, erheben sich die N'Gong Hills, ein Gebirge mit Gipfeln bis zu 3.000 Metern Höhe. Nach dem Höhenmesser flog der Airbus bereits einige Zeit, wie vorgesehen, unterhalb der Gipfelhöhe dieser Berge, in westlicher Richtung. Mit anderen Worten: auf die Berge zu.

Plötzlich sagt der Copilot zum Kapitän: »Das ist komisch, ich habe hier eine Peilung zum Funkfeuer Nairobi, die sich nicht mit unserer Anzeige auf dem Display deckt.« Jetzt wird auch der mitfliegende Pilot auf dem Notsitz unvermittelt hellwach. »Wißt ihr eigentlich«, fragt er die Kollegen, »daß wir genau über der Stadt sind?« Einige Sekunden herrscht Stille im Cockpit, und die drei Männer sehen sich verdutzt an. Dann entscheidet der Kapitän: »Go-Around!« und führt ein Durchstartmanöver aus. Beim erneuten Anflug benutzt er nun die konventionellen Uhreninstrumente, die unabhängig vom Navigationscomputer arbeiten. Sie landen ohne weitere Probleme und haben sich noch nicht einmal verspätet. Der gewissenhafte Kapitän hält den Vorfall in einem Flightreport[1] fest

1 Als Flightreport bezeichnet man eine gesellschaftsinterne Mitteilung über außergewöhnliche Vorkommnisse.

und zwingt so seine Firma, der Sache auf den Grund zu gehen. Einige Zeit später erfährt er dann, daß er nicht der erste Pilot war, der einer sogenannten Map Shift (»Kartenrutschen«) aufgesessen ist. Ähnliche Vorfälle waren auch von anderen Flughäfen und Fluggesellschaften bereits gemeldet worden.

Was war passiert? Die Zuhilfenahme der Funknavigationsdaten vom Boden, die eigentlich nur die Genauigkeit verbessern sollen, hatte hier dem System einen Streich gespielt. Irgendwo über dem afrikanischen Kontinent suchte sich der Navigationscomputer selbständig ein Funkfeuer und benutzte dieses zur Korrektur der eigenen Position. Da dieses Funkfeuer offensichtlich nicht präzise gearbeitet hat, entstand ohne Wissen der Cockpitbesatzung ein Navigationsfehler im System und auf den Anzeigemonitoren. Heute sind daher die Besatzungen verpflichtet, ihre angezeigte Position durch alle zur Verfügung stehenden Funkfeuer immer wieder zu überprüfen und besonders im Anflug nur die konventionelle Navigation zu verwenden.

Diese Verfahrensweise konterkariert die von den Herstellern so gerne propagierte vollautomatische und arbeitserleichternde Technik im Cockpit. Der Vorteil ist nicht mehr ersichtlich, denn auf genau diese vom Bordcomputer unabhängigen Anzeigen konnte sich die Pilotenschaft auch schon vor 20 Jahren verlassen. Die damals eingeführten Trägheits-Navigations-Systeme arbeiteten mit sagenhafter Präzision. Ausreißer waren allenfalls durch Eingabefehler der Wegpunkt-Koordinaten in die Computer möglich. Wäre so etwas mit einem älteren Flugzeugtyp passiert, dann wären die Piloten z. B. durch unnormale Schwankungen der Anzeigenadeln der Instrumente darauf aufmerksam geworden. Zitate wie: »Khartum steht unsauber, nehmen wir lieber Kinshasa« sind vielen alten Langstrekkenpiloten mit konventionellen Anzeigen im Cockpit noch in bester Erinnerung. Die Kontrolle der Position wurde mittels der von den Piloten ausgewählten und überprüften Funkfeuer vorgenommen und nicht automatisch durch das System.

Auch in anderen Bereichen wird dem Piloten durch vorgegaukelte Präzision der Anzeigen ein falsches Sicherheitsgefühl vermittelt. So stellte z. B. die Lufthansa nach Einführung des A 340 fest, daß die Tankanzeigen ungenau arbeiten. Am Ende eines Steigfluges mit dem A 340 lag die angezeigte Treibstoffmenge um bis zu 4 Tonnen über der tatsächlich vorhandenen Menge. Diesen falschen Wert gab es aber auf 10 Kilogramm genau abzulesen. 4 Tonnen Kerosin entsprechen etwa 45 Minuten Flugzeit. Fieberhaft arbeitete man bei Lufthansa und beim Hersteller in Toulouse an der Behebung des Problems. Dann wurde die A 340-Flotte mit neuen Systemen in den Tanks ausgestattet. Bei den ersten Flügen der umgebauten A 340 stellte sich heraus, daß die Anzeige nun nur noch um zwei Tonnen daneben lag. Das wiederum auf 10 Kilogramm genau.

Sicherlich ist das Fliegen heute, dank computerisierter Navigationshilfe im Cockpit, genauer geworden und damit auch wirtschaftlicher. Wenn aber eine Besatzung nicht merkt, daß der Rechner, der stets im Hintergrund arbeitet, ohne ihr Wissen und Zutun einem Fehler aufsitzt, kann die Wirtschaftlichkeitsberechnung auch schnell einmal ins Schwanken geraten. Immerhin kostet so ein Vogel über 150 Millionen Dollar...

Ein weiterer, leider sehr verbreiteter Trugschluß: Daß moderne Flugzeuge immer komplizierter werden, soll eigentlich zur Sicherheit beitragen. Es führt aber dazu, daß der Mensch die Komplexität kaum noch erfassen kann. Im Normalbetrieb ist er tatsächlich so entlastet, daß die Routinearbeit schon nahezu langweilig wird. Viele Piloten fühlen sich im sowieso nicht gerade spannenden Reiseflug direkt unterbelastet. Um so wichtiger ist die Ausbildung der Besatzung und die Sensibilisierung auf mögliche Fehlfunktionen, auch wenn solche im Routinebetrieb kaum auftreten. Die Verlockung ist groß, dem System allzusehr zu vertrauen. Eine Art Frustration kommt auf, weil »Kollege Computer« sowieso das meiste genauer macht, als der Pilot es jemals könnte. So schätzt auch Professor René Amalberti, ein Berater von Airbus Industrie, das Erreichte ein: »Durch die Automation, die wir heutzutage einbauen, wurden einfache Aufgaben noch leichter – und führten in andere Probleme hinein, zum Beispiel Vigilanzverlust – und komplexe Aufgabenstellungen noch komplizierter.«[1]

Das moderne Flight-Management-System ermöglicht wirklich »Fliegen hinter dem Komma«; so exakt und wirtschaftlich fliegt einfach kein Mensch. Im vorhersehbaren Krisenfall kann der Rechner ebenfalls vieles schneller, besser und genauer. Das gilt zum Beispiel

1 Professor René Amalberti in der *RTL*-Sendung »Streng Vertraulich« am 24. 6. 1994.

für die Windshear- oder die Flight Envelope Protection.[1] Es können jedoch nicht alle derartigen Ausnahmesituationen durch den Programmierer vorhergesehen werden. Die alltägliche Flugpraxis zeigt, daß immer wieder Fälle eintreten, an die anscheinend kein Programmierer je gedacht hat. So kann zum Beispiel, nach Programmierdefinition, ein Ausfall aller Bildschirme für Navigation »gar nicht vorkommen«. In diesem Zusammenhang ist aber folgende Geschichte, die sich kurz nach Einführung des A 320 zugetragen hat, erwähnenswert.

## Teleloading

Die Maschine war im Reiseflug in einer Höhe von 33.000 Fuß, das Wetter war sowohl für die Strecke als auch für den Zielflughafen als gut vorhergesagt. Die Atmosphäre im Cockpit könnte man als entspannt bezeichnen – nach der bevorstehenden Landung war Feierabend. So fiel es dem Kapitän nicht schwer, einem jungen Mann Eintritt in das Cockpit zu gewähren, der sich als Angestellter einer Softwarefirma vorstellte, die an der Computer-Software des A 320 mitgearbeitet hatte. Sein sehnlichster Wunsch war es, das »Wunderwerk« einmal in Aktion zu erleben.

Nach einigem Fachsimpeln kam dann auch die fast schon übliche Frage nach eventuellen System- oder Bildschirmausfällen. Nun gibt es die Möglichkeit, Anzeigen von einem auf den anderen Bildschirm zu übertragen, also »hin- und herzuschalten«. Ein Griff – und die Frage erübrigt sich! Auf Anweisung des Kapitäns schaltet der Copilot die Anzeige um. Anstatt jedoch jetzt zwei ausgetauschte Anzeigen vor sich zu haben, blickt die Crew auf zwei dunkle Bildschirme, jeweils geziert von einem weißen Diagonalbalken.

Die Frage nach dem »Warum« erübrigt sich jetzt bei weitem nicht mehr, weder für die Crew noch für den interessierten Passagier. Doch der wird nun vorsorglich unter einem Vorwand aus dem Cock-

1 Im Fall einer Windscherung (Wind Shear) können einige hochentwickelte Bordsysteme dieses Wetterphänomen erkennen und den Piloten warnen. Bei der Flight-Envelope-Protection überwacht ein computergestütztes System alle Funktionen des Flugzeuges, damit es nicht in einen unsicheren Flugzustand hineingeflogen wird bzw. gerät, wie zum Beispiel einen Strömungsabriß (Stall). Es regelt in einem solchen Fall den Triebwerksschub automatisch nach bzw. begrenzt den maximal möglichen Anstellwinkel.

pit hinauskomplimentiert und gebeten, wieder auf seinem Sitz Platz zu nehmen. Wieder unter sich, kommentiert die Crew das eben aufgetretene Phänomen mit einem Schulterzucken. Nach Absprache erfolgt dann der Griff zum zweiten Schalter, der das Redundanzsystem aktivieren und auf die Anzeigen bringen soll. Nun weicht das Schmunzeln eher einem nachdenklichen Stirnrunzeln: Alle vier Bildschirme sind mit dem gleichen weißen Balken versehen – nach dem sich jedoch die aktuelle Position nicht bestimmen läßt.

Nur nicht verzagen, meint der Kapitän, man kann ja noch den Originalzustand wiederherstellen: Alle Hebel zurück in Normalstellung. Jedoch es passiert nichts, außer daß die weißen Balken auf den Bildschirmen nun dem Wort »Teleloading« in Computerschrift Platz machen. Daraufhin entscheidet sich die Crew, über die Gesellschaftsfunkfrequenz bei der technischen Abteilung nachzufragen, was unter dem Begriff »Teleloading« zu verstehen sei. Doch auch das vom Techniker am Boden konsultierte Handbuch der gängigsten Abkürzungen gibt darauf keine Antwort.

Mittlerweile ist der Zielflughafen bei dem hervorragenden Wetter bereits in Sicht, die erbetene Sinkflugfreigabe wird erteilt, und die Maschine landet knappe 15 Minuten später ohne weitere Zwischenfälle unter Zuhilfenahme der konventionellen Notinstrumente. Kurz nach Öffnen der vorderen Ausstiegstür und bevor noch der erste Passagier das Flugzeug verlassen kann, stürmen vier Herren in Anzug und Krawatte ins Cockpit. »Früher auf der Boeing 727«, bemerkt daraufhin einer der Piloten, »gab es noch den Mechaniker mit dem Schraubenschlüssel, doch die Zeiten ändern sich.« Ganz klar, die Herren sind Airbus-Spezialisten. Es entbrennt eine heiße Diskussion darüber, wer hier eigentlich wem glaubt. Die vier Herren von der Fluggesellschaft streiten schließlich auch untereinander darüber, ob das Wort »Teleloading« in ihren Handbüchern der Firma Airbus überhaupt vorkommt.

Glücklicherweise läßt sich jedoch das irritierende Systemverhalten aufrechterhalten und sogar reproduzieren. Es wurde nämlich den Piloten schon unterstellt, sie müßten sich wohl »verschaut« haben. Abends beim Essen im Hotel, als die Crew sich entschließt, die Sache nicht auf sich beruhen zu lassen, kommen auch Gedanken auf, was wohl passiert wäre bei Nacht und Nebel oder Eis und Schnee – wie der verzweifelte Versuch, einen ausgefallenen Bildschirm umzuschalten, dann wohl geendet hätte?

Natürlich kann man den A 320 auch nach den Notinstrumenten fliegen. Aber das Ausbildungskonzept ist so angelegt, daß ein solcher mehrfacher Ausfall von Komponenten eigentlich nur geübt wird, um der Zulassungsbehörde Genüge zu tun. Er ist also schlechterdings nicht vorgesehen. Beiden Piloten war sehr bewußt, daß sie das Fliegen nach dem A 320-Notinstrument nur ein einziges Mal und für nur etwa fünf Minuten geübt hatten.

Etwas später konnte übrigens nachvollzogen werden, daß zwei unterschiedliche Softwareprogramme geladen waren, die sich aufgrund voneinander abweichender Gültigkeitsdaten nicht miteinander vertrugen. Es wurde seither durch ein neues Programmierverfahren ausgeschlossen, daß so etwas noch einmal passieren kann.

Gibt es wirklich keine Mehrfachfehler?

Die Frage sollte eher lauten: Welcher Systemdesigner, Programmierer oder Softwarespezialist hat noch irgendwann, irgendwo an irgendetwas nicht gedacht? Wir werden sehen ...

## 7. Die nächste Generation – die Philosophie moderner Flugzeuge und die Ausbildung der Piloten

Da fliegt er nun, der Pilot mit seinem High-Tech-Flugzeug und klammert sich irgendwie an ein Notinstrument und den sogenannten Whiskey-Kompaß.[1] Danach kann er prinzipiell auch fliegen, denn anders ging es früher auch nicht – also hat er eigentlich jahrelang nichts anderes gemacht, als nach »veralteten Notinstrumenten« von A nach B zu fliegen. Er wundert sich darüber, wie sparsam und ökonomisch er heute Passagiere fliegt. Er fragt sich aber auch, wann sein junger Kollege neben ihm, der irgendwann einmal nichts ande-

1 Als »Whiskey-Kompaß« wird der Standby Kompaß im Cockpit bezeichnet. Er gehört zu den von den Flugzeugsystemen unabhängigen Notinstrumenten, nach denen die Piloten beim Ausfall aller elektronisch gestützten Navigationsinstrumente zumindest jederzeit ihren Kurs bestimmen können.

res geflogen haben wird als Glascockpits, Gelegenheit haben wird, ein paar Stunden den Kompaßdrehfehler[1] zu üben. Oder gibt es den auch nicht mehr?

Tatsächlich sind nun, nach einigen Jahren Erfahrung auf den modernen Fly By Wire-Maschinen, auch viele konventionell erfahrene Piloten überzeugt, daß man damit äußerst sicher fliegen kann.

Bei Boeing in Seattle werden die Piloten der Fluggesellschaften im Schnellverfahren auf dem neuen Muster eingewiesen. Dabei wird aber nur ein Fliegen in einem automatisierten Flugablauf trainiert. Die Kenntnisse und Erfahrungen des klassischen »Fliegens von Hand« müssen sich die Piloten woanders erwerben. Leider genügt diese Trainingsmethode völlig den Anforderungen der Zulassungs- und Aufsichtsbehörden. Könnte es sein, daß die Aufsichtsbehörde hier Kompromisse zugunsten der finanziell unter Druck stehenden Fluggesellschaften und Flugzeughersteller macht?

Ein so ausgebildeter Pilot befindet sich auf dem »internationalen Standard«, wie es so schön heißt. Dieser internationale Standard orientiert sich aber lediglich an den absoluten Minimalanforderungen. Es liegt nach dem Einweisungskursus bei Boeing völlig an den Fluggesellschaften, hier mehr zu tun. Von Vorteil ist es allerdings für die Boeing-Piloten, wenn sie auf einen neuen Boeing-Flugzeugtyp umschulen, daß die Kenntnisse, die sie sich vorher auf anderen Flugzeugtypen dieses Herstellers erworben haben, auch im neuen Flugzeug Anwendung finden. Von diesem Prinzip weicht Boeing auch mit der Einführung des neuen Großraumflugzeuges 777 nicht ab, wie mir Piloten, die dieses neue Modell geflogen haben, berichteten.

Kritik üben die Piloten aber an den Handbüchern, die Boeing für seine Flugzeuge ausgibt. Auch hier sind die Informationen immer mehr auf ein Minimalwissen reduziert worden; zusätzliche Hintergründe erfährt der interessierte Pilot nur noch durch das Studium der umfangreichen Wartungsunterlagen, die jedoch nicht für den Flugbetrieb, sondern eben für die Wartungsmechaniker gedacht sind.

Zu einer neuen Generation von Flugzeugen gehört auch ein neues Ausbildungskonzept. Das hat zum Beispiel Airbus Industrie

1 Jeder Kompaß erfährt durch die beim Drehen auftretende mechanische Reibung und wegen nicht horizontal verlaufender Magnetfeldlinien eine Ablenkung, die als »Drehfehler« bezeichnet wird.

in Toulouse sofort erkannt und das firmeneigene Trainingszentrum Aeroformation gegründet, um Crews der Kunden-Fluggesellschaften auf den neuen »Wundervogel« umzuschulen. Da aber diese Maschine einfach so sicher war, konnte man die Umschulungszeit für den Theoriekurs von den üblichen drei bis vier Wochen gleich auf zehn Tage verkürzen. In Toulouse von Airbus umgeschulte Piloten behaupten, das Schwierigste an der ganzen Ausbildung sei die Auswendiglernerei der Airbus-spezifischen Abkürzungen gewesen. Einige Unterschiede in den Verfahren der einzelnen Fluggesellschaften, die den französischen Instruktoren nicht bekannt waren, sowie Verständigungsprobleme erschwerten das Ganze weiter. Aber ein gemeinsames Ziel macht stark! Standardspruch der Ausbilder: »Sie werden sehen, das erklärt sich im Simulator alles von selbst.«

Dort allerdings wurden die angehenden Piloten dazu verdonnert, das eindrucksvolle Schutzverhalten der Maschine im automatischen Flug zu bewundern. Fliegen von Hand sei »out«, man störe dabei ja den optimalen Wirkungsgrad der Maschine, außerdem könne der Bordrechner alles besser – das gelte vor allem im Notfall, bei dem man auf jeden Fall »die Finger davon lassen sollte«.

## Alles perfekt

Nun, man kann diesen Leuten nicht böse sein, denn alles schien ja so perfekt zu sein. Während Airbus noch vor einigen Jahren im Zuge seiner PR-Kampagnen behauptete, »jedes Kind könne den Airbus fliegen«, gesteht das Unternehmen heute ein, daß eine enorm gute Ausbildung notwendig ist, um dieses komplexe System zu verstehen und nicht nur bedienen zu können.

Leider geht das nicht von heute auf morgen, die großen Fluggesellschaften haben sich schon bald eigene Simulatoren angeschafft und wegen erkannter Defizite bei der herstellerseitigen Ausbildung eigene Trainingskonzepte entwickelt, um die geforderte Arbeitsqualität sicherzustellen. Aber da bleibt noch die Frage der Dokumentation. Vieles ist in den Unterlagen, die den Piloten und Check-Kapitänen der Fluggesellschaften zur Verfügung stehen – als Standardwerk gilt das mehrbändige »Aircraft-Operation-Manual« (AOM) –, einfach nicht ersichtlich oder sogar falsch.

Wenn der technische Pilot der A320-Flotte der Lufthansa, Ingo Tegtmeyer, nach dem Landeunfall in Warschau erst einmal bei Airbus in Toulouse nachfragen muß, wann eigentlich die Spoiler ausfahren, ist irgendwo im System etwas faul. Immerhin erklärt die Firma Airbus auf diese Anfrage der Lufthansa, knappe viereinhalb Jahre nach der Auslieferung des ersten A320, was denn der Airbus unter »Landung« versteht. Was hat eigentlich der verantwortliche technische Pilot der A320-Flotte in diesen viereinhalb Jahren gemacht? Hat sich ihm diese Frage nie gestellt? Gut, er kann dann immer noch in Toulouse anfragen, notfalls mal eben schnell mit einem Telex, auf das in der Regel schnell eine Antwort erfolgt. Wen aber, bitte schön, soll der Linienpilot im Cockpit fragen, wenn er einfache Zusammenhänge aus seinen Unterlagen nicht nachvollziehen kann?

Wann fährt denn nun das Fahrwerk aus? Was bedeutet maximale Bremsleistung? Definition von $V_1$?

Airbus Industrie hat eine neue Definition der Geschwindigkeit 1, also $V_1$, für seinen A320 angewendet. Bis 1979 war die $V_1$ weltweit definiert als die Geschwindigkeit, bis zu deren Erreichen der Start bei einem Systemversagen noch abgebrochen werden kann und die Maschine auf der noch verbleibenden Rollbahnstrecke zum Stehen zu bringen ist – vorausgesetzt, daß bei Erreichen der Geschwindigkeit $V_1$ die Bremsen zu wirken beginnen. Es hat sich in der Vergangenheit aber gezeigt, daß Startabbrüche in diesem kritischen Geschwindigkeitsbereich zum Überrollen des Startbahnendes geführt haben. Airbus kam nun unter der Anforderung der Zulassungsbehörde auf die glorreiche Idee, die Reaktionszeit der Piloten mit in diese Berechnung aufzunehmen. An und für sich kein schlechter Gedanke, leider spricht Airbus aber nicht darüber. Viele Fluggesellschaften trainieren seit einigen Jahren, einen Startabbruch kurz vor Erreichen von $V_1$ nur dann durchzuführen, wenn sichergestellt ist, daß bei $V_1$ die Bremsen zu wirken begonnen haben. Dementsprechend gibt es Anweisungen, die Entscheidung zum Startabbruch oder zum Abheben bei $V_1$ minus einiger Knoten zu treffen.

Liegt z.B. die $V_1$ gemäß der im Handbuch veröffentlichten Tabelle bei Erreichen einer Geschwindigkeit von 125 Knoten, soll die Entscheidung bei $V_1$ minus 3 Knoten fallen, also bei 122 Knoten. Das bedeutet, daß der Pilot bei erreichten 123 Knoten auf jeden Fall starten soll. Fällt ihm jetzt jedoch eines seiner beiden Triebwerke aus,

## GEARS AND DOORS OPERATION

### NORMAL OPERATION

Landing gear normal operation is controlled through the lever located on the center instrument panel.

Gear and door sequencing is electrically controlled by LGCIUs. Each LGCIU controls one complete gear cycle and switches over automatically at each landing gear retraction cycle or in case of failure.

All gears and doors are hydraulically actuated by the green hydraulic system. Hydraulic supply is automatically cut-off by a safety valve above 260 KT, and maintained closed as long as the L / G lever is up.

FOR INFO

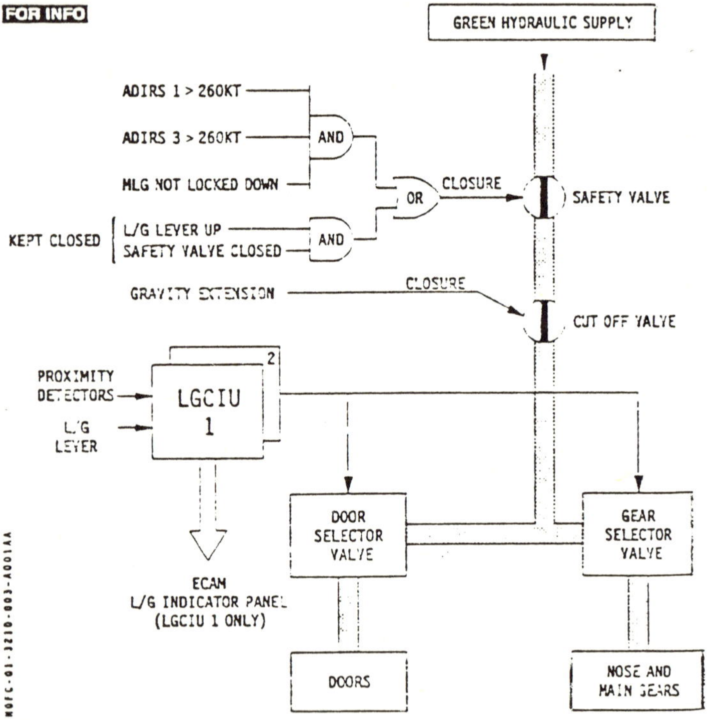


NOFC-01-3210-003-A001AA

muß er mit dem Schub des verbleibenden Triebwerkes in der Lage sein, bis zum Rollbahnende abzuheben. Die $V_1$ wird in ihrer alten, gängigen Definition so berechnet, daß dies problemlos möglich sein sollte. Wenn nun aber der Airbuspilot nicht weiß, daß er bereits mit einer sozusagen »reduzierten« $V_1$ gerechnet hat – weil es ihm nicht ausdrücklich klar gemacht wird, daß es bei seinem Airbus schon eingerechnet ist –, wird er auf jeden Fall starten, obwohl er noch abbremsen könnte. Andererseits könnte es ihm rein rechnerisch passieren, daß er nicht in der Lage ist, auf der verbleibenden Rollbahn mit der erforderlichen Mindesthöhe am Ende der Bahn die Schwelle zu überfliegen. Immerhin fehlt ihm beim Erreichen seiner Entscheidungsmarke bereits Schub, und so verschenkt er kostbare Meter der Beschleunigungs-, bzw. Abbremsstrecke.

Kapitel »Fahrwerk«: Wann kann beim Airbus A320 das Fahrwerk ausgefahren werden? Eigentlich eine glasklare Sache, sollte man meinen. Bisher war es so, daß beim Umlegen des entsprechenden Hebels das Fahrwerk auch ausfuhr. Zugegebenermaßen könnte das Fahrwerk, wenn es schon bei 800 km/h oder mehr ausgefahren würde, erheblich beschädigt werden – z.B. die Klappen abreißen. Aber ein solcher Fall ist niemals bekannt geworden. Airbus nun, in seinem Bestreben nach maximaler Sicherheit und Ausschalten menschlicher Fehlbarkeiten, ließ sich ein sehr ausgeklügeltes Sytem zur Sicherung des Fahrwerks einfallen. Ähnlich wie im Fall der Bremslogik (siehe Warschau-Unfall) sind auch hier wieder eine Reihe von Eingangsvoraussetzungen zu erfüllen, damit »Kollege Computer« das Fahrwerk auch wirklich ausfahren läßt.

Bei diesen Eingangssignalen handelt es sich wiederum um »Und/Oder-Schaltungen« im elektrischen System, also pure Informatik. Das bedeutet andererseits: Wenn dem Computer eventuell gewisse Eingangssignale fehlen, blockiert er hartnäckig die Hydraulik zum Ausfahren.

Nun stellt sich auch dem erfahrenen Airbuspiloten bei Betrachtung der im AOM auf Seite 1.32.10, P3 (vgl. Abb. 7), alte Version, abgebildeten Schaltlogik die Frage, wann kann ich mein Fahrwerk denn nun eigentlich ausfahren? Denn folgt er dem dort abgebildeten

◀ *Abbildung 7: Originalseite aus dem Airbus A320 AOM, Kapitel »Fahrwerk«, Revisionsfassung 16.*

## GEARS AND DOORS OPERATION

### NORMAL OPERATION

Landing gear normal operation is controlled through the lever located on the center instrument panel.

Gear and door sequencing is electrically controlled by LGCIUs. Each LGCIU controls one complete gear cycle and switches over automatically at each landing gear retraction cycle or in case of failure.

All gears and doors are hydraulically actuated by the green hydraulic system. Hydraulic
R supply is automatically cut off by a safety valve above 260 KT. Below 260 KT, it remains
R cut off as long as the L/G lever is UP.

**FOR INFO**

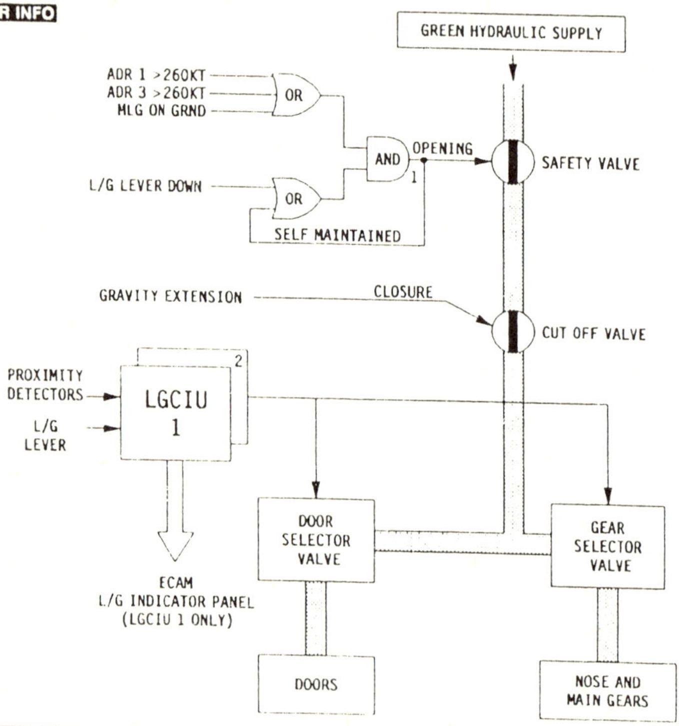


Code : 3210A

Schaubild, kann es immer ausgefahren werden, es sei denn, das Flugzeug flöge schneller als 260 Knoten. Nun ergibt sich aber nach der Checkliste (Abnormal procedures, II 4.34/4), daß das Fahrwerk nicht ausgefahren werden kann, wenn die Werte aus dem Luftdatenmessungs- und Trägheitsnavigationssystem, im Airbus-Jargon »ADIRS« (ADR) 1 und 3, fehlen. Also muß das erste Schaubild falsch sein. Das neue Bild (vgl. Abb. 8) stellt denselben technischen Zustand dar, aber auf einmal steht auf dem Sicherheitsventil (Safety Valve) nicht ein »Schließen« (Closure), sondern ein »Öffnen« (Opening) Signal. Das macht zwar Sinn, aber so wie das neue Schaubild gezeichnet ist, kann das Fahrwerk bei Geschwindigkeiten unter 260 Knoten gar nicht mehr ausgefahren werden (»ADR 1 > 260 KT« und »ADR 3 > 260 KT«). Das macht dann wiederum *keinen* Sinn, denn das Fahrwerk wird im allgemeinen bei langsamen Geschwindigkeiten ausgefahren. Also ist auch das neue Schaubild ein falsches Schaubild.

Kapitel »Bremsen«: Der Landeunfall in Warschau offenbart – auch wenn das vielen Piloten nicht so richtig klar ist –, daß Airbus auch bei der Bedienung der Bremsen des Flugzeugs den Wirtschaftlichkeitsfaktoren Vorrang vor einer eventuellen »Fehlbedienung« durch den Piloten gegeben hat. Dabei wollte Airbus wohl primär die Abnutzung der Bremsscheiben durch schonendes Bremsen reduzieren.

Normalerweise soll mittels eines automatischen Bremssystems, das auf Knopfdruck vorgewählt wird, nach dem Aufsetzen automatisch gebremst werden. Dazu stehen drei Alternativen zur Verfügung: Autobrake Low, Medium oder Maximum. Bei der Bremswirkung von Low und Medium handelt es sich um willkürlich gewählte, vorprogrammierte Verzögerungswerte. Je nach Rollbahn-Beschaffenheit und nach gewünschtem Passagierkomfort läßt sich eine vorprogrammierte Bremswirkung einstellen, die vom Computer ausgelöst und über den gesamten Bremsvorgang überwacht wird. Der Pilot braucht seine Bremspedale nicht zu betätigen und kann sich auf die Steuerung der Maschine konzentrieren. Eine schöne Erfindung,

◀ *Abbildung 8: Die gleiche Seite aus der Revisionsfassung 20. Das Schaubild wurde geändert (R). Dabei hat sich aber ein Fehler eingeschlichen, denn so, wie hier beschrieben, fährt das Fahrwerk nur aus, wenn das Flugzeug schneller als 260 kts fliegt. Das ist aber Unsinn.*

die laut Handbuch dazu beitragen soll, die Arbeitsbelastung der Piloten zu reduzieren. Bei gewählter Autobrake-Funktion soll eine grüne Lampe dem Piloten signalisieren, daß die vorgewählte Bremsverzögerung erreicht ist. Normalerweise signalisiert eine grüne Lampe: Es ist alles in Ordnung. Nicht so bei Airbus, denn hier leuchtet diese Lampe bereits, wenn nur 80% (AOM, Kapitel »Landing Gear« 1.32.30. p 8) oder bei Autobrake Maximum auf regennasser oder verschneiter (kontaminierter) Bahn sogar nur 50% der Verzögerung erreicht wird, so zumindest nach Auskunft von Airbus in Toulouse. Außerdem ist mit Autobrake »Maximum« ein differenziertes, das heißt ein links und rechts unterschiedlich starkes Bremsen zum Zweck der Richtungskontrolle nicht möglich.

Für mögliche auftretende Komplikationen zieht sich der Hersteller prophylaktisch schon mal aus der Affaire, indem er aber dann doch dem Piloten die Verantwortung zuschiebt, rechtzeitig zum Stehen zu kommen, obwohl der keine Möglichkeit hat, die tatsächliche Bremsleistung zu erkennen. Hier heißt es: »Die Benutzung (der Autobrake-Funktion) befreit den Piloten nicht von der Verantwortung, innerhalb der zur Verfügung stehenden Landebahnlänge zu einem sicheren Stillstand zu kommen, wenn nötig unter der Übernahme der Bremskontrolle durch Betätigen der Bremspedale.« (AOM, Bd. 2, Kap. »Operating Limitations/System Limitations 1.20.32.2. Autobrake)

Im Falle einer Fehlfunktion der die Bremsen steuernden Computer schreibt das Handbuch vor (AOM, Bd. 2., Kap. »Normal Procedures Landing« II 6.50/3+4), sofort das Anti-Skid-System (das Antiblockiersystem) auszuschalten, um das normale Bremsen über die Bremspedale zu ermöglichen. In diesem Fall hängt die Funktion der Bremsen also von einem Schaltvorgang ab. Leider wird mit genau diesem Schalter auch gleichzeitig die Bugradsteuerung abgeschaltet.

Eine fatale Logik, denn: Wer nicht sofort schaltet, kann überhaupt nicht bremsen. Eine solche notwendige Basisfunktion im Betrieb des Flugzeuges sollte unbedingt immer enthalten bleiben und nicht erst durch zusätzliche Schaltvorgänge wieder hergestellt werden müssen.

Ein weiteres Bremssystem des A 320, nämlich der Reverse oder auch Umkehrschub, steht nicht etwa mit vollen 100% möglicher

Triebwerksdrehzahl zur Verfügung, sondern wird auf 71 % limitiert. Das Argument dafür ist Schonung der Triebwerke. Aber was hilft mir so eine Systemsicherung, wenn ich aus einem zwingenden Grund – z. B. weil plötzlich und unerwartet ein Hindernis auf meiner Rollbahn auftaucht – eine Vollbremsung machen möchte? Dann erwarte ich als Pilot doch, ohne Rücksicht auf eventuelle Schäden an austauschbaren Komponenten, daß mir in diesem Moment die volle Bremsleistung mit dem Effekt der kürzesten Bremsstrecke zur Verfügung steht. Ich kann mir durchaus vorstellen, daß es manchem Passagier ähnlich geht.

## Die Ausbildung bei Aeroformation in Toulouse

Aus der Presseinformation von Airbus Industrie vom September 1994:

»Airbus Industrie führt Umschulungskurse für Piloten, Wartungspersonal und Flugbegleiter der Airbusflugzeughalter durch, um sie bei der Einführung von Airbusflugzeugen in ihre Flotten zu unterstützen und dadurch ihren laufenden, sicheren und zuverlässigen Linieneinsatz sicherzustellen.

Die Schulung wurde ursprünglich von der 1972 gegründeten Aeroformation, dem Schulungszentrum von Airbus Industrie, durchgeführt. Heute gehören die Lehrer und Einrichtungen von Aeroformation zur Kundendienstdirektion von Airbus Industrie.

Die Lehrgänge finden in zwei Schulungszentren statt: eines in Toulouse, in der Nähe des Hauptsitzes von Airbus Industrie, und das andere in Miami (USA). Die Schulungszentren veranstalten Umschulungs- und Auffrischungslehrgänge für erfahrenes Airline-Personal, aber keine Lehrgänge für Anfänger ...«

Das klingt ja sehr schön. Wie gesagt, es handelt sich um eine Presseinformation von Airbus Industrie, mit der einem offensichtlich an der Selbstdarstellung des Unternehmens gelegen ist. Daher gleich im Anschluß einmal ein Auszug aus den privaten Aufzeichnungen eines A 320-Piloten, der diese Ausbildung bei Aeroformation, der heutigen Firma »Airbus Training«, in Toulouse erfahren hat:

»Schon aus den ersten Pressemeldungen heraus wußte ich, daß der A 320 nicht einfach nur ein Flugzeug, sondern schlichtweg ein Wunderwerk sein sollte, ein Fluggerät nämlich, das nicht mehr verunglükken kann. Mit einer gewissen Portion Stolz trat ich zusammen mit den ersten Piloten unserer Gesellschaft, die auf diesem Flugzeug geschult werden sollten, die Reise nach Toulouse an.

Bei Aeroformation, dem Airbus Industries eigenen Schulungszentrum, bereitete man uns einen sehr warmherzigen Empfang. Im Anschluß daran konnten wir uns mehrere Stunden mit dem Gelände vertraut machen. Wir alle merkten sofort, daß wir es mit einem sehr modernen und nach neuesten Erkenntnissen arbeitenden Schulungsbetrieb zu tun hatten. Beeindruckend für uns auch der Rundgang durch die Produktionsanlagen, in denen man sprichwörtlich vom Boden essen konnte.

Der Lehrgang unterteilte sich in vier Ausbildungsabschnitte: 1. Theorie, 2. Verfahrensübungsgerät, 3. Simulatortraining, 4. Flugtraining mit anschließendem Linienflugtraining, wobei das Linienflugtraining nicht mehr zur Ausbildung bei Aeroformation gehörte, sondern vielmehr von unserer eigenen Gesellschaft bei uns zuhause durchgeführt werden sollte.

Im theoretischen Teil waren wir 10 Tage lang relativ auf uns allein gestellt. Jeder saß in einer abgegrenzten ›Lernbox‹ vor zwei Bildschirmen, mit einem Kopfhörer und einer Computertastatur. Nürnberger Trichter pur... Eventuellen Rückfragen war sehr schwer auf den Grund zu gehen. Bei dieser Art von Lernen braucht man keinen Lehrer mehr, und einen solchen darüber hinaus in dem riesigen Gebäude aufzutreiben, war so gut wie unmöglich.

Eine Flut von neuen, unbekannten, weil Airbus-spezifischen Abkürzungen hat uns während der gesamten Zeit die meisten Probleme bereitet. Wirklich technische Hintergrundfragen traten buchstäblich in den Hintergrund. Rückblickend ist mir aus diesem Teil der Ausbildung im Gedächtnis geblieben, daß der A320 ein Flugzeug ist, das aus einer Vielzahl von schwarzen, elektronischen Kisten besteht, die, untereinander verkabelt, auch fliegen können.

Im Vergleich hierzu sind mir auch heute noch technische Zusammenhänge von anderen Flugzeugen bis ins kleinste Detail allgegenwärtig geblieben, obwohl ich sie auch schon lange nicht mehr fliege. Das liegt wohl primär daran, daß man technische Zusammenhänge wirklich verstehen mußte, um diese anderen Flugzeuge zu beherrschen.

Bei Airbus ist das anders, hier habe ich niemanden kennengelernt, der alle Zusammenhänge durchschaut. Der gesamte Lehrgang kam mir eher vor wie ein verschärfter Grundkurs in Informatik, hatte aber mit der von mir bisher gewohnten Einweisung auf einen neuen Flugzeugtyp relativ wenig zu tun. Hierzu ein Beispiel: Bei bisher von mir geflogenen Flugzeugtypen wußte ich, welches Kabel welches Ventil in welche Position bringt, um wieviel Hydraulikdruck auf das Fahrwerköffnungsventil wirken zu lassen. Außerdem, warum man das nicht oberhalb einer gewissen Geschwindigkeit tun durfte, damit Fahrwerkskomponenten vom Fahrtwind nicht abgerissen werden.

Beim A 320 fällt mir dazu nur die Schalttafel (s. S. 138) ein, die ich zugebe, bis heute nicht verstanden zu haben. Gott sei Dank bin ich dabei jedoch nicht der einzige A 320-Pilot, der das nicht verstanden hat.

Im Simulatortraining waren wir dann die kommenden zwölf Tage, alle zunächst ungeheuer begeistert, von der guten Übersichtlichkeit der Systeme und den anscheinend wirklich gut durchdachten Möglichkeiten mit Systemfehlern umzugehen. Auch der viel umstrittene Sidestick hat sich in seiner Handhabung als eher angenehm herausgestellt. Natürlich werden aber im Simulator nur Fehler trainiert, die für die künstliche Simulatorwelt vorgesehen wurden. Mein Resümee: Gäbe es wirklich nur solche Fehler, die von Entwicklungsingenieuren und Testpiloten vorhergesehen wurden, ja für die deshalb auch eine Lösungsmöglichkeit vorgesehen ist, wäre der A 320 das absolut perfekte Flugzeug. Vorausgesetzt, daß immer alles funktioniert...

Während bei allen anderen Flugzeugmustern, die ich bis dahin geflogen hatte, für die unendlich große Anzahl der möglichen Fehler und Komplikationen Lösungsvorschläge in Form von Checklisten angedacht waren, bzw. sogar zur Verfügung standen oder aber aufgrund des im Theorielehrgang erworbenen Hintergrundwissens durch eigenes Krisenmanagement Lösungen gefunden werden konnten, war ich vom Airbus-Computer dazu verdonnert, vorprogrammierte Verfahren abzuhandeln. Dies gestaltete sich darüber hinaus so, daß mir auf dem Bildschirm ein ganz spezifisches Programm aufgezwungen wurde, das bei Nichtbefolgen zu weiteren, noch größeren Komplikationen führen konnte. Gleiches gilt bei Doppel- oder Mehrfachfehlern. Noch heute bin ich davon überzeugt, daß der Programmierer des ECAM[1], im guten Glauben davon überzeugt

1 Electronic Centralized Aircraft Monitoring, bei Airbusflugzeugen ein elektronisches, rechnergestütztes Überwachungssystem für die Triebwerke und die Fehlerbearbeitung. Die Anzeige erfolgt auf Monitoren an der Instrumententafel im Cockpit.

war, daß es neben seinen vorgedachten Fehlermöglichkeiten keine anderen geben kann.

Fliegerisch im Simulator lautete die Devise: Lassen Sie das Flugzeug automatisch fliegen – das kann es eh besser als Sie – und kümmern Sie sich bei Fehlern und Systemausfällen um das Abarbeiten der vom Computer vorgeschriebenen Notverfahren. Bis heute konnte ich mich mit dieser Art nicht anfreunden, und wir wissen heute alle, daß auch auf dem A320 vor allem gilt: ›Fliege das Flugzeug.‹ Deshalb ist heute – Gott sei Dank – wieder der wichtigste Knopf im Cockpit der rote am Sidestick, zum Ausschalten des Autopiloten.

Mit dem Bestehen des hundert Fragen umfassenden Theorietests (Abkürzungen, Schaltpläne, Schwarze Kisten etc.), dessen Lösungen im übrigen im Coffeeshop gegen eine Kiste Corona zu kaufen waren, und eines Simulatorüberprüfungsfluges (›welchen Knopf muß ich drücken, damit das Flugzeug was macht‹) war dieser Teil der Umschulung abgeschlossen. Zu diesen Simulatorabschlußflügen sei angemerkt, daß das sonst übliche Verständigungsproblem mit den besser französisch als englisch sprechenden Ausbildern hier wegfiel, da nun auch englisch sprechende Checker das Programm abnahmen. Bei den vorangegangenen Übungsflügen kam es immer wieder zu aberwitzigen Verständigungsproblemen, die fast allen Teilnehmern dieses Lehrgangs noch heute ein Lächeln entlocken: ›püsch betohn‹ (airbüs-engl.) heißt: push button, zu deutsch: Druckknopf.

Vor der Übernahme in den Liniendienst mußten wir dann auch real zeigen, daß wir das Flugzeug wirklich fliegen konnten. Ohne Passagiere drehte jeder ein paar Runden, in sämtlichen Variationen. Wir waren wieder alle sehr begeistert, daß die Maschine sich wirklich und nicht nur im Simulator sehr angenehm fliegen ließ.

Das vornehmliche Problem des anschließenden Linientrainings zuhause war, daß zu diesem Zeitpunkt die Check-Kapitäne unserer Gesellschaft selber noch recht unerfahren auf diesem Flugzeugtyp waren. Trotzdem wurden hier unsere aus Toulouse importierten Bedenken teilweise wieder zerstreut. Meine Fluggesellschaft hat sich von Anfang an nicht von dem Prinzip ›Fliege das Flugzeug‹ abbringen lassen, was jedoch dazu führte, daß wir teilweise schon wieder umdenken mußten. Dafür ein weiteres Beispiel:

Bei Airbus Industrie in Toulouse lernten wir das Prinzip des

›Dark Cockpit‹. Darunter versteht man, daß eine Anzeige nur dann aufleuchtet, wenn sie nicht mit der Schalterstellung übereinstimmt. Im Klartext: Wenn nichts leuchtet, ist alles in Ordnung. Eine solche Anzeige hat jedoch quasi zwei Bedeutungen, die je nach Schalterstellung variiert.

Am Anfang hatten wir im Fluglinienverkehr mit jeder Menge Kinderkrankheiten zu kämpfen. Da leuchtete also so alles mögliche am oberen Instrumentenbrett, wie z.B. die Schalter von einzelnen Benzinpumpen, die (gewünschtermaßen) gar nicht laufen sollten, weil in den entsprechenden Tanks sowieso kein Kerosin war. Da während dieser Zeit viele Benzinpumpen trockengelaufen waren und dadurch kaputt gingen, bürgerte es sich ein, daß auf kurzen Flügen einer der fünf Tanks nicht betankt wurde. Folglich wurde die Pumpe ausgeschaltet. Das verstand der Airbus aber nicht, weil nach seiner Definition die Pumpe laufen sollte. Da für ihn gemäß seinem Programm ein Fehler vorlag, leuchtete der Schalter auf.

Nach Definition hätte mich eine leuchtende Anzeige im ›Dark Cockpit‹ jedoch zumindest aufmerksam werden lassen sollen, nach dem Prinzip: Lampe leuchtet, da ist was nicht in Ordnung, tu was! Wenn jetzt aber ständig Lampen an sind, läßt diese Aufmerksamkeit natürlich nach, und das ist genau das, was nicht passieren darf.«

Solche Ausbildung wird von Fachleuten als »negatives Training« bezeichnet, das heißt falsche Konditinierung. Bei dieser beeindruckenden Schilderung eines bei Aeroformation ausgebildeten Piloten ist zu berücksichtigen, daß es sich um einen erfahrenen, bei einer guten Fluggesellschaft hervorragend ausgebildeten Piloten handelt. Wie soll nun sein Kollege aus einem der sogenannten »Entwicklungsländer«, denen der Airbus A 320 mit Vorliebe zu günstigen Konditionen angeboten wird, mit so einer Schulung zurechtkommen? Oder gar die Piloten aus anderen Dritte Welt-Ländern, in die ausrangierte Großraum-Airbusse wie der A 300 oder A 310 billigst verkauft werden? Bestandteil dieser Deals ist meistens auch die Ausbildung der Piloten bei Aeroformation.

Die Schilderung eines solchen »Umschülers« decken sich weitgehend mit denen aus dem Tagebuch seines europäischen Kollegen. Der Aufbau des Bedienungshandbuches wurde von fast allen Teilnehmern des Ausbildungsganges kritisiert. Als größten Unterschied

*Abbildung 9: Das »analoge« Uhrencockpit der DC-10/100, das über Jahrzehnte als das fortschrittlichste und modernste Cockpit eines Verkehrsflugzeuges galt.*

zwischen den Verfahrensweisen bei den unterschiedlichen Ausbildungskonzepten für Boeing- oder Airbusflugzeuge empfand dieser Pilot die Qualität des Trainings. »Bei Boeing ist die Ausbildung wesentlich professioneller«, sagte er mir. Ein solches Statement

*Abbildung 10: Das »Glascockpit« des Airbus A340, dem derzeit modernsten Verkehrsflugzeug der Welt. Die analogen Uhreninstrumente sind Monitoranzeigen gewichen.*

stimmt nachdenklich, besonders vor dem Hintergrund, daß das Training bei Boeing ebenfalls stark vereinfacht wurde und sich lediglich auf das Beherrschen der Grundanforderungen konzentriert, obwohl auch die Boeing-Flugzeuge der neuesten Generation immer komplexer werden. Die Piloten dieses Ausbildungsganges haben das Flugzeug bis heute nicht wirklich geflogen. Ein Linientraining war der Fluggesellschaft aus dem Entwicklungsland offensichtlich zu teuer.

Die Ausbilder bei Aeroformation wurden aus ehemaligen Militärpiloten rekrutiert, die lediglich ein Simulatortraining durchführten. Diese Ausbilder hatten den A 310 noch nie selber geflogen, nur eben im Simulator. Beim Training waren sie penibel darauf bedacht, ihr Programm durchzuziehen. Für Fehleranalysen blieb kaum Zeit, das Programm war komplex und in einem sehr limitierten Zeitraum zu absolvieren.

Dennoch sollen die Piloten dieser Gesellschaft schon bald den Linienverkehr aufnehmen. Sie sehen gravierende Probleme voraus, weil jüngere Piloten ihrer Airline, die bislang nur Propellerflugzeuge geflogen haben, nunmehr auch sukzessive auf den A 310 geschult werden sollen – eine sehr bedenkliche, aber trotzdem weit verbreitete Praxis.

# 8. McBoeing, Airdonald und Co. – der schwere Weg der Einsicht

## Eisbrocken im Triebwerk – war das alles?

Die Geschichte stand damals in allen Zeitungen und wurde als das Wunder von Stockholm bezeichnet: Am 27. Dezember 1991 erlitt eine McDonnell-Douglas MD 81 der Fluggesellschaft SAS einen doppelten, totalen Triebwerksausfall nur drei Minuten nach dem Start. Eine Notlandung im klassischen Sinn des Wortes war unausweichlich. Es wurden damals, obwohl schließlich der Rumpf des Flugzeuges in drei Teile zerbrach, nur sieben Personen schwer und ebenfalls sieben leicht verletzt. Keine Toten – obwohl die Notlandung mitten in für diesen Zweck denkbar ungeeignetem Gelände stattfand.

Das Flugzeug war des Nachts geparkt mit einer erheblichen

Menge Treibstoff in den Tanks, der durch den vorangegangenen Flug von Zürich nach Stockholm auf minus 20 Grad abgekühlt war. Am nächsten Morgen wurde nur eine relativ geringe Menge Treibstoff zugetankt. Die Mischtemperatur zwischen dem alten und dem neuen Treibstoff blieb aber weit unter Null. Das Flugzeug wurde nach den damals gültigen Vorschriften enteist, denn es war während der Standzeit leicht eingeschneit. Nach der Enteisung unterblieb jedoch eine Überprüfung der Tragflächenoberseite durch Handauflegen, durch die allein das tückische Klareis, das sich wegen des unterkühlten Treibstoffes in den Tanks über Nacht bildete, hätte entdeckt werden können. Das Flugzeug startete normal, bald darauf lösten sich Eisteile von der Tragfläche und verschwanden zielgenau in den bei der MD 81 seitlich am Heck angeordneten Triebwerken, wo sie erheblichen Schaden anrichteten.

Das vordergründige Problem wurde schnell erkannt, die Enteisungsverfahren geändert; damit wäre doch die Lehre aus diesem Unfall eigentlich gezogen. Indes, es kommt noch eine weitere Ursache hinzu.

Es ist mal wieder eine Geschichte von gut gemeinter, aber nicht bis in alle Konsequenzen durchdachter Technik. Und mal wieder sind mangelnde Dokumentation und nicht ausreichendes Training der Besatzung beteiligt. Kennen wir das nicht schon von irgend wo her?

Der Sachverhalt ist schnell geschildert. Die MD 81 besitzt ein sogenanntes Auto Thrust Restauration System (ATR). Dies ist eine vordergründig sehr sinnvolle Einrichtung, die vollautomatisch den Triebwerksschub eines oder auch beider Motoren erhöht, wenn die einmal gesetzte und auch erreichte Startleistung der Triebwerke aus welchen Gründen auch immer nicht gehalten werden kann. Warum hat man sich diese Konstruktion einfallen lassen?

Flugzeugtriebwerke machen Lärm. Je mehr Leistung sie abgeben, desto mehr. Baugrundstücke in Flughafennähe sind deshalb auch so billig. Wer sich dort ein Eigenheim leisten kann, den beginnt der Lärm zu stören: Ab sofort haben die Flugzeuge gefälligst Rücksicht zu nehmen auf die so nahe dem Flughafen wohnende Bevölkerung. Das läßt sich aber nur bewerkstelligen, wenn die Triebwerke beim Start weniger Leistung abgeben. Folglich wird jetzt mit weniger Leistung und weniger Lärm gestartet. Rücksichtnahme ist alles.

Aber wenn jetzt ein Triebwerk ausfällt beim Start, wie kann dann das Flugzeug weiterfliegen mit einem adäquaten Maß an Sicherheit? Mit Auto Thrust Restauration natürlich. Jetzt geht ausnahmsweise Sicherheit vor Lärm, die Leistung hat absoluten Vorrang.

Die MD 81 startet in Stockholm, Eisbrocken geraten in die Triebwerke, das rechte wird so stark beschädigt, daß die Leistung absinkt. Jetzt kommt für ATR das Startzeichen: Leistung erhöhen, im wahrsten Sinne des Wortes ohne Rücksicht auf Verluste! Denn was macht ein normaler Pilot, wenn ein Triebwerk einen Strömungsabriß, einen sogenannten Stall, hat? Ganz einfach, er vermindert auf diesem Triebwerk die Leistung, um so ein Stabilisieren der Luftströmung im Innern der Turbine zu ermöglichen. Das tut auch dieser Pilot, aber sein Bemühen ist nicht von großem Erfolg gekrönt. Sobald er die Hand wieder weggenommen hat vom Gashebel, schiebt ATR den Hebel wieder auf eine Stellung vor, die größer ist als die, bei der der Abriß der Luftströmung begonnen hatte. Die Folge ist leicht zu erkennen: Der jetzt folgende Strömungsabriß ist noch heftiger, der Motor beginnt sich selbst zu zerstören. Soviel zum rechten Triebwerk.

Und das linke? Da sieht es leider auch nicht viel besser aus. Es ist zwar durch das Eis nicht so schwer beschädigt worden und läuft noch ganz passabel. Zumindest, bis ATR auch hier vehement zu schaden beginnt. Ein Motor, der gerade an seiner Leistungsgrenze arbeitet, verträgt nicht eine Umdrehung Drehzahl pro Minute darüber hinaus. Aber ATR begnügt sich ja nicht mit solchen Lappalien, sondern geht gleich richtig in die Vollen. Ordentlich weit läuft der Schubhebel nach vorn, der Motor hustet zunächst nur, ist aber wenige Augenblicke später genau so schlecht drauf wie der rechte.

Beide Triebwerke sind ausgefallen. Kann man jetzt behaupten, zumindest das linke wäre ohne ATR so weit intakt geblieben, daß es bis zu einer unverzüglich eingeleiteten Landung am Startflughafen durchgehalten hätte? Experten meinen, daß Vieles für die Korrektheit dieser Behauptung spricht. Nur leider war es im Fall der SAS mal wieder noch wesentlich schlimmer. Die Piloten waren über das Vorhandensein von ATR gar nicht unterrichtet. Wie bitte? Ja, tatsächlich! In ihrem Flughandbuch stand nichts davon, das System war einfach unbekannt. Dies ist kein Wunder, wenn man bedenkt, daß SAS das System ja schließlich auch gar nicht gekauft hatte. Trotzdem war es von McDonnell-Douglas eingebaut worden und auch funktionsfähig, wie sich ja durchschlagend erwies.

Wenn das System eingebaut ist, befindet sich an der Überkopf-Schalttafel im Cockpit, dem Overheadpanel, ein Schalter mit den Stellungen »arm« (in Bereitschaft) und »off« (ausgeschaltet). Aber was heißt: befindet sich? Er *sollte* sich befinden, denn im Cockpit dieser MD 81 gab es diesen Schalter einfach nicht!

Es ist also ganz eindeutig ein Flugzeug nicht nach der Spezifikation des Käufers gebaut worden. Hier gab es technische Einrichtungen, die aber nicht vollständig waren und die eine sinnvolle Handlungsweise des Piloten bis in die Katastrophe hinein konterkarierten. Kann das der Weg sein, auf den uns die moderne Technik im Flugzeugbau führt? Fühlen wir uns wohl bei dem Gedanken, daß ja eventuell noch andere Überraschungen im Innern eines modernen und damit sicheren Flugzeuges verborgen sind, von denen niemand etwas weiß, die aber zur Unzeit, überraschend und kontraproduktiv eines Tages auf ihre Existenz aufmerksam machen?

Etwas mehr Sorgfalt ist wohl durchaus angemessen, meine Herren Flugzeugkonstrukteure und Flugzeugbauer!

## Tausend Dollar zuviel

Zum Zeitpunkt der Abfassung dieses Textes – im Dezember 1994 – hatte sich trotz intensivster und weitgespannter Untersuchungen noch keine »heiße Spur« ergeben, die Licht in das Dunkel der äußerst mysteriösen Ursache für den Unfall einer Boeing 737–300 der amerikanischen Fluggesellschaft US-Air werfen könnte. Flug 427 war am 8. September 1994 unterwegs von Chicago nach Pittsburgh und gerade im Landeanflug, als das Flugzeug innerhalb von 23 Sekunden aus einer Höhe von 1.800 Metern abstürzte und in einem Waldgebiet aufschlug. Alle 132 Menschen an Bord wurden getötet. Mit diesem Unfall wurde die amerikanische Gesellschaft, die im übrigen mit der British Airways eng kooperiert, der traurige Spitzenreiter der amerikanischen Flugunfallstatistik.

Mit US-Air-Maschinen ereigneten sich in fünf aufeinanderfolgenden Jahren gleich fünf schwere Unfälle mit Toten und Verletzten. Die amerikanische Unfalluntersuchungsbehörde NTSB tappte, wie sagt, lange im Dunkeln, was die möglichen Ursachen des Unfalls in Pittsburgh angeht. Eine der möglichen, aber immer noch sehr zahlreichen Ursachen könnte in einer Fehlfunktion der sogenannten Rudder-PCU (Power Control Unit) zu suchen sein. Dies ist ein im Heck des Flugzeuges eingebautes hydraulisch-mechanisches Steuergerät, das Lenkbefehle auf das Seitenruder überträgt.

Ein Ausschlag des Seitenruders führt generell zu einer Drehung des Flugzeuges um seine Hochachse. Nehmen wir einmal an, daß das Seitenruder nach links ausschlägt, dann wird die rechte Tragfläche beschleunigt, die linke Fläche dagegen relativ verlangsamt. Mehr Geschwindigkeit (rechts) führt zu höherem, weniger Geschwindigkeit (links) dagegen zu geringerem Auftrieb: Das Flugzeug wird gleichzeitig eine Rollbewegung um die Längsachse nach links machen. Es ist also durchaus naheliegend, eine Fehlfunktion des Seitenruders als mögliche Unfallursache in Betracht zu ziehen.

Ein Blick auf die bisher bekanntgewordenen Fehlfunktionen der Rudder-PCU bei der Boeing 737 fördert Schlimmes zutage. Vor allem aber der Umgang der Verantwortlichen mit diesem festgestellten technischen Mangel erschreckt zutiefst: Seit 1991 ist bekannt, daß an mehr als 2.400 Flugzeugen des Typs Boeing 737 diese PCU wegen eines Konstruktionsfehlers eigentlich ausgetauscht werden müßte. Ein Dokument der amerikanischen Aufsichtsbehörde FAA, ein sogenannter Service Difficulty Report, listet zu diesem Thema auf: 46mal Probleme an der PCU, von denen 21 durch hydraulische Leckagen innerhalb des Gerätes verursacht wurden. Von diesen 21 Fällen führten 11 zu einer unplanmäßigen Landung, zwei zu einem Notsinkflug und einer zum Durchstarten vor der beabsichtigten Landung. In nur drei Fällen konnte eine Fehlfunktion vor dem Start entdeckt werden: Diese Flüge fanden nicht statt. 50mal gab es Probleme mit dem ebenfalls die PCU ansteuernden Kanal des Autopiloten oder dem Gierdämpfer[1], die zu einer unlogischen Bewegung des Ruders, teilweise sogar zu einem Vollausschlag dieser Steuerfläche, führten.

Nach einer solchen Anzahl von Vorfällen steht wohl außer Frage, daß ein dringender Handlungsbedarf besteht. Der FAA ist dazu fol-

1 Wegen der nach hinten gepfeilten Tragflächen hat das Flugzeug die Tendenz, mit der Nase zu oszillieren. Der Gierdämpfer (engl. Yaw-Damper) hält die Flugzeugnase geradeaus, indem er Steuerbefehle an die PCU gibt.

gendes eingefallen: Alle 750 Flugstunden (das heißt: ca. alle drei Monate) ist eine besondere Überprüfung der PCU vorgeschrieben, weil sich, sozusagen als Gipfel der technischen Unzulänglichkeit, zusätzlich herausgestellt hatte, daß das Seitenruder sogar entgegen der vom Piloten kommandierten Richtung ausschlagen kann. Das ist dann zu vergleichen mit einer Autolenkung, die beim Drehen des Steuerrades nach links das Auto nach rechts fahren läßt. Die FAA genehmigte den Fluggesellschaften eine Frist bis März 1999, um alle PCUs der älteren Generation gegen die neue, verbesserte Version auszutauschen. Sechs US- Fluggesellschaften, aber auch British Airways und Air France, hatten da andere Vorstellungen. Sie hielten nicht nur die Überprüfung alle 750 Flugstunden für überflüssig, sondern forderten auch, die Umrüstfrist bis in das Jahr 2001 zu verlängern.[1]

Und um welche immensen Kosten für die Umrüstung auf eine verbesserte PCU geht es? Würde diese sicherheitsrelevante Investition eine Fluggesellschaft von der Größe der British Airways oder der Air France an den Rand des finanziellen Ruins treiben? Die verbesserte PCU kostet ganze 1.045 US-Dollar! Da wird wohl jeder vernünftige Passagier die Forderung unterstützen, die die US-ALPA, der Berufspilotenverband in den Vereinigten Staaten, bereits seit Oktober 1993[2] erhebt: Streichung der Fünf-Jahres-Frist, statt dessen das Festschreiben der Verpflichtung, die Umrüstung sofort vorzunehmen, unverzüglich immer dann, wenn eine neue PCU beim Hersteller verfügbar ist. Alle seit April 1993 bei Boeing im Werk Renton hergestellten 737s verfügen bereits über eine erneuerte PCU. Darüber hinaus wurden bis heute über 200 Stück direkt vom Hersteller an Fluggesellschaften ausgeliefert.

Da wäre auch noch der Unfall einer Boeing 737 der amerikanischen Fluggesellschaft United am 3. März 1991 bei Colorado Springs mit 25 Toten, der bis heute nicht eindeutig aufgeklärt werden konnte. Als mögliche Unfallursache steht immer noch eine Fehlfunktion der Rudder-PCU im Raum.

Geht es vielleicht auch anders? Anfang Oktober 1994 verun-

1 Schreiben vom Walter Winkler, US-Air Executive, vom 23. September 1993 an die FAA, zitiert nach *Seattle Times* vom 28. 9. 1994.
2 Schreiben von Robert Hall jr., ALPA-Ingenieur, vom 5. Oktober 1993 an die FAA, zitiert nach *Seattle Times* vom 28. 9. 1994.

glückte in der Ostsee die Fähre »Estonia«. 912 Menschen ertranken in der eiskalten See, nur wenige Passagiere und Besatzungsmitglieder konnten gerettet werden. Bereits wenige Tage später, nachdem das Wrack von Unterwasserkameras erfaßt worden war, wurde deutlich, daß das Unglück auf ein sich öffnendes Bugschleusentor zurückzuführen war. Zwei Tage nach dieser Festellung entschlossen sich sowohl die betroffene Reederei als auch deren Konkurrenten, bei allen ihren vergleichbaren Fährschiffen die Bugschleusentore durch Verschweißen für immer zu verschließen. Eine sehr umstrittene Maßnahme, denn es konnte zu diesem Zeitpunkt noch gar nicht mit der erforderlichen Sicherheit bewiesen werden, daß dies die ausschließliche Unfallursache gewesen war. Der finanzielle Schaden, der den Unternehmen durch diese Maßnahme entstand, ging in die Millionen, denn gerade dieses praktische Roll-On/Roll-Off-Prinzip hat durch die entstandene Zeitersparnis die Wirtschaftlichkeit enorm erhöht. Der eigentliche Vorteil dieser modernst ausgerüsteten Schiffe ging mit einem Schlag verloren.

Hier wurden aber schon kurz nach einer Katastrophe drastische Konsequenzen gezogen, unbeachtet einer abschließenden Unfallanalyse und ohne Rücksicht auf wirtschaftliche Nachteile. Beachtlich auch die Tatsache, daß sich die Reedereien zu diesem Schritt freiwillig und ohne Druck etwa von seiten des Gesetzgebers oder nationaler bzw. internationaler Aufsichtsbehörden entschlossen haben.

## EL AL 1862 Cargo, 4. 10. 1992, Amsterdam

Jeweils vier fingerlange Bolzen halten ein ca. 7 Tonnen schweres Triebwerk an der Tragfläche eines Jumbo-Jets fest. Was passiert, wenn sich ein Triebwerk im Steigflug von der Tragfläche löst, das erfuhr die Besatzung von EL AL Cargo Flug 1862, kurz nach ihrem Start in Amsterdam Schiphol. Sechs Minuten nach dem Take-Off um 18.27 Uhr gingen im Cockpit auf einmal viele Warnlampen gleichzeitig an und signalisierten ernsthafte Gefahr. Aus den Anzeigen ging hervor, daß das Triebwerk Nummer 3, der rechte innere Motor, Feuer gefangen hatte. Zugleich begann der Jumbo-Jet stark nach rechts zu schieben. Flugkapitän Isaac Fuchs, ein sehr erfahrener Kapitän auf der Boeing 747–200, erklärte eine Luftnotlage und teilte dem Fluglotsen mit, daß er beabsichtigte, zum Flughafen zurückzukehren. Vermutlich ist ihm aber das ganze Ausmaß der Katastrophe bis zu seinem Aufprall in einem Wohngebiet in Amsterdams Vorort Bijlmermeer gar nicht klargeworden.

Mit 114 Tonnen Fracht beladen und 70 Tonnen Kerosin in den Tanks, war er auf der Startbahn 01 in Schiphol gestartet. Wenige Minuten später brach einer der Haltebolzen, die sein Triebwerk Nummer 3 an der Tragfläche hielten. Das Triebwerk riß kurz danach völlig aus der Befestigung, schoß nach rechts außen, zerschlug Teile der Vorflügel, die im ausgefahrenen Zustand dem Flugzeug beim Start und bei der Landung mehr Auftrieb verschaffen, und stieß mit voller Wucht gegen das äußere Triebwerk Nummer 4. Durch die Gewalt des Anstoßes löste sich auch dieses Triebwerk aus der Halterung und trennte sich vom Flugzeug.

Kapitän Fuchs war klar, daß der Jumbo für eine sofortige Landung viel zu schwer war. Also versuchte er durch das Fliegen einer großen Schleife Zeit zu gewinnen und Kerosin abzulassen. Um 18:32 Uhr empfing der Kontrollturm in Schiphol einen »Mayday«-Funkspruch von EL AL 1862, in dem die Besatzung mitteilte, daß sie die Kontrolle über das Flugzeug verloren hatte. Vier Minuten später ging der letzte Funkspruch ein: »Wir stürzen ab.« Mit einer Schräglage von 90 Grad raste der Jumbo-Jet in ein mehrstöckiges Wohnhaus. Neben der vierköpfigen Besatzung des Flugzeuges wurden mehr als 60 Menschen in ihren Wohnungen getötet.

Ein annähernd identisches Szenarium hatte sich 10 Monate zuvor, am 29. Dezember 1991, ebenfalls mit einer Boeing 747 Cargomaschine der taiwanesischen Gesellschaft China Airlines ereignet. Doch bei diesem Absturz kam »nur« die Besatzung ums Leben, die Maschine stürzte ins Südchinesische Meer. Spätestens seit Juli 1992 wußten die Ermittler dieses Unfalles und auch der Hersteller Boeing, daß auch hier ein Problem mit der Befestigung des Triebwerkes bestanden haben mußte. Aber erst zwei Tage nach der Katastrophe von Amsterdam wurde von Boeing ein Service Bulletin herausgegeben, das alle Boeing 747-Betreiber, die ihre Flugzeuge mit Pratt & Whitney- oder Rolls Royce-Triebwerken ausgestattet hatten, aufforderte, die kritischen Haltebolzen zu überprüfen. Der Grund für dieses Service Bulletin waren 15 gemeldete Vorfälle, bei denen Risse an den Haltebolzen festgestellt worden waren. Der erste Bericht ging sogar in das Jahr 1985 zurück, acht Vorfälle hatten sich aber dann in stetiger Folge seit dem März 1992 ereignet.

Der im März 1994 von der holländischen Flugunfallkommission vorgelegte abschließende Bericht empfiehlt Boeing eine grundlegende Überarbeitung der Befestigungskonstruktion der Triebwerke an der Tragfläche. Also nicht nur der Haltebolzen, sondern auch der tragflächenseitigen Haltekonstruktion.

Zeitgleich mit dem Erscheinen des Unfallberichtes verlor eine Boeing 747–200 der amerikanischen Fluggesellschaft Northwest am 1. März 1994 bei der Landung auf dem Flughafen Narita bei Tokio eines ihrer Triebwerke. Northwest war gerade im Begriff, einer zwischenzeitlich von der FAA erlassenen AD-Note Folge zu leisten und die Haltebolzen auszutauschen. Es war der Gesellschaft damals jedoch nicht möglich zu sagen, ob es sich im Zusammenhang mit diesem Zwischenfall um einen »alten« oder einen »neuen« Bolzen am Triebwerk handelte...

## 9. Der Faktor Mensch einmal anders: wie Piloten Katastrophen verhinderten

Fragt man einmal die Datenbank der NASA nach von Piloten gemeldeten Zwischenfällen ab, bei denen es nicht zum Unfall oder ernsteren Zwischenfall gekommen ist, stellt man sehr schnell fest, wie oft Piloten tagtäglich in brenzlige Situationen geraten, die dann aufgrund richtiger Handlungsweisen nicht zur Katastrophe mit mehreren Hunderten von Toten führen. Passiert ein Unfall, wird in der Regel als Ursache »menschliches Versagen« benannt, und die Folge sind »Schlagzeile und Foto auf der Titelseite«. Passiert kein Unfall, ist die Ursache »menschliches Eingreifen«, es gibt aber keine Schlagzeile und kein Foto auf der Titelseite.

Leider existiert bislang keine Statistik über die Situationen, in denen die Handlungsweise des einen oder anderen Piloten oder aber der ganzen Besatzung eine Katastrophe verhindert hat. Selten werden Vorfälle überhaupt bekannt, denn viele Piloten zählen sie zum Alltag und schreiben nicht wegen jeder »Kleinigkeit« einen Bericht. Dennoch können solche Berichte für andere Piloten mehr als nützlich sein.

Tagtäglich werden überall auf der Welt Katastrophen aufgrund richtiger, konsequenter und in Bruchteilen von Sekunden, manchmal sogar eher unbewußt durchgeführter Handlungsweisen von Piloten verhindert. Solche Verhaltensweisen stellen hohe Ansprüche an Ausbildung, Qualifikation und verantwortungsvollen Umgang mit anspruchsvollem technischen Gerät. Dabei haben die Piloten aus Sicht der Passagiere einen gewaltigen Vorteil vor ihren automatisierten Computer-Kollegen. Denn mit einem so unmathematischen Begriff wie etwa »Verantwortung« kann ein Computer nichts anfangen. Auch haben Maschinen bekanntermaßen keinen Selbsterhaltungstrieb.

In den vergangenen Jahren wurden, hauptsächlich auf der Basis umfangreicher NASA-Untersuchungen, zwei als sehr wichtig einzustufende Trainingsprogramme für Piloten entwickelt. Sie heißen Line Oriented Flight Training (LOFT) und Cockpit Resource Management (CRM). Bei LOFT werden Besatzungen im Simulator mit ganz alltäglichen Problemen, die jederzeit auf einem wirklichen Flug eintreten können, konfrontiert. So können die Piloten, ohne daß eine wirkliche Gefahr besteht, Handlungsweisen erlernen und verinnerlichen. Experten sind sich darüber einig, daß diese Form von Training zu einer bedeutenden Verbesserung der Qualifikation und der Erfahrungen für den Ernstfall beiträgt. Dennoch ist sie noch nicht überall zwingend vorgeschrieben. Besonders kleine Fluggesellschaften und die meist sehr jungen Piloten bei Lufttaxifirmen kommen nur selten bis gar nicht in den Genuß von solchen Schulungsprogrammen.

Um den möglicherweise im Cockpit auftretenden Kommunikationsproblemen und Schwierigkeiten in der Teamarbeit entgegenzutreten, wurde das CRM-Programm entwickelt. Hier sollen die Piloten lernen, wie sie als effizientes Team zusammenarbeiten, obwohl sie vielleicht noch nie zusammen geflogen sind. Dabei gilt es vor allem, alte Hierarchiestrukturen im Cockpit abzubauen. Noch viel zu häufig geht der Respekt vor dem Kapitän so weit, daß der ihm unterstellte Copilot möglicherweise eine falsche oder auch gefährliche Entscheidung einfach kommentarlos akzeptiert, oder er ist sich selbst nicht sicher. Weiterhin wird beim CRM großer Wert auf die koordinierte Zusammenarbeit in Extremsituationen gelegt.

Programme wie LOFT und CRM, werden sie konsequent und verstärkt durchgeführt, können somit dazu beitragen, daß Unfälle durch menschliches Versagen weiter reduziert werden bzw. erst gar nicht geschehen. Aber zusätzliche und weiterführende Ausbildung kostet Geld – Geld, das manche Manager in Fluglinien lieber einsparen möchten.

## 10. Rücksicht auf eine 50.000 Jahre alte Software – Menschen im Cockpit

Heino Caesar begann seine Laufbahn als Linienverkehrspilot auf Flugzeugen, die dem Entwicklungsstand des 2. Weltkrieges entsprachen, und beendete sie auf der Boeing 747–200, dem »klassischen« Jumbo-Jet mit elektromechanischem Analogcockpit. Er beschäftigte sich als Sicherheitspilot der Lufthansa intensiv mit der neuen Technologie und testete auch das Versuchscockpit des Airbus A 320 im Entwicklungsstadium. Er erlebte während seiner Karriere das Verschwinden des Funkers, des Navigators und des Flugingenieurs, die Einführung der Propellerturbinen- und der Düsenflugzeuge, die Halbierung der Flugzeiten und das Auftreten des Zeitverschiebungsphänomens, Hochpräzisions-Anflüge und programmierbare Vollautomaten, die Weiterentwicklung des Sprechfunks, die Einführung der Trägheitsnavigation und des Bildschirmcockpits – Umwälzungen, wie sie einer zukünftigen Pilotengeneration kaum noch zugemutet werden dürften. Er steht allem Neuen aufgeschlossen, aber auch sehr nachdenklich gegenüber. Bis zu seiner Pensionierung 1992 war er über einen Zeitraum von 21 Jahren der erste Sicherheitspilot der Deutschen Lufthansa.

Hier sein überarbeiteter und gekürzter Vortrag vor der Flight Safety Foundation in Long Beach/Kalifornien im November 1992:

»Man verlangt von Piloten, sich der eigenen Begrenzungen und der Defizite des Systems bewußt zu sein und entsprechend zu handeln. Daß den Besatzungen genau das hervorragend gelungen ist, zeigt die Statistik: In den letzten 30 Jahren wurden durchschnittlich 15 Düsenverkehrsflugzeuge westlicher Bauart jährlich durch Unfälle verloren; bei zehn bis zwölf dieser Unfälle warf man der Besatzung vor, nicht optimal reagiert zu haben. In den letzten zehn Jahren wurden jährlich durchschnittlich etwa zehn bis zwölf Millionen Flüge von dieser Jet-Flotte geleistet, in den letzten Jahren mit über 20 Millionen Flugstunden und über einer Milliarde beförderter Passagiere.

Berücksichtigt man, daß bei der Vielzahl von Imponderabilien kein Flug im weiteren Sinne störungsfrei oder problemlos verlief und ›nur‹ ein schwerer Unfall pro einer Million Starts den Piloten zuzuordnen war, wird deutlich, wie hervorragend erfolgreich die Piloten in der Gefahrenabwehr waren. Darüberhinaus ermöglichte eine hinreichend differenzierte Aufschlüsselung der menschlichen Fehlleistungen bei Unfällen den Fluggesellschaften und Aufsichtsbehörden, neue Cockpitverfahren und Besatzungsarbeitskonzepte zu entwickeln, die geeignet waren, die menschliche Fehlerquote weiter zu verringern. Außerdem hat der Mensch Eigenschaften, die keine Computergeneration wird je erreichen können ...

Wir werden den Menschen daher für mindestens 30 bis 50 Jahre in den Cockpits nicht ersetzen können, eine tröstliche Erkenntnis für die Generation der jetzt ihre Karriere beginnenden jungen Piloten. Das Redundanz-, Ersatz-, Unterstützungssystem für den unverzichtbaren Menschen wird wieder ein Mensch sein und bleiben müssen. Die neuen Flugzeuge müssen also den Menschen als taugliche, beherrschbare Werkzeuge angepaßt werden und nicht umgekehrt. Es kann deshalb auch nicht sinnvoll sein, den Menschen als ›zu störanfällig‹ aus dem Cockpit ›herauskonstruieren‹ zu wollen, worauf die modernsten Flugzeuge hinzudeuten scheinen.

Hier setzt die Kritik an, die durch die Unfälle der jüngsten Jet-Kategorie zumindest nicht widerlegt wird. Die einer Exponentialfunktion folgende rasante technische Entwicklung hat dazu geführt, daß Fortschritt im Flugzeugbau und in der Darstellung von Flugzeugverhalten und Navigation nicht mehr als Weiterentwicklung und Verbesserung von Bestehendem, sondern in Sprüngen zu völlig Neuem, in seinen Auswirkungen weitgehend Ungeprüftem erfolgt.

Während in der ersten Hälfte dieses Jahrhunderts Piloten versuchten, mit technischer Hilfe ›ihre‹ Maschinen zu verbessern, und alles davon abhing, wie sie, die Benutzer, damit zurechtkamen und ob sie es als hilfreich empfanden, haben mit dem kommerziellen Großserienbau, für den das Kriegsgeschäft besonders in den USA die Voraussetzungen schuf, die Ingenieure die Entwicklung in die Hand genommen.

Meist selber keine Piloten, sagen sie diesen heute, was gut für sie sei, weil es denn technisch machbar ist. Diese Ingenieure entscheiden rational, nach durchaus legitimen wirtschaftlichen Interessen, mit viel Zeit für Problemlösungen. Die Informationsaufnahme und -verarbeitung erfolgt bei einem Konstrukteur nie unter extremem Zeitdruck, die Arbeitsqualität wird allenfalls durch die intellektuellen Fähigkeiten limitiert. Darin scheint der Grund für die teilweise Mißachtung elementar ergonomischer Grundtatsachen zu liegen.

In Ruhe am Reißbrett, vor sich die faszinierende Palette des technischen Angebots, scheint sich vieles als gewichts-, raum- oder zeitsparend anzubieten, was später die Qualität des Handwerkzeuges für das etwa 50.000 Jahre alte System Homo Sapiens doch nicht verbessert. Ingenieure entscheiden in Ruhe und theoretisch für Mitmenschen, die später ohne Zeit, in komplexer, vielleicht lebensbedrohender Situation, unter Streß oft instinktgesteuert, auf alle Sinne angewiesen reagieren müssen. Auch Piloten, fachlich-technisch oft hochqualifiziert, aber medizinisch-psychologisch nicht vorgebildet, verfallen, vom Flugzeughersteller zu Rate gezogen, nicht selten der Anziehungskraft des Neuen, Modernen, Herausfordernden und stimmen zu.

Sie verdrängen dabei, daß dieses Gerät später auch dem ermüdeten, gestreßten, frustrierten und weniger gut ausgebildeten Durchschnittspiloten dienen soll. Wann jemals ist ein nach einem entnervenden Kurzstreckentag landender oder ein mit rotgeränderten Augen, von Schlaflosigkeit gezeichneter, schwitzender, vom elfstündigen Nachtflug zurückkommender Linienpilot nach Ableistung des letzten, strapaziösen Landemanövers vor ein ungewohntes Gerät gesetzt worden, um dessen Begreifbarkeit, Logik, Unmißverständlichkeit beurteilen zu helfen?

Technisch Machbares muß inzwischen da seine Grenze finden, wo es das uralte System ›Mensch‹ mit seiner 30.000 bis 50.000 Jahre alten, archaisch geprägten Software zu überfordern droht. Die Ingenieurssicht ist da anders. Typisch dafür Bernard Ziegler, Vorstandsmitglied und Chef der Produktion bei Airbus Industrie in Toulouse. Er sagte in einem Rundfunkinterview Anfang 1992 sinngemäß: ›Wir entwickeln moderne Flugzeuge, und die Piloten müssen lernen, damit umzugehen.‹ Dieser harmlos selbstbewußt erscheinende Satz ist bezüglich der ihm zugrundeliegenden Denkweise hochbrisant: Die Maschine ist das Wesentliche, der Mensch hat sich ihr anzupassen. Piloten haben immer gelernt, die seltsamsten Apparate zu bewegen, aber bei dieser Sicht der Dinge wird die Kluft zwischen technisch Machbarem und menschlich Erfaßbarem schließlich unüberbrückbar werden; Mensch und Maschine verstehen sich nicht mehr, können nicht mehr kommunizieren. Dieser Zustand ist heute teilweise erreicht. Laut dem Philosophen Hans Jonas steht die Menschheit zum ersten Mal in ihrer Geschichte vor der Situation, daß sie sich nicht alles nehmen darf, was sie sich nehmen kann. Entsprechendes gilt für die technische Entwicklung.

Solange die Wissenschaft nicht in der Lage ist, den Menschen im Cockpit völlig zu ersetzen, muß die Herstellerphilosophie eine andere sein: Ansprüche, Fähigkeiten und Begrenzungen des Menschen müssen die Standards setzen, nicht der technologische Fortschritt und der Ehrgeiz der Forscher oder der Konstrukteure.

Wenn der Erforschung des Verhaltensmusters zweier bei Unterschreitung der Fluchtdistanz in einem engen, lauten, unbequemen Cockpit zusammengesperrter und mit einer extrem anspruchs- und verantwortungsvollen Aufgabe betrauter Menschen auch nur ein Bruchteil der Aufmerksamkeit und des Aufwandes gewidmet worden wäre wie der Entwicklung des technischen Systems, Fliegen wäre heute noch sicherer, als es ohnehin schon ist.

Heute aber sind wir an einem Punkt angelangt, an dem die Technik des Cockpitdesigns die Zuverlässigkeit nicht in dem Maße steigert, in dem sie andererseits zur Verwirrung der wichtigsten Komponente im Mensch-Maschine-Umwelt-System beitragen kann und damit droht, kontraproduktiv zu wirken ...

Es ist irrig, anzunehmen, man könne ergonomische Defizite durch aufwendige ›Konditionierung‹ des Menschen für seinen Arbeitsplatz ausgleichen, die Schulung des Ablesens ersetze die erfaßbare Darstellung. Zumindest für Flugzeugcockpits ist diese Auffassung unakzeptabel.

Bei höheren Lebewesen sind die wichtigsten Sinnesorgane so vervollkommnet, daß auch komplexe Umwelteindrücke durch den Gebrauch mehrerer Informationskanäle schnell und umfassend wahrgenommen werden können. Begrenzt man nun die Einschaltung mehrerer, verschiedener Sinnesorgane, entstehen zwangsläufig Verluste. Ein Vergleich der auf verschiedenen Kanälen gewonnenen Informationen entfällt, Redundanz wird verloren oder ist zumindest eingeschränkt.

Steuert ein Flugzeugführer einen modernen Airbus mittels seines kleinen Impulsgebers von Hand, bleibt der entsprechende Hebel beim anderen Piloten unbeweglich, weil die Bewegungswiederholung bzw. Übertragung technisch angeblich zu aufwendig ist. Die taktile Kontrolle durch den anderen Piloten entfällt, dieser kann jetzt nur am Horizont mit Verzögerung verfolgen, wie sein Nebenmann steuert, besonders im Training eine erhebliche Erschwernis.

Die Firma Boeing, obwohl als Marktführer technologisch längst zu Ähnlichem in der Lage, hält noch in ihren neuesten Versionen und Neuentwicklungen von Flugzeugen an der großen Steuersäule als Signalgeber fest, die auch die Steuerbewegungen des Autopiloten nachvollzieht. Der Vorteil: Jede Steuerbewegung ist im zentralen Blickfeld der Piloten redundant zum Horizont verfolgbar, bei Wechsel des Blickfeldes kann durch einfaches Handauflegen das Steuerverhalten ohne optische Wahrnehmung kontrolliert werden.

Ähnliches wie für den Sidestick gilt für die bei Airbus im automatischen Betrieb feststehenden Gashebel, die eine taktile Kontrolle der Triebwerkssteuerung nicht mehr erlauben, sondern eine bewußte Beobachtung der Bildschirmanzeigen erfordern.

Die Bildschirmtechnik machte es möglich, die Vielzahl der Anzeigen auf den Schirmen zusammenzufassen und das Cockpit so ›aufgeräumter‹ erscheinen zu lassen. Zwar muß der Flugzeugführer sich seine Informationen jetzt nicht mehr mach einer bestimmten Suchtechnik auf verschiedenen Instrumenten zusammensuchen, sondern findet sie konzentriert auf einem oder zwei Bildschirmen. Dies ist aber nur machbar, indem man analoge Anzeigen durch Ziffernfolgen ersetzt.

Ziffernfolgen sind bei Programmierung und Ablesung von Navi-

| | | | | | |
|---|---|---|---|---|---|
| 1691 | 1701 | 1709 | 1710 | 1698 | 1704 |
| 1701 | 1699 | 1707 | 1697 | 1709 | 1705 |
| 1695 | 1692 | 1702 | 1105 | 1710 | 1699 |
| 1709 | 1702 | 1696 | 1694 | 1705 | 1695 |
| 1703 | 1698 | 1708 | 1700 | 1709 | 1708 |
| 1693 | 1703 | 1691 | 1705 | 1705 | 1697 |

*Abbildung 11: Beispiel der digitalen Darstellung von Zahlenwerten und der daraus resultierenden Probleme in Bezug auf Ablesbarkeit und Umsetzung: Welcher Wert weicht am weitesten von den anderen ab? Auflösung: 3. Reihe, 4. Spalte, die Zahl »1105«*

gations-Computer-Displays üblich, im zentralen Gesichtsfeld für Geschwindigkeits- und Höhenmesser-Angaben gewöhnungsbedürftig, für die periphere Anordnung schnell zu erfassender Informationen ungeeignet. 23:36:18 Uhr abzulesen und zu ›begreifen‹ dauert länger als der Blick auf die Zeiger-Uhr, anders ist der eklatante Mißerfolg der Digitaluhren als Gebrauchsgegenstände nicht zu erklären...

Wenn als Unfallursache ›Versagen der Informationsverarbeitung‹ beschrieben wird, dann sollte man die Schuld nicht beim Piloten, sondern beim Konstrukteur suchen, denn Modernität und Machbarkeit sind nicht mit Benutzerfreundlichkeit und Eindeutigkeit gleichzusetzen.

Um sich gegen die mächtigen US-amerikanischen Hersteller endgültig durchzusetzen, beschritt Airbus Industrie mit der Entwicklung des A 320 und seines Nachfolgemusters gezielt in vieler Hinsicht Neuland, besonders in der Cockpitauslegung. Zu dieser Zeit bestand ein 15 Jahre früher entwickeltes Design, das sich im Gebrauch als unübertroffen übersichtlich, eindeutig, fehlervermeidend und benutzerfreundlich erwiesen hatte: das auf gemeinsame Erfahrung und Anregung von fünf Fluggesellschaften hin gebaute ›Atlas-Cockpit‹ der DC 10–30. Es bildete das optimierte Endprodukt aus 50 Jahren Erfahrung mit elektromechanischer Analogdarstellung der Instrumente und war auf Jahre hinaus beispielhaft.

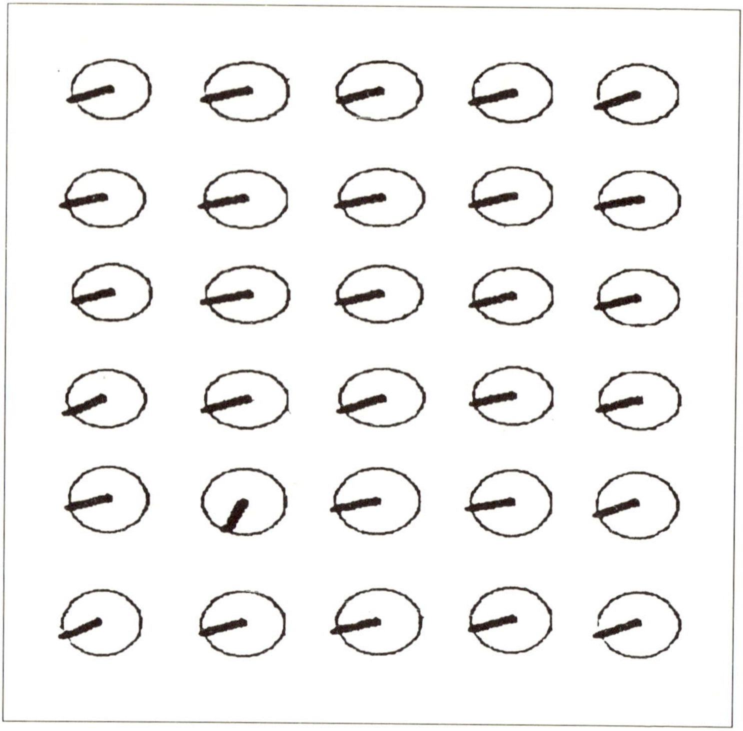

*Abbildung 12: Analoge Darstellung durch »Uhren-Instrumente«. Es fällt sofort der Zeiger in der 5. Reihe, 2. Spalte auf, der deutlich von den anderen abweicht.*

Indem man nicht auf schrittweise Weiterentwicklung, sondern aus Konkurrenzgründen auf radikale Avantgarde setzte, ging man Risiken ein und betrat sehr dünnes Eis, auf dem man sich vorsichtig bewegen sollte. Ob sich diese schließlich erkannten Gefahren durch intensivierte und problembewußte Schulung ausgleichen lassen und der große Sprung nach vorn sich in diesem sensiblen Umfeld langfristig auszahlt, wird die Zukunft erweisen. Bis jetzt machen diese Flugzeuge den Eindruck, als seien sie trotz aller gegenteiligen Beteuerungen Testgeräte zur schrittweisen Eliminierung des hochqualifizierten und teuren Menschen aus dem System. Es ist geradezu grotesk, diesen Menschen ausgerechnet für die komplexe, ›unnatürliche‹ vierdimensionale Steuerung eines komplizierten Gerätes eines

Großteils seiner sensorischen Wahrnehmungsmöglichkeiten zu berauben bzw. diese nicht zu nutzen.

Es sei den Ingenieuren unbenommen, an der Entwicklung ferngesteuerter, unbemannter, eigengeregelter Lufttransportsysteme zu arbeiten. Solange aber der Mensch seiner Fähigkeiten wegen und trotz seiner Begrenzungen unverzichtbarer Teil dieses Systems ist, hat die Maschine begreifbares, beherrsch- und hantierbares Werkzeug zu bleiben und Rücksicht auf das nicht umkonstruierbare Regelglied ›Mensch‹ zu nehmen, auch wenn dies aus Ingenieurssicht Stagnation bedeutet.

Protagonisten der Zukunft sollten sich unabhängig von der heutigen Luftfahrt mit der Vorbereitung des nächsten Quantensprunges trösten, dem pilotenlosen Transportsystem.

Nur: Der bequeme Sündenbock bei einem Unfall wird dann wohl der Schreibtischtäter sein.«

(Abdruck mit ausdrücklichem Einverständnis des Verfassers)

# 3. Gefälschte Flugzeugteile

## I. Gutes Teil ist teuer – der Handel mit gestohlenen und gefälschten Flugzeugersatzteilen

»Jeder, der über ein Telefon und ein Faxgerät verfügt, kann mit Flugzeugersatzteilen handeln.«

*Mary Schiavo*, Generalinspekteurin des US-amerikanischen Verkehrsministeriums, Washington DC

Es war ein ganz normaler Vorgang. Ein Vorgang, wie er bei jeder größeren Fluggesellschaft etwa hundertmal pro Jahr vorkommt. Der Lagerverwalter im Wartungsbetrieb einer großen amerikanischen Fluggesellschaft auf dem Internationalen Flughafen von Miami erhielt einen dringenden Anruf von einer anderen Fluggesellschaft. Eine Boeing 737, die eigentlich schon vor 15 Minuten planmäßig hätte starten sollen, stand immer noch am Boden und am Gate. Das ist besonders teuer für die Fluggesellschaft, da die Flughäfen dafür saftige Stand- und Abfertigungsgebühren kassieren.

»Hast du zufällig einen Boeing 60er Ersatz Constant Speed Drive für eine Boeing 737?«, fragte die Stimme am anderen Ende der Leitung. Der Lagerverwalter rief auf dem Bildschirm seines Computers die entsprechende Seite aus der Lagerdatei auf. Tatsächlich, da war ein 60er Boeing Stromgenerator, ein CSD. »Hab ich im Lager, kann in fünf Minuten abgeholt werden«, antwortete er. »Prima«, sagte der Anrufer, »ich schick gleich jemanden zum Abholen vorbei.« Und legte auf.

Der Lagerverwalter gab über sein Terminal die Anweisung, den CSD in den Versandbereich bringen zu lassen. Gute zehn Minuten später erschien dort ein Mann in einem öligen Mechaniker-Overall, zeigte einen gültigen Ausweis seiner Fluggesellschaft und unterschrieb die notwendigen Formulare und Quittungen. Dann bat er noch um Hilfe, das 150 kg schwere Teil zu seinem Lieferwagen zu bringen. Der »Abholer« verschwand mit dem 130.000 Mark teuren Ersatzteil – für immer. Bis heute fehlt jede Spur von Mann und Teil.

Vielleicht wird wenigstens irgendwann der CSD wieder auftauchen. Eventuell im Lagerbestand einer anderen Fluggesellschaft, nachdem es »gewaschen« wurde, d.h. die Plaketten mit der Seriennummer ausgetauscht und die zum Ersatzteil gehörenden, erforderlichen Begleitdokumente hochkarätig gefälscht wurden. Vielleicht taucht er aber auch genau in dem Lager wieder auf, aus dem er einst so dreist gestohlen wurde. – Immerhin hat es sich genau so in Miami abgespielt; die zwischenzeitlich in Konkurs gegangene Fluggesellschaft Eastern hat immer wieder Teile zurückgekauft, die ihr kurz zuvor aus ihrem Lager entwendet worden waren.

Dann war da noch der Flugkapitän einer anderen großen US-Fluggesellschaft, der nach einem nächtlichen Zwischenstop in Fort Lauderdale am nächsten Morgen die von ihm abends abgestellte DC-9 bestieg. Zusammen mit seinem Copiloten ging er die erforderlichen Checks durch, während die Passagiere schon in der Maschine Platz nahmen. Als sie ihren Flight Management Computer starten wollten, erhielten die Piloten auf dem Kontrollmonitor mehrfach eine Fehlermeldung. Ohne FMC, der immerhin die gesamte Flug- und Navigationsplanung übernimmt, wird es schon recht schwierig, ein solches Flugzeug sicher von A nach B zu fliegen.

Also verständigte der Kapitän über Funk den Wartungsbetrieb am Boden und forderte einen Mechaniker an. Wenige Minuten später war der Mann zur Stelle und streckte seinen Kopf durch die Cockpit-Tür: »Was gibt's, Männer? Probleme?« Der Kapitän deutete auf den Monitor mit den Fehlermeldungen: »FMC fault!« Sekunden später war der Mechaniker mit seinem Meßgerät im Rumpf des Flugzeuges verschwunden. Über das Intercom meldete er sich kurz darauf wieder im Cockpit: »Kein Wunder, die Sache mit dem FMC fault. – Das müßt ihr euch ansehen.« »Wieso?«, fragte der Kapitän erstaunt zurück, »was ist mit dem Ding?« »Och...«, druckste der Mechaniker, »ihr habt gar keinen FMC mehr. Hier ist nur ein schönes Loch, wo er eigentlich rein gehört, und das Redundanzsystem ist auch weg...«

Über Nacht waren neben den jeweils 210.000 Mark teuren Computern, die etwa die Größe eines Autoradios haben, auch gleich noch ein paar weitere hochwertige elektronische Bauteile aus dem Düsenjet verschwunden. Die Passagiere merkten hiervon nichts. Sie wurden gebeten, wegen technischer Probleme doch wieder im Warteraum Platz zu nehmen, bis eine Ersatzmaschine eingetroffen war.

»Das Hauptproblem liegt darin«, sagt Detective Louis Vergara von Miamis Flughafenpolizei, »daß die Maschinen abends unbewacht rumstehen, daß jeder, der aussieht wie ein Mechaniker, daran rummachen kann und daß die Teile so verdammt klein sind. Sie passen in jede Tasche oder Werkzeugkiste, und sie sind wahnsinnig teuer.« Louis Vergara ist Experte auf seinem Gebiet. Der Polizist beschäftigt sich seit über vier Jahren mit Fällen von Flugzeugersatzteil-Kriminalität. Immerhin wurde in Miami schon zu dieser Zeit eine Sondereinheit gebildet, die sich schwerpunktmäßig mit dieser neuen Form von Gangstertum befaßt. Der puertoricanische Detective kennt fast jeden Betrieb in der Umgebung von Miamis Flughafen. Und fast jedem Betrieb wurden schon mal hochwertige Teile gestohlen.

»Wenn wir eine Spur verfolgen, ist es oft sehr schwierig, die verantwortlichen Leute bei dem Betrieb, in dem das Teil geklaut wurde, davon zu überzeugen, daß es eines von ihren Teilen ist. Manche Lagerverwalter melden die Diebstähle nicht, aus Angst, sie würden gefeuert, wenn sie ihrem Boß beichten müssen, daß in der vergangenen Woche gleich zwei jeweils 250.000 Dollar teure Teile aus dem Lager verschwunden sind.« Also werden viele Fälle erst gar nicht gemeldet, und auch den Fluggesellschaften ist es mehr als peinlich, auf der kleinen Wache mitten in Miamis Flughafengebäude regelmäßig Diebstahlsanzeigen aufzugeben. »Die Täter sind überwiegend Angestellte, meist die kleineren Angestellten der eigenen Fluggesellschaft, die auf diese Weise ihr Gehalt etwas aufbessern wollen. Sie bekommen für das Teil vielleicht 1.000 oder 2.000 Dollar. Das ist 'ne Menge Geld für sie, und die Wahrscheinlichkeit, daß irgendwas rauskommt und sie erwischt werden, liegt bei 1:100«, resigniert der Detective.

Zwar handelt es sich bei dem Diebesgut überwiegend um technisch hochwertige Teile, aber in der Luftfahrtindustrie ist die Lebensdauer der meisten Teile zeitlich streng limitiert. Nach Ablauf bestimmter Fristen müssen sie in einem speziellen Überholungsbetrieb auf Herz und Nieren geprüft werden, bevor sie weiter in einem Flugzeug betrieben werden dürfen. Das gilt für Cockpit-Instrumente genauso wie für Antriebsmotoren der Landeklappen oder Hydraulikpumpen. Dadurch, daß nun von den Dieben die Seriennummern verfälscht werden, geht sozusagen die »Lebenslaufakte« des betreffenden Teils unwiederbringlich verloren. Meist werden die Teile auch auf ›jünger‹ getrimmt, als sie wirklich sind, denn das hebt ihren Marktwert und bringt dem Zwischenhändler noch ein paar tausend Dollar extra. Ein gutes Teil ist eben teuer, und durch den Handel mit Flugzeugteilen kann man schnell, sozusagen über Nacht, auf legale und auf illegale Weise zum Millionär werden. Es scheint in der Natur des Menschen zu liegen, daß er dabei die zweite Variante bevorzugt.

## 2. Operation »Himmelsgauner«

Der größte Markt für Flugzeugteile sind die USA. Als Hauptumschlagplatz für gebrauchte Ersatzteile hat sich in den vergangenen Jahren Miami herauskristallisiert. Der internationale Flughafen ist einer der größten Schrottplätze für Flugzeuge aller Typen. In seinem Umfeld finden sich unzählige große und kleinere Flugzeugwerften und Fachbetriebe, die sich auf das Überholen von Flugzeugteilen spezialisiert haben – ein höchst lukratives Geschäft. Da ist es nicht verwunderlich, daß sich im Dunstkreis dieses Business auch viele zwielichtige Gestalten tummeln. Seit vier Jahren ist die Zahl der Diebstähle von Flugzeugteilen in und um den Flughafen von Miami besorgniserregend angestiegen. Aus den Hangars, den riesigen Lagerhallen, Annahme- und Speditionsbereichen, aus geparkten Flugzeugen und wo immer sich die Gelegenheit bietet, werden Flugzeugteile, Cockpit-Instrumente und was sonst noch nicht niet- und nagelfest ist, gestohlen. Ganze Triebwerkskomponenten werden fachmännisch ausgebaut und verschwinden spurlos. Grund genug für die Metro-Dade-Police von Miami und das FBI, eine großangelegte Undercover-Ermittlung mit dem Tarnnamen »Operation Skycrook« – zu deutsch »Himmelsgauner« – durchzuführen.

18 Monate lang traten Spezialagenten des FBI und der Polizei als Ankäufer von Ersatzteilen auf. Sie mieteten sich eine Garage in einem runtergekommenen Hinterhof in der Umgebung des Flughafens und warteten ab. »Schon nach zwei Tagen waren wir im Geschäft«, erklärt Detective Louis Vergara, der die Aktion maßgeblich koordinierte. »Angestellte von Fluggesellschaften und Wartungsbetrieben gaben sich hier die Klinke in die Hand. Der größte Teil der uns angebotenen Teile war gestohlen.« Was die Diebe nicht wußten: Die freundlichen Herren in dem vermeintlichen Ersatzteilhandel, die meist prompt und bar bezahlten, waren Spezialagenten des FBI, und alle Transaktionen wurden durch ein winziges Löchlein in der Wand im Nebenraum auf Video aufgezeichnet. Diese erdrückende Beweislast wird nun einigen Herren eine bis zu zweijährige Unterbringung auf Staatskosten einbringen, denn Ende September 1993 schnappt die Polizeifalle zu: Im Morgengrauen werden 34 Personen verhaftet. Unter ihnen auch ein Angestellter von Amerikas Fluggesellschaft Nr.1, der renommierten American Airlines. Bei der Aktion werden Teile im Wert von 3,25 Mio. Dollar sichergestellt.

Am Nachmittag nach der Verhaftungswelle bringen die Hausdurchsuchungen weiteres Diebesgut ans Tageslicht. Nach einer halben Stunde sieht das Konferenzzimmer der Flughafenpolizeiwache aus wie ein mittleres Ersatzteillager. Da liegen Cockpit-Instrumente mit dem Aufkleber einer namhaften französischen Fluggesellschaft neben Servo-Motoren für die Vorflügelsteuerung einer Boeing 707, und sogar ein säuberlich ausgebautes Cockpitfenster für den gleichen Typ findet sich wieder. Nun beginnt für die Fahnder der schwierigste Teil der Ermittlungsarbeit, denn sie müssen die Teile zuordnen. Das wird besonders dadurch erschwert, daß die Diebe natürlich die Originaldokumente und die Seriennummern der Teile verändert haben. »Das ist genau das Sicherheitsproblem bei den gestohlenen Teilen«, erklärt einer der FBI-Agenten. »So wird es unmöglich, das genaue Alter und die Abnutzung, geschweige denn den Vorbesitzer des betreffenden Teils zu bestimmen.«

Einige der Teile, die die Ermittler ausgepackt haben, tragen einen sogenannten Yellow Tag, ein gelbes rechteckiges Pappschild, das weltweit den Mechanikern signalisiert: Dieses Teil ist überprüft, repariert und flugtauglich. Es kann jederzeit in einem Flugzeug installiert werden. »Die Ermittlungen haben gezeigt, daß ein solcher Yellow Tag, dem bisher uneingeschränkt vertraut werden konnte, heute mit Vorsicht zu betrachten ist«, sagt Howard Davidow, ein in Miami ansässiger Luftfahrtexperte, der den Beamten als Sachverständiger zur Seite steht. Er weiß, wovon er spricht. Nach über 30jähriger Tätigkeit im Flugzeug-Ersatzteilhandel hält er heute Vorträge zu diesem Thema und schult Polizisten und FBI-Agenten. »Die Sorge um die Flugsicherheit ist in den letzten Jahren wegen des Gebrauchs von gefälschten, ungeprüften und gestohlenen Ersatzteilen beträchtlich gestiegen. Das Problem wurde durch die Pleiten mehrerer großer Fluggesellschaften wie Pan Am und Eastern in den USA verstärkt. Mit dem wirtschaftlichen Niedergang stieg auch die Zahl der Diebstähle in diesen Unternehmen. Das größte Problem für uns heute ist der Mangel an Kooperationbereitschaft der betroffenen Gesellschaften. Oftmals halten es die dort Verantwortlichen immer noch für ein unbedeutendes Problem.«

Die Operation »Himmelsgauner« war bislang der größte Schlag der Bundespolizei FBI gegen den Handel mit gestohlenen Flugzeugteilen. Vermutlich laufen derzeit weitere Undercover-Ermittlungen in anderen amerikanischen Hochburgen des Ersatzteilhandels. In den meisten Fällen haben die Angeklagten bisher auf »schuldig« plädiert, um eine mildere Strafe zu erhalten. Ein Richter des Federal Court in Miami ließ bei der Urteilsverkündung in einem Fall Anfang 1994 verlautbaren: »Wenn ich könnte, würde ich sie lebenslänglich einsperren, denn mit ihrer Handlungsweise haben sie das Leben vieler Unschuldiger auf das äußerste gefährdet. Leider gibt mir das Gesetz dazu keine Möglichkeit.« Der Richter ließ es sich aber nicht nehmen, dem Angeklagten noch eine zusätzliche Haftstrafe wegen Drogenkonsums aufzubrummen. Dieser Angeklagte hatte nämlich, wenn er im Undercover-Büro Teile ablieferte oder aber falsche Lufttüchtigkeitszertifikate mit dem Namen eines Jockeys des letzten Pferderennens signierte, mehrfach Joints geraucht. Die Videokamera hatte halt wirklich alles festgehalten.

Aus der erfolgreichen Polizeiaktion »Skycrook« haben sich natürlich weitere Ermittlungsverfahren ergeben, die auch in anderen Teilen der USA laufen. Viele der verhafteten Personen wurden geständig und weihten die Fahnder in ihr Wissen ein. Eine gute Praktik in den USA, die dem Angeklagten eine mildere Strafe einbringt. Aber der Erfolg scheint den Verantwortlichen nicht zu behagen. Detective Vergara, der die Operation »Skycrook« maßgeblich mit dem FBI koordinierte und mühsamst ein umfangreiches Informationsnetz aufgebaut hatte, wurde Ende des Jahres 1994 einer anderen Aufgabe zugeteilt: Wieder in Uniform und mit einem öffentlichen Polizeiauto schicken ihn seine Vorgesetzten auf die Nachtschicht. Er kontrolliert die Straße zwischen Miami und Miami Beach als Streifenpolizist. Die Fälle in der Ersatzteilkriminalität liegen solange brach.

Dabei gibt es mittlerweile Anhaltspunkte dafür, daß in diesen höchst lukrativen Geschäftszweig Teile des organisierten Verbrechens vorgedrungen sind. Am 5. Februar 1990 wurde auf dem New Yorker John F. Kennedy-Flughafen ein PAN AM-Mechaniker von der Flughafenpolizei verhaftet. Er war den Beamten im Zuge großangelegter Ermittlungen zum Verschwinden von hochwertigen Flugzeugteilen aus den Lagern der Gesellschaft aufgefallen. 24 Stunden lang wurde der Mann auf der Flughafenpolizeiwache festgehalten und verhört. Dann mußten ihn die Beamten laufenlassen, so sieht es das amerikanische Gesetz vor. Er lebte noch genau weitere drei Stunden. Am nächsten Morgen fanden ihn Spaziergänger in einem Sumpfgebiet in unmittelbarer Umgebung der Einflugschneise. Der Mann wurde durch bis heute unbekannte Täter aus nächster Nähe per Kopfschuß regelrecht hingerichtet. Wahrscheinlich wollten seine Hintermänner mit dieser »Präventivmaßnahme« verhindern, daß er doch noch auspackte.

FBI-Special Agent Tom Bruce[1], der bereits seit zwei Jahren im Bereich der Ersatzteilkriminalität ermittelt, bringt es auf den Punkt: »Natürlich ist das ein gutes Business für das organisierte Verbrechen. Als wir einen ehemaligen Heroindealer verhafteten, der sich jetzt auf

1 Name geändert.

Cockpitanzeigen spezialisiert hat, sagte er im Verhör auf die Frage, warum er nicht beim Rauschgift geblieben sei: ›Ist doch eine viel bessere Klientel, mit der ich da jetzt zu tun habe. Die tragen alle Anzüge, zahlen prompt und sind einfach besser als diese Junkies. Außerdem sind die Strafen geringer, der Umsatz aber genauso hoch.‹ Der Mann hat recht. Was passiert ihm denn? Er ist nach kurzer Zeit wieder auf freiem Fuß, gegen eine Kaution, die er aus seiner Portokasse zahlen kann. Im Verfahren – wenn es überhaupt dazu kommt – geht er mit sechs Monaten auf Bewährung als freier Mann aus dem Gerichtssaal.«

Gerade die Fluggesellschaften neigen dazu, das Problem herunterzuspielen, obwohl es sich dabei um ein Millionengeschäft handelt und sie die Hauptgeschädigten sind. Der Schaden, der Fluggesellschaften allein in den USA jährlich durch Diebstähle von Teilen entsteht, wird auf runde 400 Mio. Dollar geschätzt, Tendenz steigend. Offensichtlich aber will man die Kunden, also die Passagiere, nicht verunsichern.

## 3. Bogus Parts

Fast alle Fluggesellschaften kaufen Gebrauchtteile für ihre Flotten, besonders für solche Flugzeugtypen, die nicht mehr in Serie gebaut werden. Anders als in Europa fliegen z. B. in den USA noch zahlreiche Boeing 727, deren Produktion der Hersteller schon vor mehr als fünf Jahren eingestellt hat. Die verschärfte Wettbewerbs- und Finanzsituation zwingt die Unternehmen, den Kauf von neuen Flugzeugen hintanzustellen und ihre alten Maschinen weiter zu betreiben. Und diese Flugzeuge brauchen ständig Ersatzteile, da die Lebensdauer vieler Teile zeitlich begrenzt ist.

Aber nicht jede Fluggesellschaft kann sich den Luxus eines voll bestückten Ersatzteillagers für ihre Flieger erlauben. Das würde bedeuten, pro Flugzeugtyp über 100.000 verschiedene Ersatzteile ständig verfügbar zu haben. Meistens haben Flugzeuge außerdem die Eigenart, nicht gerade vor dem heimischen Werftbetrieb kaputtzugehen. Das kann sehr teuer werden, denn Standzeiten kosten Geld, und Passagiere, die aufgrund eines technischen Defekts nicht befördert werden können, sind meist vergrätzt und müssen darüber hinaus auch noch in teuren Hotels einquartiert werden. Besonders kleinere Fluggesellschaften und Charterunternehmen können sich das nicht leisten. Deren Einkäufer unterliegen immer wieder der Versuchung, statt auf ein teures Originalteil vom Originalhersteller – das immer dann, wenn es dringend gebraucht wird, natürlich gerade nicht verfügbar ist – auf ein Gebrauchtteil auszuweichen. (Je nach Alter und Zustand sind solche Teile auf dem Second-Hand-Markt bis zu 50% billiger.) Bei den exorbitanten Kosten für Ersatzteile, z. B. 250.000 Dollar für einen Generator, mehr als verständlich. Leider häufen sich jedoch, wie gesehen, auf dem Ersatzteilmarkt in den letzten Jahren kriminelle Praktiken.

Neben den gestohlenen Teilen gibt es noch eine weitaus gefährlichere Gruppe: die »ungeprüften« oder auch »gefälschten Ersatzteile«, in der Fliegerei allgemein Bogus Parts genannt. Sie sind eine Bedrohung für den internationalen Flugverkehr und unterlaufen die hohen Sicherheitsstandards der Flugzeugindustrie. »Ungeprüfte Teile« gelangen in den letzten Jahren vermehrt in die Systeme auch großer internationaler Fluggesellschaften, wie Ermittlungen amerikanischer Behörden zeigen.

Das englische Wort »bogus« kann wörtlich mit »nachgemacht, schwindelhaft« oder auch »unecht« übersetzt werden. Die FAA vermeidet aber das Wort in ihrem offiziellen Sprachgebrauch und benützt statt dessen den Begriff »unapproved part« (»nicht anerkanntes« bzw. »nicht genehmigtes« Teil). Er ist folgendermaßen definiert: »Ersatzteile, Komponenten eines Geräts oder Materialien, die nach nicht genehmigten Verfahren hergestellt bzw. instandgehalten wurden oder die nicht einem zugelassenen Muster oder vorhergeschriebenen Normen oder Standards entsprechen.« Der oft verwendete Begriff »gefälschtes Ersatzteil« trifft also nicht immer zu und hat durch falsches Benutzen in den Medien schon oftmals Verwirrung ausgelöst. Bogus Parts müssen nicht unbedingt nachgemacht worden sein, es reicht aus, daß z. B. die vorgeschriebene Begleitdokumentation fehlt oder sogar gefälscht wurde.«[1]

---

1 FAA Advisory Circular 21-29A vom 16. Juli 1992: »Detecting and Reporting Suspected Unapproved Parts«.

Ein Verkehrsflugzeug besteht aus mehreren hunderttausend verschiedenen Einzelteilen und Komponenten. Sehr viele davon sind Hochpräzisionsteile, die nach strengen Vorschriften hergestellt und überprüft werden, bevor sie in dem Flugzeug eingebaut werden dürfen. Sollte nun wegen eines Defektes oder bei einer normalen Wartung ein Teil ausgetauscht werden müssen, so dürfen als Ersatz nur solche Teile verwendet werden, die der Flugzeughersteller oder der jeweilige Gerätehersteller dafür festgelegt haben. Ansonsten erlöschen sofort jegliche Garantien und Versicherungsansprüche. Außerdem wird das Flugzeug als nicht mehr lufttüchtig angesehen, mit der Folge, daß es auch nicht mehr fliegen darf. Bei einem Flugzeug kann schon ein einziges fehlerhaftes oder versagendes Teil ein enormes Sicherheitsrisiko bedeuten.

Jedes Flugzeugteil hat eine spezifische Bezeichnung und wird durch eine Teilenummer und einen Herstellercode gekennzeichnet. Je nach Größe und Aufbau des Teils befindet sich eine solche Kennzeichnung entweder direkt auf dem Teil oder, z.B. bei Nieten und Schrauben, auf der Verpackung. Außerdem müssen diese Kennzeichnungen mit den Begleitdokumenten übereinstimmen. Hochwertige Umlaufteile – das sind Teile, die von einem Flugzeug auf ein anderes gewechselt werden können – verfügen außerdem über eine Seriennummer. Meist sind diese Seriennummern in eine aufgeschraubte Datenplakette eingraviert. Durch diese Nummer kann in der Regel die Geschichte eines Teiles bis zu seiner Herstellung in der Fabrik zurückverfolgt werden. So ist nachvollziehbar, welche Vorbesitzer und wieviele Flugstunden das Teil bereits hinter sich hat. Ohne entsprechende Dokumentation läßt sich die verbleibende Betriebszeit z.B. bei Triebwerken, die einer Stundenlimitierung unterliegen, nicht feststellen.

Für Flugzeuge können einerseits die Original-Ersatzteile direkt vom Flugzeughersteller oder vom Gerätehersteller und andererseits Bauteile von anderen Herstellern verwendet werden, sofern letztere qualitativ mit den Original-Ersatzteilen übereinstimmen. Bei der Verwendung von Teilen, die nicht von einem Originalhersteller (Original Equipment Manufacturer, OEM) kommen, muß jedoch durch eine deutlich unterschiedliche Teilenummer sichergestellt sein, daß sie nicht irrtümlich für Originalersatzteile gehalten werden. Der Unterschied offenbart sich nicht zuletzt im Preis. So ist das Produkt

PRATT & WHITNEY NEWS

For Pratt & Whitney employees — November 1992

# *What's the difference between these parts?*



**Find out on pages 6 and 7.**

*Abbildung 13: Titelblatt der Firmenzeitung des amerikanischen Triebwerksherstellers Pratt & Whitney vom November 1992: Es zeigt links das originale P & W-Teil aus einem Triebwerk und rechts die minderwertige Fälschung.*

des Originalherstellers meist wesentlich teurer, aber nicht zwangsläufig besser als die Alternativen von anderen Herstellern.

Eine Besonderheit bilden auf dem Flugzeugersatzteilmarkt die sogenannten »Surplus-Dealer«. Darunter versteht man Händler, die Überproduktionen von Flugzeugteilen direkt bei den Herstellern oder auch Teile aus stillgelegten Flugzeugen aufgekauft haben und diese in eigener Regie auf dem Markt anbieten. Ein Surplus-Dealer braucht bislang keine Lizenzierung oder Anerkennung durch die jeweilige Luftaufsichtsbehörde. Hier wissen die Einkäufer, daß sie so manch ein Schnäppchen machen können, vorausgesetzt, daß die Teile wirklich den Qualitätsanforderungen entsprechen und die Lebenslaufakte lückenlos vorliegt. Manche Einkäufer sind sogar auf Surplus-Dealer angewiesen, besonders wenn sie im Auftrag von Fluggesellschaften Teile für sehr alte Flugzeuge auftreiben müssen, die der Originalhersteller schon lange nicht mehr vorrätig hat.

Die Bandbreite der Bogus Parts ist groß. Es kann sich bei Verwendung dieses Begriffes um qualitativ minderwertige Teile, vorsätzlich gefälschte Teile oder auch um eigentlich lufttüchtige, sichere Teile handeln, denen lediglich die vorgeschriebene Begleitdokumentation fehlt. Fast alle vitalen Bereiche moderner Verkehrsflugzeuge können von solchen Teilen betroffen werden. Neben den bereits erwähnten gestohlenen Teilen handelt es sich um folgende Arten:

*1. Teile ohne die erforderlichen Begleitpapiere:*

Begleitpapiere dienen als Nachweis über die Herkunft eines Teils. Dazu gehören ein uneingeschränktes Lufttüchtigkeitszertifikat und eine Bestätigung, daß dieses Teil in Übereinstimmung mit den Spezifikationen hergestellt, bzw. gewartet wurde. Teile ohne diese Begleitpapiere dürfen nicht verwendet werden.

*2. Teile ohne Zulassung:*

Teile, deren Einbau vom Flugzeughersteller oder Bauteilhersteller nicht genehmigt ist, gelten als Teile ohne Zulassung und dürfen nicht verwendet werden. Irrtümlich oder auch aus Unkenntnis kann es vorkommen, daß herkömmliche Industriebauteile mit den gleichen Abmessungen dennoch eingebaut werden. Dies kann ebenfalls vorsätzlich geschehen, wenn solche Teile mit falschen Papieren ausgegeben werden. Ferner können durchgeführte Überholungs- oder Wartungsarbeiten nicht den Vorgaben des Herstellers entsprechen (z.B. falsche Behandlung, Härtung oder Veredelung). In Geräte wie Generatoren dürfen gemäß dem vom Geräte- bzw. Flugzeughersteller herausgegebenen Teilekatalog[1] nur Teile von bestimmten Zulieferern eingebaut werden. Hiervon sind besonders elektronische Bauteile wie Kondensatoren oder Halbleiter betroffen.

Manche Wartungsbetriebe stellen auch selber Teile her. Das ist solange legitim, wie sie solche Teile für den Eigenbedarf verwenden. Solche Teile dürfen jedoch nicht an Dritte weitergegeben und auch nicht zertifiziert werden. Beim Verkauf eines Flugzeuges wechseln solche Teile häufig den Besitzer, was sie theoretisch zu Bogus Parts werden läßt. Auch sind schon aus Unwissenheit von einem Wartungsbetrieb selbstgefertigte Teile in fremde Flugzeuge eingebaut worden.[2]

*3. Teile aus Überproduktion und Ausschuß:*

Oft werden in der industriellen Serienherstellung mehr Teile produziert, als gefordert wurde. Solcher Ausschuß wird dann nicht den vorgeschriebenen Tests unterzogen und erhält folglich keine Begleitdokumente. In betrügerischer Absicht werden sichtbare Fehler korrigiert oder überlackiert und zum Verkauf angeboten. Sie sind ein enormes Sicherheitsrisiko.

*4. Nicht mehr einsatzfähige Teile:*

Ist ein Teil am Ende seiner wirtschaftlichen Nutzungsdauer angelangt, wird es in der Regel ausgesondert und verschrottet. In der Praxis sind solche Teile, nach rein kosmetischen Korrekturen, ohne Rücksicht auf die Funktionstüchtigkeit wieder aufgetaucht. Kritisch ist das vor allem bei Teilen mit limitierter Lebensdauer, die nach Ablauf des Limits versagen können: z.B. Rotorblätter für Hubschrauber oder Teile aus Düsentriebwerken. Meist täuschen gefälschte Dokumente kürzere Betriebszeiten vor oder geben sie sogar als

1 Illustrated Parts Catalog, der »illustrierte Teilekatalog« eines jeden Herstellers, zeigt neben einer Abbildung des Teils dessen Spezifikationen und gibt die Bezugsquellen an.
2 Simon Elliott in »Dodgy Dealings«, *Flight International* vom 17. 3. 1993.

Neuteil aus. Unter diese Kategorie fallen auch Teile aus stillgelegten Flugzeugen, zu denen es keine verläßlichen Informationen über Herkunft oder Zustand gibt.

Ebenfalls nicht mehr verwendet werden dürfen Teile aus verunglückten Maschinen, viele Gesellschaften lehnen den Ankauf prinzipiell ab. Dennoch wurden schon komplette Triebwerke aus verunfallten Flugzeugen in Einzelteilen zerlegt weiterverkauft.

*5. Teile aus dem militärischen Bereich:*

Entgegen den Vorschriften kommt es vor, daß Teile aus militärischen Flugzeugen in zivile Maschinen eingebaut werden. Dies ist kritisch, weil Teile aus der militärischen Produktion anderen Herstellungs-, Wartungs-, Haltbarkeits- und Prüfungsvorschriften unterliegen als zivile Teile. Meist tragen sie aber identische Teilenummern.

*6. Veränderte Teile:*

Das sind ursprünglich anerkannte Bauteile, die von einer nicht dazu befugten Stelle illegal verändert wurden – z. B. Teile, die nach Bedarf für andere Flugzeugtypen umgebaut wurden.

*7. Gefälschte Teile:*

Sie werden ausschließlich in betrügerischer Absicht hergestellt. In der Regel bestehen sie aus minderwertigen Materialien oder sind mit einfacheren Herstellungsverfahren gefertigt. Vorgeschriebene Testverfahren werden auf sie nicht angewandt, notwendige Begleitpapiere einfach gefälscht. Viele Teile werden auf Fräs- oder Drehmaschinen einfach kopiert, daher können sie meist erheblich billiger produziert werden.[1]

Die eindeutige Identifizierung von Bogus Parts ist wegen ihrer großen Ähnlichkeit mit den anerkannten Teilen ausgesprochen schwierig, bisweilen auch für erfahrene Wartungstechniker unmöglich. Zahlreiche Eigenschaften von Ersatzteilen können nur in aufwendigen und teuren Labortests überprüft werden. Meist verfügen

1 Vgl. Simone Hübner, Studienarbeit »Flugbetriebstechnik« TH Berlin »Bogus Parts – der Handel mit nicht anerkannten Luftfahrzeug-Bauteilen«, Juni 1994.

nur die Originalhersteller über entsprechende Geräte und Prüfverfahren. Nicht selten muß ein Teil im Zuge solcher Testverfahren zerstört werden, da z. B. die Ermüdung nicht gemessen, sondern nur getestet werden kann. Ist ein falsches Teil einmal in einem Flugzeug eingebaut, ist es äußerst schwer zu erkennen.

Hierin liegt wohl auch eine Erklärung für die Tatsache, daß bisher bei Unfalluntersuchungen von größeren Passagiermaschinen nicht gezielt nach Bogus Parts gesucht worden ist. Das heißt aber nicht, daß es bisher keine Flugzeugunfälle gegeben hat, die durch die Verwendung von ungeprüften Ersatzteilen mitverursacht wurden. Die Datenbank des NTSB in Washington, DC listet gleich auf über 60 Seiten Unfälle mit Privatflugzeugen auf, die nachweislich auf die Verwendung von Bogus Parts zurückzuführen sind. Vor einigen Jahren häuften sich Unfälle mit Hubschraubern des Herstellers Bell-Helicopters, nachdem verschiedene Händler schrottreife Rotorblätter einfach überlackiert und diese als Neuteile verkauft hatten. Rotorblätter sind besonders kritisch, weil sie wegen der hohen Belastung nur sehr eng zeitlimitiert betrieben werden dürfen. Offensichtlich hatte aber kein Ermittler bislang in den Trümmern eines zivilen Verkehrsflugzeuges nach Falschteilen gesucht.

## 4. Das Partnair-Puzzle – gesucht wird: ein gefälschtes Ersatzteil

> »Es ist kriminell! Wir wissen, daß es heute viele Flugzeuge gibt, die mit Falschteilen rumfliegen. Wir wissen auch, daß es Leute gibt, die alte Flugzeuge mit Falschteilen ausstatten und fliegen lassen. Wo sind sie zu finden?«
>
> *Leif Stavik*, Bruder eines am 8. 9. 1989 beim Absturz der Partnair Convair 580 getöteten Passagiers

8. September 1989, 16:23 Uhr: »Kopenhagen, good afternoon, hier ist Partnair Flug 394, wir halten Flughöhe 220.« Das war der letzte

Funkspruch, den die Flugsicherung in Kopenhagen von Flug 394 erhielt. Nichts deutete auf die bevorstehende Katastrophe hin. An Bord der zweimotorigen Maschine vom Typ Convair 580 hatte niemand die Vibrationen bemerkt, die von der Aufhängung des Stromaggregats im Heck der Maschine ausgelöst wurden und fatale Folgen haben sollten. Eine halbe Stunde zuvor war Flug 394 der norwegischen Chartergesellschaft Partnair von Oslo zum Direktflug nach Hamburg gestartet. An Bord befanden sich 50 Passagiere, die beiden Piloten, zwei Stewardessen und ein Mechaniker. Die Passagiere, alle Angehörige der größten norwegischen Reederei Wilhelmsen-Line, hatten ihren Sitzplatz für den Flug in einer Firmentombola gewonnen und wollten an diesem Nachmittag in Hamburg an einer Schiffstaufe teilnehmen. Doch die Delegation sollte die Hansestadt nie erreichen.

Gegen 16:36 Uhr bemerkte der zuständige Fluglotse in Kopenhagen auf seinem Radarschirm, daß das Flugzeug eine untypische Rechtskurve flog. Kurz darauf war die Maschine spurlos vom Radar verschwunden. Der Fluglotse vermutete das Schlimmste und verständigte sofort dänische Rettungsmannschaften, die das mutmaßliche Absturzgebiet, 10 Meilen vor der dänischen Küste, nach Überlebenden absuchen sollten.

Doch niemand hatte den Absturz aus 6.000 Metern Höhe überlebt, die herbeigeeilten Retter fanden nur noch Leichen und Wrackteile im Meer.

Drei Jahre lang rätselten die Experten der norwegischen Havariekommission, unterstützt von internationalen Unfallermittlern, über die Ursache des Absturzes. Die aufwendigste Bergungsaktion in der Geschichte der zivilen Luftfahrt wurde ausgerechnet von einer der kleinsten Luftfahrtnationen der Welt eingeleitet. Am Morgen des 9. September lief das Bergungsschiff »Bergen Suverior« aus dem Hafen in Hirtshals in Dänemark aus. An Bord hatte man ein kleines Spezial-U-Boot, wie man es für Wartungsarbeiten an Ölbohrinseln benutzt. Das U-Boot und die Bedienungsmannschaft waren kurzerhand von einem skandinavischen Ölbohrunternehmen ausgeliehen worden. Wochenlang wurde das Absturzgebiet mit einem Ultraschallgerät abgesucht und jeder Fund auf einer Karte eingezeichnet. In einem zweiten Arbeitsgang wurden dann die Wrackteile mit einem am U-Boot angebrachten Greifarm gehoben und auf das

Schiff gebracht. Über 90 % der Wrackteile konnten so aus 40 bis 90 Metern Meerestiefe geborgen werden.

In einem Hangar in Oslo setzten die Unfallexperten das Flugzeug, einem riesigen Puzzle gleich, wieder zusammen. Alle wesentlichen Teile wurden genauen Laboruntersuchungen unterzogen. Das Expertenteam der norwegischen Havariekommission wurde dabei von Vertretern des Flugzeugherstellers, der kalifornischen Convair Division von General Dynamics, von Experten der US-Unfalluntersuchungsbehörde NTSB, dem Motorenhersteller Allison und vielen anderen Spezialisten unterstützt.

Leider fanden sich auf dem Cockpit-Voice-Recorder keinerlei Aufzeichnungen. Wegen eines elektrischen Defektes in der Verkabelung hatte sich der Recorder beim Hochfahren der Triebwerke ausgeschaltet. Auch der Flugdatenschreiber war keine sehr große Hilfe, bis zu dem Zeitpunkt, als die Unfallermittler auf die Idee kamen, die Aufzeichnungen auf das 32-fache zu vergrößern. Man fand Anhaltspunkte für starke Vibrationen, die auf der aufgezeichneten Kurve zu einer Art Doppelzeichnung führten. Beim Vergleich des Unfallfluges mit anderen, vorausgegangenen Flügen zeigte sich, daß diese Vibrationen auch schon vorher aufgetreten waren. Nun galt es die Ursache herauszufinden.

Es bedurfte vieler weiterer Monate akribischer detektivischer Ermittlungsarbeit, bis schließlich der Unfallhergang rekonstruiert werden konnte: Wegen eines Defekts am Stromgenerator im rechten Triebwerk der Unglücksmaschine hatte die Besatzung das Hilfsstromaggregat (APU) im Heck des Flugzeuges eingeschaltet. Ein unübliches, aber mögliches Verfahren. Das Pilotenhandbuch enthält keinen Hinweis, daß dieses Verfahren verboten sei. Jedoch entsprach die Aufhängung dieses Aggregats nicht den strengen konstruktiven und sicherheitsrelevanten Vorschriften des Herstellers. Der Unfallbericht spricht von »einer Aufhängung unbekannter Herstellung«.[1] Dieses Teil löste die ungedämpften Schwingungen aus, die sich während des Fluges auf die gesamte Rumpfkonstruktion ausweiteten und diese so übernatürlich belasteten, daß sie erheblich in Mitleidenschaft gezogen wurde. Die Sequenz der Ereignisse konnte nicht

1 Aircraft Accident Investigation Board/Norway, Report on the Convair 340/580 LN-PAA Aircraft Accident North of Hirtshals, Denmark, on September 8, 1989, vom Februar 1993

zweifelsfrei ermittelt werden; nach Meinung der Experten spricht aber vieles dafür, daß es sich wie folgt abgespielt hat: Durch die Vibrationen begann das ganze Seitenleitwerk zu schwingen. Diese Flosse ist mit vier Bolzen an der Rumpfkonstruktion befestigt. Im Laufe dieser immer heftiger werdenden Schwingungen riß das eigentliche Seitenruder, also der hintere, bewegliche Teil des Leitwerkes, aus seiner Befestigung. Auf den Radarbildern des zufällig das Unfallgebiet überfliegenden NATO-AWACS Aufklärungsflugzeuges sind zwei Teile der Leitwerkskonstruktion als Radarreflexion zu erkennen, wie sie über einen Zeitraum von fast 40 Minuten langsam auf die Erdoberfläche herabgleiten. Nun hing das Seitenruder nur noch an seinem unteren Scharnier. Es verkantete sich, als es voll nach links ausgeschlagen war. Dieser Ausschlag, der mit der normalen Flugzeugsteuerung konstruktionsbedingt gar nicht zu reproduzieren ist, veranlaßte das Flugzeug zu einer abrupten Rollbewegung nach links, um die Längsachse. Bei der geflogenen Reisegeschwindigkeit muß es wirklich innerhalb von Sekundenbruchteilen zu dieser Rolle geführt haben. Die Convair verlor bei diesem Manöver außerdem an Höhe, da die völlig überraschte Crew nicht so schnell reagieren konnte. Dabei wurden Teile der Höhensteuerung am Heck bereits so stark überbeansprucht, daß auch sie sich nun lösten. Das Flugzeug kam aus diesem Rollmanöver in einen rechten Winkel zu seiner eigentlichen Flugbahn. Vermutlich hat die Besatzung nun versucht, die Maschine wieder zu stabilisieren. Der Flugdatenschreiber zeigt, daß es ihnen sogar gelang, über einen längeren Zeitraum wieder halbwegs gerade zu fliegen. Doch nun muß sich plötzlich der ganze Heckbereich, also auch die für die Stabilisierung und Steuerung notwendigen Höhen- und Seitenflosse sowie die Ruder, vom Rumpf gelöst haben. Das Flugzeug war somit absolut unkontrollierbar, die Besatzung hatte keine Chance mehr zu reagieren. Über zwei Minuten trudelte der Rest der Maschine immer schneller der Meeresoberfläche entgegen. Dabei zerlegte sich das Flugzeug aufgrund der auftretenden Kräfte förmlich von selbst, bevor die Einzelteile auf der Wasseroberfläche aufschlugen.

Aber die falsche Aufhängung der Hilfsgasturbine war nicht das einzige fehlerhafte Teil an Bord der Unglücksmaschine. Die Experten konnten auch die Haltebolzen und Hülsen des Seitenleitwerkes aus dem Meer bergen. Hier wurde bei einer metallurgischen Untersuchung von der international renommierten DNV[1] unter dem Elektronenrastermikroskop festgestellt, daß diese Bolzen und Hülsen nicht die erforderliche Härte aufwiesen. Also: gefälschte Ersatzteile.

Als der norwegische Unfallbericht im Februar 1993 veröffentlicht wurde, hatte ich bereits acht Monate an dem Thema Bogus Parts in Europa und den USA recherchiert. Leider konnte ich damals nur die Wirtschaftsredaktion des Westdeutschen Rundfunks in Köln dafür gewinnen, über dieses Thema einen kurzen Filmbeitrag zu machen. Der Film wurde am 19. März 1994 in der ARD ausgestrahlt, blieb aber wegen der späten Sendezeit ohne große Resonanz. In der Folge versuchte ich die verantwortlichen Redakteure von anderen Sendeanstalten, auch im Ausland, davon zu überzeugen, daß es sich hier um ein wichtiges Thema handelt, das nur in Form einer längeren Dokumentation angemessen aufgearbeitet werden kann. Doch die fast stereotype Antwort lautete: »Bringen Sie uns den Absturz eines großen Passagierflugzeuges mit mehreren hundert Toten, der auf Falschteile zurückzuführen ist. Dann ist es ein Thema für einen längeren Film.« Erschreckende Realitäten im Medien-Business. Muß denn immer erst etwas passiert sein, bevor man sich eines ernsthaften Problems annimmt? Kann Journalismus heute denn nicht zur Schaffung eines präventiven Bewußtseins eingesetzt werden? Sind die 55 Toten des Partnair-Absturzes nicht schon 55 Tote zuviel?

Offenbar nicht. Im stetigen Kampf um Einschaltquoten bei den großen Sendern werden andere Maßstäbe angelegt. Erst im November 1993 war es dann ein altgedienter Nachrichtenredakteur des ZDF in Mainz, Walter Mischo, der mich auf dieses Thema ansprach und mich bat, für die nun von ihm betreute Sendereihe »Zündstoff« im ZDF eine 45minütige Reportage über die Falschteile zu machen.

Ich kontaktierte Howard Davidow, den Luftfahrtsicherheitsberater, den ich bei den Dreharbeiten zu meinem ersten Film in Miami kennengelernt hatte, und fragte ihn, ob er an diesem Film mitarbeiten könnte. Wir wurden uns schnell einig, zumal Howard und ich uns auf einer Wellenlänge befanden und einzig ein Ziel verfolgten: Das Problem muß offen angesprochen, die Öffentlichkeit aufgeklärt werden, denn nur die daraus resultierenden weiteren Reaktionen

---

1 DET NORSKE VERITAS, eine unabhängige Stiftung, die sich seit 1864 mit Sicherheitsaspekten beschäftigt und über Spezialisten und Labors in der ganzen Welt verfügt

gegenüber den Verantwortlichen können eine Entwicklung in die richtige Richtung bewirken.

Im Januar 1994 begannen wir unsere Recherchen in Norwegen, bei der norwegischen Havariekommission. Dort war man zunächst sehr erstaunt, daß sich ausgerechnet das deutsche Fernsehen für dieses Thema interessierte. Die eigenen, norwegischen Medien waren seit dem Absturz im September 1989 ständig wie die Katze um den heißen Brei gelaufen; eine Berichterstattung im Fernsehen hatte, abgesehen von einigen kurzen Nachrichtenbeiträgen, nicht stattgefunden.

Mit der üblichen Reserviertheit gegenüber Journalisten wurden wir dann auch von der Kommission in ihrer Villa unweit vom Osloer Flughafen Fornebu empfangen. Nur sehr zäh ließen sich einige Informationen abringen. Ich hatte den Eindruck, daß die Herren der Unfallkommission uns zunächst mit großer Skepsis gegenüberstanden. Erst nach einem gemeinsamen Mittagessen taute der verantwortliche Leiter der Partnair-Untersuchung, Finn Heimdahl, etwas auf. Während des Essens nutzten Howard und ich die Gelegenheit, etwas über unseren Hintergrund und unser eigentliches Anliegen zu berichten.

Heimdahl war, bevor er mit der Untersuchung des Partnair-Absturzes betraut wurde, bei der norwegischen Luftwaffe tätig. Er hatte einige Zeit in den USA verbracht, sprach exzellentes Englisch und sogar Deutsch. Er zog es jedoch vor, mit uns in Englisch zu kommunizieren. Der Mann war für uns alle einfach beeindruckend. Sehr ruhig, klar und sachlich berichtete er uns über die Erkenntnisse der Ermittlungen und über die dabei aufgetretenen Probleme. So hatte auch die Kommission ihre Schwierigkeiten, alle erforderlichen Materialien und Dokumente zur Verfügung gestellt zu bekommen.

Am Nachmittag fuhren wir zu dem Hangar, in dem die Convair seinerzeit wieder zusammengebaut worden war und in dem noch einige wichtige Teile aufbewahrt werden. Unter anderem die Bolzen und die Aufhängung der APU. Zum Hangar kam auch Knut Strengelsrud, der Metallurg, der die Teile im Labor der DNV untersucht und mit seiner Expertise den Beweis dafür geliefert hatte, daß es sich um Falschteile handelte.

Zunächst wollten wir sichergehen, daß alle anderen noch im Raum stehenden Gerüchte, z.B. über eine Explosion an Bord oder einen irrtümlichen Abschuß durch ein Kampfflugzeug, mit Sicherheit ausgeschlossen werden konnten. Diese Gerüchte waren mir im Vorfeld meiner Recherchen mehrfach von ehemaligen Angestellten der Partnair kolportiert worden. Bereitwillig unterbreitete uns Finn Heimdahl seine Unterlagen und die Analysen der britischen Experten, die diese Spur verfolgt hatten. Ein Abschuß oder eine Explosion konnte danach ausgeschlossen werden. Dann zeigte uns Heimdahl die Vergrößerungen der Aufzeichnung des Flugdatenschreibers und die charakteristischen Doppelkurven, den Hinweis für die starken Oszillationen während des Unglücksfluges. Schließlich bekamen wir die Hauptbeweisstücke zu Gesicht: die Bolzen und die Aufhängung der APU. Ein kalter Schauer lief mir über den Rücken, als ich die Bolzen in die Hand nahm. Diese Teile waren für den Tod von 55 Menschen verantwortlich.

Wir führten ein ausgedehntes Interview mit Finn Heimdahl und fuhren erst spät in der Nacht zurück nach Oslo in unser Hotel. Am nächsten Tag sollten wir Flugkapitän Hans Arnegaard, einen ehemaligen Angestellten der Partnair, und weitere Informanten treffen. Außerdem hatten wir versucht, von der Fred Olsen-Flugzeugwerft, die für die Wartung der Convair in Norwegen zuständig gewesen war, eine Stellungnahme zu erhalten.

Mit Hans Arnegaard diskutierte Howard Davidow mehrere Stunden alle spezifischen Einzelheiten des Flugzeuges und des Unfalles. Arnegaard hatte die Maschine selber mehrere Male geflogen, er war es auch, der sie für die Gesellschaft Partnair im Winter 1985 in der kanadischen Flugzeugwerft Kelowna Flightcraft aufgespürt hatte. Im Mai 1986 verkaufte Kelowna das generalüberholte Flugzeug an die Partnair. Arnegaard war Kapitän auf dem Überführungsflug nach Norwegen. Offenbar ist es Arnegaards persönlicher Affinität zu diesem Flugzeug zu verdanken, daß er bis heute noch davon überzeugt ist, daß der Absturz andere Ursachen haben müsse. Insofern waren unser ausgedehntes Gespräch und das mit ihm geführte Interview nicht sonderlich erquicklich.

Als wesentlich aufschlußreicher erwies sich dann ein Treffen mit einem anderen ehemaligen Angestellten der Firma Partnair, dessen Namen ich aus Gründen des Informantenschutzes nicht nennen kann. Er überreichte mir ein komplettes Bedienungshandbuch, wie es bei der Partnair von 1986 bis 1989 für dieses Flugzeug benutzt wurde. Beim Durchblättern traf mich fast der Schlag: Das Handbuch stimmte gar nicht mit der wirklichen Konfiguration des verunglückten Flugzeuges überein.

Die abgestürzte Maschine hatte eine Hilfsgasturbine im Heck, die APU. Die beiden Schwestermaschinen hingegen hatten keine APU, sie verfügten nur über Generatoren an jedem Triebwerk. Dem Handbuch zufolge war keine Checkliste für den Ausfall eines Generators und der Verwendung der APU als Substitutionsaggregat vorhanden.[1] Streng nach geltenden Vorschriften zum Betrieb eines Flugzeuges ist das Fehlen der technischen Beschreibung eines im Flugzeug installierten Systems ein schwerer Mangel der Begleitdokumentation. Das hätte eigentlich der norwegischen Luftaufsichtsbehörde auffallen müssen, eine Betriebserlaubnis für dieses Flugzeug hätte insofern nicht erteilt werden dürfen. Aber die Behörde wollte sich dazu nicht äußern.

»Abwarten und Stillschweigen«, sagte man sich anscheinend auch bei der Fred Olsen-Flugzeugwerft. Ein Gesprächstermin kam nicht zustande. Etwas später erfuhr ich dann, daß gegen diesen Betrieb ein Ermittlungsverfahren lief, das kurz vor seinem Abschluß stand. Doch weder bei der Polizei noch bei der Staatsanwaltschaft war hierzu etwas in Erfahrung zu bringen.

Wir flogen zurück nach Hause und am nächsten Tag weiter in die USA. Von Seattle aus fuhren wir nach Kelowna in Kanada. Die beiden Eigentümer und Geschäftsführer Barry LaPoint und Jim Rogers waren zunächst nicht sehr erbaut von unserem Besuch. Es erforderte stundenlange Diskussionen, bis sie endlich, soweit ich es beurteilen kann, offen und ehrlich Rede und Antwort standen. Für 1,5 Millionen US-Dollar hatten sie das Flugzeug an die Partnair verkauft. Kelowna selber hatte es einige Jahre zuvor in Florida erstanden, wo es über ein Jahr vor sich hin gerostet hatte. Dann machten die Kanadier es wieder flugtüchtig. Die Maschine wurde nach den Vorstellungen des norwegischen Kunden mit modernen Cockpitinstrumenten ausgestattet. An Konstruktion und Rumpf wurden umfangreiche Arbeiten ausgeführt, alle fehlerhaften und verrosteten Teile gegen neue ausgetauscht. Für solche Arbeiten hat Kelowna Flightcraft eine

1 Partnair Pilots Handbook Convair CV-580 (übernommen von Allegheny Airlines), Revision vom 1. 12. 1972, Kapitel 16, »Powerplant & Auxiliary Power«

spezielle Lizenz und ist weit über die Grenzen Kanadas hinaus bekannt.

Jim Rogers räumt heute ein, daß Kelowna Flightcraft wahrscheinlich beim Einbau der Hilfsgasturbine nicht sorgfältig genug war. Das kritische Teil kam mit dem Flugzeug, so wie auch alle Teile der Befestigung, behauptet er. Im Zuge der Arbeiten an dem Flugzeug wurde die Turbine zu einem Spezialbetrieb gebracht, dort generalüberholt und anschließend mit den alten Befestigungsteilen wieder eingebaut. Dennoch: Hierfür trägt der kanadische Betrieb die volle Verantwortung, denn es gehört zu seinen Pflichten, alle Teile gewissenhaft und sorgfältig zu überprüfen, bevor sie in einem Flugzeug wieder eingebaut werden.

Über drei Jahre ging jedoch alles gut. Im Sommer vor dem Unglücksflug befand sich die Convair wieder in dem kanadischen Wartungsbetrieb. Ein D-Check stand an. Da die in Norwegen für die Wartung verantwortliche Fred Olsen-Flugzeugwerft keine Kapazitäten frei hatte und auch noch nicht genügend qualifizierte und zertifizierte Mechaniker, bat man die Kanadier um Hilfe. Mehrere Wochen wurde die Partnair-Maschine überholt. Dabei wurde auch nach den Befestigungsbolzen des Seitenleitwerkes gesehen. Allerdings nicht so, wie es das General Dynamics-Wartungshandbuch vorsieht. Hier heißt es nämlich, daß das Leitwerk ausgebaut werden und man die vier Bolzen in Augenschein nehmen muß. Wahrscheinlich um Zeit zu sparen, überprüften die Mechaniker in Kelowna die Bolzen jedoch nur mit einem Ultraschallgerät – ohne sie auszubauen. Dabei fiel ihnen nichts Besonderes auf. Gemäß dem Wartungshandbuch müssen sie aber in einem turnusmäßigen Abstand von einigen tausend Flugstunden gegen neue Bolzen ausgetauscht werden. Im August 1989 hatte Kelowna Flightcraft ausgerechnet nur noch einen solchen Bolzen im Lager, und trotz eifriger Bemühungen bei einigen Händlern in den USA waren kurzfristig keine weiteren lieferbar. So kam es, daß nur ein Bolzen ausgetauscht wurde, die anderen drei blieben drin. Genau diese drei Bolzen erwiesen sich bei den späteren Untersuchungen als die Falschteile.

Auch Jim Rogers bedauert heute, daß man in seinem Betrieb zu diesem Zeitpunkt keinerlei Kontrolle hatte, von wem welche Teile gekauft worden waren. Erst nach dem Unfall hat man in Kelowna auf ein simples, aber durchaus effizientes Kontrollsystem umgestellt. Jedes Teil wird in einer Plastiktüte verschweißt und mit einem Etikett versehen. Auf diesem Etikett sind unter anderem auch die Daten des Verkäufers vermerkt. Heute kann man also jedes Teil bis zu seiner Quelle zurückverfolgen. Das gilt sogar für Massenware wie einfache Schrauben und Nieten. Ein solches »Lot-Batch-Control« ist bei vielen großen Airlines schon seit Jahren normal. British Airways z. B. führte ein solches System im Zusammenhang mit der Indienststellung des Überschallflugzeuges Concorde ein, unter anderem da viele Teile nur eine begrenzte Zeit überhaupt eingelagert werden dürfen.

Aufgrund der Recherchen, die Kelowna Flightcraft nach dem Unfall selber angestrengt hat, konnte sie die Gruppe der Lieferanten für die besagten Falschteile immerhin auf drei Firmen in den USA begrenzen. Wer ihr aber nun definitiv die Falschteile geliefert hatte, bleibt weiterhin Spekulation, denn wie damals bei Kelowna Flightcraft üblich, wanderten alle Teile in einen Pappkarton. So konnten sich gute und falsche Teile munter mischen.

Aufmerksam wurde der Betrieb aber, als er 1991 von der Firma Atlas in Miami eine Lieferung mit Bolzen erhielt, die den mittlerweile eingeführten strengen Eingangstest nicht bestanden. Der Tester bemerkte nämlich, daß die Hülsen nicht richtig auf die Bolzen paßten. Nur mit Gewalt hätte man das erreicht. Doch die Verwendung nicht paßgenauer Teile, womöglich noch unter Gewaltanwendung beim Einbau, ist im Flugzeugbau tabu. Alles wird spannungsfrei eingebaut. Fünf Bolzen aus der Lieferung wurden aussortiert und genaueren Tests unterzogen. Sowohl beim Härtetest (dem sogenannten Rockwell-Test) als auch in bezug auf die Abmessungen ergaben sich erhebliche Abweichungen von den Standardwerten der Hersteller. Auf meine Bitte überließ mir Kelowna Flightcraft einen dieser Bolzen, und ich ließ ihn bei DNV testen. Das Material war nicht identisch mit den Bolzen der Unglücksmaschine, barg aber dennoch eine Überraschung: Offensichtlich hatte man es hier mit einem »Frankenstein-Teil« zu tun (in Anlehnung an den berühmten Dr. Frankenstein, der aus Leichen seine Monster zusammenbastelte und sie zum Leben erweckte). Der Bolzen war mal ein Originalbolzen gewesen, der aber, statt auf den Schrott zu wandern, wieder regeneriert worden war. Dabei machte man einen Fehler: Das Originalteil hat eine Legierung aus Chrom, dieser Bolzen wurde jedoch mit

Cadmium legiert. Es dürfte klar sein, daß eine solche Regenerierung nicht zugelassen ist, wir es also folglich mit einem Falschteil zu tun haben.

Als man in Kelowna auf die Bolzen aufmerksam geworden war, verständigte die Firmenleitung ihre Luftaufsichtsbehörde, das kanadische Department of Transportation. Dieses wiederum nahm Kontakt zur FAA auf, die in den USA für solche Dinge zuständig ist, denn die Firma Atlas hat ihren Sitz in den USA. Es dauerte fast ein halbes Jahr, bis die FAA den kanadischen Kollegen als Antwort ein Fax übermittelte. Diese Antwort ist darüber hinaus so ungeheuerlich, daß ich sie meinen Lesern keinesfalls vorenthalten möchte. Am 29. Oktober 1992 schreibt Mr. Phil Palmer von der FAA-Systemüberwachungs- und Analyse-Abteilung an seinen kanadischen Kollegen Patrick Davey: »Patrick, ich habe die Akte 91–037 erhalten. Die Sache wurde an die US-Handelskommission übergeben, weil sie nicht in die Zuständigkeit der FAA fällt. Ich glaube, viel mehr kann ich nicht für Dich tun. Wenn Dir noch etwas einfällt, bitte melde Dich. Phil.« Dieses Fax ziert als unterster Satz noch einer der schönen Standardsprüche der FAA: »Flugsicherheit beginnt mit sicheren Flugzeugen«.

Mir blieb im wahrsten Sinne des Wortes erst einmal die Luft weg. Immerhin hatte die FAA 1992 bereits mit ihrem aufwendigen Bogus Parts-Programm begonnen, nachdem sie durch Presseveröffentlichungen wegen ihrer Untätigkeit in diesem Problembereich erheblich unter Beschuß geraten war. In zahlreichen Publikationen warb die FAA mit teuren mehrfarbigen Drucken dafür, daß jeder, dem Falschteile auffielen, diese sofort der FAA melden sollte. Dafür steht sogar eine 24 Stunden-Hotline (Telefon und Fax) zur Verfügung. Aber dieser Vorfall zeigt, wie die mächtige US-Aufsichtsbehörde wirklich mit dem Problem umgeht.

Ich beschloß also, der Sache selber auf den Grund zu gehen. Immerhin waren wir knappe 14 Tage später in Miami. Dort statteten wir dann der Firma Atlas höflich einen Besuch ab, wurden aber unter Gewaltanwendung wieder auf die Straße befördert. Niemand wollte sich mit uns unterhalten. Der damalige Direktor der Firma, Hal Holder Jr., ließ sich mehrfach verleugnen, obwohl wir ihn noch spät abends in dem hell erleuchteten Büro von außen sehen konnten.

Die Bolzen waren seinerzeit von Atlas mit einem Zertifikat an

Kelowna geliefert worden. Dieses »Übereinstimmungs-Zertifikat« bestätigt, daß die Teile neu sind und mit den Spezifikationen des Herstellers übereinstimmen. Dieses Zertifikat trug die Unterschrift eines gewissen David M. Peer, Manager. In Kelowna hatte ich außer diesem Zertifikat, das die Lieferung der 20 Bolzen begleitete, noch ein weiteres, identisches Zertifikat für eine andere Lieferung aus dem Jahr 1989 bekommen. Als wir uns diese Dokumente nun einmal genauer ansahen, fiel auf, daß die Unterschriften von Herrn Peer nicht identisch waren. Das erste 89er Zertifikat war eindeutig von einem Mann unterschrieben worden. Das zeigte die Handschrift sehr deutlich. Das zweite Zertifikat jedoch war höchstwahrscheinlich von einer Frau unterschrieben worden, was auch Leuten mit geringen graphologischen Kenntnisse sofort ins Auge stach. Nun muß man wissen, daß solche Dokumente, werden sie in den USA mit der Post verschickt, einen besonderen gesetzlichen Schutz genießen. Fälschungen fallen unter das Kapitel »Postbetrug«, ein Delikt, das in Amerika mit empfindlichen Freiheitsstrafen geahndet wird. Allein das Zertifikat, das ja zumindest im zweiten Fall etwas anderes bescheinigt, als es den Tatsachen entspricht, würde unter diese Strafvorschrift fallen. Aber es kam noch besser.

Mehrere Wochen versuchten wir, David M. Peer ausfindig zu machen. Wir erfuhren, daß er bereits seit 1993 in Pension sei. Daraufhin fragten wir über den Computer alle amerikanischen Telefonbücher ab, bis wir ihn endlich in einem kleinen Ferienstädtchen im Norden Floridas lokalisierten. Aber Mr. Peer zeigte sich nicht sehr kooperativ, empfand unsere Anrufe als Belästigung und sagte immer wieder, daß er mit Atlas nichts mehr zu tun habe. Auf die Frage, ob er denn solche Zertifikate ausgestellt habe, antwortete er wörtlich: »Ich habe nie solche Zertifikate unterschrieben. Das machte irgendeine Sekretärin.« Auf meine anschließende Frage, ob das denn nicht den Tatbestand des Postbetruges erfüllte, legte er auf.

Alle Unterlagen befinden sich heute im Büro des Generalinspekteurs des Transportministeriums. Doch auch dort kam es Ende des Jahres 1994 zu gravierenden Veränderungen der Personalstruktur. Ein enger Mitarbeiter von Generalinspekteurin Mary Schiavo, Dennis Dutch, der maßgeblich die Ermittlungen voran getrieben hatte, wurde versetzt: Heute schreibt er Handbücher ...

Fest steht jedoch soviel: Wer die Falschteile lieferte, wird nie zweifelsfrei geklärt werden können, denn auch weitere Chancen, die Quelle dieser Teile zu bestimmen, wurden vertan. Nach der Veröffentlichung des norwegischen Unfallberichtes gab der Convair-Hersteller General Dynamics mehrere Service-Bulletins heraus und warnte alle Convair-Betreiber vor den möglichen Falschteilen. Dies geschah lange, bevor die FAA endlich im Januar 1994 mit einer AD-Note herauskam, die diese Überprüfung zwingend vorschrieb. Niemand jedoch sammelte die im Zuge dieser Überprüfung ausgebauten Bolzen und verglich sie mit denen aus der verunglückten Partnair-Maschine. Anscheinend sollte aus irgendeinem Grund nicht herauskommen, wo die Teile herkommen. Dafür mag es einen Grund geben, der beim Hersteller selber liegt.

Mehrfach habe ich bei General Dynamics angefragt, wer denn überhaupt von ihnen eine Genehmigung bekommen hätte, diese Teile herzustellen. Antwort: »Niemand. Nur General Dynamics.« Für meinen Film erwarb ich dann schließlich selber einen Originalsatz beim Hersteller für satte 280 Dollar, bestehend aus einem Bolzen und einer Hülse. Kurze Zeit später informierte mich ein Bekannter in den USA, daß ein weiteres Service-Bulletin von General Dynamics veröffentlicht worden sei, in dem man erneut alle Convair-Betreiber bittet, die Bolzen zu überprüfen, und zwar auch die, die ausdrücklich bei General-Dynamics bezogen wurden. Man hatte festgestellt, daß diese Bolzen nicht den eigenen Spezifikationen entsprachen, sondern vielmehr zu weich waren...

Im Zuge der weiteren Recherchen bestätigte mir die FAA, daß die Firma Atlas aus Miami einer ihrer eigenen Lieferanten ist, das heißt, daß die FAA bei Atlas für ihre eigene Flugzeugflotte Ersatzteile kauft. Und auch Kelowna Flightcraft ist bei der FAA ein sehr bekannter Name. Immerhin unterhält die FAA selber einige Convair 580s für Meßflüge, und diese Maschinen werden bei Kelowna Flightcraft in Kanada gewartet.

Im Februar 1994 führten wir ein Interview mit dem verantwortlichen Leiter der Abteilung »Zertifizierung und Regulierung« der FAA, Anthony Broderick, in Washington, DC. Ein Interview, an das sich Herr Broderick sicherlich noch lange erinnern wird.

Zunächst fragte ich ihn, warum es in der Regel so lange dauert, bis die FAA eine Lufttüchtigkeitsdirektive (AD-Note) heraus gibt. Dazu Anthony Broderick: »Eigentlich können wir eine AD-Note binnen einiger Stunden erlassen, und das haben wir auch schon getan, wenn wir auf ein Problem gestoßen sind, das dringend gelöst werden mußte. Normalerweise behandeln wir eine solche AD-Note wie jede andere Anordnung. Wenn es keine eilbedürftige Angelegenheit ist, schlagen wir eine solche Anordnung in unserem Bundesregister vor, berechnen, wieviel die Einführung kosten wird und bis zu welchen Zeitpunkt wir die Arbeiten gerne abgeschlossen hätten. Dann erhalten wir von den Bürgern, Fluggesellschaften, Herstellern oder wer auch immer interessiert ist, Kommentare dazu. Wir überprüfen diese Kommentare, und dann erst erlassen wir die AD-Note. Diese Vorgehensweise dauert normalerweise etwa vier bis sechs oder sieben Monate, abhängig von der jeweiligen Situation. Aber wenn es eine sehr dringende Angelegenheit ist, können wir eine AD-Note auch buchstäblich über Nacht mit Telexen erlassen, und das haben wir auch schon gemacht.«

Nun, die Lufttüchtigkeitsdirektive in bezug auf die Bolzen bei Flugzeugen vom Typ Convair erging jedoch erst am 18. Januar 1994, fünf Jahre nach dem Absturz und ein gutes Jahr, nachdem die ersten Meldungen über die Unfallursache bekannt wurden. Also fragte ich den Chef der Regulationsabteilung der FAA, warum es in diesem Fall so lange gedauert habe. Antwort: »Sehen Sie, diese AD-Note ist interessant. Sie stützt sich nicht direkt auf diesen Unfall, sondern basiert vielmehr auf anderen Erkenntnissen, die wir erlangt haben. Ich habe noch keine englische Version des Unfallberichtes gelesen und weiß auch nicht, ob überhaupt eine existiert. Ich weiß nur, daß es mit Teilen im Zusammenhang steht, die von einem Surplus-Händler in den USA gekauft wurden. Die Wartung wurde in einem anderen Land durchgeführt, und das Flugzeug wurde in einem dritten Land betrieben. Der Surplus-Händler, der die Teile verkauft hat, ist möglicherweise nicht in der Lage, die geforderten Bestätigungen für ein solches Teil abzugeben. Ich habe bisher keine Belege gesehen, die beweisen, daß in diesem Fall gefälschte Dokumente ausgestellt wurden. Und wenn es sich so verhält, dann wurde einfach nicht das richtige Teil im Flugzeug eingebaut. So einfach ist das.«

So einfach ist das! Ich mußte mir auf das äußerste verkneifen, eine Vokabel wie »menschenverachtend« über meine Lippen rutschen zu lassen. Aus einem Augenwinkel bemerkte ich, daß auch Howard

Davidow, der bei diesem Interview anwesend war, einen Augenblick der Unterkiefer herunterklappte.

Meinem guten Freund, dem Kameramann Charly Borninger, der dieses Interview aufnahm, ist es zu verdanken, daß wir dann doch noch eine schöne Szene im Film festhalten konnten. Wohl eher »versehentlich« hatte Charly vergessen, die Kamera auszuschalten, als ich im Anschluß an das Interview dem Chef-Regulator und -Zertifizierer der größten Luftaufsichtsbehörde der Welt »gerne« meine Kopie des Partnair-Unfallberichts in englischer Sprache überreichte. Reichlich uninteressiert blätterte Mr. Broderick in dem Bericht, bevor er sich dann schnell von uns verabschiedete. Mir war in diesem Augenblick klar: Anthony Broderick hatte im Interview vor laufender Kamera gelogen.

Die Bestätigung erhielt ich am nächsten Morgen beim NTSB, der amerikanischen Unfalluntersuchungsbehörde. Unfall-Ermittler Thomas Haueter, der für das NTSB an der Untersuchung des Absturzes der Partnair-Convair teilgenommen hatte, erklärte ganz spontan auf meine Frage, ob denn die FAA nach dem Erscheinen des Unfallberichtes eine englischsprachige Kopie erhalten hätte: »Ja natürlich, die FAA hat eine Kopie bekommen.«

Bei dieser Gelegenheit fragten wir einmal die Datenbank des NTSB nach Unfällen mit Flugzeugen vom Typ Convair ab. So erhielt ich lückenlos jeden einzelnen Zwischenfall und Unfall, der sich seit 1958 ereignet hatte. Beim Überfliegen der Daten erweckte ein bestimmter Unfall meine Aufmerksamkeit: der Absturz einer kanadischen Convair 580 Transportmaschine am 18. September 1991 bei Belverdere im US-Bundesstaat Vermont. Knappe zehn Minuten später hatte ich den kompletten Unfallbericht in Händen. So schnell geht es eben beim NTSB im Gegensatz zu vergleichbaren Institutionen. Der Bericht enthält leider die »übliche« Absturzursache: Pilotenfehler. Die Besatzung wurde beim Absturz getötet. Wesentlich interessanter war jedoch die Rekonstruktion des Absturzes. Die Daten des Flugdatenschreibers lassen folgende Rückschlüsse zu: Die Maschine machte zunächst eine scharfe Linkskurve und verlor rasch an Höhe. Dabei überschritt sie die konstruktionsbedingten Limitierungen. Das Seitenruder und die Höhenruderflächen lösten sich vom Rumpf. Die Konstruktion konnte die auftretenden aerodynamischen Kräfte nicht überstehen. Die Tragflächen brachen ebenfalls vom Rumpf ab ...[1] Ein sehr ähnliches Szenario wie bei der Partnair Convair 580. Eine sehr heiße Spur. Tagelang versuchten wir herauszufinden, ob die Wrackteile, insbesondere die Haltebolzen des Seitenruders, noch irgendwo vorhanden waren. Leider waren unsere Bemühungen vergeblich. Das Wrack war nach der Freigabe durch die Behörden von einem Schrotthändler aufgekauft worden, die Trümmer zwischenzeitlich verschrottet. Da man beim NTSB die Unfallursache auf eine Unachtsamkeit der Besatzung zurückgeführt hatte, wurden die kritischen Teile auch nie genauer untersucht. Der Betreiber des Flugzeuges, die kanadische Frachtgesellschaft Canair Cargo, hatte kein Interesse an einer Kooperation, Informationen wollte man uns nicht geben. Das Thema war dort bereits abgeschlossen.

Jedoch ganz unabhängig vom administrativen Wirrwarr in Kanada und den USA und den Falschteilen, die letztendlich zum Absturz der Partnair-Maschine geführt haben: Die verunglückte Convair 580 hätte eigentlich nie in Norwegen fliegen dürfen. Zu diesem Schluß kommt der schwedische Flugunfallexperte Bengt Rehn, der von den Angehörigen der Unfallopfer mit einem Gutachten über die Zusammenhänge des Absturzes beauftragt wurde.

Der international renommierte Professor an der Stockholmer Universität, der auch schon selber als Unfallermittler für die schwedische Flugunfallkommission tätig gewesen ist, stolperte zunächst ebenfalls über das Problem in der Dokumentation im Flughandbuch der Convair. Die norwegische Luftaufsichtsbehörde redet sich damit heraus, daß sie sich bei ihrer Zulassung auf das Lufttüchtigkeitszertifikat der kanadischen Luftaufsichtsbehörde gestützt haben. Sie hatte aber einen eigenen Repräsentanten in Kanada, der insbesondere nochmals die ausgeführten Umbauten am Flugzeug inspizieren sollte. Daraus leitet der Gutachter ab, daß die norwegische Behörde das kanadische Zertifikat keineswegs unbesehen akzeptiert hat. An der Historie vorangegangener Unfalluntersuchungen zeigt sich jedoch, daß auch schon weniger signifikante Aktionen einer Aufsichtsbehörde als die eindeutige Übernahme der vollen Verantwortung für einen Mißstand gewertet wurden.

1 NTSB, Unfallbericht CFICA/6014, Accident with the Aircraft Convair 580, NYC91 FA239 on 18. September 1991 at Belverdere, VT

Immerhin, so führt Bengt Rehn in seinem Gutachten weiter aus, handelte es sich um ein 36 Jahre altes Flugzeug mit einer sehr bunten Geschichte und mehreren Vorbesitzern, an dem nach einem Unfall mit starken strukturellen Schäden gravierende Modifikationen vorgenommen worden waren. In einem solchen Fall sei es mehr als nur üblich, bei der Ausstellung eines Lufttüchtigkeitszertifikates besondere Vorsicht walten zu lassen. Die Diskrepanzen sind, seiner Ansicht nach, nicht sonderlich schwer zu entdecken gewesen.[1]

Die Ausstrahlung des Films »Das Risiko fliegt mit« im März 1994 im ZDF sowie die Ausstrahlung einer später hergestellten internationalen Version des Films in verschiedenen anderen Ländern hat zumindest zu einer verhaltenen Hektik bei einigen Aufsichtsbehörden geführt. Das deutsche Luftfahrtbundesamt hat immerhin schon mal ein Formblatt zum Melden von ungeprüften Teilen herausgegeben. Die FAA benutzt, ohne dazu von mir autorisiert zu sein, den Film zu Schulungszwecken bei den selten gewordenen Lehrveranstaltungen zu diesem Thema. Die Lufthansa hat mich gebeten, für sie einen Schulungsfilm zum Thema Bogus Parts herzustellen, und auch zahlreiche Pilotenvereinigungen auf der ganzen Welt möchten Filmkopien für Schulungsveranstaltungen haben. Das kanadische Fernsehen fühlt seiner Aufsichtsbehörde auf den Zahn, die größte amerikanische Sendeanstalt ABC der FAA.

Insofern hat sich etwas bewegt. Der Kreis des Schweigens ist durchbrochen. Auch in Norwegen wurde der Film zwischenzeitlich im Fernsehen ausgestrahlt. Daraufhin bemühte sich sogar der norwegische Staatsanwalt, das seit Jahren laufende Ermittlungsverfahren voranzutreiben. Mit »durchschlagendem« Erfolg: Es wurde Anfang Oktober 1994, fünf Jahre nach dem Absturz im Skagerrak, eingestellt. Anklage wird nicht erhoben.

1 Bengt Rehn, Gutachten zum Unfall Convair CV 340/580, LN-PAA, September 1989, vom 19. August 1994

## 5. Schrauben für Boeing

Die Schlüsselfigur in einem der größten Bestechungsskandale, die es jemals bei der renommierten Firma Boeing in Seattle gab, war ein gewisser Raymond L. Pedersen. Pedersen war bei Boeing verantwortlich für den Bereich Schrauben. Zig-tausend verschiedene Schrauben und Nieten erfüllen an einem Flugzeug manche sehr wichtige Funktion. Sie halten so z.B. die Konstruktion zusammen. Von 1988 bis 1992 hatte Pedersen sich von den Schraubenherstellern Voi Shan Corporation (VSI) und der Firma Huck mit 68.000 Dollar bestechen lassen. Als Gegenleistung ließ er seinen Einfluß spielen, so daß die Produkte dieser beiden Hersteller verstärkt in Boeing-Flugzeugen eingebaut wurden. Zu diesem Zweck beschaffte er VSI Konstruktionsinformationen, die Eigentum von Boeing waren. Später erpreßte er dann die Firma Huck mit der Drohung, sich dafür einzusetzen, daß die Teile von Huck zukünftig nicht mehr bei Boeing verwendet würden.[1]

Ende Januar 1989 führten 20 Spezialagenten des FBI eine überraschende Hausdurchsuchung bei VSI in Chatsworth/Kalifornien durch. Das Hauptaugenmerk der Beamten lag auf dem Zertifizierungs- und Überprüfungssystem bei VSI. Dabei wurde unter anderem festgestellt, daß VSI-Angestellte Schrauben mit einem Inspektionsstempel »Nr. 11« als lufttüchtig zertifiziert hatten. Der Haken an der Geschichte war, daß es überhaupt keinen diesem Stempel zuzuordnenden Inspektor Nr. 11 gab. Und ausgerechnet die mit diesem Stempel zertifizierten Bolzen, Muttern und Schrauben waren entweder im Test durchgefallen oder sogar nie getestet worden. Aufgefallen war dieser Schwindel wiederum Boeing-Testern, die beim Besprühen der Teile mit Salzwasserlösungen feststellen mußten, daß die Bolzen anfingen zu rosten. VSI lieferte aber nicht nur an Boeing, auf der Liste der Kunden befanden sich auch die anderen »Großen« wie McDonnell-Douglas, General Dynamics, Pratt & Whitney, General Electric, Lockheed, Airbus Industrie, Messerschmitt-Bölkow-Blohm in Deutschland und das amerikanische Verteidigungs-

1 US Department of Justice, United States Attorney, Western District of Washington am 16. Juni 1992, »Former Boeing Company supervisor indicted in scheme to obtain money from Boeing suppliers«

ministerium. Im Zuge der weiteren Ermittlungen kam heraus, daß die VSI-Angestellten bereits über einen Zeitraum von 15 Jahren geforderte Qualitätstests unterließen, Testergebnisse fälschten und sogar ausgesonderte Teile »überarbeitet« wieder in Umlauf brachten.[1]

Bereits einen Tag, nachdem die Beschuldigten unter Anklage gestellt wurden, ließ die FAA verlauten, daß sie die großen Flugzeughersteller auffordern werde, ihre von VSI erhaltenen Lieferungen zu überprüfen und festzustellen, ob solche Teile in Flugzeugen eingebaut wurden. Möglicherweise stammen auch die Befestigungsbolzen des Leitwerkes der im September 1989 abgestürzten norwegischen Convair 580 aus einer Lieferung von VSI; schließlich war auch der Hersteller General Dynamics unter den Kunden von VSI. Doch leider läßt sich das, mangels Kooperation von General Dynamics, nicht so einfach beweisen.

Mit Beginn der Deregulation des Luftverkehrs in den USA häuften sich die Probleme mit Bogus Parts. Aber es scheint, daß das DoT, die FAA, das FBI und der US-Kongreß zu diesem Zeitpunkt die Tragweite dieser Gefährdung des internationalen Luftverkehrs noch nicht verstanden hatten. Eingeschlossen ist hier auch das US-Militär. Bei den Militärs wurde das Problem nach bekannter Manier unter dem Deckel gehalten, und selber verkaufte man defekte Ersatzteile als Schrott. Es dauerte nicht lange, da tauchten diese Teile, oberflächlich überholt oder einfach nur neu bemalt, wieder auf. In den USA werden zahlreiche Flugzeugtypen militärisch genutzt, die sich auch typengleich als zivile Verkehrsmaschinen wiederfinden. Nur gelten eben für die Militärmaschinen andere Spezifikationen, die zum Teil erheblich von denen für Zivilmaschinen abweichen. Es ging sogar soweit, daß das Department of Defence seine eigenen ausgemusterten Schrotteile etwas später völlig ahnungslos als Neuteile zurückkaufte, da die Komponenten nicht wie vorgeschrieben verschrottet worden waren.

Als diese Praktiken endlich im Verteidigungsministerium auffielen, entschloß man sich zu einer achtzehnmonatigen Under-Cover-Ermittlung zusammen mit der Bundespolizei FBI. Schwerpunktmäßig nahmen die Agenten einige Firmen an der amerikanischen West-

1 Duff Wilson, »A surprise raid on Boeing supplier's lab« in *Seattle Post* vom 7. 2. 1989

küste unter die Lupe. Sie wurden dabei von Fachleuten, die diese Branche kannten wie ihre Westentasche, unterstützt. Einer dieser Spezialisten war Peter F. Friedman, ein designierter FAA-Aufsichtsbeamter. Ihn traf ich im Frühjahr 1994 in einem Hotel in San Fransisco. Er berichtete mir folgende Fakten:

78% der Teile, die von den Ermittlern im Zuge der Operation angekauft wurden, erfüllten nicht die erforderlichen Spezifikationen. Dabei handelte es sich um Muttern, Bolzen, Schrauben, Dichtungen und Verbindungen für Hydrauliksysteme, Öl- und Flugsteuerungskontrollen und Teile für Fahrwerke. Die Defekte dieser Teile beinhalteten z. B. die Verwendung von minderwertigen Materialien, Abweichungen von den genauen Abmessungen, falsche Gewinde, ungenaue Paltierung und Veredelung sowie Korrosion.

Die Hersteller und Verkäufer solcher Teile wußten dabei sehr genau, was sie taten. Die Kunden, also Fluggesellschaften, die Regierung und das Militär, waren die eigentlichen Opfer, die es nun galt über die Vorfälle und Hintergründe aufzuklären. Aber das geschah nach Ansicht von Peter Friedman nur sehr halbherzig oder gar nicht. Dabei können diese Teile zu ernsthaften Komplikationen führen. Wir wissen heute, daß Flugzeugunfälle meist auf der Verkettung von mehreren Faktoren beruhen. Das gilt auch in technischer Hinsicht. Jedes Flugzeug ist so konstruiert, daß es über Redundanzsysteme verfügt, das heißt, daß beim Ausfall eines Systems ein zweites, baugleiches System übernimmt. Technische Probleme werden aber dann kritisch, wenn nicht nur ein System ausfällt, sondern gleich zwei oder noch mehr. Diese Möglichkeit steigt natürlich drastisch, wenn ein Flugzeug nun durch Zufall oder sogar mit Wissen von Verantwortlichen mit mehreren solchen Falschteilen bestückt wird. Es ist dabei im Vorfeld nur schwer zu überschauen, wie sich Systemausfälle auf die jeweilige Situation auswirken.

Peter Friedman, der sich die Hersteller dieser Teile genauer ansah, stellte fest, daß über 50% der Vertragslieferanten des US-Militärs überhaupt nicht über die erforderlichen Testeinrichtungen und Inspektionsverfahren verfügten oder solche Überprüfungen einfach nicht durchführten. Dabei handelte es sich um namhafte Unternehmen wie United Supply, Faber Enterprises, The Deutsch Company, Magna Air Company und Nelson Aerospace. Nelson Aerospace hatte Unterverträge mit 36 verschiedenen Kleinlieferanten, war von

Boeing und der amerikanischen Marine anerkannt, obwohl ihre Teile eine Defektrate von 78% aufwiesen. Faber, Nelson, United Supply und Deutsch wurden später wegen Betruges verurteilt. Deutsch stellte nicht konforme Teile her und ließ diese über Maklerfirmen wie Tristar Aerospace, Burbank Aircraft Supply und HK Fittings vertreiben. Dabei kam heraus, daß HK sogar solche Teile erhielt, die Deutsch als Ausschuß bzw. Schrott betrachtete und von denen gesagt wurde, sie sollten für Kraftfahrzeuge verwendet werden. Aber HK verkaufte sie zum Beispiel an AVIALL, Bell Helicopter, General Dynamics, Boeing, Fairchild Aircraft, Grumman und Lockheed. Die Warnungen der US-Regierungsbehörden gingen in diesem Fall leider nur an die Einkäufer des Militärs, nicht aber an die zivilen Fluggesellschaften, was ganz klar zu einer vermeidbaren Gefährdung der Zivilluftfahrt führte.

Glücklicherweise hat sich die generelle Haltung der Verfolgungsbehörden und Ankläger in den USA durch den Druck der Öffentlichkeit in den letzten Jahren etwas gebessert. 1984 noch weigerte sich ein Staatsanwalt, einen Betrugsfall mit Flugzeugersatzteilen zu verfolgen, so berichtet Friedman, solange nicht gewährleistet sei, daß bei erfolgreicher Verurteilung der Betrüger die für das Verfahren anfallenden Kosten wieder ausgeglichen würden. Sicherheit im Flugverkehr war für diesen Staatsanwalt nur ein unbedeutender Nebenaspekt.

Die Luftfahrtindustrie ist mehr als jeder andere Industriezweig auf Vertrauen aufgebaut. Es gibt derzeit keine gesetzlichen Maßnahmen gegen die Produktion und den Vertrieb von solchen Falschteilen, auch fehlen geeignete Strafvorschriften bei festgestellten Betrugsfällen. Die Bestimmungen der Aufsichtsbehörde FAA, die sogenannten FARs sind nach Ansicht von Peter Friedman der »Himmel«, nicht aber der »Boden« von Sicherheitsanforderungen. So werden die Ermittler weiterhin im Kampf gegen die Bogus Parts mit erheblichen Schwierigkeiten zu kämpfen haben, die überführten Fälscher dagegen mit einem viel zu geringen Strafmaß davonkommen.

## 6. Die Ersatzteilfahnder – DoT contra FAA

In dem Badeort Ft. Lauderdale, etwa 30 Autominuten von Miami entfernt, treffe ich drei verdeckte Ermittler des Department of Transportation.[1] Die Beamten bringen mich in ihr »Allerheiligstes«, ein geheimes Lagerhaus, in dem sie einen Großteil ihrer sichergestellten Beweisstücke aus über 15 laufenden Verfahren lagern. Kein Journalist hatte hier bisher Zugang. In einer Ecke fällt mir eine riesige Bremsscheibe auf. »Die haben wir auf der Werkbank eines LKW-Bremsendienstes sichergestellt. Es ist eigentlich eine abgenutzte Bremsscheibe für eine Boeing 747, ein Schrotteil also, das man mit der Flex so bearbeitet hat, daß es nun auf die Bremse einer DC 8 passen soll...« Aus einer Kiste kramt einer der Ermittler ein Bauteil für den Anlasser eines Düsentriebwerks hervor. Das Teil macht auf mich einen einwandfreien Eindruck. An ihm ist eines der gelben Flugtauglichkeitszertifikate befestigt. »An diesem und zahlreichen anderen Teilen, die wir sichergestellt haben, wurden unerlaubte Reparaturen ausgeführt, teilweise wurden hier verschiedene Schrotteile zusammengeschweißt, neu bemalt und mit einem gefälschten Unbedenklichkeitszertifikat wieder in die Betriebssysteme der Fluggesellschaften zurückgeschleust.« Dieser Fall ist schon bekannt, immerhin hatte die FAA in dieser Sache im Juni 1992 eine sogenannte AD-Note herausgegeben und vor der Verwendung von Anlassern für Flugzeuge der Typen Boeing 727, 737, McDonnell-Douglas DC 8, 9 und 10 gewarnt. Sie wurden von der Firma Classic Aviation in Florida an Fluggesellschaften ausgeliefert und teilweise auch auf Passagierflugzeugen installiert.

In einer anderen Ecke des Lagers machen wir dann sogar einen Fund, der sich bis nach Deutschland zurückverfolgen läßt. Säuberlich ist dort eine Vielzahl von Bremsteilen aufgestapelt, die von der deutschen Firma Jurid aus Hamburg an die amerikanische Firma Serval Aviation in Rockledge, Florida geliefert wurden. Es handelt sich

1 DoT: US-amerikanisches Verkehrsministerium, das die verschiedenen Transportgesellschaften überwacht. Ihm obliegt die direkte Verantwortung für die finanzielle Gesundheit der Fluggesellschaften, es muß sicherstellen, daß diese auch wirklich über die erforderlichen finanziellen Mittel verfügen um die von der FAA aufgestellten Minimum-Anforderungen erfüllen zu können, sowie ihren Geschäften in angemessener und sicherer Weise nachgehen.

um Bremsbeläge und -scheiben, wie sie auf Flugzeugen vom Typ Boeing 727 und 707 verwendet werden.

Illegalerweise tragen die Jurid-Teile dieselben Teilnummern wie die Beläge des Originalherstellers BFGoodrich. Zahlreiche solche Bremsteile wurden von den Fahndern in den USA sichergestellt. Einige waren bereits auf den Fahrwerken von Passagiermaschinen namhafter US-Fluggesellschaften montiert. Der deutsche Hersteller Jurid beteuert natürlich seine Unschuld. Der kleine Schönheitsfehler: Die Jurid-Bremsteile sind wesentlich härter als die Teile des Originalherstellers, das führt zu höherem Verschleiß, und im Falle einer Notbremsung könnte das Flugzeug außer Kontrolle geraten, wie uns ein Experte versichert.

In einer weiteren Kiste kommt ein Triebwerksstarter zum Vorschein, ein Beweisstück aus einem der spektakulärsten Falschteilefälle der Vergangenheit: Der Ex-Polizist Dan Campbell, Inhaber der Firma KC Aerospace aus Kansas City, sowie zwei seiner Angestellten wurden im Juni 1992 unter Anklage gestellt. Das FBI konnte stichhaltig beweisen, daß der ehemalige Polizist an die amerikanische Fluggesellschaft Northwest Airlines Falschteile geliefert hatte: Generatoren, hydraulische Ventile und andere Komponenten für die Hydrauliksysteme von Passagierflugzeugen. Aus dem Büro des Staatsanwaltes in Kansas City verlautete: »Einige Teile wurden als Neuteile verkauft, obwohl sie gebraucht waren. Andere wurden als repariert bzw. überholt deklariert, obwohl sie nie eine Werkbank gesehen hatten.«[1] Mit diesen Teilen wurden eindeutig gefälschte Lufttüchtigkeitszertifikate geliefert. Sie trugen die Unterschrift eines FAA-Inspektors, der sehr glaubwürdig versichern konnte, daß er diese Zertifikate nie unterschrieben hatte.

Der Firma Northwest Airlines entstand ein enormer Schaden. Sie mußte alle von KC Aerospace gelieferten Teile in ihrem Lagersystem zurückverfolgen, ja einige mußten sogar aus Flugzeugen wieder ausgebaut werden. Auch die Fluggesellschaft Continental wurde ein Opfer von Campbells gefährlichen Machenschaften. Die Firma KC Aerospace verschwand 1990, kurz nach der Razzia des FBI, recht schnell von der Bildfläche. Aber Dan Campbell erhielt von der Luftaufsichtsbehörde FAA trotz des um ihn entstandenen Medienrummels eine

1 Gary Stoller in *Condé Nast Traveller*, »Counterfeits in the Sky«, Januar 1993, S. 95ff.

neue Lizenz für eine andere Firma: Avion Technologies in Ft. Lauderdale, Florida, ebenfalls eine Firma, die mit Ersatzteilen handelt...

»Doch das ist nur die Spitze des Eisbergs«, sagt uns einer der Ermittler des DoT in Florida, »kein Mensch weiß, wieviele Falschteile da draußen in Umlauf sind.« Deswegen hat das DoT die Ermittlungen im illegalen Handel mit Flugzeugteilen zu seiner Prioriät gemacht. Allein von dieser Behörde wurden 75 Spezialagenten abgestellt, die derzeit amerikaweit über 200 Ermittlungsverfahren führen.

Wie konnte dieses Problem derartige Ausmaße annehmen?

Das Problem der Bogus Parts hat dramatisch zugenommen, als in den USA große Luftfahrtunternehmen wie Eastern und PAN AM in finanzielle Bedrängnis gerieten und kurze Zeit später Konkurs anmelden mußten. Sie hinterließen die riesigen Ersatzteillager ihrer Großflotten. Viele dieser Ersatzteile verfügten aber nicht über die erforderliche Dokumentation. Die allgemein angespannte Situation in der Luftfahrtindustrie zwang viele Unternehmen zu drastischen Sparmaßnahmen. Dieser Zustand hält bekanntlich bis heute an. So ist es vorgekommen, daß Fluggesellschaften und Wartungsbetriebe wissentlich auf die billigeren Teile ohne die erforderlichen Dokumente zurückgegriffen haben, um Kosten zu sparen.[1]

Ein Unternehmen kann jedoch auch ganz unschuldig und unwissend zum Abnehmer von Falschteilen werden. Die meisten Ersatzteillager der großen Fluggesellschaften sind voll automatisiert. Hier können unloyale Angestellte sehr leicht eindringen; die bislang etablierten Kontrollsysteme der Lagerverwaltung sind in weiten Bereichen unzureichend. Meist haben die Gesellschaften auch kaum einen Überblick über ihre Handels- und Verleihpraktiken von Ersatzteilen. Niemand kennt genau den aktuellen Lagerbestand. So war es für Angestellte oftmals ein Leichtes, gute Teile durch Schrott- und nicht mehr funktionstüchtige Teile auszutauschen.

Auch die Wartungsbetriebe in den USA sind mitverantwortlich für die Misere. Erwiesenermaßen nahmen es viele mit den geltenden Vorschriften nicht so genau. Ihnen scheint ein gewinnträchtiges Geschäft wichtiger zu sein als ihre Verpflichtung zum Melden von

---

1 Bill Wagstaff, »Bogus Parts – Investigations point to widespread safety threat«, *Aviation International News* vom 1.5.1994

Falschteilen, wie der folgende, bei 25 amerikanischen Wartungsbetrieben durchgeführte Test beweist: Den Betrieben wurden nicht mehr einsatzfähige Teile geschickt, mit dem Auftrag, einen Yellow Tag, also ein Lufttüchtigkeitszertifikat auszustellen. Nur zwei der Betriebe meldeten diese Teile an die FAA, die anderen 23 Firmen stellten das gewünschte Zertifikat kommentarlos aus.[1]

Jedoch ist das Problem der Bogus Parts keine plötzlich aufgetretene Erscheinung der 90er Jahre. Bereits 1957 veröffentlichte Joseph Chase, ein damaliger Manager für den Bereich Wartung und Ausrüstung bei der amerikanischen Flight Safety Foundation, einen Aufsatz[2], in dem er vor der Unfallgefahr durch Falschteile warnt. Aber die US Civil Aeronautics Administration, die Vorgängerin der heutigen FAA, unternahm nichts. So sah sich Mr. Chase veranlaßt, sieben Jahre später einen weiteren Aufsatz bei der FSF zu veröffentlichen: »Falschteile – eine anhaltende Bedrohung der Flugsicherheit«.[3]

Heute stellt sich das Problem allerdings wesentlich vielschichtiger und verschachtelter dar. Die Bogus Parts kommen inzwischen nicht nur aus den USA, sondern in zunehmendem Maße auch aus Europa und Asien. Besonders in China, Korea, Malaysia und Taiwan gelten sehr freizügige Vorschriften bezüglich Patent- und Urheberrechten. Vielen Markentextil- oder auch Uhrenherstellern ist dies schon lange ein Dorn im Auge. Immer häufiger läßt sich die Herstellung von gefälschten Standard-Teilen wie Schrauben oder Nieten und Hydraulikkomponenten in den fernen Osten zurückverfolgen. Anfang Oktober 1994 tauchte sogar ein komplettes Pratt & Whitney JT 3 D-33-Düsentriebwerk für Flugzeuge vom Typ Boeing 707 in Miami auf. Es sollte bei einem Instandhaltungsbetrieb getestet werden, um dann ein Lufttüchtigkeitszertifikat zu erhalten. Dem Techniker fiel auf, daß an dem Triebwerk die Datenplaketten fehlten. Eine halbe Stunde später kam ein junger Mann mit den entsprechenden Plaketten, ausweislich derer es sich bei dem Triebwerk um ein Pratt & Whitney JT 3 D handeln sollte. Leider paßten diese Plaketten aber nicht auf die vorgesehenen Bohrungen. Der Techniker öffnete daraufhin Teile des Gehäuses und war baß erstaunt, als er überall Auf-

1 Info der IFALPA, 3/93, Bogus Aircraft Parts
2 Joseph Chase, »The Problem of Bogus Parts«, Flight Safety Foundation, 1957
3 Joseph Chase, »Bogus Parts: A Continuing Threat to safety in Aviation«, Flight Safety Foundation, 1964.

kleber mit chinesischen Schriftzeichen vorfand. Mittlerweile haben das FBI und das DoT 18 weitere solcher Triebwerkskopien in den USA sichergestellt. Man vermutet, daß sie durch sogenanntes »Reverse-Engineering« in der Volksrepublik China gebaut werden. Darunter versteht man, im Wege eines umgekehrten Entwicklungsprozesses alle erforderlichen Kenntnisse zum Herstellen des Teiles zu erlangen.

Doch auch westliche Industriestaaten, die eigentlich über erheblich strengere Vorschriften verfügen, mischen bei den Falschteilen kräftig mit. Die Hamburger Firma Jurid mit ihren Bremsteilen ist da kein Einzelfall.

Obwohl die großen Flugzeughersteller in den USA bereits seit 1978 kontinuierlich vor dem Problem der »ungeprüften Ersatzteile« gewarnt haben, wurde es von seiten der FAA weitestgehend verdrängt. Die FAA hat weltweit eine Vorreiterrolle inne, sie ist führend im Bereich der Lizenzierung von Flugzeugen und Wartungsbetrieben. Die Anordnungen und Entscheidungen der FAA haben weltweite Auswirkungen auf den Luftverkehr. Trotz des nun vorliegenden Berichts über den Absturz der Convair im September 1989 behauptet die FAA weiterhin: »Es gibt keinen Absturz eines zivilen Flugzeuges, der auf die Verwendung von Falschteilen zurückzuführen ist.« Merkwürdig, denn eine Datenbankrecherche im Computersystem der amerikanischen Unfalluntersuchungsbehörde NTSB bringt gleich auf über 60 Seiten den Begriff »ungeprüftes Ersatzteil« mit Abstürzen in Zusammenhang.

So z. B. auch den bereits erwähnten Absturz einer DC-9 der amerikanischen Fluggesellschaft Midwest Express. Auch der zu trauriger Berühmtheit avancierte Unfall einer DC-10 der United in Sioux City wird heute, mehr als fünf Jahre nach Abschluß der Untersuchungen, noch einmal aufgerollt. Aus gut informierten Kreisen bekam ich die Mitteilung, daß man sich erneut auf die Teile aus dem mittleren Triebwerk konzentriert hat, die zu der fatalen Kettenreaktion geführt hatten und schließlich dafür verantwortlich waren, daß die gesamte Steuerhydraulik des Flugzeuges beschädigt wurde. Eine Untersuchung der sichergestellten Metallteile aus dem Triebwerk hat Zweifel an dem Lieferanten aufkommen lassen. Vergleichsproben von identischen Teilen aus der Produktion des Herstellers haben ergeben, daß die Legierungen unterschiedlich sind. Das kommt aber bei einer Serienproduktion eigentlich nicht vor.

Doch die Öffentlichkeit erfährt bislang nur Bruchstücke oder eben nichts. Offensichtlich soll das Problem auch behördlicherseits heruntergespielt werden. Gefälschte Triebwerksteile eines namhaften US-Herstellers wurden übrigens über einen in der Branche anerkannten Lieferanten auch der Lufthansa-Technik in Hamburg ausgeliefert, fielen jedoch bei deren Qualitätskontrolle auf und wurden nicht eingebaut. Der Lieferant wurde mittlerweile zu einer Gefängsnisstrafe von sechs Monaten zur Bewährung verurteilt.

»Wenn alle Fluggesellschaften das Problem der ungeprüften Teile so behandeln würden wie die Lufthansa«, sagt uns einer der Falschteile-Ermittler in Miami, »dann gäbe es das Problem nicht.« In der Tat steht die Lufthansa weltweit, was ihre Ersatzteile angeht, in einem guten Ruf. Sie kontrolliert und überprüft ihre Zulieferer und handelt sich in den Verträgen das Recht aus, jederzeit, auch völlig überraschend, in der betreffenden Firma aufzutauchen und jeden einzelnen Vorgang zu prüfen. Kommt einer der Zulieferer auch nur ins Gerede, so ist das für die Lufthansa bereits Grund genug, alle Geschäftsverbindungen sofort und für immer abzubrechen. Doch selbst das reicht leider heute nicht mehr aus. Von aufwendigen Sicherheitssystemen, wie zum Beispiel dem Lot Batch Control, will man bei der Lufthansa bislang nichts wissen.

Im zuständigen Luftfahrtbundesamt in Braunschweig sieht man bislang keinen Handlungsbedarf. Ein Sprecher der Behörde: »So, wie in Deutschland behördlicherseits die Instandhaltung von Flugzeugen überwacht wird, würde eine Gefährdung sofort erkannt werden.« Und das, obwohl auch in Deutschland bereits 80% der gebrauchten Flugzeugersatzteile aus den USA, hauptsächlich aus Miami, bezogen werden. Und auch in Sachen des deutschen Bremsenherstellers Jurid will das LBA bislang nicht unternehmen. »Da es sich bei Jurid um keinen vom LBA anerkannten Betrieb handelt, unterliegt er auch nicht unserem Verantwortungsbereich«, so der Leiter des LBA, Klaus Koplin. Und der deutsche Staatsanwalt ist auch nicht zuständig, da die Teile ja nach USA geliefert wurden.

Die Pilotenvereinigung Cockpit sieht das anders. Der Sprecher, 1. Flugoffizier Oliver Will: »Es gibt bis heute keine geeigneten Kontrollmöglichkeiten. Das muß sich ändern. Auch die Händler müssen lizenziert und kontrolliert werden. Nicht nur in Amerika, sondern auch hier. Das vereinigte Europa hat bis heute keine gemeinsame übergeordnete Luftaufsichtsbehörde, die unabhängig von nationalen Interessen über die geeigneten gesetzlichen Mittel verfügt, hier effektiv einzuschreiten. Ganz zu schweigen von einer eventuellen Task-Force, die jederzeit das Recht und die geeigneten Möglichkeiten hätte, bei solchen Anlässen in jedem x-beliebigen Betrieb unangemeldet aufzutauchen und zu prüfen. Das wurde beim europäischen Vereinigen anscheinend völlig vergessen. Im Gegenteil: Im Zuge der Vereinfachung und der Einführung neuer europäischer Standards sollen jetzt auch noch die luftfahrttechnischen Prüfer abgeschafft werden.«

In der Tat fehlen bis heute in Deutschland ebenso wie in den USA gesetzliche Vorschriften, die die Produktion und den Vertrieb von gefälschten Ersatzteilen wirksam unterbinden. Es gibt zwar den Straftatbestand der Transportgefährdung, aber der Nachweis der vorsätzlichen Transportgefährdung ist äußerst schwierig. Die bisherige Vorgehensweise des LBA kommt aber geradezu der Aufforderung gleich, sich in Deutschland niederzulassen, wenn man falsche Flugzeugteile herstellen möchte, nur ja keine Anerkennung des LBA zu fordern, und diese Teile nur ja nicht in Deutschland zu verkaufen, sondern ins Ausland. Aufgrund des öffentlichen Drucks und vor allem der zahlreichen Gelegenheiten, bei denen die Vereinigung Cockpit im vergangenen Jahr immer wieder auf die Bedrohung der Sicherheit des internationalen Flugverkehrs hingewiesen hat, kam das Luftfahrtbundesamt in Zugzwang. Nur zwei Tage nach der Ausstrahlung der 45minütigen Sendung »Zündstoff: Das Risiko fliegt mit«, die ich im Frühjahr 1994 für das ZDF erstellt hatte, kam endlich Bewegung in die sonst eher Jahre hinterherhinkende Behörde. Gründlich, wie man in Deutschland nun einmal ist, waren die Beamten wohl der Überzeugung, das Problem nun endlich an der Basis angehen zu müssen. Und zu diesem Zweck entwickelte man erst einmal ein Formblatt, auf dem nunmehr Gesellschaften und Wartungsbetriebe ihre Falschteile melden können. Bereits über ein Jahr zuvor existierte ein fast identisches Formblatt bereits in den USA.[1] Oliver Will von der Vereinigung Cockpit bezeichnet diesen Papiertiger als »den Witz des Jahrhunderts« und sieht darin beileibe keine effiziente

1 Vgl. Rundschreiben des LBA vom 29. 3. 1994, RS-Nr. 19-01/91 0, und FAA Advisory Circular 21-29 A

Möglichkeit, dem Problem zuleibe zu rücken. Das würde wesentlich drastischere Maßnahmen erfordern, wie zum Beispiel unangemeldete Stichproben und Überprüfungen in den deutschen Flugzeugwartungsbetrieben. Doch dafür fehlen, wie so oft, neben dem politischen Willen das Geld und die Mitarbeiter. In Deutschland verwaltet man als Beamter eben lieber, als daß man handelt.

Die FAA wird für ihre viel zu lasche Bekämpfung des Falschteileproblems mittlerweile heftigst kritisiert. Trotzdem, die Behörde spielt die Problematik weiter herunter. Anthony Broderick erklärte mir im Interview für das ZDF: »Sehen Sie, es gibt sicherlich Milliarden von Ersatzteilen in den Lagern. Tatsache ist, daß wir nur sehr selten Probleme damit haben.« Die FAA sieht bislang keine Veranlassung, an dem bestehenden System und den Vorschriften etwas zu verändern.

Die Generalinspekteurin des Transportministeriums (DoT), Mary Schiavo, sieht das ganz anders. Sie liegt daher mit der FAA schon seit der Verschärfung der Ermittlungen im Bereich der Falschteile im heftigen Streit. Da aber auch ihr bislang die rechtlichen Voraussetzungen fehlen, etwa einmal unangemeldet die Lagerbestände und die Flugzeuge renommierter amerikanischer Fluggesellschaften auf Falschteile zu untersuchen, hielt sie sich an das, was ihr rechtlich möglich ist. Sie filzte mit ihren Spezialagenten einfach unangemeldet das Ersatzteillager und die Flugzeugflotte der FAA. Die Überprüfung ergab, daß sich streng nach den Vorschriften genommen mehr als 45% Falschteile im Inventar befanden. Ein entsprechender Bericht des DoT wurde im Frühjahr 1994 veröffentlicht.

Natürlich hatte Anthony Broderick auch hierfür gleich eine passende Ausrede parat: »Wenn man sich die Ergebnisse dieses Berichts genauer ansieht, wird man feststellen, daß es überwiegend um Dokumentationsfehler im Inventar der FAA ging. Das heißt, einige Leute bei uns hatten die Herkunft der Teile nicht sorgfältig dokumentiert. Das hat jedoch keine Bedeutung, da die Flotte der FAA sich im Besitz der Regierung der Vereinigten Staaten befindet. Für sie gelten nicht die gleichen Vorausetzungen und Anordnungen wie für ein kommerziell genutztes Flugzeug.«

Um dem Aufschrei der US-Medien entgegenzutreten, verfaßte die FAA eine Stellungnahme zu dem DoT-Bericht, der dem amerikanischen Kongreß vorgelegt wurde. Hier versucht die FAA die

Erkenntnisse des Berichtes und eines weiteren Audits des DoT in ausländischen Werftbetrieben, die unter FAA-Kontrolle stehen, zu relativieren. Peter Friedman hat sich beide Berichte sowie auch die Stellungnahme der FAA einmal vorgenommen und für mich analysiert. Friedman kommt dabei zu folgenden Ergebnissen:

»Die FAA behauptet in ihrer Stellungnahme, daß sehr effektiv verhindert wurde, daß Falschteile und Teile mit gefälschter Dokumentation die Sicherheit beeinträchtigen konnten. Niemals seien solche Teile bei einem Unfall eines amerikanischen Flugzeuges als Unfallursache oder beitragender Faktor identifiziert worden.

Das ist falsch. Die Datenbank der FAA in Oklahoma enthält in den dort gespeicherten Service Difficulty Reports (SDR) im Zeitraum von 1973–1993 alleine 166 Einzelfälle mit Flugzeugzwischenfällen bzw. Unfällen, darunter viele, die zum Totalverlust des betroffenen Flugzeuges geführt haben. Diese Vorfälle konnten alle auf die Verwendung von ungeprüften oder gefälschten Ersatzteilen zurückgeführt werden.

Die FAA behauptet auf S. 5 ihrer Stellungnahme, daß die Bedeutung der ungeprüften Ersatzteile im Hinblick auf die Größenordnung der täglichen Wartungsaktivitäten in der Luftfahrt unsignifikant sei. Sie führt auf S. 7 weiter aus, daß die Luftfahrtindustrie jährlich mehr als 26 Millionen Ersatzteile benutzt. An anderer Stelle bestätigt die FAA jedoch, daß in 2% der vom DoT festgestellten Fälle wirklich gefälschte Teile aufgetaucht sind. Daraus kann man ableiten: Wenn 26 Millionen Ersatzteile jährlich benutzt werden, könnten 520.000 Einzelteile (= 2%) Falschteile sein. Weiter führt die FAA aus, daß in 16% der vom DoT untersuchten Fälle ungeprüfte Teile involviert waren. Das bedeutet dann hochgerechnet, daß es sich bei ca. 4.160.000 jährlich benutzten Ersatzteilen um ungeprüfte Teile handelt.

Die FAA behauptet, daß das Statement des DoT, ›eine signifikante Anzahl von gefälschten Teilen und Teilen mit falscher Dokumentation sei – meist durch Großhändler und andere Verkäufer – in die Wartungssysteme gelangt‹, unkorrekt ist. Tatsache ist aber, daß die Ermittlungen des Verteidigungs- und des Transportministeriums aufgezeigt haben, daß die im Zuge dieser Ermittlungen gekauften oder aber in den regierungseigenen Lagerbeständen getesteten Ersatzteile eine Fehlerrate von 78% aufwiesen.

Die FAA behauptet auf S. 10 ihrer Stellungnahme, daß Standard-Teile nicht in kritischen Bereichen der Luftfahrt benutzt werden. Diese Behauptung ist wissentlich falsch. Bei der Mehrheit aller Verbindungsbolzen für Tragflächen handelt es sich um Standard-Teile (MS- oder NAS- Spezifikation). Die Mehrzahl aller Befestigungsteile für die Fahrwerkskonstruktion sind ebenfalls Standard-Teile, sowie auch alle Verbindungsteile, die für die hydraulische Flugsteuerung, das Sprit- und Ölsystem eines Flugzeuges verwendet werden.

Die FAA behauptet auf S. 11 ihrer Stellungnahme, daß sie am Government-Industry Data Exchange Program (GIDEP) partizipiert. Eine Recherche in den

Datenbeständen dieses Systems für den Zeitraum 1985–1994 konnte nur eine einzige Alarm-Meldung zum Vorschein bringen, die auf eine Initiative der FAA zurückging.«

So weit eine kleine Kostprobe aus der Analyse von Peter Friedman. Bleibt zu hoffen, daß seine Ausführungen ebenfalls den Politikern im amerikanischen Kongreß baldmöglichst bekannt werden. Der Kongreß hält schon viel zu lange seine schützende Hand über die FAA.

# 4. Gefährliche Entwicklungen

## I. Fliegen in der GUS – Augen zu und durch

Eine Flugreise in den Staaten der GUS, also der ehemaligen Sowjetunion, kann man getrost als Russisches Roulette bezeichnen. Wenn man Glück hat, überlebt man das Spiel. Mit 221 getöteten Passagieren war das Todesrisiko im Jahr 1993 in den Staaten der GUS zehnmal höher als im Weltdurchschnitt. 1994 dürfte noch schlimmer geworden sein. Allein im 1. Quartal starben mehr als 200 Menschen bei Flugzeugunglücken in der GUS. Nach Einschätzung des Berliner Professors für Verwaltungsrecht Elmar Giemulla versinkt der Luftverkehr in der GUS im Chaos.[1]

Die ehemalige Staatsairline Aeroflot hat sich in mehr als 150 kleine Gesellschaften zersplittert. Manche dieser Kleinstgesellschaften verfügen über nicht mehr als zwei Flugzeuge. Dabei sind die ehemaligen Aeroflot-Maschinen völlig überaltert. Über 250 Maschinen russischer Bauart sind älter als 25 Jahre. Der Wartungszustand ist katastrophal. Da die Ersatzteilindustrie nicht nachkommt, werden die Flugzeuge kurzerhand »kannibalisiert«, das heißt: Mit Teilen aus zwei kaputten Flugzeugen hält man ein drittes instand, so daß es zumindest weiter fliegen kann.

Sogar eigene statistische Erhebungen der GUS-Luftaufsichtsbehörde MAK haben ergeben, daß das Leben eines Passagiers in der GUS stärker gefährdet ist als in den über 180 anderen ICAO-Staaten. In der GUS wird ein getöteter Passagier auf 1,09 Millionen beförder-

1 *Wirtschaftswoche* Nr. 21 vom 20. 5. 1994, S. 90.

ter Passagiere verzeichnet. Zum Vergleich: In allen anderen Ländern liegt der Durchschnittswert bei 1,25 Mio., in den USA sogar bei 14,3 Mio.

Auch das System der Aufsichtsbehörden ist völlig zusammengebrochen. Von hier geht keinerlei Gewalt oder Kontrolle mehr aus. Der Vorsitzende der Gewerkschaft des zivilen Flugpersonals, Alfred Malinowkiy, beschrieb die Situation so: »Heute werden in Rußland bei keinem Inlandsflug die Sicherheitsnormen eingehalten.« Im August 1993 stürzte eine Maschine ab, die neben 22 Passagieren statt der erlaubten 210 Kilogramm mehr als 600 Kilogramm zusätzlich an Bord geladen hatte.

Das Problem offenbart sich beim Einchecken. Hier kann man immer wieder beobachten, wie Reisende durch Bestechung des Personals der Airline versuchen, ihr Hab und Gut doch noch irgendwie auf den Flieger zu bekommen. In der Folge versperren dann Koffer, große Gepäckstücke, Kisten, ja sogar lebendige Tiere Gänge und Notausgänge. Ein Bekannter, der in Moskau eine Nachrichtenagentur unterhält, berichtete mir einmal von einem Flug ins Innerste des Riesenstaates, bei dem zusätzlich zu allen belegten Sitzplätzen circa 20 Stehplätze in den Gängen vergeben worden waren.

Am 28. August 1993 finden die russischen Flugunfalluntersucher in den Trümmern einer bei Khorog in Sibirien abgestürzten Passagiermaschine 82 Leichen. Die verunglückte Maschine vom Typ Yak-40 ist aber nur für 32 Passagiere zugelassen. Das Flugzeug lag mit drei Tonnen Übergewicht jenseits aller Limits. Es gibt Zeugenaussagen, die bestätigen, daß den Piloten dieses Fluges angedroht wurde, sie würden erschossen, wenn nicht alle Passagiere, die mit diesem Flug fliegen wollten, an Bord kämen.[1]

Obwohl viele Piloten und Wartungstechniker bemüht sind, die Fehler des Systems durch harte Arbeit zu kompensieren, muß auch gesagt werden, daß mehrere Unfälle in den vergangenen drei Jahren eindeutig auf betrunkene Angestellte von Fluggesellschaften und Flughafenpersonal zurückgeführt werden mußten.[2] Auch ist es keine Seltenheit, daß Sie vielleicht im Besitz eines gültigen Tickets für einen Flug sind, aber beim Einsteigen in das Flugzeug von der

1 Alexander Velovich in *Flight International* vom 12.–18. 1. 1994, S. 13.
2 Z. B. mehrere Unfälle mit Antonovs AN-2, Zwischenfall mit einem betrunkenen Tankwagenfahrer im Juli 1992 in Bratsk; zwei Tupolevs TU 154 brannten aus.

Besatzung noch mal zur Kasse gebeten werden. Der Grund dafür ist, daß viele Gesellschaften ihrem Personal schon lange das Gehalt schulden. Da schafft man sich dann selbst Abhilfe. Ein modernes Piratentum, das in der GUS bislang nicht bestraft wurde. Weitaus schlimmer, aber auch bekannt wurden Fälle, wo russische Piloten nachts im Hotel einen Anruf erhielten und freundlichst, aber bestimmt darauf hingewiesen wurden, daß, wenn sie ein gesteigertes Interesse daran hätten, ihre Familie wohlbehalten wiederzusehen, sie am nächsten Tag doch eine kleine Ladung zusätzlich mitnehmen sollten. Diese Ladung erweist sich dann am nächsten Tag als ein kapitaler LKW mit knappen 5 Tonnen Ladung. Ganz klar, hier mischt auch die Mafia mit.

80% des Luftraumes über der GUS werden durch Radar überwacht, jedoch ist die benutzte Technik veraltet. Moderne Anlagen zeigen dem Lotsen auf dem Radarschirm im Kontrollzentrum die durch das Transpondersystem des Flugzeuges übermittelten Daten. Dazu gehören z. B. die Flugnummer, Höhe und Geschwindigkeit. In der GUS sieht der Lotse diese wesentlichen Informationen nicht, er weiß also gar nicht, ob zwei Flugzeuge eventuell auf der gleichen Höhe fliegen und womöglich eine Kollision droht. Auch kann er nicht ermitteln, wie schnell das Flugzeug fliegt und wo es sich zu einem bestimmten Zeitpunkt befinden wird. Der Lotse weiß eben nur: Da ist ein Flugzeug. Präventive Maßnahmen zur Vermeidung von gefährlichen Annäherungen kann er nicht leicht ergreifen.

Navigationshilfen wie die Non Directional Beacons (ungerichtete Funkfeuer) liegen zum Teil weit auseinander und weisen gelegentlich »Lücken« auf, in denen der Pilot kein Signal erhält, also seinen aktuellen Kurs auch nicht genau überprüfen kann. Vereinzelt verstreute VORs[1] sind in der Regel einfach abgeschaltet; man kann den Eindruck bekommen, daß hier das Geld fehlt, um den Strom zu bezahlen. Moderne Passagierflugzeuge sind dank ihrer relativ genauen Trägheitsnavigationssysteme von derlei Problemen nicht so stark tangiert, jedoch können auch solche Systeme ausfallen oder Fehlanzeigen produzieren.

---

1 Very High Frequency Omnidirectional Range, ein UKW-Drehfunkfeuer, mit dessen Hilfe der Pilot seinen Kurs sowie in vielen Fällen auch seine aktuelle Entfernung zu diesem Funkfeuer an seiner Cockpitanzeige ablesen kann. Die Navigation mittels VOR ist z. Z. das wichtigste international angewandte Kurz- und Mittelstreckenverfahren der Funknavigation.

Und auch auf die Flugsicherung in Rußland kann man sich nicht verlassen. Das Gerät ist veraltet oder kaputt, und es ist sogar schon vorgekommen, daß einer Flugsicherungsstation vom Elektrizitätswerk einfach der Strom abgestellt wurde, weil sie ihre Stromrechnung nicht bezahlt hatte. Mit dem Notstrom von nur einer Stunde konnte sie gerade noch die im Überflug befindlichen Flugzeuge darauf hinweisen, daß sie auf sich alleine gestellt waren.

Die Zersplitterung des Riesenlandes fördert neue Probleme. Nach internationalen Regeln muß man den Überflug jedes Staates zehn Minuten vorher anmelden – auch wenn die eigentliche Überquerung des Landes mal gerade fünf oder acht Minuten dauert. Das führt schnell zu einer chaotischen Hektik, da man gleichzeitig mit drei oder vier Staaten reden muß. Die vorgeschriebenen Positionsmeldungen bei jeder Kursänderung und jedem Funkfeuer müssen dabei völlig unter den Tisch fallen, doch darüber regt sich heute kaum noch jemand auf.

Das Englisch der Controller ist eine einzige Katastrophe. Zwar verstehen sie die Standardphraseologie, aber sobald ein außerplanmäßiges Ereignis eintritt, wird die Kommunikation äußerst mühselig. Viele Luftstraßen in der GUS tragen auf den Flugkarten den Zusatz »Russian only« (nur Russisch), was darauf hindeutet, daß die Fluglotsen hier nur Russisch sprechen. Nur in den wenigsten Flugsicherungsstellen gibt es Übersetzer, noch seltener kennen diese sich im fachspezifischen Vokabular aus.

Um die Qualität des Flugbenzins ist es nicht sonderlich gut bestellt. Eine Handvoll Flughäfen, wie z. B. Moskau, Sankt Petersburg und Khabarovsk, verfügt über »verhältnismäßig« gutes Kerosin, an den anderen Flughäfen ist es weniger gut und auf kleinen Flughäfen sogar unbrauchbar. Einige westliche Fluggesellschaften helfen sich aus dieser Patsche, indem sie ihr eigenes Kerosin gleich mitbringen. Das führt natürlich zu enormen Einschränkungen bei der dann noch zur Verfügung stehenden Nutzlast. Westliche Piloten berichteten auch schon über Probleme mit verschmutztem Treibstoff, den sie in den ehemaligen Sowjetstaaten getankt hatten: Es gab Triebwerksausfälle und in einem Fall sogar eine außerplanmäßige Notlandung.

Ein gravierendes Problem ist die Tatasache, daß es überhaupt keinen Flughafen in der GUS gibt, der im Notfall von einer Boeing 747 angesteuert werden kann. In dieser Hinsicht stellt sich das Riesengebiet der GUS für die Piloten so dar wie z. B. die Sahara, der Nordpol oder ein Ozeanüberflug. Auf der »Rennstrecke« von Europa nach Japan besteht für eine Boeing 747 zwar die Möglichkeit (z.B. in Mirny in Sibirien) notzulanden, ohne daß dabei Menschen getötet werden, eines ist aber sicher: Das Flugzeug wird dabei stark beschädigt, wahrscheinlich muß es nach einer solchen Landung als Totalverlust abgeschrieben werden. Die meisten Landebahnen wurden nämlich für Militärjets gebaut. Sie sind zwar lang, aber nicht breit genug, damit eine 747 mit ihrer Spannweite von ca. 60 Metern sicher heruntergehen kann.

Die Landebahnen sind meist in einem erbärmlichen Zustand. Die Aktivitäten der Wartungstechniker kann man wirklich nicht mit den bei uns gewohnten Standards vergleichen; hier ist das Wort »Improvisation« ein treffenderer Begriff. Als katastrophal muß man auch den Zustand von Notausrüstungen wie z.B. Spezial-Löschfahrzeugen der Feuerwehr bezeichnen. Eine weitere Gefahr bilden die in der GUS angewandten Praktiken zum Enteisen von Flugzeugen. Ein erfahrener Kapitän sagte mir einmal auf die Frage nach den dort herrschenden Enteisungsstandards: »Was für Enteisungsstandards ? Die haben doch noch nicht mal Standards für Eis!«

Leitspruch erfahrener (westlicher) Piloten, die in dieser schon als »steinzeitlich« zu bezeichnenden Umgebung öfters fliegen: »Bleib ruhig, bring viel Zeit mit und hab gute Nerven...« Beim Überflug der ehemaligen Sowjetunion hält es die Lufthansa so, daß sie nicht auf den vorgegebenen Luftverkehrsrouten bleibt, sondern immer in einigem Abstand seitlich versetzt fliegt. Damit vermindert sich das Risiko eines Zusammenstoßes um ein Vielfaches, so der Sprecher der Pilotenvereinigung Cockpit, Oliver Will.

Eine Studie unter Beteiligung des NTSB und der FAA vom Herbst 1994 kommt zu dem Resultat, daß die Flugsicherheit in der Republik Rußland zwar die Anforderungen der akzeptierten internationalen Minimalstandards nach den ICAO-Voraussetzungen erfüllt, aber sofort geeignete Maßnahmen ergriffen werden müssen, wenn dieses niedrige Niveau auch in Zukunft noch eingehalten werden soll.

Für eine sichere Luftfahrt gilt vor allem das Prinzip: »Kontrolle und Koordination.« Wenn dies nicht schnellstmöglich in der GUS realisiert und umgesetzt wird, droht der dortigen Luftfahrt ein gigantischer Zusammenbruch. Es scheint, daß einerseits jeglicher politischer Wille zur Verbesserung und andererseits die finanziellen Vorraussetzungen fehlen. Die Probleme in der GUS resultieren aus dem Versagen der Verantwortlichen, einen angemessenen Ersatz für das zusammengebrochene monolithische System zu finden.

Alleine in Rußland gibt es heute mehr als 320 neu registrierte kommerzielle Fluggesellschaften. Die sich aus den Resten der alten Aeroflot rekrutierenden Kleinstfluggesellschaften operieren meist unter höchst fragwürdigen Bedingungen und ebenso fragwürdigen Sicherheitsstandards.

Zwar betreiben einige dieser neuen Gesellschaften auch westliche Flugzeugtypen, doch ihre Piloten sind meist nur schlecht darauf ausgebildet und von der komplexen Technik überfordert. Viele Russen weigern sich auch heute noch hartnäckig, Englisch zu lernen. Es ist tatsächlich keine Seltenheit, daß ein Pilot überhaupt kein Englisch kann – wie soll er aber dann mit den englischen Handbüchern der Flugzeuge zurechtkommen?

Besonders die ehemalige Aeroflot, heute Aeroflot Russian International Airlines, kämpft um ihren guten Ruf und damit auch um Passagiere. Dabei hat sie alle Mühe, ihre Situation in den Griff zu bekommen: Gerade hatten einige westliche Geschäftsleute Gefallen gefunden am Service und den fünf neuen Airbus A 310/300, da war das gewonnenene Renommee mit dem Absturz genau eines solchen Airbus in Sibirien auch schon wieder dahin. Der Kapitän hatte seinen Kindern erlaubt, auf dem Kapitänssitz im Cockpit Platz zu nehmen! Dieser Flug gipfelte am 22. März 1994 nahe der sibirischen Stadt Nowokusnetzk in einer Katastrophe, 75 Menschen kamen ums Leben. Hartnäckig leugnete die Fluglinie, daß sich zum Zeitpunkt des Unglücks die Kinder des Kapitäns im Cockpit befunden hätten. Die Aufzeichnungen des Cockpit-Voice-Recorders widerlegen aber diese Schutzbehauptung. Zuerst ließ der Kapitän es zu, daß seine 12jährige Tochter Jana auf den Kapitänssitz kletterte. Hier einige Auszüge aus dem Cockpit-Voice-Recorder-Protokoll:

*Jana*: »Papa, kann ich das hier drehen? Hast du den Autopiloten eingestellt?«

*Kapitän*: »Ja.«

(Daraufhin erklärt Kapitän Jaroslaw Kudrinski seiner Tochter Jana die Position des Flugzeuges.)

*Jana*: »Papa, mach meinen Sitz höher.«

*Kapitän*: »Willst du denn das Flugzeug fliegen?«

*Jana*: »Nein.«

*Kapitän*: »Halt das Steuer fest, aber drücke nicht auf die Knöpfe. Diesen Knopf, den roten, faß ihn ja nicht an.« (Der Vater warnt vor dem Ausschaltknopf des Autopiloten.)

(Ca. sechs Minuten später, um 20:51 Uhr, sitzt der 16jährige Sohn Eldar auf dem Sessel im Cockpit.)

*Eldar*: »Kann ich das hier drehen?«

*Kapitän*: »Was?«

*Eldar*: »Das Steuer.«

*Kapitän*: »Ja, wenn du es nach links drehst, wohin bewegt sich dann das Flugzeug?«

*Eldar*: »Nach links. Großartig.«

*Kapitän*: »Dreh es, beobachte den Erdboden dabei. Dreh nach links. Dreht sich das Flugzeug?«

(Nun schickt Kapitän Kudrinski seine Tochter in das First Class-Abteil. Sie soll sich dort schlafen legen. Etwas später fragt sein Sohn:)

*Eldar:* »Warum bewegt es sich jetzt?«

*Kapitän*: »Bewegt es sich von allein?«

*Eldar*: »Ja.«

*Kapitän*: »Halt es fest, halt das Steuer, halte es, nach links, nach links, nach rechts.«

*Copilot*: »Zur anderen Seite.«

*Eldar*: »Ich drehe es doch nach links.«

(Nun ertönen im Cockpit Warnsignale, die anzeigen, daß das Flugzeug zu rasch an Höhe verliert.)

*Kapitän*: »Komm raus.«

(Anscheinend kommt der 16jährige Sohn aber nicht schnell genug aus dem Sitz heraus.)

*Copilot*: »Da ist der Boden.«
*Kapitän*: »Kriech raus, komm raus, komm raus, komm raus.«

Es muß dem Kapitän noch gelungen sein, in seinen Sitz zurückzukommen, aber das Flugzeug war nicht mehr abzufangen. Um 20:58 Uhr Ortszeit schlägt der A 310 in einem unwegsamen Waldstück Sibiriens auf.

Was war passiert? Der Airbus befand sich im Reiseflug von Moskau nach Hongkong in 10.000 m Höhe. Absolut unüblich und im übrigen auch verbotenerweise läßt der Kapitän seine Kinder auf seinen Sitz. Offensichtlich hat Eldar, der Sohn, den Autopiloten ausgeschaltet. Das Flugzeug geriet durch die Lenkbewegung in eine steile Rechtskurve und kippte ab. Dabei kam es in eine instabile Fluglage. Dieser Flugzustand wird begünstigt durch ein besonderes Konstruktionsmerkmal vieler moderner Langstreckenflugzeuge, das beim Airbus A 310 als erstem Baumuster eingeführt wurde. In der Höhenflosse befindet sich ein zusätzlicher Tank, der je nach Schwerpunktlage mit Kerosin, maximal etwa fünf Tonnen, gefüllt wird. Das hat allerdings auch einen Nachteil: Die Maschine ist in großen Höhen von Hand nur sehr schwierig steuerbar. Ein erfahrener A 310-Pilot sagte einmal, das sei so ähnlich wie das Lenken eines Autos auf Glatteis. Die Besatzung hatte keine Chance, einmal vom normalen Flugpfad abgekommen, die Maschine wieder abzufangen.

Um dringend benötigte Devisen zu bekommen, verleihen die GUS-Staaten qualitativ gute Flugzeugen und die erfahrensten Piloten an Drittwelt-Länder im Nahen Osten, Afrika und Lateinamerika. 1993 waren weltweit 4.834 Flugzeuge russischer Bauart im Einsatz. Dabei betrieben die Fluggesellschaften der ehemaligen Ostblockstaaten insgesamt 4.114 Maschinen, gefolgt von afrikanischen Gesellschaften mit 262 Maschinen und China mit 207 Maschinen.

Die chaotischen Verhältnisse in der GUS werden nur noch von denen in der Volksrepublik China übertroffen. Da ist die Lage der Flugsicherung desolat. Oftmals erhalten Maschinen im Anflug keine Unterstützung von der Flugsicherung. Die Technik der meisten Flughäfen kann man nur als steinzeitlich bezeichnen. So müssen zum Beispiel am Pekinger Flughafen die Flugzeuge erst eine stark befahrene Straße überqueren, bevor sie von der Rollbahn zum Abfertigungsgebäude gelangen können.

Die verschiedensten internationalen Organisationen warnen schon lange vor Flügen in die GUS und nach China. Wenn es sich nicht abwenden läßt, sollte man zumindest mit westlichen Carriern fliegen und das Umsteigen in den Staaten der GUS und in China vermeiden. Dadurch werden die Reisezeiten natürlich erheblich länger. Will man zum Beispiel in den Osten der GUS, muß man über Japan oder Hongkong fliegen. Möchte man in den Süden, bietet sich Istanbul als Basis an. Bei Reisen in die chinesische Provinz raten die Experten zu Umwegen über Hongkong, Singapur und Malaysia. Dramatisch ist in diesem Zusammenhang, daß die international anerkannte Flight Safety Foundation sowohl den Staaten der GUS als auch China ihre Hilfe angeboten hat. Das Ganze scheitert an der Finanzierung, denn zumindest in der GUS sind keine Devisen für ein Mehr an Sicherheit im Flugverkehr vorhanden. Airbus Industrie beabsichtigt, 1995 in der Volksrepublik China ein Trainingszentrum zu errichten; dort sollen dann Mandarin sprechende Ausbilder die Piloten der chinesischen Fluggesellschaften trainieren. Die Erfolge dieses Trainings werden jedoch noch einige Jahre auf sich warten lassen.

## 2. ATC: Luftraumüberwachung im Zeitalter digitaler Funktelefone

»Gesagt ist noch nicht gehört.
Gehört ist noch nicht verstanden.
Verstanden ist noch nicht einverstanden.
Einverstanden ist noch nicht angewandt.
Und angewandt ist noch nicht beibehalten.«

*Konrad Lorenz*

Die Luftraumüberwachung (engl. Air Traffic Control) bietet ein enormes Potential für menschliches Fehlverhalten. Zur Zeit ist noch eine irrsinnig aufwendige Technik nötig, um Flugzeuge am Himmel vom Boden aus zu kontrollieren und zu leiten. Es handelt sich um eine Verknüpfung von Funk, Radar und Datenverarbeitung. Neue Systeme sind bereits angedacht, doch ihre Indienststellung gestaltet sich langwierig und außerordentlich kompliziert. Dabei haben wieder einmal die Militärs schon längst für strategische Zwecke Systeme entwickelt, die der Zivilluftfahrt gute Dienste leisten könnten. Seit einigen Jahren gibt es das Global Position System (GPS), das eine Ortsbestimmung unter Zuhilfenahme von Satelliten durchführt. Erst seit 1994 werden Flugzeuge jedoch mit diesem System ausgestattet. Durch GPS wird man völlig unabhängig von bodengestützter Navigation und den Funkfeuern, die ja auch mal ausfallen oder fehlerhaft arbeiten können.

Die rechnergestützte Radarbildaufarbeitung hat schon erhebliche Vorteile gebracht. Dabei werden alle Daten des Flugzeuges auf dem Radarbildschirm angezeigt. Der Lotse weiß so, wie hoch und wie schnell das Flugzeug fliegt, und kann sich per Knopfdruck auch die errechnete Position der Maschine in fünf Minuten anzeigen lassen. Solche Systeme können gefährliche Konflikte mit Flugzeugen auf Kollisionskurs wirksam vermeiden.

Die Luftraumüberwachung in den USA ist schon seit Jahren Gegenstand heftigster Diskussionen. Die FAA hat festgelegt, daß es einen totalen Ausfall eines Luftüberwachungssystems (ATC) im Durchschnitt sechsmal im Monat geben darf. Ein Beispiel: September 1993 in Jacksonville/Florida. Dieses Kontrollzentrum deckt einen Großteil des Südostens der USA ab. Gegen 9 Uhr gab es dort einen plötzlichen Totalausfall aller Überwachungssysteme. Das Radar, der Funk, das gesamte Verkehrsüberwachungssystem fiel aus, während ein Flugzeug genau auf ein militärisches Sperrgebiet in South Carolina zuflog, in dem gerade eine Übung mit scharfer Munition durchgeführt. Der Controller rannte aus dem Tower zu den Parkplätzen, sprang in seinen Wagen, nahm sich sein Mobiltelefon und rief die Militärbasis an. Er warnte sie vor dem Flugzeug und bat um Einstellung der Übung. Dieser Vorfall wurde noch nicht einmal in der Presse erwähnt – außer in Jacksonville. Cleveland ist ein anderes Beispiel einer katastrophalen Situation, die laut FAA sechsmal im Monat passieren darf. Die gesamten Systeme fielen fünf bis 20 Minuten lang aus, und es dauerte jeweils zehn Minuten, bis das Ersatzsystem geladen war und funktionierte.

Aber auch Europa hat mit der Luftraumüberwachung so seine Probleme. Trotz steigenden Verkehrsaufkommens herrscht hier immer noch eine extreme Zersplitterung. Jeder Staat beansprucht mindestens eine eigene Überwachungszentrale. Daher besteht unter den verschiedenen Staaten, manchmal sogar unter mehreren Kontrollstellen eines Staates, ein sehr hoher Koordinierungsaufwand, und das verursacht gerade bei starkem Verkehr erwartungsgemäß Sand im Getriebe. Es kommt zu Verspätungen, bedingt durch Staus am Himmel und am Boden. Mit steigendem Verkehr wird allerdings auch das Risiko von gefährlichen Situationen größer. Aber selbstverständlich nur »relativ« gesehen.

1990 kam es zu 12 unmittelbaren und 28 mittelbaren Gefährdungen im Luftraum. Von einer unmittelbaren Gefährdung spricht man, wenn ein Zusammenstoß nur durch eine Ausweichbewegung eines oder beider Piloten der beteiligten Flugzeuge vermieden werden konnte, oder wenn eine Ausweichbewegung durchgeführt worden wäre, wenn früh genug Sichtkontakt bestanden hätte, um das Ausweichen zu ermöglichen. Eine mittelbare Gefährdung bedeutet, wenn wenigstens einer der beteiligten Piloten oder ein Fluglotse vor dem Zwischenfall bereits Maßnahmen einleitete, um die Gefahr eines Zusammenstoßes zu verhindern, aber dennoch ein Restrisiko bestand. Das entspricht Gefährdungen bei 0,0026 % der insgesamt durchgeführten Flüge. 1991 waren es 15 unmittelbare und 22 mittelbare Gefährdungen, entsprechend 0,0022 % der getätigten Flüge. 1992 waren es 10 unmittelbare und 12 mittelbare Gefährdungen, entsprechend 0,0012 % der Flüge und 1993 kam es zu 14 unmittelbaren und 22 mittelbaren Gefährdungen, entsprechend 0,0019 % des Verkehrsaufkommens in Frankfurt.[1] Das sieht ja eigentlich ganz gut aus, könnte man meinen. Das Bild würde sich jedoch schlagartig wandeln, wenn einmal aus einer mittelbaren Gefährdung eine Kollision würde, eventuell mit zwei Großraumflugzeugen vom Typ Boeing 747. Oder, nur einmal rein hypothetisch, aus jeder Gefährdung eine Kollision mit daraus resultierenden Abstürzen...

In Europa gab es schon einmal einen Ansatz, die Flugsicherung neu zu strukturieren. Eurocontrol sollte dieses zentrale Luftüberwachungszentrum heißen. Aber dann kamen die vielen nationalen

1 Quelle: DFS, Zahlen, Daten, Fakten, Sept. 1994

Eifersüchteleien, und das minderte die »gemeinsame« Qualität. Bislang nicht erkannt wurde die Notwendigkeit der Beschränkung auf wenige, dafür aber grenzüberschreitende Kontrollzentren, die mit dem gleichen Gerät, zumindest aber mit der gleichen Software arbeiten. Überquert man mit dem Flugzeug die Alpengrenze, bedeutet das nicht selten die Begegnung mit archaischen Verhältnissen.

Zum Beispiel in Griechenland. Hier gibt es vielerorts noch nicht einmal eine Radarüberwachung, dabei ist Griechenland schon lange ein Natopartner mit strategisch wichtigen Luftkontrollaufgaben. Aber was für die Militärs und Kriegsherren dieser Welt ganz selbstverständlich ist, hat noch lange keinen Bestand für den Transport von Menschen. Eine bittere Erkenntnis, vor allem für ein Urlaubsland, das jeden Sommer immense Touristenströme anzieht. Ein befreundeter Kapitän eines großen deutschen Charterfliegers sagte mir einmal: »Das ist so, wie wenn du durch eine ausgestorbene Westernstadt gehst und ständig damit rechnest, daß hinter jeder Ecke, jedem Fenster, jeder Tränke einer auf dich anlegt und dich abknallen will. Mit einem vergleichbaren Gefühl fliegen wir manchmal da drüber und lauern geradezu auf einen, der knapp vor uns durch unsere Höhe durchschießt. Das ist mir schon viel zu oft passiert. Und der Herr Controller weiß von nichts, weil der ist ja eh blind.«

Doch solche Mißstände sind nicht die einzigen, die es in diesem Zusammenhang zu beklagen gilt. Viele Fluggesellschaften statten inzwischen ihre Maschinen mit Bordtelefonen aus, die über Satelliten mit jedem Telefonanschluß auf der Welt verbunden werden können. An Bord amerikanischer Maschinen können so die Passagiere im Flug und sogar bargeld- und gebührenfrei einkaufen, bezahlt wird per Kreditkarte. Die Waren werden am nächsten Flughafen oder sogar gleich nach Hause geliefert. Während der Passagier so schön in 30.000 Fuß »shopping« geht, haben die Piloten vorne im Cockpit wahrscheinlich gerade mal wieder Störungen auf dem Radiokanal, oder sie schreien sich die Lunge aus dem Hals, um mit einem Fluglotsen eine Kursänderung abzustimmen.

In fünf Jahren beginnt das 21. Jahrhundert unserer Zeitrechnung. Man sollte es kaum für möglich halten. Da werden doch tatsächlich gestochen scharfe Fotos von irgendwelchen unbemannten Forschungssonden aus dem hintersten Winkel unseres Sonnensystems drahtlos übertragen, und jeder, der etwas auf sich hält, telefoniert mittlerweile europa- und weltweit mit seinem digitalen Telefon von der Größe einer Zigarettenschachtel und versteht sein Gegenüber einwandfrei, aber in den Cockpits halten immer noch Funkgeräte auf dem Entwicklungsstand des 2. Weltkrieges die Stellung. Immer wieder kommt es zu Doppelsendungen, indem zwei gleichzeitig funken und so niemand etwas versteht. Einfache und billige technische Lösungen, die so etwas verhindern, sind längst vorhanden. Zahlreiche Taxizentralen in Deutschland sind da schon fortschrittlicher. Über den Weltmeeren ist es geradezu abenteuerlich. Dort hat man schon große Mühe, überhaupt etwas zu verstehen und sich eventuell mal mit einem anderen Flugzeug abzustimmen, wenn schon kein Radarlotse aufpaßt.

Fluglotsen sollten zwar international Englisch sprechen, die Betonung liegt aber auf »sollten«. In der Regel wird in aller Herren Länder Sprachen kommuniziert. Die polnischen Fluglotsen sprechen Polnisch und Russisch, die Franzosen Französisch, die Spanier Spanisch, die Russen Russisch usw. Für den in der Regel gut Englisch sprechenden deutschen Piloten kann die Kommunikation mit den ausländischen Kollegen beim Überflug ihres Hoheitsgebietes schnell zum babylonischen Alptraum werden. Bereits über dem Nachbarland Frankreich erfährt er nicht mehr, was der hinter ihm fliegende oder gar seine Flughöhe kreuzende Air Inter- oder Air France-Pilot als nächstes machen wird. Jedenfalls kein gutes Gefühl für den deutschen Piloten, es sei denn, er spricht Französisch.

Es kommt vor, daß sich bis zu 20 Flugzeuge auf ein und derselben Funkfrequenz tummeln. Während der Rush-Hour im Anflug auf einen Großflughafen stellt so etwas auch an die Fluglotsen hohe Anforderungen. In der Kürze der Zeit müssen sie möglichst jedem Flugzeug eine klare Anweisung für Höhe und Kurs geben und es über eventuelle Besonderheiten informieren. Dabei läuft alles immer nach dem gleichen Verfahren ab: Unter Nennung des Callsign, also der Kennung der Maschine, gibt es Anweisungen. Z. B.: »British Airways 7–3-0, fliegen Sie Kurs 1–8-0, sinken Sie auf 3–0-0–0, behalten Sie 1–8-0 Knoten bei. Lufthansa 6–4-0, fliegen Sie Kurs 1–6-0, sinken Sie auf 1–8-0–0 Fuß, bis Sie ILS Localizer Landebahn 0–6 empfangen. Kontaktieren Sie den Tower, usw.« Irren ist menschlich, und so kann es auch dem besten Lotsen mal passieren, daß er ein Callsign falsch ausspricht, und schon besteht Verwirrung. Aber auch

Piloten verstehen mal etwas falsch, oder ein Teil der Meldung des Lotsen wird verstümmelt, weil wie bereits beschrieben gerade ein anderer Pilot dazwischenfunkt. So können fatale Mißverständnisse entstehen. Deshalb ist Funkdisziplin auch so ungeheuer wichtig. Das beinhaltet auch das ständige Wiederholen dessen, was man verstanden hat.

Manchmal entstehen aber auch Hörfehler aufgrund fast identisch klingender Zahlenwerte. So wird die Höhe auch als Fluglevel angegeben. 10.000 Fuß sind gleich Fluglevel 100, sprich »eins-null-null«. Beim Kurs ist aber auch eine Richtung 100 denkbar und möglich, sprich »eins-null-null«. Fluglevel 110 sind 11.000 Fuß. Nehmen wir nun einmal an, der Loste möchte Flugzeug A von 12.000 Fuß auf 10.000 Fuß herunterholen und muß zur gleichen Zeit Flugzeug B, das auf 11.000 Fuß Höhe fliegt, einen Kurs von 100 Grad zuweisen. Irrt er sich beim Ansprechen der Flugzeuge oder versteht nur einer der Piloten falsch, kann es schon zu einer gewaltigen Verwirrung kommen.

Aus diesem Grund hat man sich international im Jahr 1992 auf eine Neuregelung geeinigt: Die Tausender werden nunmehr als Tausender und die Hunderter als Hunderter angesagt. Nur hält sich einfach nicht jeder dran – in den USA z. B. hat die Neuregelung noch nicht viele Freunde gefunden. Hinzu kommt, daß viele Piloten es anders gewöhnt sind und sich nur sehr schwer umstellen können.

Das alles wäre nur halb so schlimm, wenn das die einzigen Probleme wären. Die Kommunikation zwischen Fluglotsen und Piloten könnte viele solcher Fehler verkraften, bevor es zur Katastrophe käme. Noch herrschen vereinzelt große Sicherheitsmargen, bedingt durch die Abstände der einzelnen Flugzeuge. Leider aber gibt es viele Länder, die ihre Lotsen mehr schlecht als recht ausgebildet haben. In Deutschland praktiziert die Lufthansa zusammen mit der Deutschen Anstalt für Flugsicherung immerhin Seminare, bei denen die Lotsen einmal in den Flugsimulator gesetzt werden. Diese Workshops haben großen Anklang gefunden und sicherlich mit dazu beigetragen, daß sich heute Lotsen mit den möglichen Situationen im Cockpit etwas besser auskennen und so mehr Verständnis für den Standpunkt der Piloten aufbringen können. Doch Simulatoren sind teuer, und viele Entwicklungsländer können sich ein solch kostspieliges Training nicht leisten. Meist fehlt den Fluglotsen, ganz einfach ausgedrückt, die visuelle Vorstellung, was oben im Cockpit gerade abläuft. Gefährlich wird es dann, wenn der Flughafen weder über ein Radar noch über ein Instrumenten-Lande-System (OLS) verfügt, wie z. B. der von Katmandu in Nepal. Hier haben sich denn auch in kurzer Folge gleich zwei Unfälle ereignet, die ein cleverer und fixer Fluglotse im Kontrollzentrum hätte vermeiden können.

Kathmandu liegt mitten im Himalya, also den höchsten Bergen der Welt. Als erstes erwischte es einen A 310 der Thai Airways am 31. Juli 1992. Wegen eines Problems beim Ausfahren der Landeklappen blieb der A 310 etwas länger auf seiner ursprünglichen Höhe und bat erst dann den Lotsen in Katmandu um Erlaubnis, tiefer gehen und landen zu dürfen. Der Lotse wies den Kapitän an, zu seinem Ausgangspunkt Romeo zurückzukehren und einen neuen Anflug durchzuführen. Romeo ist ein Punkt 75 km südöstlich von Katmandu. Etwas später fragte dann der Kapitän, ob er zunächst eine Linkskurve fliegen dürfe. Diese Frage beantwortete der Lotse mit: »Negative, proceed.« Der Lotse meinte offensichtlich, die Maschine hätte schon gedreht, und würde sich vom Flughafen wieder wegbewegen und nun nochmals drehen wollen, um erneut anzufliegen. In Wirklichkeit flog der Airbus weiter auf den Flughafen zu, in nördlicher Richtung. Der Kapitän des A 310 wiederholte seine Nachfrage nach der Linkskurve noch weitere drei Male mit dem gleichen Ergebnis: »Negative, proceed.« Da der Lotse kein Radar hatte und zusätzlich die Sichtverhältnisse in Katmandu sehr schlecht waren, bemerkte er den Irrtum nicht. Die Besatzung des A 310 entschied sich daraufhin, kurz vor dem Flughafen eine Rechtskurve zu fliegen und von ihrer Flughöhe von 10.500 Fuß auf eine sichere Höhe von 18.000 Fuß zu steigen. In der Anflugkarte waren immerhin Berge mit Gipfelhöhen bis zu dieser Höhe verzeichnet. Der Lotse in Kathmandu gab nun an das Flugzeug durch, die Flughöhe von 10.500 Fuß zu halten, da dies die maximale Höhe war, die er kontrollieren durfte. Offenbar verloren die Piloten jetzt die Orientierung, denn sie schwenkten nach der Rechtskurve wieder auf einen nördlichen Kurs ein, blieben jedoch auf einer Höhe von 10.500 Fuß.

In diesem Augenblick gab der Lotse die Maschine nun doch an das Area-Control-Center ab. Diese Institution verdient eigentlich den Namen nicht, verfügt sie doch im Gegensatz zum Arbeitsplatz des Anfluglotsen noch nicht einmal über einen Richtungsfinder am

Funkgerät. Damit kann man zumindest bestimmen, aus welcher Richtung der Funkspruch eines Flugzeuges kommt. Der Lotse im Area-Control-Center hat vermutlich auch nicht mitbekommen, daß der Airbus immer noch in nördlicher Richtung flog, sondern nahm vielmehr an, das Flugzeug würde zu seinem Ausgangspunkt zurückkehren, um erneut anzufliegen. Es passierte, was passieren mußte: Die Maschine prallte auf ihrer Flughöhe von 10.500 Fuß in einen Berg, dessen Gipfel sich bei 12.000 Fuß befindet, einen vorgelagerten Gipfel des zentralen Himalayamassivs. Den Fluglotsen sind hier objektiv keine Vorwürfe zu machen. Einzig und allein die Besatzung des Thai Airbus hat diesen Unfall zu verantworten. Immerhin hat der Kapitän die Entscheidungsgewalt. Sein Copilot warnte ihn auch noch 30 Sekunden vor dem Aufprall, und ein Blick auf die Anflugkarte hätte ihn sofort den Ernst der Lage realisieren lassen. Ein Fehler, der 113 Menschen das Leben kostete. Dennoch spricht der Unfallbericht zu Recht von einer »uneffektiven Funkkonversation« zwischen dem Area-Control-Center und der Besatzung des Flugzeuges.

In dem anderen Fall, der sich am 28. September 1992 ereignete, hat der Copilot eines Pakistan International Airlines A 300 wohl beim Lesen der Anflugkarte einen Fehler gemacht. Ihm fiel nicht auf, daß sich das Flugzeug exakt 1.000 Fuß unter der Sollhöhe befand, also statt 10.500 Fuß nur 9.500 Fuß hoch flog. Der Copilot meldete seine Position und die korrespondierende (falsche) Höhe regelmäßig an den Lotsen in Katmandu. Der visualisierte offensichtlich den Anflug der Maschine nicht und bemerkte daher auch nicht, daß das Flugzeug 1.000 Fuß zu tief war. Dieser Flug endete ebenfalls an einem Berggipfel, allerdings noch vor dem Flughafen von Katmandu. Diesmal starben 117 Menschen. Obwohl es sich auch bei diesem Absturz um einen klaren Fehler der Piloten handelte, kann sich die Flugsicherung des Himalayastaates nicht ganz unschuldig fühlen. Hätte der Lotse die vom Flugzeug gemeldeten Höhen- und Entfernungspunkte auf einer Anflugkarte nachvollzogen, wäre ihm der Fehler sicherlich aufgefallen und er hätte die Maschine sofort zum Steigflug auffordern können. Das hätte die Katastrophe verhindert.

Es bleibt auch hier leider nur übrig festzustellen, daß in diesem Bereich noch vieles und das sehr schnell getan werden muß, denn der Flugverkehr steigt ständig und damit auch die Belastung dieses schon sehr strapazierten Sicherheitsnetzes.

# 3. Strahlende Höhen – von der Radioaktivität beim Fliegen

»Das fliegende Personal ist einer sehr starken Strahlenbelastung mit hohen biologischen Schadwirkungen ausgesetzt. Erhebliche Gesundheitsschäden sind nicht nur zu befürchten, sondern mit Sicherheit zu erwarten.« *Vereinigung Cockpit*, Hintergrundinformation Nr. 44 vom 25. April 1994

Zu diesem Ergebnis kommen mehrere aktuelle Studien, die die Strahlenbelastung von Cockpit-Besatzungen und Vielfliegern untersucht haben. Seit langem ist bekannt, daß es in der Erdatmosphäre eine mit der Höhe zunehmende Strahlenbelastung aus kosmischer Strahlung gibt. Doch erst seit der Katastrophe von Tschernobyl wird die Strahlenbelastung im Cockpit auch in Fliegerkreisen diskutiert. Auslöser dafür war die Frage, welches Risiko Flüge über das Gebiet von Tschernobyl darstellen.

Die Vereinigung Cockpit gab verschiedene Untersuchungen in Auftrag, um die Höhe der tatsächlichen Strahlenexposition und die Schwere der gesundheitlichen Folgen zu untersuchen. Hier einige Ergebnisse:

»– Die gemessene Strahlenbelastung liegt zwischen 2 und 16 Micro-Sievert (microSv) pro Stunde, bzw. 2–16 Milli-Sievert (mSv; 10 mSv = 1 Millirem) pro Jahr bei 1.000 Flugstunden ohne kurzzeitige Spitzen durch Solar-Flares (Sonneneruptionen). Das sind Aufbrüche auf der Sonne, durch die Strahlung freigesetzt wird. Diese Strahlung reicht bis auf die Erde. In großer Intensität ist sie allerdings nur in den höheren Schichten der Erdatmosphäre meßbar, also genau dort, wo Flugzeuge auf normalen Reiseflughöhen unterwegs sind.
- Kurzzeitige Schwankungen aufgrund solarer Einflüsse können zur Verdreifachung, in seltenen Fällen zur Verhundertfachung dieser Werte führen, speziell in hohen nördlichen bzw. südlichen Breiten.
- Die Strahlung besteht zu 50 bis 80 % aus hochenergetischen Neutronen mit sehr hoher biologischer Schadwirkung.
- Die Untersuchungen von strahlenbedingten Chromosomenschäden bei langgedienten Piloten und Flugbegleiterinnen ergab eine jährliche Strahlenbelastung von bis zu 25 mSv. Dies liegt eindeutig über der von der Internationalen Kommission für Strahlenschutz (ICRP) neu vorgeschlagenen Grenze von 20 mSv pro Jahr.«[1]

1 Vereinigung Cockpit, Hintergrundinformation Nr. 44, 25.4.1994.

Im wesentlichen handelt es sich dabei also um kosmische Hintergrundstrahlung – Strahlung, die aus dem Weltall kommt. Man unterscheidet zwischen dem »solaren Wind«, einem beständigen Partikelstrom, bestehend aus relativ energiearmen Protonen, der von der Sonne ausgeht und in der Erdatmosphäre sekundäre Prozesse auslöst, sowie den zeitlich begrenzten »Solar Flares«, also Explosionen auf der Sonne. Bei diesen Explosionen werden zum Teil sehr große Massen von Sonnenpartikeln in den Weltraum geschleudert und treffen irgendwann einmal auch die Erde. In der Atmosphäre erzeugen sie dann erhebliche Strahlendosen. Diese Belastung ist sehr stark höhen- und breitenabhängig. Je näher man den Polen kommt, umso stärker schlagen diese Einflüsse durch, was durch den Abschirmeffekt des Erdmagnetfeldes zu erklären ist.

Ich interviewe Flugkapitän Hajo Lebuser, der der Arbeitsgruppe »Strahlen« der Vereinigung Cockpit angehört.

*Frage:* »Seit wann weiß man von dieser Strahlung und wie geht man damit um?«

*Lebuser:* »Eigentlich weiß man es seit Beginn des Jahrhunderts, als der österreichische Forscher Viktor Hess um 1913 herum bei Ballonflügen festgestellt hat, daß bei zunehmender Höhe eine Strahlung auftritt, die immer stärker wird. Zunächst konnte man sich das nicht erklären, fand aber dann heraus, daß diese Strahlung offensichtlich aus dem Weltraum stammen mußte. Speziell in den 60er und Anfang der 70er Jahre führten die Amerikaner umfangreiche Meßprogramme durch im Hinblick auf die bevorstehende Supersonic-Fliegerei, also die zivile Überschallfliegerei in großen Höhen. Man hatte damals die Sorge, daß die Strahlung sehr hoch sein könnte und ob man deshalb diese Fliegerei überhaupt betreiben kann. Die Messungen erfolgten aber nach den damals bekannten Meßverfahren und Vorschriften, wie man die biologische Schadwirkung zu bewerten hat. Inzwischen wurden die Dosisgrenzwerte und überhaupt die Dosismessungen revidiert. Das wiederum als Folge der Neuberechnung der Meßergebnisse der Atombombenabwürfe von Hiroshima und Nagasaki, als man nämlich feststellte, daß man speziell die Schadwirkung der Neutronen erheblich unterschätzt hatte. Erst seitdem wird das Krebstodesrisiko um das vierfache höher bewertet. So sah sich schließlich die ICRP 1990 veranlaßt, in einer Empfehlung die bisherigen Dosisgrenzwerte erheblich abzusenken, z.B. den absoluten Jahresgrenzwert von 50 mSv auf 20 mSv für beruflich strahlungsbelastete Menschen und für die allgemeine Bevölkerung von 5 mSv auf 1 mSv.«

Bislang gibt es weltweit nur drei Untersuchungen über das Auftreten von Krebs bei Piloten: eine kanadische (Prof. Band u. a., 1990) eine britische (Irving/Davies, 1992) und eine amerikanische Studie (Hoiberg/Blood, 1993). Allen Studien liegen jedoch nur relativ kleine Fallzahlen zugrunde, so daß sie nur erste Hinweise geben können. Prof. Kuni von der Universität Marburg ermittelte allerdings bei der Auswertung auffallende Übereinstimmungen:

»Wenn man die Todesursache von Piloten zu den durchschnittlichen Todesursachen der Bevölkerung in Relation setzt, liegt der Anteil der Krebstodesfälle bei Piloten nach der kanadischen Studie um 43 Prozent, nach der britischen Studie sogar um 60 Prozent über dem der Durchschnittsbevölkerung. Eine erst kürzlich bekannt gewordene Untersuchung aller Piloten von Japan Airlines (Kaiji, 1993) kommt zu einem ähnlichen Ergebnis. Da Piloten bekanntermaßen im Durchschnitt deutlich gesünder sind als Normalbürger, ist der Befund der japanischen Studie umso bemerkenswerter ...«[1]

Für die japanische Studie wurden einfach alle 2.500 Piloten der Japan Airlines seit dem 2. Weltkrieg kontinuierlich untersucht. Vergleichbare Auswertungen der Gesundheitsdaten des fliegenden Personals gibt es bei uns nicht, obwohl es ein Leichtes wäre. Schließlich muß jeder Pilot halbjährlich ein sogenanntes »Medical« (medizinische Untersuchung) über sich ergehen lassen, um seine Lizenz zu erhalten. Dabei könnte man auch umfassend auf strahlenbedingte Erkrankungen untersuchen. Das Problem liegt jedoch darin, daß solche Untersuchungen sehr aufwendig und teuer sind. Ein für solche Zwecke vom bundesdeutschen Umweltministerium in Aussicht gestellter Betrag in Höhe von 50.000 Mark ist mittlerweile den allgemeinen Sparzwängen zum Opfer gefallen. Dies ist umso unverständlicher, da es sich, aus wissenschaftlicher Sicht gesehen, um ein äußerst wichtiges Projekt handelt. Denn gerade das fliegende Personal ist einer kontinuierlichen Exposition durch hochenergetische Neutronen – Protonen und Millionen von Schwerionen – mit sehr hoher Schadwirkung ausgesetzt.

1 Vereinigung Cockpit, Hintergrundinformation Nr. 44, 25. 4. 1994.

Bereits 1991 gab die Vereinigung Cockpit eine Untersuchung der Chromosomenaberrationen – d. h. der strahlenspezifischen Veränderung der Chromosomen – in Auftrag. Man versprach sich davon, Aufschluß über die Strahlenbelastung und das Ausmaß der biologischen Schäden zu erhalten sowie benutzbares Beweismaterial für eine Klage vor dem Verwaltungsgericht. Im Zuge dieser Erhebung, die von Prof. Traut von der Universität Münster durchgeführt wurde, sind Chromosomenaberrationen von vier Langstreckenpiloten untersucht worden. Bei zwei Piloten wurden dabei statistisch weit erhöhte Aberrationsraten festgestellt. Weil das Ergebnis wegen der geringen Fallzahlen angezweifelt wurde, gab die Vereinigung Cockpit den Auftrag, weitere sieben Piloten zu untersuchen. Hinzu kamen fünf weibliche Flugbegleiter, deren Untersuchung aufgrund der Forderung der Personalvertretung von der Lufthansa bezahlt wurden. Die im April 1993 vorgelegten Ergebnisse dieser zweiten Untersuchung bestätigten in vollem Umfang die Befunde der ersten: Bei sieben der nun insgesamt 16 untersuchten Personen wurden statistisch zum Teil hochsignifikante Erhöhungen festgestellt. Dabei erwarteten die Wissenschaftler lediglich zehn Chromosomenaberrationen, fanden jedoch 50. Überraschenderweise wiesen vier der fünf untersuchten Frauen erheblich höhere Aberrationszahlen auf als alle untersuchten Männer. Solche geschlechtsspezifischen Unterschiede waren bisher noch nicht beobachtet worden. Sie machen aber deutlich, daß weitere Untersuchungen dringend erforderlich wären. In Übereinstimmung mit den bislang angestellten Messungen kommt Prof. Traut abschließend zu dem Ergebnis, daß die von ihm untersuchten Personen einer mittleren Belastung von ca. 10 mSv im Jahr unterlagen.

*Frage:* »Wie sehen denn die Kollegen aus anderen Ländern dieses Problem der Strahlenbelastung?«

*Lebuser:* »Sehr unterschiedlich. In Italien läuft derzeit eine größere Untersuchung zu Chromosomenaberrationen mit insgesamt 100 Personen aus dem Cockpit und 100 aus der Kabine. Die Vorabergebnisse bestätigen im wesentlichen die Ergebnisse, die auch wir hatten: erhöhte Raten von Chromosomenschädigungen. In anderen Ländern, speziell den USA, England und Frankreich, will man von dem Problem kaum etwas wissen. Eigenartig. In den USA scheint die

Angst um den Arbeitsplatz zu überwiegen, in Skandinavien sind die Kollegen schon interessierter. Wir haben als VC dieses Problem auch immer wieder in internationalen Diskussionen im Rahmen der IFALPA thematisiert und werden es auch weiterhin tun.«

*Frage:* »Warum gehen denn, Ihrer Meinung nach, die Betroffenen und auch die Passagiere so sorglos mit diesem Thema um?«

*Lebuser:* »Eine sehr vielschichtige Angelegenheit. Einmal ist es so, daß man Strahlung nicht sinnlich erfahren kann. Man kann sie nicht fühlen oder schmecken, sie tut nicht weh. Deshalb ist es etwas Unheimliches. Dann die ganzen Dimensionen: Millisievert, Millirem usw., damit kann ein normaler Mensch eigentlich überhaupt nichts anfangen. Man hört immer nur ›Strahlung‹, und das ist etwas furchtbar Gefährliches. Das führt häufig zu irrationalen Reaktionen. Es ist ein kompliziertes Thema, das eine intensive Beschäftigung damit erfordert, um es richtig einzuordnen und beurteilen zu können, welche Dosis in welcher Weise gefährlich ist.

Wenn man einen Hinweis auf das Flugticket drucken oder den Passagieren nach dem Flug sagen würde: Sie haben jetzt auf diesem Flug 10 oder 20 microSv pro Stunde abbekommen, dann wüßten viele Leute nicht, was das tatsächlich bedeutet, und neigten zu irrationalen Angstreaktionen. Und genau das ist die Angst der Fluggesellschaften, so eventuell eine Menge Kunden zu verlieren. Ein Passagier, der nur zwei- oder dreimal im Jahr fliegt, geht in der Regel kein besonders großes Risiko ein, auch nicht auf den Langstrecken. Anders ist das aber bei Kindern oder alten Menschen, die gegenüber diesen Strahlungsfolgen eine erhöhte Anfälligkeit zeigen. Deswegen gibt es ja auch entsprechende Schutzregelungen z. B. für Röntgenstrahlung.«

*Frage:* »Trifft es zu, daß Menschen, die in einem Atomkraftwerk arbeiten, eine geringere Strahlungsbelastung haben als Piloten?«

*Lebuser:* »Nach den bisher vorliegenden Messungen, ja. Wir haben festgestellt, daß Piloten in jedem Fall über dem Grenzwert von 1 mSv liegen. Messungen auf Lufthansa-Flügen, Anfang der 90er Jahre, die teilweise von der Gesellschaft für Strahlenforschung in München und über die VC mit dem physikalischen Institut der Universität Gießen durchgeführt wurden, zeigen, daß wir Piloten im Mittel eine jährliche Strahlenbelastung auf Langstreckenflügen haben, die etwa um das drei- bis fünffache höher liegt als die durchschnittliche Belastung der beruflich anerkannten strahlenbelasteten Personen in der Bundesrepublik. Darin eingeschlossen sind auch Angestellte und Arbeiter in Kernkraftwerken. Deren Mittelbelastung lag in den letzten Jahren zwischen 1,7 und 2 mSv pro Jahr, was bei dieser Berufsgruppe regelmäßig festgehalten wird. Wir pendeln irgendwo zwischen 5 und 10 mSv pro Jahr, also bis zum fünffachen. Teilweise vielleicht auch darüber, wenn man das Pech hat, durch einen starken Solar Flare zu fliegen ...«

*Frage:* »Könnte man solche Solar Flares nicht während eines Fluges aufzeichnen?«

*Lebuser:* »Eine unserer Forderungen, von Anfang an. Aufgrund dieser Erkenntnisse sollten Flugzeuge mit aktiven Strahlenmeßgeräten ausgerüstet sein, um nach dem Flug für alle Besatzungsmitglieder eine Radio Activity Log, ähnlich einem Flugbuch, zu führen. Hier könnte man festhalten, welche Dosis die einzelnen Leute pro Jahr erhalten haben, und darüber hinaus, z. B. im Falle eines starken Solar Flares, geeignete Gegenmaßnahmen ergreifen, z.B. eine niedrigere Flughöhe einnehmen. Die Strahlenschutzverordnung hat einen allgemeinen Grundsatz: Jede radioaktive Strahlung ist zu minimieren, auch wenn sie unter den Grenzwerten liegt. Man kann ein Flugzeug natürlich nicht in Blei packen, dann bekommen wir es nie wieder in die Luft, außerdem hat sich gezeigt, daß Blei eher kontraproduktiv ist. Die Strahlenbelastung nimmt mit der Höhe zu. Zwischen 30.000 und 40.000 Fuß ist sie etwa 14- bis 16mal höher als auf der Erdoberfläche. Außerdem verstärkt sie sich vom Äquator aus in Richtung der Pole. Grob gesagt ist sie ab 60 Grad Nord oder Süd etwa zwei- bis dreimal höher als am Äquator. Da bleiben zwei effektive Möglichkeiten: Erstens tiefer fliegen, d.h. die Schutzwirkung der Atmosphäre ausnutzen. 4.000–6.000 Fuß weniger bedeutet schon eine Halbierung der Strahlung, also statt 39.000 Fuß nur noch 33.000 Fuß. Nachteil ist, daß die niedrigere Höhe gleich mehr Sprit kostet. Und zweitens stundenmäßig weniger fliegen, also das Jahreslimit von 1.000 Stunden für die Piloten herabzusenken. Das ist z.B. bei den Concorde-Piloten der Fall. Auch das Kabinenpersonal auf der Concorde, sowohl bei den Briten als auch bei den Franzosen, wird im

Jahr maximal nur 350 Stunden eingesetzt. Es wird zwar nie gesagt, warum das so ist, aber die auf der Concorde durchgeführten Messungen zeigen deutlich, daß es nur so gelingt, die Strahlenbelastung dieser Besatzungen so unter 5 mSv pro Jahr zu halten.«

Nun gibt es neben der Höhenstrahlung auch solche Strahlung, die von der Fracht im Flugzeug selber ausgehen kann. Spätestens seit dem Plutoniumzwischenfall an Bord einer Lufthansa-Maschine im August 1994 dürfte klar sein, wie einfach es ist, radioaktives Material an Bord eines Flugzeuges zu bringen. Doch neben derartigen kriminellen Delikten sind abgebrannte Kernbrennstäbe aus Reaktoren oder radioaktives Material aus der medizinischen Forschung ganz alltägliche Praxis im Frachtverkehr. Wo sich genau die strahlende Ladung im Frachtraum befindet, ist nur der Besatzung bekannt. Es kann also vorkommen, daß ein Passagier direkt über radioaktivem Frachtgut sitzt.

Unterstellt man einmal eine ständige Beladung unter Ausschöpfung der geltenden Beladungsanweisungen, ergibt sich für die Besatzungen eine Strahlenbelastung, die sämtliche Maximalwerte im Vergleich zu anderen Regelungen überschreitet. Da ionisierende Strahlung als gesundheitsrelevant einzustufen ist, wurden für künstliche Radioaktivität die Euratom-Grundnormen, das Atomgesetz und die Strahlenschutzverordnungen geschaffen. Ein Gesetz für die zulässige Belastung von Flugzeugbesatzungen existiert jedoch bislang nicht.

Die internen Beladungsvorschriften für den Transport von radioaktiver Fracht gehen davon aus, daß am Kabinenboden eines Passagierflugzeuges eine Ortsdosisleistung von 40 mSv, also 4 Millirem pro Stunde, nicht überschritten werden darf. Diese Vorschriften sind inzwischen auf höchst bemerkenswerte Art und Weise geändert worden. Die zur Berechnung herangezogenen Meßpunkte wurden vom Fußboden der Passagierkabine auf die Höhe der Sitze verlagert. Da die Strahlungsintensität mit der Entfernung abnimmt, wird personenbezogene Strahlung aus radioaktiver Fracht so einfach heruntergerechnet. Ursprünglich ging man davon aus, daß ein Vielflieger rund 125 Stunden pro Jahr fliegt. Bei einer Belastung von 4 Millirem pro Stunde ergibt das eine durchschnittliche Strahlenbelastung von 500 Millirem pro Jahr, eine rechtlich sehr problematische Belastungsgrenze. Also wurde für Vielflieger eine neue Belastungsgrenze von 100 Millirem pro Jahr festgelegt. Diese basiert auf der völlig willkürlichen Annahme, ein Vielflieger befände sich 500 Stunden pro Jahr in einem Flugzeug, bei dem in 10 Prozent der Flüge radioaktive Fracht zugeladen sei. So und durch die Verlagerung des Meßpunktes auf Gesäßhöhe gelang es, den bisherigen Grenzwert von 500 auf 100 Millirem zu reduzieren. Eine tatsächliche Reduzierung der Strahlenbelastung ist das jedoch nicht, da weder die Abschirmung noch das Volumen der Fracht verändert wurde. Ist radioaktive Fracht an Bord, sind die Passagiere auf einem achtstündigen Flug auch weiterhin Belastungen bis zu 30 Millirem ausgesetzt, wenn auch nur an den Füßen. In Gesäßhöhe sind es dann nur noch 16 Millirem.

*Frage:* »Welche Probleme gibt es denn aus Ihrer Sicht in bezug auf radioaktive Fracht?«

*Lebuser:* »Hauptsächlich, daß es keinerlei Kontrollen gibt. Man verläßt sich auf die Versender. Die brauchen zwar eine Erlaubnis der Behörden und werden angeblich auch überwacht. In Hinsicht auf Dritte-Welt-Staaten ist das sehr fraglich. Die Frachtabteilungen der Fluggesellschaften unternehmen in der Regel keine Kontrollmessungen. Das Ladepersonal ist zwar angewiesen, die Fracht auf die richtige Position im Flugzeug zu verstauen, aber dabei kann es natürlich zu Fehlern kommen, und die Strahlung, die oben ankommt, ist höher als erlaubt. Oder die Fracht wurde auf dem Flug oder dem Transport beschädigt, und es tritt etwas aus. Solche Fälle sind vorgekommen und erst später durch Zufall entdeckt worden. Dabei haben die Passagiere erhöhte Strahlungen abbekommen, gesagt wurde es ihnen aber nicht.«

Bundesregierung und Industrie wären hier aufgefordert zu handeln. Doch die Vorstellungen beider Parteien gleichen sich darin, daß es ausreichend sei, auf eine europäische Lösung des Problems zu warten.[1] Ein Richtlinienentwurf der EU sieht zwar vor, das fliegende Personal in der Revision der Euratom-Grundnormen zu erwähnen, strahlenschützende Maßnahmen sind jedoch nicht geplant. Diese sollen nur ergriffen werden, wenn Messungen, die die jeweiligen

1 Auskunft des Bundesverkehrsministeriums gegenüber der Vereinigung Cockpit zitiert nach Hintergrundinformation Nr. 44, 25. 4. 1994.

Arbeitgeber durchzuführen haben (und nicht eine unabhängige Organisation, wie im ersten EU-Entwurf vorgesehen), ein Schutzbedürfnis nachweisen. Außerdem sollen keine wirtschaftlichen Benachteiligungen gegenüber europäischen Mitbewerbern entstehen.

*Frage:* »Welches Fazit würden Sie ziehen?«

*Lebuser:* »Es ist unausweichlich, das fliegende Personal zumindest auf den Langstrecken in die beruflich strahlenbelastete Personengruppe einzuordnen. Aber die multinationale Abstimmung läuft nicht so, wie sie sollte. Für uns Piloten nützt es gar nichts, wenn wir nur ein neues Etikett, einen neuen Status bekomen: ›So, jetzt seid ihr beruflich strahlenbelastet‹, aber es weiter an jeglichen Schutzvorkehrungen mangelt. Wir fordern erst einmal, daß Information der Betroffenen über das gesundheitliche Risiko stattfinden muß. Weiterhin, daß Strahlung erfaßt und dokumentiert werden muß. Das geht nur mit Meßgeräten an Bord und nicht durch Computerhochrechnungen. Die Anerkennung ist nur noch eine Frage der Zeit. Bei den Folgerungen daraus haben wir den Eindruck, daß man da überhaupt nicht ran will. Im Gegenteil, man versucht ständig, die tatsächliche Exposition herunterzurechnen, um sich um effektive Schutzmaßnahmen, die ja Geld kosten, herumzudrücken. Ein Eindruck, den wir in bezug auf staatliche Organisationen und Ministerien gewinnen mußten. Auch die Fluggesellschaften üben einen großen Druck auf die Politik aus, jede kostenträchtige Schutzmaßnahme zu vermeiden. Es wird sich vielleicht darauf beschränken, eine schriftliche Information herauszugeben, die möglichst harmlos klingt. Wir wollen mehr erreichen. Ein Mittel dazu ist unter anderem die Klage, die drei Kollegen gegen die Behörden der Bundesrepublik wegen Unterlassens von Strahlenschutzmaßnahmen angestrengt haben.«

*Frage:* »Mit welchem Erfolg?«

*Lebuser:* »Leider gab es bisher nur eine Vorinstanz, die eigentliche Verhandlung ist noch nicht terminiert. Auch da versuchen die Behörden, speziell das Bundesverkehrsministerium und das Umweltministerium, alle Verzögerungsmittel einzusetzen. Offenbar in der Hoffnung, Zeit zu gewinnen, bis irgendwelche staatlichen Regelungen erlassen werden, die dann wiederum davon ausgehen, daß nichts unternommen werden muß, weil die Belastung ja gar nicht so hoch ist.«[1]

Am 27. September 1994 hat das Bundesverkehrsministerium vor dem Verwaltungsgericht Köln vortragen lassen, die Klage wegen Unzulässigkeit abzuweisen. Offenbar fehlt es hier den Verantwortlichen in Politik und Behörden am Willen, eine Regelung zu erlassen, die den Erfordernissen der Betroffenen entspricht. Folgendes Zitat aus dem Schreiben des Verkehrsministeriums macht das deutlich: »Die von den Klägern mehrfach angeführte Verfassungsnorm des Artikels 2, Abs. 2 Grundgesetz (Gesundheitsschutz) ist sicherlich von grundlegender Bedeutung, eine Ermächtigungsgrundlage für staatliches Handeln stellt sie jedoch erkennbar nicht dar.«

## 4. Immer höher, immer weiter, immer länger – Flugdienstzeiten

> »Wenn ich als Pilot nach einem zehnstündigen Nachtflug auf dem Heimweg mit meinem Pkw in einen Autounfall verwickelt werde, dann handle ich nach Ansicht der Gerichte grob fahrlässig. Oft fliege ich aber noch mit Passagieren, völlig legal, bis nach München weiter ...«
>
> *Ein DC-10 Pilot der Lufthansa*

In Deutschland ist eine maximale Flugdienstzeit von 14 Stunden gesetzlich erlaubt. Wohlgemerkt ohne nennenswerte Pausen. Jeder Bus- oder LKW-Fahrer muß hier härtere Bestimmungen einhalten, zumindest was die Pausenzeiten angeht. Zwar werden diese, wie uns dramatische Unfälle mit übermüdeten und überanstrengten Fahrern in der Vergangenheit gelehrt haben, auch nicht immer eingehalten, aber wenn die Polizei zufällig mal die Tachoscheiben kontrolliert,

1 Interview mit Hajo Lebuser am 13. 9. 1994 in Walldorf.

hagelt es saftige Bußgelder für Fahrer und Unternehmer. Nicht so in der Zivilluftfahrt.

Die Arbeitsbelastung in den modernen Cockpits ist in den vergangenen Jahren gewiß nicht geringer geworden. Sie hat sich nur verlagert. Heute wird eine sehr intensive Konzentrationsphase von den Piloten bereits am Boden verlangt, wenn sie ihren Flight-Management-Computer mit den Daten für die geplante Flugroute füttern. Ein klitzekleiner Fehler kann zu erheblichen Abweichungen vom geplanten Kurs führen. Ein Steigflug in dichtem Luftverkehr erfordert die volle Aufmerksamkeit, die dann erst nach dem Erreichen der eigentlichen Reiseflughöhe etwas nachlassen kann. Gleiches gilt für einen Anflug bei hohem Verkehrsaufkommen. Glücklicherweise hat sich die chaotische Situation in deutschen Lüften seit der Privatisierung der Bundesanstalt für Flugsicherung und deren Umwandlung in die Deutsche Flugsicherungsanstalt gewaltig verbessert, aber sobald das Wetter nicht mehr ganz mitspielt, ist der Luftraum – z. B. über Frankfurt – regelmäßig überlastet; es kommt zu Staus am Boden und in der Luft.

Nun gilt aber die maximale Dienstzeit von 14 Stunden nicht nur für die Linienpiloten, die ihre Ziele innerhalb Europas anfliegen und dabei bis zu je sechs Starts und Landungen pro Tag absolvieren müssen, sondern eigentlich auch für Langstreckenpiloten. Es liegt in der Natur des Langstreckenfluges – sprich in der zu überwindenden Distanz zwischen Europa und z. B. Fernost – , daß diese Reise gar nicht innerhalb von 14 Stunden zu beenden ist. Hinzu kommt das Problem der Zeitverschiebung, je weiter man sich von zu Hause weg bewegt. Sie stellt eine besondere Belastung für den Körper dar, der sich pausenlos auf die jeweilige Tageszeit einzustellen versucht. Zur Verdeutlichung dieser Problematik hier Auszüge aus dem Tagebuch eines deutschen Piloten, der seit mehreren Jahren nur noch Langstrecken fliegt:

»Es ist 10:00 Uhr. Samstag. Vor einer Stunde bin ich aufgestanden. Erfahrungsgemäß bin ich heute wieder auf dem Damm, wenn auch noch etwas langsam. Das kann ich mir jedoch leisten, denn auch morgen habe ich frei, bevor es wieder losgeht auf die große Reise.

Ich bin Langstreckenpilot bei einer deutschen Fluggesellschaft und habe gerade etwas mehr als 24 Stunden im Bett verbracht. Doch, um einen Anfang zu finden, ein paar Tage zurück: Bereits letzten Mittwoch habe ich den Koffer gepackt und meine Zeit so eingeteilt, daß ich am Donnerstag möglichst ohne lange Umschweife und trotzdem ausgeruht den Flughafen erreiche. Dienstbeginn ist am Donnerstag um 10:30 Uhr, wir wollen um 12:00 Uhr starten. Weil ich Staus und die ewige Parkplatzsuche mit einkalkuliere, versuche ich um 10:00 Uhr dazusein, was effektiv bedeudet, daß um 08:00 Uhr der Wecker klingelt. Das ist human – und noch fühle ich mich auch so, zumal ich vom Stau verschont geblieben bin. Nun, exakt 90 Minuten vor Abflug, hat sich die gesamte Besatzung beim sogenannten Check-In eingetragen. So wird kontrolliert, ob auch wirklich alle da sind oder ob ein Ersatzmann aus der Rufbereitschaft geholt werden muß. Das passiert 89 Minuten vor Abflug und ist unwiderruflich, deshalb sind Flieger so pünktlich zu Dienstbeginn da: Eine Minute Verspätung gilt als gar nicht gekommen.

Die Cockpitbesatzung geht nun zum Briefing, auf das ich kurz eingehe: Hier werden alle erforderlichen Daten zusammengetragen; die Dispatcher (Flugplaner) haben bereits alles Notwendige vorbereitet. Nach der Durchsicht der aktuellen Nachrichten (NOTAMS: Was ist an welchem Flughafen nicht ok, z.B. Lichter, welche Funkfeuer gehen nicht, welche Freuenzen haben sich geändert, wo sind Lufträume gesperrt?) kommen wir zu den Wettermeldungen, aktuellen Meldungen ebenso wie Vorhersagen, Windkarten und der ›Signifikante‹, in der die Fronten und Turbulenzgebiete eingezeichnet sind. Diese Daten sind bei der Auswahl der Streckenführung enorm wichtig, denn man fliegt selbstverständlich nicht die kürzeste Distanz, sondern den Weg mit der kürzesten Flugzeit, d.h. man nutzt Rückenwind möglichst optimal und vermeidet Gegenwind, so gut es geht.

Damit sind wir beim nächsten Problem: Alle Flugzeuge wollen das. Und alle in Richtung USA und Kanada starten vormittags in Europa. Der Stau ist vorprogrammiert – oder anders: Nicht jeder kann die optimale Strecke bekommen. Heute haben wir Glück und müssen nicht noch auf einen Slot achten, eine Lücke im Stau, die uns sonst in Form einer ›frühesten Startzeit‹ von der Flugsicherung übermittelt wird und oft zu Verspätungen führen kann. Das alles gilt es abzuwägen: Lieber 10 Minuten später starten und eine um fünf Minuten kürzere Strecke fliegen oder pünktlich raus und länger fliegen? Die dritte Möglichkeit, tiefer zu bleiben, scheidet heute auf alle Fälle aus, da der Kerosinverbrauch gemessen am Nutzen indiskutabel steigt. Sie kommt eigentlich nur noch bei längeren Verspätungen in Frage.

Was werden wir wiegen? Eine wichtige Frage, denn jedes Kilogramm zusätzliche Fracht, jeder Passagier erhöht natürlich den Kerosinbedarf. Können sich die Gewichte noch kurzfristig ändern, erwarten wir Anschlußpassagiere oder zusätzliche Fracht? Das alles führt zu der Entscheidung, wieviel denn nun eigentlich getankt werden soll. Zwar bietet der Computerflugplan eine rechnerisch perfekte Lösung an, aber der Computer weiß eben doch nicht alles. So sind z. B. Windvorhersagen über dem Südatlantik weniger akkurat, die Wettermeldungen für die US-Ostküste im Winter zu optimistisch, und er weiß auch nicht, daß man in Frankreich so gut wie nie die beantragte Flughöhe bekommt. Außerdem kann er keine grauen Haare kriegen...

Heute entscheiden wir uns recht schnell, denn es sind wohl keine außergewöhnlichen Umstände wie z. B. Warteschleifen wegen schlechten Wetters zu befürchten, und der Flugingenieur meldet die Maschine in einwandfreiem Zustand. Mit einem Packen Papier und schon etwas spät in der Zeit begeben wir uns zum Cabin Briefing, während der Dispatcher die gewünschten Kerosinwerte an den Rampagenten übermittelt, der die Maschine betanken läßt. Die Maschine wird außerdem technisch durchgecheckt und gereinigt, eventuelle Reperaturen können jetzt noch durchgeführt werden.

Auf uns warten ein Chefsteward und 13 Flugbegleiter. Wir unterbrechen sie kurz, um mit ihnen die Strecke, die Flugzeit und das erwartete Wetter unterwegs und am Zielort durchzugehen. Dann trennen wir uns noch einmal (die Kollegen müssen noch einige Servicedetails besprechen), bevor wir gemeinsam aufs Vorfeld fahren. 50 Minuten vor Abflug treffen wir an der Maschine ein. Während die letzten Tonnen Treibstoff in die Tanks gepumpt werden, läuft ein oftmals geübter Plan ab: Alle Systeme werden noch einmal durchgecheckt, alle Instrumente überprüft, das letzte aktuelle Wetter abgehört und mit diesem die Startdaten errechnet. Wie hoch ist die Startabbruchsgeschwindigkeit ? Abhebegeschwindigkeit ? Wie verhalten wir uns im Falle eines Triebwerksausfalls ? Mit einem Ohr höre ich bereits in die Flugsicherungsfrequenz: Gibt es Verspätungen? Und ganz nebenbei: Nein, wir wollen unseren Slot nicht tauschen ... – Eine Taschenlampe fehlt in der Kabine? Wir sagen dem Mechaniker über Funk Bescheid ... Ok, wir warten auf Anschlußpassagiere, aber höchstens 10 Minuten ... – da ändert sich doch auch das Gewicht wieder!

Noch 10 Minuten. Eher zufällig bemerke ich, daß die Passagiere schon längst einsteigen. Während wir noch den Navigationsrechner mit Koordinaten füttern, fragt mich eine Kollegin, wie ich den Kaffee möchte. ›Schwarz, Zucker‹, antworte ich, während ich mit dem anderen Ohr verfolge, daß sich langsam leichte Verspätungen aufbauen. Bestimmt hält sie mich für unhöflich – ich werde später versuchen, das Bild wieder geradezurücken. Während wir auf die Freigabe zum Zurückschieben warten, trinke ich schnell einen großen Schluck Kaffee, damit gleich nichts überschwappt. Während ich mich mal wieder wundere, wie das alles zusammen doch meistens pünktlich funktioniert, schiebt uns der gewaltige Spezialtruck rückwärts vom Gate weg. Das Anlassen der Triebwerke erfolgt ruhig und routiniert, und nach einigen Checklisten stehen wir startbereit an der Startbahn. Alle Eventualitäten sind besprochen, und obwohl alles perfekt funktioniert, sind wir während des Startvorgangs extrem angespannt, besonders als wir uns der V1, der Geschwindigkeit für einen sicheren Startabbruch, nähern. Dann sind wir unterwegs – noch knapp 10 Stunden bis zur Landung in Z.

Auch die ersten zwei Stunden bleibt es hektisch: Häufige Frequenzwechsel in Frankreich und England, Überprüfen der Flugroute, Checklisten und schließlich das Einholen der Flugverkehrsfreigabe für die Atlantiküberquerung. Erneutes Nachladen des Navigationsrechners, Berechnung der voraussichtlichen Überflugszeit der Grenze und vieles anderes mehr. Beim Griff zur Kaffeetasse fällt mir auf, daß beim Starten doch etwas übergeschwappt ist. Erst über dem Atlantik beginnt etwas Ruhe einzukehren. Der Autopilot steuert die Maschine auf Kurs, und alles läuft wie geplant. Funkkontakt ist mittlerweile auf Kurzwelle mit den Zentralen für Atlantikverkehr zustandegekommen, die Qualität ist schlecht, und man muß regelrecht schreien, um durchzukommen. Zwanzigstes Jahrhundert?

Das erste Mal, seit ich den Parkplatz gefunden habe, finde ich Zeit, mich für ein paar Minuten zurückzulehnen, und genieße die Aussicht, während ich mir ein paar Sätze für die Passagiere zurechtlege. Wir kommen nun in eine Phase der Ruhe und Routine, man muß die Maschine nicht lenken, Positionsmeldungen nur alle 10 Längengrade, also 30–40 Minuten, und doch beobachtet man ständig alle Instrumente und Anzeigen. Ändert sich die Temperatur? Kann es wackeln? Stimmt der Wind noch mit der Planung überein? Verbrauchen wir mehr Kerosin als geplant? Letzte Wettermeldungen für unseren Ziel- und die Ausweichflughäfen: Es bleibt entspannt.

Nach dem Mittagessen (ich habe mich extrem höflich bedankt und versucht, einen etwas freundlicheren Eindruck zu machen) kommt schon mal etwas Trägheit auf. 15:00 Uhr – Sonne von vorne links – alles in Ordnung! Irgendwie hat heute keiner von uns drei Lust zu reden, sonst wird in dieser Phase schon mal etwas erzählt, oder wir bitten interessierte Passagiere ins Cockpit. ›Sie haben ja gar nichts zu tun, die Maschine fliegt ja von alleine!‹, kann mich schon gar nicht mehr schockieren. Eher bringt mich auf einem Zehnstundenflug die Frage ›Fliegen Sie nachher gleich wieder zurück?‹ zum Lächeln. Müssen die nie schlafen? Ich verkneife es mir…

Schon nach etwas mehr als vier Stunden erreichen wir die kanadische Küste. Immer noch geht es für lange Strecken geradeaus, aber man hat wieder UKW-Funkkontakt und macht sich nicht noch länger die Ohren kaputt. Dafür drängt sich nun zum ersten Mal die Frage auf, wie man sich noch hinsetzen soll. Ich entscheide mich fürs Aufstehen und mache einen kurzen Spaziergang; da ich in der Kabine im Moment jedoch nur störe – es gibt Kaffee und Kuchen –, bin ich schnell wieder zurück.

Mein Kollege und der Flugingenieur studieren Tabellen, Rechenkurven, Windkarten: Wir müssen uns entscheiden, ob wir in fünf Minuten auf 35.000 Fuß rauf wollen oder runter auf 31.000 Fuß. Beides ist nicht optimal für unser Gewicht, aber später werden wir ja noch leichter, und da wird die höhere Lösung langsam automatisch wieder besser. Wenn der Gegenwind nicht stärker wird! Ok – noch vor Ablauf der fünf Minuten steigen wir auf unsere neue Reiseflugfläche. Fast aus Langeweile – die Überwachung aller Anzeigen ist in dieser Phase wirklich Routine, wenn auch dringend notwendig – studiere ich die Anflugkarten von Z. Einige hohe Berge machen den Anflug recht anspruchsvoll, zumindest wenn man den Platz nicht jeden Tag anfliegt. Wie war das noch in den NOTAMS? Geht das ILS (Instrumentenanflugsystem) nur auf der Bahn 24 nicht oder auch auf der Bahn 27?

Nach dem zehnten Kaffee steige ich um auf Wasser. Schmecken tut's eh nicht mehr. Die Zigaretten auch nicht. Ausgetrocknete Nasenschleimhäute sind eine Berufskrankheit unter Fliegern. Noch dreieinhalb Stunden bis zur Landung. Unter uns eintönige Landschaft. Kaum Funksprechverkehr. Daheim ist es gleich 19:00 Uhr und auch für uns Zeit zum Abendessen. So nebenbei höre ich doch noch mal die letzten Wetterberichte. Wo wir sind, will ein Passagier wissen, und ich nehme das zum Anlaß, eine Ansage zu machen. Wir liegen gut in der Zeit, und es erwartet uns sommerliches Wetter. Was will man mehr? Wir besprechen die Mindestsicherheitsflughöhen für den Sinkflug; später wird im Funk so viel los sein, daß wir so viel wie möglich schon jetzt besprechen (briefen, wie wir sagen). An den Slang einiger Amerikaner im Funk muß man sich erst gewöhnen, viele sprechen so schnell in ihrer Muttersprache, daß man ziemlich aufpassen muß, um nichts zu verpassen. Man merkt: Wir kommen wieder in die Zivilisation. Das erste Anzeichen ist der zunehmende Funkverkehr, und auch auf dem TCAS-Monitor ist ab und zu ein Flugzeug zu sehen.

Das voraussichtliche Landegewicht wird berechnet, und etwa 45 Minuten vor der geplanten Landung beginnen wir mit den Vorbereitungen für den Sinkflug. Wir müssen ein ziemlich kompliziertes Sinkflugprofil einhalten, die letzten Punkte in das Navigationssystem eingeben und den Endanflug besprechen. Als wir die Nase nach unten senken, schalte ich die Anschnallzeichen in der Kabine ein. Der Sinkflug muß ständig überwacht und korrigiert werden, der Wind ist stärker als angenommen und schließlich auch mehr von hinten als von rechts. Und wieder Checks, Checklisten und Briefings.

Nach 9:50 Stunden landen wir in Z. Das Auffinden der Parkposition ist noch eine Sache für sich. Komplizierter als ein Stadtplan, aber beschildert wie ein Wald... Pünktlich docken wir am Gate an und stellen die Triebwerke ab. Während die Passagiere aussteigen, erledigen wir noch einige Arbeiten und räumen auf. Zu Hause ist es jetzt 22:20 Uhr. Bis wir an der Paßkontrolle stehen, sind seit dem Einchecken am Morgen genau 12 Stunden vergangen. Bei maximal möglichen Dienstzeiten von 14 Stunden und mehr ohne Verstärkung eigentlich kaum erwähnenswert. Aber ich bin trotzdem müde. Das merke ich im Bus, der uns zum Hotel bringt: Während der knapp 45-minütigen Fahrt schlafe ich fast ein.

Früher habe ich ein paarmal versucht, gleich schlafen zu gehen, aber schnell mußte ich lernen, daß das um 16:00 Uhr Ortszeit (Mitternacht daheim) einfach nicht geht. Nicht in einem Hotel und nicht, wenn man irgendwie noch den Funksprechverkehr in den Ohren hat und die Triebwerke hört. Heute versuche ich noch ein paar aus der Crew zu überreden, mit in die Stadt zu fahren, und schließlich ziehen wir nach einer kurzen Dusche los. Wohlgemerkt: Das ist die Ausnahme. Wir sind zu viert – dreizehn versuchen wohl, das Triebwerksrauschen zu überlisten. Die Kolleginnen aus der Kabine können nicht mehr stehen und ich nicht mehr sitzen, trotzdem haben wir einen Riesenspaß und machen einige Zeit eine Bar unsicher, die um diese Nachmittagszeit schon geöffnet hat. Obwohl das Tageslicht uns wachhält, drängt es uns nach zwei Stunden ins Hotel.

Morgens wache ich in der gleichen Stellung auf, in der ich eingeschlafen bin. Was heißt schon ›morgens‹? Ich fühle mich topfit, daheim ist es kurz nach 11:00 Uhr. Ich war schon immer als Langschläfer bekannt. Und obwohl ich mich noch ein paarmal hin und her wälze, bleibt es hier 4 Uhr morgens. Mit ausgedehntem Baden incl. Musik und etwas Fernsehen wird es 6 Uhr, bevor ich als erster in den Frühstücksraum komme. Na toll, ein Ober ist auch schon da. Fahrstuhlmusik und Kaffee, der nun, wo ich ausgeschlafen bin, wenigstens wieder schmeckt – obwohl es amerikanischer Kaffee ist! Und man hat endlich wieder einmal Zeit, in Ruhe die von zu Hause mitgebrachte Zeitung ganz zu lesen.

So nach und nach trudeln die Kollegen ein. Besichtigungspläne, Einkaufspläne, Besuchspläne. Die meisten sind schon vor mir aufgewacht und erzählen von irgendwelchen Filmen, die nachts laufen. Eine war sogar kurz in der Hoteldisco, dort hat sie wenigstens ihren Kaffee schon um 3 Uhr bekommen! Also schwärmen wir aus. Das ist das Schöne am Fliegen – wer kann schon so viele Eindrücke in so kurzer Zeit auf sich wirken lassen? Das Wetter hat sich gehalten, und ich beschließe mit den drei Kolleginnen von gestern, den Strand unsicher zu machen. Der Vormittag gehört wirklich uns, und man kann machen, was man will. Nachdem man sich überlegt hat, wann man ins Hotel zurück muß!

Um 15:00 Uhr soll der Bus uns abholen, d.h. genau um 14:00 ist die Nacht zu Ende. Erfahrungsgemäß kommt das härteste Stück dieses Umlaufes erst noch: der Nachtflug nach Hause. Also versucht man – nicht zuletzt, um sich selbst einen Gefallen zu tun –, vorher noch etwas zu ruhen. Oder können Sie um 19:00 Uhr deutscher Zeit einschlafen, wenn Sie in der vorhergehenden Nacht wunderbar geschlafen haben, und das bis 11.00 Uhr? Meistens kommt es mir so vor, als hätte ich gerade einschlafen können, wenn das Telefon klingelt: ›Your pick-up is in one hour.‹

Der Rest ist wie gehabt. Man muß bei der Berechnung des Startgewichtes an so hochgelegenen Flugplätzen aufpassen, zumal wenn die Maschine ausgebucht ist: Man stößt an die Grenzen der Leistungsfähigkeit, selbstverständlich inklusive aller Reserven. Aber man muß, um nicht wegen eines blöden Rechenfehlers hinterher Fracht wieder ausladen zu müssen, besonders achtgeben. Außerdem gibt es hier keinen Dispatcher – der Computerflugplan wurde zwar per Telex geschickt, aber ansonsten ist man mit dem Stapel Papier ziemlich alleine. Der erste Blick gilt der Flugzeit: Die Winde sind uns gewogen, und wir brauchen mit knapp neun Stunden fast eine Stunde weniger als auf dem Hinflug. Dafür ist in Y. Nebel vorhergesagt, ebenso für X., unseren Standard-Ausweichflughafen. Wir müssen also den Ausweichflughafen ändern und etwas mehr Treibstoff für eventuelle Warteschleifen mitnehmen; das Ganze ergibt nach einiger Rechnerei ein Startgewicht nahe dem Maximum.

Beim Einsteigen denke ich an den blöden Witz: ›Ist heute Freitag? Dann muß das hier Chicago sein!‹ und frage mich, wie mein nächster Dienstplan aussieht. Das gleiche Spiel, der gleiche Streß – aus irgendeinem Grund komme ich heute dazu, den Kaffee gleich leerzutrinken. Peak-Zeit in Z., extrem hohes Verkehrsaufkommen und wirklich hohe Anspannung bis etwa zwei Stunden nach dem Start, der war um Mitternacht deutscher Zeit. Ich bleibe öfter so lange wach, weil ich gerne abends weggehe, aber das Cockpit ist abgedunkelt, und in dieser Stimmung wird man eben leicht schläfrig, zumal wenn der Streß etwas nachläßt, nachdem die Reiseflughöhe erreicht ist. Noch etwas über acht Stunden!

Es gibt ein leichtes Abendessen, und als ich danach einen Rundgang durch die Kabine mache, bin ich für kurze Zeit wieder wach, weil dort hinten alle Lichter an sind und überhaupt ziemlicher Trubel herrscht. Ich weiß aber, daß spätestens, wenn der Film anfängt, die Lichter ausgeschaltet werden und die meisten Passagiere schlafen – also gehe ich schon nach ein paar Minuten wieder nach vorne ins Cockpit.

Die Stimmung ist schon beeindruckend, auch nach ein paar tausend Flugstunden immer wieder. Aber dieser romantische Gedanke verfliegt spätestens, wenn man anfängt, mit dem Schlaf zu ringen. Ich gebe zu, daß ab und zu einer von uns ein Auge zumacht. Es hat meiner Meinung nach mehr Sinn, wenn einer von uns für ein paar Minuten die Augen schließt, sofern die anderen davon wissen und um so wachsamer sind, als wenn alle drei mit der Müdigkeit zu kämpfen haben. Sie sind dann ja immer noch zu zweit, und beim geringsten Problem wäre der dritte innerhalb von Sekunden wieder voll da. Aber was machen die Kollegen im Zweimanncockpit? ›Fliegt‹ da nur noch einer, oder halten wirklich beide durch? Und die ›ruhige Phase‹ fängt ja jetzt erst an! Schlafen im eigentlichen Sinne kann man sowieso nicht, beim kleinsten Laut oder der kleinsten Bewegung der Maschine schielt immer ein Auge auf die Instrumente. Ist wohl anerzogen...

Ein paar Stunden später beginnt der eigentlich gemeine Teil: Was man bisher vermißt hat – die Sonne – wird nun regelrecht zur Qual, sie scheint einem nämlich genau von vorne in die Augen. Sonnenbrille, Sonnenblenden, Sonnen... Das sind die schwersten Stunden; komischerweise kommt man hier immer auf irgendwelche Themen zu sprechen, für die man sonst nie Zeit hat. Man muß sich ja wach halten. Und dabei nicht vergessen: Was macht der Wind – stimmt der Verbrauch – Wettermeldungen einholen (noch immer dichter Nebel im Zielgebiet) – Abgastemperaturen und Drehzahlen sowie Kurs und Höhe. Das geht irgendwie automatisch, ist uns so antrainiert, daß wir darüber nicht mehr nachdenken müssen – und trotzdem muß es jemand tun. Passagiere sehen wir ehrlich gesagt in dieser Phase eher ungern, man lockert schon mal die Krawatte oder krempelt die Ärmel hoch. Kein Zeichen der inneren Einstellung, aber es hilft ein bißchen.

Über England wird es wieder lebhafter – draußen. Wir sprechen nur noch das Notwendigste. Die zwei letzten Stunden sind die schlimmsten. Wie soll ich mich noch hinsetzen? Oder nochmal kurz aufstehen? Zigaretten und Kaffee schmecken schon wieder nicht, der Appetit aufs Frühstück fehlt, und ich kann kein Wasser mehr sehen. Der Nebel in England verdichtet sich, aber wir vermuten, daß er bis zur Landung in A. angefangen hat, sich aufzulösen. Egal, unsere Maschine ist ausgerüstet für Landungen nach Instrumentenanflügen Kategorie III, d.h. wir können auch bei Nebel landen. Obwohl wir die Gegend in- und auswendig kennen, besprechen wir den Sinkflug. Eine gute Maßnahme, denn gerade in der Endphase eines solchen Fluges darf man auf keinen Fall anfangen, leichtsinnig oder oberflächlich zu werden!

Die deutsche Flugsicherungszentrale begrüßt uns mit dem Hinweis, daß wir wegen des Nebels etwa 25 Minuten Warteschleife zu erwarten haben. Die sofortige Rechnung ergibt, daß unser Kerosinvorrat gerade ausreicht, um dann noch mit allen Reserven zu landen. Außerdem zeigt die Erfahrung, daß die angedrohte Wartezeit meist um einige Minuten unterschritten wird. Die Minuten ziehen sich, während wir von einem Lotsen zum anderen übergeben werden und die Maschine in der Warteschleife langsam immer tiefer sinkt. Wir auch...

Checklisten, Checks, Briefings. Die übliche Routine sogar bei diesem Schlechtwetter-Nebelanflug. Der letzte Wetterbericht meldet knapp 300 Meter Sicht, das ist um einiges mehr, als wir brauchen, aber immer noch verdammt wenig. Kein Problem, wirklich, aber doch höchste Konzentration vor der Landung, weil wir die Bahn erst einige Sekunden vor dem Aufsetzen sehen werden. Hochkonzentration auch, obwohl oder gerade weil wir bei diesen Wetterbedingungen gezwungen sind, eine vollautomatische Landung zu machen. Drei Autopiloten, zwei Instrumentenanfluganzeigen, die automatische Schubregelung, der Radiohöhenmesser und wie bei jedem Anflug vieles andere wie Höhe, Kurs, Geschwindigkeit usw. müssen penibel kontrolliert werden. Geringste Abweichungen eines Parameters können zum Durchstarten führen!

›Cleared to land‹ – wenig später setzen die 18 Räder sanft auf der Landebahn auf. Bei diesem Nebel ist das Rollen nicht einfach, und obwohl wir uns in A. natürlich bestens auskennen, sind wir alle froh, als wir die Parkposition ausmachen. Wir müssen noch ein paar Minuten warten, weil die Maschine vor uns gerade erst die Position freimacht. Das zerrt an den Nerven. Als wir die Maschine verlassen, ist es 09:45 Uhr, leicht verspätet wegen des Holdings im Anflug. Der erste Sonnenstrahl bricht von oben durch den Nebel. Im Crewbus interessiert das keinen mehr. Schweigen. Verabschiedung – schönen Feierabend usw. Auf dem Weg nach draußen nehme ich noch den Dienstplan und einige Dienstpost mit – das letzte, was ich noch weiß, ist, daß ich nach Hause fuhr und einige Minuten später im Bett war. Bis vor einer Stunde.

Wie gesagt, es geht mir gut, aber irgendwie fühle ich mich ziemlich langsam. Das sind die Tage, an denen man außer Kofferauspakken und Fernsehen nichts machen sollte. Und das Ganze war, um das deutlich zu sagen, ein ganz normaler Umlauf – ohne irgendwelche Erschwernisse besonderer Art. Natürlich bringen einen Sommergewitter, Eis und Schnee oder aber auch exzessive Verspätungen noch näher an die Leistungsgrenze.

Mein neuer Dienstplan hat mich nicht gerade begeistert. Nur einen Tag frei, dann geht es nach Kanada, also eigentlich vom Prinzip her das gleiche, nur Hin- und Rückflug jeweils eine Stunde länger und damit der Aufenthalt dort um noch zwei Stunden kürzer. Dann meine freien Tage (einmal im Monat bekomme ich vier freie Tage am Stück) und im Anschluß ein Flug nach Indien. Da die Zeitverschiebung genau in die andere Richtung geht, ärgere ich mich, daß ich danach wieder zweimal nach Amerika fliege. Kann man uns nicht einfach über längere Perioden in eine Richtung fliegen lassen? Der Körper steckt eben die Zeitzonen nicht so einfach weg, und ich weiß aus Erfahrung, daß mir in den nächsten Wochen wieder einige schlaflose Nächte bevorstehen. Nicht nur die im Flugzeug, sondern auch und gerade die im Hotelzimmer, die man mit aller Gewalt damit verbringt, irgendwie einzuschlafen.

Der Fliegerarzt unserer Gesellschaft meint, man solle ›eben einfach nach der deutschen Zeit leben‹. Wenn der überhaupt schon einmal mitgeflogen ist, dann eben nur einmal und nicht den ganzen Monat, und er scheint auch nicht zu bedenken, daß wir jede zweite ›deutsche‹ Nacht fliegen! Scheint ein Nachtmensch zu sein, unser Doc.

Morgen habe ich ein paar Sachen vor, auch Piloten müssen mal zur Bank oder einkaufen gehen, und mit dem Bier morgen abend, das wird schon wieder nichts, ich muß ja übermorgen ausgeruht zum Dienst erscheinen. Wenn Sie also nachmittags von jemandem mit ›Guten Morgen‹ angesprochen werden, wahrscheinlich ist es ein Pilot oder so was. – Gute Nacht...?«

So stellt sich, wie gesagt, bereits heute der ganz normale Alltag dar. Monat für Monat, Jahr für Jahr, bis zur gesetzlichen Grenze von

1.000 Stunden im Jahr. Manchmal aber auch mehr. Die Vereinigung Cockpit weiß aus vertraulichen und anonymen Berichten, die sie von einigen ihrer Mitglieder erhalten hat, daß diese Grenze bei einigen Fluggesellschaften gelegentlich vorsätzlich überschritten wird. Die betroffenen Piloten wurden angehalten, einfach ihr Flugbuch ab Erreichen der Tausend-Stunden Grenze nicht mehr weiterzuführen. Das soll z.B. bei einer deutschen Chartergesellschaft, die übrigens auch im Auftrag der Lufthansa-Tochtergesellschaft Condor in Condor-Bemalung fliegt, vorgekommen sein. Hundertprozentig beweisen wird es sich wahrscheinlich nie lassen, denn die Fluggesellschaften sind nur verpflichtet, ihre Unterlagen ein halbes Jahr lang aufzuheben. So lange besteht zumindest die theoretische Möglichkeit, daß ein Prüfer des Luftfahrtbundesamtes die Umläufe nachprüft und die Logbücher der Flugzeuge mit den Flugbüchern der Piloten vergleicht. Doch auch in diesem Bereich soll es schon zu Manipulationen an den Logbüchern gekommen sein. Besonders bei solchen Flugzeugen, die nicht über unabhängig arbeitende Datenschreiber verfügen, wo genauestens alle Bewegungszeiten des Flugzeuges festgehalten werden.

Andere Gesellschaften werden gleich richtig offensiv. So hat die Condor z.B. 1993 und 1994 eine wöchentliche Charterverbindung von Bangkok nach Frankfurt durchgeführt. Flugzeit: über 13 Stunden, mit Ausnahmegenehmigung des LBA. Bei der Condor arbeiten die Piloten unter anderen Bedingungen als bei der Muttergesellschaft Lufthansa. Dort wird bei solchen Strecken auf Flugzeugen, die an sich nur eine Zwei-Mann-Cockpitbesatzung haben, ein sogenannter Enlarger eingesetzt, ein zusätzlicher dritter Pilot, so daß sich die Piloten untereinander abwechseln können. Außerdem sind in den Maschinen der Lufthansa Ruheräume für die Besatzung eingebaut. Nicht jedoch bei der Tochter Condor.

Das LBA hatte der Condor bei Erteilen der Ausnahmegenehmigung auferlegt, daß die Boeing 767 umgebaut werden muß, Ruheräume eingerichtet werden und ein Enlarger mitfliegt. Das war der Condor aber zu teuer; der wirtschaftliche Vorteil, den man auf dieser Strecke gerade durch die gedrückten Personalkosten erzielen konnte, wäre so mit einem Schlag zunichte gemacht worden. Also wurde erst einmal unter Ausnutzung der Ausnahmegenehmigung weitergeflogen.

Möglicherweise wird die Lufthansa diesen Streckenabschnitt auch schon bald an ihre thailändische Partnergesellschaft THAI-International oder die österreichische Lauda Air abtreten. Die Lauda Air verfügt über eine Genehmigung, mit einer Zwei-Mann-Cockpitbesatzung und ohne Ruheräume bis zu 18 Stunden unterwegs zu sein. Das ist nach Ansicht erfahrener Flugmediziner absolut »jenseits von Gut und Böse«.

Aber auch andere europäische Airlines wollen das gesetzliche Maximum im Zuge der Europäisierung gleich europaweit ausgedehnt wissen. Allen voran die Engländer. Sie treiben bereits seit über einem Jahr eine Ausweitung der Flugdienstzeiten voran und fordern nachhaltig eine dementsprechende JAA-Vorschrift. Der Grund dafür liegt auf der Hand: Durch die Entwicklung und ständige Verbesserung moderner Flugzeuge hat sich deren Reichweite radikal erhöht. Alle neu zugelassenen Flugzeuge verfügen nur noch über ein Zwei-Mann-Cockpit. Der dritte Mann, der Flugingenieur, wurde schon vor geraumen Jahren durch Computertechnologie ersetzt.

So ist es heute technisch möglich, fast jeden touristisch interessanten Punkt auf der Erde im Non-Stop-Flug bzw. mit maximal einer Zwischenlandung zu erreichen. Bei den spitz gerechneten Kalkulationen fallen da natürlich Kosten für eine weitere Besatzung, die eventuell auch noch einige Tage – oder im Charterverkehr bis zu einer Woche – im Hotel untergebracht werden muß, gewaltig ins Gewicht. Manche Strecken werden dadurch sogar wirtschaftlich uninteressant. Also sind die Fluggesellschaften sehr daran interessiert, solche Kosten erst gar nicht anfallen zu lassen, die Besatzung nach ihrer Mindestruhezeit möglichst schnell wieder zurück nach Hause zu bekommen, um sie dann, nach Mindestruhezeit, abermals auf die Reise zu schicken. Das ist besonders in den Hauptferienzeiten der Fall. Der verschärfte Wettbewerb der Fluggesellschaften untereinander tut ein übriges. Sollte ein Flug wegen einer Besatzung ausfallen, die ihre zulässigen Dienstzeiten mit Sicherheit bis zum Erreichen des Zielflughafens überschreiten würde, dann bedeutet das für die Gesellschaft weitere Kosten in Form von Stand- und Abfertigungsgebühren, eventuell sogar zusätzlichen Hotelkosten für Besatzung und Passagiere. Ganz zu schweigen von dem nicht zu unterschätzenden Ansehensverlust der Gesellschaft bei den Passagieren, die erfahrungsgemäß für solche sicherheitsrelevanten Entscheidungen wenig Verständnis aufbringen. Immerhin haben sie ja für den Flug bezahlt und erwarten, pünktlich an ihrem Zielort anzukommen.

Die Hersteller hochmoderner fly-by-wire-Maschinen haben gerade in dieser Situation verlockende Verkaufsargumente parat, denen die Manager der Fluggesellschaften nur zu gern erliegen: Der Bordrechner bringe, richtig programmiert, das Flugzeug praktisch ganz allein von A nach B – dies entlaste die Piloten in ihrer täglichen Routinearbeit. Eine Studie über die Arbeitsbelastung der Piloten in der früheren Boeing 737–100 und 200 und der heutigen Boeing 737–300/400/500, ausgestattet mit einem Glascockpit der neuesten Generation, beweist eher das Gegenteil. Seit der Pilot den Bordrechner schon vor Antritt des Fluges mit allen erfoderlichen Daten füttert, ist das Fliegen unbestritten präziser und wirtschaftlicher geworden – hocherfreulich nicht zuletzt im Interesse des Umweltschutzes. Allerdings kommt es immer wieder durch flugsicherungsbedingte Änderungen der geplanten Streckenführung oder kleine Programmierfehler des Bordrechners zu einem anderen Ablauf, als zunächst am Boden so schön vorgedacht wurde.

Das bedeutet in der Praxis, daß der Pilot eben doch nicht nur »A« für Abflugort und »B« für Zielort mit »Enter« in seinen Flight Management Computer eingibt, sondern daß ein Großteil der Arbeit vorverlagert wird, zusätzlich aber über die gesamte Flugzeit alle Parameter beobachtet und gegebenenfalls korrigiert werden müssen. Das läuft im Endeffekt auf eine insgesamt höhere Arbeitsbelastung hinaus. Wenn alles genau wie in der Theorie funktionieren würde, könnnte man sicherlich heute Flugzeuge auch ohne Piloten von A nach B schicken. Fragt man jedoch einmal einen Linienpiloten, der eine ganze Woche lang immer nur zwischen Köln/Bonn und Berlin-Tegel hin- und herfliegt, wird er bestätigen, daß keiner dieser Flüge dem anderen gleicht. Das liegt z. B. am Wetter, der Verkehrssituation in der Luft oder technisch bedingten Abweichungen von der geplanten Route. Die Gefahr besteht nun darin, daß man in 99% der Fälle dem Flugzeug beim Abfliegen seiner Strecke gelassen zusehen kann, ohne daß man eingreifen müßte. Es bedarf schon eines gewissen Problembewußtseins, den Programmablauf trotzdem ständig kritisch zu beobachten.

Im Vertrauen auf die Verkaufsargumente der Hersteller und um

Kosten zu sparen, haben Managemententscheidungen der Betreiber solcher Flugzeuge dazu beigetragen, daß auch die gesetzlich zulässigen Höchstdienstzeiten der Piloten immer weiter ausgenutzt werden. Wenn man aus dem technischen Fortschritt den Schluß zieht, daß auf diese »bequemen« Sitze im Cockpit Piloten gesetzt werden können, die das Gerät auch noch nach 14 Stunden sicher bedienen, wird es gefährlich. Der menschliche Organismus läßt sich nicht so leicht überlisten. Der Körper wird einfach nach 10 Stunden Arbeit müde und möchte ausruhen. Noch viel drastischer stellt sich das auf den Nachtflügen der Langstrecken dar. Da soll ein Körper plötzlich mitten in der Nacht, also um 23 Uhr topfit sein und es auch bis zum nächsten Morgen um 11 Uhr bleiben. Kein Wunder, daß der Biorhythmus völlig durcheinandergerät – mit ein Grund dafür, warum Stewardessen oft unter Mentruationsbeschwerden leiden.

Der Firmenfliegerarzt der Lufthansa, Dr. Bergau, hat zwecks Überprüfung der Belastbarkeit der Piloten und der Kabinenbesatzung einmal einen Umlauf von Frankfurt nach San Francisco begleitet und kam zu dem Schluß: Die Belastung hält sich in zulässigen Grenzen. Der Körper verarbeitet eine bis zwei Zeitzonen pro Tag. Wenn dieser Körper möglichst schnell wieder in seine Ursprungsumgebung zurückgeführt wird, ist eigentlich alles in Ordnung. Eine solche einmalige Überprüfung kann aber nicht die wirkliche Belastung nachvollziehen, die im ständigen fliegerischen Streß entsteht. Viele Fliegerärzte geben die Parole an die Besatzungen aus: »Bleiben Sie in deutscher Zeit.« Sieht man sich das in bezug auf den Flug von Frankfurt zur amerikanischen Westküste und zurück an, ergibt sich, wie im Tagebuchbericht geschildert, daß die Besatzung eigentlich genau dann schlafen gehen sollte, wenn der Rückflug beginnt, also ein elfstündiger Arbeitstag. Die Belastung könnte eventuell gemildert werden, wenn die Crew den Rückflug nach Deutschland direkt nach der Tiefschlafphase gegen 03:00–04:00 Uhr amerikanische Zeit bzw. 12:00–13:00 Uhr deutsche Zeit antreten würde.

Die Erfahrung vieler Piloten und Flugbegleiter zeigt, daß die Erholungsphase von einem solchen Flug bis zu vier Tage dauern kann. Bevor auch bei der Lufthansa drastische Sparmaßnahmen eingeführt wurden, blieben die Besatzungen zumindest zwei Nächte am Ort, wodurch sie sich von der Anstrengung des Hinfluges etwas erholen konnten und ausgeruht auf den Rückflug gingen. Doch das neue Verfahren mit nur einer Übernachtung wurde von den Fliegerärzten der Lufthansa abgesegnet. Kritische Stimmen aus der Pilotenschaft und aus der Personalvertretung der Lufthansa werfen den Medizinern vor, sich vor einen betriebswirtschaftlichen Karren spannen zu lassen, um der Gesellschaft die Kosten für eine Übernachtung und eine weitere Crew zu ersparen. Doch leider sind solche Methoden nicht nur bei der Lufthansa eingerissen, fast alle Fluggesellschaften versuchen so ihre Kosten zu senken. Völlig ignoriert werden hierbei Studien des NTSB und der NASA, die in langen Dienstzeiten und nicht ausreichenden Ruhezeiten eine erhebliche Gefährdung der Flugsicherheit sehen. Es ist bekannt, daß Piloten schon oft von dem schlagartig auftretenden Microsleep, einem Sekundenschlaf, überrascht wurden. In Tests wurde durch die Messung der Gehirnströme nachgewiesen, daß die Piloten, ohne daß sie es selber bemerkten, für Sekunden in einen schlafähnlichen Zustand gerieten, in mehreren Fällen im Landeanflug nach einem monotonen Nachtflug. Auf diesen Zustand angesprochen, konnte sich keine der Testpersonen mehr daran erinnern.

In Deutschland beträgt, laut 2. Durchführungsverordnung zur Betriebsordnung für Luftfahrtgerät (2. DV LuftBO), die gesetzlich zugelassene Flugdienstzeit 10 Stunden. Sie darf auf 14 Stunden verlängert werden. Bei Nachtflügen sind, je nach Startzeit, 12 oder 13 Stunden zulässig. Die LTU und die Condor haben aus wirtschaftlichen Gründen beantragt, diese Grenzen aufzuheben, und bekamen dies vom LBA auch genehmigt. Die LTU darf 14 Stunden überschreiten, die Condor, wie bereits beschrieben, 13,5 Stunden nachts von Bangkok nach Frankfurt fliegen. Sollte es einmal dazu kommen, daß diese 14 Stunden überschritten werden, so muß dies lediglich dem LBA schriftlich gemeldet werden. So wird eine sinnvolle, sicherheitsrelevante Regelung einfach außer Kraft gesetzt, und die Aufsichtsbehörde, das LBA, macht sich freiwillig zum Handlanger der Fluggesellschaften. Dabei kommt den Betreibern jedoch auch zugute, daß die Gesetzesvorschrift der 2. DV LuftBO im besten beamtischen Juristendeutsch verfaßt wurde und sich vielen Piloten gar nicht richtig erschließt bzw. eine großzügige Auslegung der Vorschriften möglich ist. Ein großer Schwachpunkt der Verordnung sind die unterschiedlichen Definitionen verschiedenster Zeitbegriffe, wie z.B. »Flugzeit« (§ 2), »Flugdienstzeit« (§ 3), »Beförderungszeit« oder auch »Neutralzeit« (§ 4), »Bereitschaftszeit« (§ 5) und »Mindesruhezeit« (§ 6).

Unter der maximalen »Flugzeit« wird hier eine Blockzeit verstanden, die auf 1.000 Stunden für jedes Besatzungsmitglied innerhalb eines Kalenderjahres limitiert ist. Dadurch wird es aber möglich, innerhalb von zwölf aufeinanderfolgenden Monaten mehr als diese 1.000 Stunden zu fliegen. Die »Flugdienstzeit« setzt sich aus einer 30minütigen Vorarbeitszeit, einer 15minütigen Nacharbeitszeit, der eigentlichen Flugzeit sowie zeitanteilig aus der Beförderungszeit und einer eventuellen Bereitschaftszeit zusammen. Gemäß § 8 ist die zulässige maximale Flugdienstzeit pro Kalenderjahr auf 1.800 Stunden begrenzt und 210 Stunden innerhalb eines Monats. Als »Beförderungszeit« wird der Zeitraum bezeichnet, den ein Besatzungsmitglied vor Antritt eines Fluges zum Dienstort unterwegs ist. Fliegt er aber z. B. als Passagier dann von Frankfurt nach München, um dort erst selber einen Flug durchzuführen, gilt diese Flugzeit nicht als Beförderungszeit. Es hat sich daher eingebürgert, bei solchen Zeiten von »Neutralzeiten« zu sprechen, und zwar für alle Zeitabschnitte, die entweder von der Verordnung nicht erfaßt werden oder die man nur schlecht zuordnen kann.

Als »Bereitschaftszeit« ist die Zeit definiert, in der sich ein Besatzungsmitglied auf Anordnung seiner Einsatzplanung für einen Flug bereithält. Schließlich legt die »Mindestruhezeit« fest, daß jedem Besatzungsmitglied eine Ruhezeit von mindestens zehn zusammenhängenden Stunden zusteht. Leider fällt aber in diesen Zeitraum auch die Fahrt nach Hause oder ins Hotel, Essen, Waschen usw., so daß es sich in den meisten Fällen eben nicht um eine wirkliche Ruhezeit von 10 Stunden handelt. § 9 legt fest, daß eine solche Mindestruhezeit innerhalb von 24 Stunden nach der letzten Ruhezeit liegen muß. Beim Durchfliegen verschiedener Zeitzonen oder bei sehr langen Flügen verkürzen sich diese 24 Stunden. Rein mathematisch ist so eine maximale Flugdienstzeit von 14 Stunden binnen einer 24-Stunden-Periode möglich, wird allerdings eingeschränkt durch § 8, wonach die Flugdienstzeit einer Zwei-Mann-Cockpit-Besatzung maximal zehn Stunden innerhalb von sieben aufeinanderfolgenden Tagen viermal um insgesamt acht Stunden verlängert werden darf. Fliegt ein dritter Pilot mit und verfügt das Flugzeug über Ruheräume, kann die Behörde zweimal einer Verlängerung bis zu acht

Stunden zustimmen. Diese Regelung gilt nur für die Piloten, nicht aber für die Flugbegleiter. Das stößt in Deutschland auf den Protest der Unabhängigen Flugbegleiter-Organisation (UFO). Brigitte Benkelberg, Vorsitzende des Verbandes, empfindet solche Regelungen als »menschenverachtend«: »Während der Cockpitbesatzung sogar ein Ruheraum zusteht, müssen wir uns nach § 8 2.DV LuftBO mit einem Klappsitz abfinden. Versuchen Sie mal, da auf einem Langstreckenflug zu entspannen.«

Und wie sind die Perspektiven im Zuge der europäischen Vereinheitlichung? Mit einem Trick namens »Split Duty« sollen in der derzeit diskutierten europäischen Flugdienstzeitenregelung sogar Dienstzeiten von über 26 Stunden möglich gemacht werden. Der Trick ist eine Pause, die als Rechtfertigung für die lange Flugdienstzeit dient. Kein Flugmediziner hält dieses Vorhaben für vertretbar, dennoch treibt es die JAA wacker voran.

Betreiber und Fluggesellschaften sind natürlich keineswegs verpflichtet, die mögliche gesetzliche Vorgabe auch voll in Anspruch zu nehmen. Sinnvoll ist sie sicherlich dann, wenn man mit modernen Flugzeugen lange und längste Strecken befliegt. Schlichtweg unmoralisch ist es aber, diese Regelung auf Kurzstrecken, bei denen sogar zwischendurch die Heimatbasis angeflogen wird, auszunutzen und seine Piloten so regelmäßig an die Grenze ihrer Belastbarkeit zu treiben. Kriminell schließlich ist es, ob als Entscheidung eines Kapitäns oder sogar des Managements einer Fluggesellschaft, wenn die Besatzungen aufgefordert werden, die Eintragungen in den Flugbüchern und den Unterlagen der Maschinen zu fälschen oder sogar nach Erreichen der Tausend-Stunden-Grenze einfach weiterzufliegen.

Es bleibt zu hoffen, daß die Verantwortlichen recht bald Vernunft annehmen und die gesetzlich möglichen Dienstzeiten nicht erst dann wieder zurückgeschraubt werden, wenn ein Passagierflugzeug verunglückt, weil beide Piloten im Cockpit aus Übermüdung plötzlich eingeschlafen sind. Immerhin hat sich ein solcher Fall bereits mit einer DC-8-Frachtmaschine in den USA ereignet.

In einem anderen Fall hat ein 747 Jumbo-Jet Frachter den Flughafen von Los Angeles verfehlt und ist auf den Pazifik rausgeflogen. Alle drei Besatzungsmitglieder waren eingeschlafen.

# 5. Der Passagier

## I. Risikofaktor Passagier – über das Verhalten in Notfällen

»Feuer an Bord ist so das Schlimmste, was ich mir in der Fliegerei vorstellen kann. Das würde dann Maßnahmen erfordern, die sehr drastisch sind.« Flugkapitän *Bernd Weiser*

Binnen Sekunden steht die ganze Kabine unter dichtem Qualm. Man kann die eigene Hand vor Augen nicht mehr sehen. »Schuhe aus und raus! Hierher!«, schreit die Stewardeß vom Ende des Ganges, etwa drei Meter hinter mir. Es ist stockdunkel. Die Orientierung fällt schwer. Zügig bewegen sich die Männer und Frauen neben mir in Richtung der Stimme. Die schwere Tür wird von der Stewardeß geöffnet, und nun fällt Tageslicht in die Kabine. Dennoch, man kann kaum etwas erkennen, der Qualm ist undurchdringlich. Mit lautem Zischen und Pfeifen entfaltet sich die Notrutsche. »Und raus!«, ruft die Stewardeß wieder. Ziemlich unsanft packt sie mich am Hemd und zerrt mich zur Tür. Ich kann kaum so schnell reagieren, da finde ich mich auch schon auf der Rutsche wieder und sause hinunter. Dort geselle ich mich zu den anderen Leuten, die ziemlich entspannt beobachten, was da ca. zwölf Meter über ihnen abläuft. Wir befinden uns in Frankfurt auf der Lufthansa-Basis. Die eben erfolgte Evakuierung war kein Ernstfall, es war ein Training für Absolventen der Flugbegleiterausbildung bei der Lufthansa. Hier wird in realistischen Kabinenmodellen trainiert. Training für den Ernstfall, denn wenn es wirklich einmal brennt, sitzt man auf einem Pulverfaß. Jede Sekunde kann über Leben und Tod entscheiden. Und darauf werden die Flugbegleiter gedrillt. Rasches und entschiedenes Handeln, notfalls sogar unter Gewaltanwendung.

Die Lufthansa hat schon zweimal in ihrer Geschichte die unangenehme Erfahrung gemacht, was es heißt, wenn ein Flugzeug abbrennt. Dabei war es jedesmal dem außerordentlich couragierten Handeln der Besatzung zu verdanken, daß größeres Unheil vermieden werden konnte. Ich denke dabei besonders an den Mut der Besatzung von LH 540, jenes Jumbo-Jets mit dem Taufnamen »Hessen«, der kurz nach dem Abheben am 20. November 1974 in Nairobi plötzlich wieder auf den Boden stürzte und völlig ausbrannte. Diese Situation war deshalb so extrem, weil niemanden die Zeit geblieben war, die Besatzung und die Passagiere über die bevorstehende Notevakuierung zu informieren. Zum Teil schwer verletzt liefen die Flugbegleiter wieder zurück in die brennende Maschine, um Passagiere zu retten. 85 Menschen verdanken diesem selbstlosen Einsatz ihr Leben. Anderenfalls wären sie mit an Sicherheit grenzender Wahrscheinlichkeit in den Flammen umgekommen.

Wenn es passiert, dann geht es rasant. Auf den menschlichen Körper, eh in einer völlig atypischen Umgebung, wirken immense Kräfte. Wenn man Glück hat und einen Absturz oder Aufprall unverletzt überlebt, vergehen doch etliche Sekunden, bis das Gehirn realisieren kann, was da überhaupt geschehen ist. Oftmals gibt aber die Konstruktion des Flugzeuges nach, denn vornehmlich wurde es für einen normalen Flugbetrieb entwickelt, nicht aber für den Crashfall. Überladene Gepäckkompartements oder sperrige Gegenstände, die hier immer noch von Passagieren verstaut werden dürfen, erweisen sich als zusätzliche Handicaps. Von den so schön billig zollfrei eingekauften Alkohol- und Parfümflaschen ganz zu schweigen. Solche Flaschen, und seien sie so klein wie ein Parfümflacon, werden unter Feuereinwirkung zu Molotowcocktails. Es ist ja auch so verführerisch. Wie gerne gibt man sich dem Trugschluß hin, die sicherste Art des Reisens gewählt zu haben. Statt dessen sollte sich jeder Fluggast nach dem Einsteigen zwei bis drei Minuten den Sicherheitsinstruktionen in der Sitztasche vor sich widmen, sich über Lage und Gebrauch der nächsten Notausgänge einen Überblick verschaffen und nicht stillschweigend annehmen, daß es da, wo man reingekommen ist, also vorne, im Notfall auch wieder rausgeht.

Einen ganzen Tag lang flogen wir für eine Stern-TV-Reportage mit einer Boeing 737 quer durch Europa. Dabei beobachteten wir vornehmlich Passagiere nach dem Einsteigen, wenn die Flugbegleiter den Gebrauch von Sauerstoffmasken und Schwimmwesten demonstrierten. Die meisten Herren Vielflieger steckten bei dieser Prozedur ihre Nase ins Handelsblatt oder widmeten den Beinen der Stewardeß mehr Aufmerksamkeit als der Vorführung. Als wir dann nur eine halbe Stunde später nachfragten, erlebten wir eine – im Ernstfall tödliche – Überraschung. Auf die Frage, wo denn die Schwimmweste sei, antwortete ein »Vielflieger«: »Na, die fällt doch dann raus, wenn's so weit ist!« Oder ein Manager, der während der Demonstration der Lage der Notausgänge gelangweilt im nach seiner Berufssparte benannten Magazin geblättert hatte, zeigte bei der Frage nach dem nächsten verfügbaren Notausgang instinktiv nach vorne, auf den Einstieg. Dabei saß er nur eine Reihe vor dem mittleren Notausgang...

Leider überlegen sich viele Passagiere nicht schon vor dem Antritt ihrer Reise, daß das Fliegen noch sicherer sein könnte, wenn jeder ein paar Kleinigkeiten beachtet und für sich sich verinnerlicht.

*Elektronische Geräte:*

Wenn die Stewardeß Sie vor Start und Landung bittet, alle Ihre elektronischen Geräte auszuschalten, dann hat das einen ernsten Grund: Moderne Flugzeuge sind auf alle äußeren Einwirkungen wie elektronische Impulse, Blitzschläge, Schnee und Hagel ausgiebig getestet. Erst nach der Einführung in den Liniendienst zeigte sich jedoch, daß solche unangebrachten Impulse auch aus dem Inneren des Flugzeuges kommen können. Es gab mehrere Fälle von rätselhaften System- und Navigationsfehlern, die weder reproduzierbar noch irgendwie erklärbar waren. Die Palette reichte von ungenau anzeigenden Navigationsbildschirmen bis hin zu völlig irrwitzigen Statusmeldungen aus dem Innersten der Maschine. Es wurden z.B. Systemausfälle angezeigt, obwohl die angeblich betroffenen Systeme völlig normal arbeiteten. Nur durch Zufall kam man diesen Phänomenen auf die Spur. Wenn nämlich die Passagiere ihre elektronischen Geräte ausschalteten, war alles wieder vorbei. Das Interessante ist, daß dieses Verhalten mal auftritt und mal wieder nicht; anscheinend betrifft es alle Flugzeugtypen, die mit Computertechnologie ausgerüstet sind. Besonders anfällig haben sich die High-Tech-Systeme gegen CD-Player, Mobiltelefone und Drucker für Laptops erwiesen, wogegen herkömmliche Radios und Cassettenrecorder weniger Einfluß zu nehmen scheinen.

Schalten Sie also, vor allem während Start und Landung, unbedingt alle elektrischen Geräte aus. Manche modernen Geräte haben keine besondere Sicherung des Einschaltmechanismus, so kann es Ihnen auch passieren, daß Ihr CD-Player, obwohl Sie ihn ausgeschaltet im Gepäckfach verstaut haben, aufgrund einer Erschütterung fröhlich vor sich hin spielt. Am besten nimmt man die Batterien ganz heraus und verzichtet während des gesamten Fluges auf den Musikgenuß. Einige US-Fluggesellschaften sind in dieser Hinsicht schon recht radikal – hier werden Ihnen vor dem Betreten der Maschine alle Batterien für Ihre Geräte abgenommen. Nach der Landung erhalten Sie sie von der Kabinenbesatzung wieder zurück. Das gilt auch für Akkus von Laptops und Batterien von automatischen Fotoapparaten und ist beileibe keine Schikane oder böse Absicht. Es geht um Ihre Sicherheit.

*Anschnallen:*

Oft konnte ich schon beobachten, wie sich Passagiere so richtig schön falsch anschnallen. Werden sie dann von einer Stewardeß darauf angesprochen, empfinden sie den gut gemeinten Rat meist als eine Art tätlichen Angriff. Richtig angeschnallt sein ist besonders bei Start und Landung außerordentlich wichtig. »Richtig« heißt: fest im Sitz, mit dem Rücken an der Rückenlehne, den Gurt straff gezogen – und zwar wirklich straff. Ein zu locker sitzender Gurt kann im Falle eines Startabbruches oder Zusammenstoßes mit einem Hindernis tödlich sein, da er einen menschlichen Körper ohne Mühe wie ein Messer in zwei Hälften durchtrennt. Bestenfalls sind Sie dann querschnittsgelähmt. Also Gurt festziehen.

Nachdem die Anschnallzeichen erloschen sind, können Sie den Gurt wieder etwas lockern, sollten ihn aber weiter geschlossen halten. Dafür gibt es bei aller Sicherheit des heutigen Flugverkehrs und der Vorhersehbarkeit von Wetter und anderen äußeren Einflüssen triftige Gründe:

Obwohl man heute über genauere Wettervorhersagen verfügt, kann es immer wieder vorkommen, daß ein Flugzeug von plötzlichen Turbulenzen kräftig durchgeschüttelt wird. Der Grund dafür sind meistens CATs (Clear Air Turbulences – Turbulenzen in klarer Luft), die sich z. B. im Bereich der sogenannten Jet Streams (der Strahlströme über den Ozeanen mit Geschwindigkeiten von bis zu 600 km/h) herausbilden. Auch Temperaturschwankungen, z. B. über großen Wüstengebieten, können solche unsichtbaren Turbulenzen verursachen. Außerdem kann es zu plötzlichen Winddrehungen (Wind Shears) kommen, die möglicherweise im Umfeld von Unwettern auftreten. Wenn man durch ein vorher bekanntes Turbulenzgebiet fliegt, werden die Anschnallzeichen von den Piloten sowieso eingeschaltet. Dem Flugzeug machen diese Wetterphänomen im Reiseflug kaum etwas aus. Jedes Flugzeug ist so konstruiert, daß es selbst schwersten Unwettern widerstehen kann. Dank der außerordentlichen Flexibilität der Materialien kann die Tragfläche eines großen Flugzeuges mehr als 10 m (!) verbiegen, bevor sie bricht. Das oft beängtigende Schaukeln von Tragflächen und Triebwerken ist also völlig normal.

Anders verhält es sich in der Kabine, wo sich schon nach knapp 1,20 bis 1,80 m die Konstruktion der Handgepäckfächer als recht hart erweisen kann, wenn man mit seinem Kopf dagegen prallt. Auch hat sich gezeigt, daß zum Beispiel die Armlehnen nicht angeschnallten Passagieren unter Umständen zu schmerzhaften Blessuren verhelfen. Es gab tatsächlich schon Todesfälle, die auf Turbulenzen zurückzuführen sind.

Weitaus seltener, aber durchaus möglich ist auch eine plötzliche Dekompression, also ein Druckverlustes der Kabine. Der Grund hierfür kann in einem auftretenden Riß in der Außenhaut des Flugzeuges, in einem platzenden Fenster oder gar einer Explosion im Frachtraum liegen. In den üblichen Reiseflughöhen von knapp über 10.000 m herrschen Druck- und Temperaturverhältnisse, unter denen der menschliche Organismus nicht überleben kann. Daher wird während des Fluges die Außenluft komprimiert und auf Zimmertemperatur gebracht, bevor sie in die Kabine gelangt. Dadurch ist dann allerdings auch der Druck in der Kabine in der Reiseflughöhe wesentlich größer als draußen. Der Innenraum des Flugzeuges wird sozusagen wie ein Luftballon aufgeblasen. Wenn Ihnen die Stewardeß nun mit einem freundlichen Lächeln vor dem Abflug den Gebrauch der Sauerstoffmasken demonstriert, verschweigt sie Ihnen dabei einige Begleiterscheinungen dieser Notfallsituation: Innerhalb von Sekunden sinkt die Temperatur auf weniger als –50° C, es wird je nach Größe des Loches oder Risses ein enormer Luftzug entstehen. Alles, was nicht gut befestigt ist, wird in Nebelschwaden gehüllt und mit dem in der Kabine aufgewirbelten Staub aus der Maschine gesogen.

Während die Piloten den Jet in einer Steilkurve in einen sogenannten Notsinkflug bringen, um möglichst schnell wieder in lebensfreundlichere Flughöhen zu kommen, sollten Sie nun wirklich unbedingt Ihre Zigarette löschen und Ihre automatisch ausgelöste Maske aufsetzen, um nicht durch den Sauerstoffmangel bewußtlos zu werden. Hierfür haben Sie zwischen 10–20 Sekunden Zeit, je nach Flughöhe, Alter und Konstitution. Denken Sie zuerst an sich! Sind Sie mit Sauerstoff versorgt, helfen Sie Kindern oder Ihrem Nachbarn, wenn er Probleme beim Aufsetzen haben sollte. Es reicht übrigens nicht, die Maske nur einfach aufzusetzen. Damit der Sauerstoff durch den Schlauch in die Maske gelangt, müssen sie zunächst einmal feste an der Maske ziehen. Am besten mit einem kräftigen Ruck. Erst dann wird das Ventil geöffnet.

Flugbegleiter und Passagiere sind schon aus plötzlich entstandenen Löchern in der Kabine herausgesogen worden. So z. B. bei einer Aloha-Airlines Boeing 737, die während des Fluges das halbe Kabinendach verlor. Oder bei einer United Airlines Boeing 747, deren herausbrechende Frachtraumtüre Teile der Beplankung wie bei einer Apfelsine herausschälte. In all diesen Fällen hatten die betroffenen Personen die Sitzgurte nicht angelegt. Beide Maschinen konnten übrigens sicher landen – die Crews werden auf solche Fälle regelmäßig trainiert, und auch der Maschine macht der Notsinkflug nichts aus.

Sie haben also wirklich gute Chancen – wenn Sie angeschnallt sind.

*Handgepäck:*

Flugzeughersteller müssen bei der Zulassung eines Verkehrsflugzeuges nachweisen, daß die Maschine vollbesetzt innerhalb von 90

Sekunden über die Hälfte der verfügbaren Notausgänge evakuiert werden kann. Solche Nachweise können nur durch Vorführungen erbracht werden. Es wird also ein Termin angesetzt, ein solcher Notfall simuliert, und wenn das gesetzte Ziel (z.B. 380 Personen in 90 Sekunden durch vier Türen in mehr als sechs Meter Höhe über Gummirutschen nach außen zu befördern) erreicht wird, erhält die Maschine ihre Zulassung. Diese Personen sind auf diese Situation jedoch mental vorbereitet, und man wird wohl nicht gerade die unsportlichsten zu einer solchen Übung bitten – bei der man sich ein paar Dollar nebenbei verdienen kann. Regelmäßig kommt es trotzdem zu schwereren Verletzungen, wohlgemerkt bei den Übungen, also ohne echtes Feuer, Rauch, panisches Geschrei oder hohen Seegang vor der Türe.

Ihr Handgepäck wird dabei im Ernstfall Ihnen und Ihren Sitznachbarn die Flucht erschweren! Entweder es ist zu groß und liegt im Gang, oder es ist zu schwer und hat deshalb den Stauraum über Ihrem Kopf, das sogenannte Bin, herausgerissen und ist Ihnen so im Weg. Ihr Handgepäck, das nur ein (!) Gepäckstück umfassen sollte, darf nicht schwerer als 8 kg sein und bis zu 50 x 40 x 20 cm groß sein. Die Bins waren ursprünglich als Hut- und Mantelablagen konstruiert, keineswegs aber als zusätzlicher Frachtraum, vor allem nicht für sperrige und schwere Gegenstände.

Auch wenn der Flug völlig normal verläuft, ist es wichtig, beim Verstauen des Gepäcks den gesunden Menschenverstand walten zu lassen. Oft kann man beobachten, daß Fluggäste ihre Duty-Free-Tüten gefüllt mit Flaschen z.B. auf eine Tasche legen, die glatt ist, und nicht daran denken, daß diese während des Fluges verrutschen kann. Wenn dann bei der Landung diese Fluggäste als erste an ihre Sachen kommen wollen und das Staufach aufreißen, dann fällt diese schwere Tüte heraus – meistens auf den Kopf eines anderen. Also: Langsam und vorsichtig die Klappe des Staufachs öffnen und sich durch Augenschein überzeugen, daß beim weiteren Öffnen nichts herausfällt.

Explosivstoffe, flüssige und komprimierte Gase wie z.B. Gasflaschen für Campingkocher sind im Gepäck wie im Handgepäck verboten, aber auch einfache Dinge wie Zündholzbriefchen sind gefährlich, wenn sie nicht unter Aufsicht bleiben, weil sie sich selbst entzünden können!

Hinweise, was Sie mitnehmen dürfen und was nicht, finden Sie darüber hinaus in Ihrem Ticket, oder Sie fragen Ihren Reiseagenten oder die Fluggesellschaft bei der Buchung.

*Rauchen an Bord:*

Die Aufforderung, auf den Toiletten und in den Gängen nicht zu rauchen, ist für Sie ebenfalls sicherheitsrelevant. Die Flugbegleiterin, die Sie bittet, doch wieder auf Ihren Platz zu gehen, um dort zu rauchen, möchte Sie nicht schikanieren, sondern sie weiß aus ihren Schulungen oder sogar aus eigener Erfahrung, wie leicht ein Feuer an Bord ausbrechen kann. In den Toiletten sind Rauchwarnmelder installiert, die ein unentdecktes Feuer frühzeitig melden sollen. Diese wurden bereits von Passagieren, die wohl mal in Ruhe eine rauchen wollten, zugeklebt. Solche Mitflieger gefährden das Leben aller an Bord. In den USA ist dies ein schweres Verbrechen und wird mit sehr hohen Geldstrafen geahndet. Passagiere, die dort auf den langen Inlandsflügen auf den Toiletten geraucht haben und ertappt wurden, sind ohne jede weitere Diskussion nach der Landung in Polizeigewahrsam überstellt worden. In Deutschland fehlen bisher leider gesetzliche Möglichkeiten, solche Passagiere zu belangen.

Vor diesem Hintergrund sollten auch Sie in Zukunft vorsichtig mit Ihrer Zigarette umgehen, zumal wenn Sie müde sind oder Zeitungen in der Nähe einem Feuer gute Nahrung bieten könnten. Dies ist eine der häufigsten Ursachen für Feuer an Bord.

*Genuß von Alkohol:*

Sie müssen auf jeden Fall bedenken, daß Alkohol an Bord eines Flugzeuges viel intensiver wirkt als am Boden. Daher ist es nicht erlaubt, den an Bord eingekauften oder aus dem Duty-Free-Shop mitgebrachten Alkohol während des Fluges zu konsumieren. Die Flugbegleiter dürfen betrunkenen Passagieren keinen Alkohol mehr ausschenken. Dies geschieht wiederum nicht zur Schikane, sondern hat einen ganz klar sicherheitsrelevanten Grund. Was passiert nämlich, wenn es doch mal zu einer Notsituation kommen sollte, Sie eventuell die Sauerstoffmasken brauchen oder nach einer Notlandung so schnell wie möglich aus der Maschine müssen? Betrunkene haben deutlich schlechtere Reaktionen, können damit zu einem Risiko und sogar einem Hindernis für sich und andere werden.

*Notfälle:*

Für alle erdenklichen Notfallsituationen gilt zunächst einmal eines: Ruhe bewahren. Je nach Situation und Schwere des Notfalls sollten Sie unbedingt auf die Besatzung hören und nicht eigenmächtig in blinden Aktionismus verfallen.

Lassen Sie alles zurück, auch Ihr Handgepäck, selbst wenn sich darin Ihre Ausweispapiere befinden (die Sie sowieso immer besser am Körper tragen sollten). Alles, was jetzt Zeit kostet, könnte Sie Ihr Leben kosten. In der Tat gibt es Bilder von Evakuierungen, die Passagiere mit ihren Duty-Free-Tüten beim Verlassen eines brennenden Flugzeuges zeigen. Die Versuchung, etwas mitzunehmen, und sei es das erstbeste, was einem in die Hände fällt, ist offenbar sehr groß.

Sie sollten sich gemerkt haben, wo der nächste Notausgang ist. Im Falle einer Bruchlandung kann es sein, daß Sie nicht mehr wie gewohnt gerade sitzen. Es kann dunkel sein, und wenn es brennt, steht womöglich dichter Qualm in der Kabine. Am Boden der Kabine verlaufen die farbigen Leuchtstreifen, die Ihnen den Weg zu den Notausgängen weisen. Im Bereich dieser Notausgänge wechselt die Farbe zu Rot. Das bedeutet: Hier ist eine Tür oder ein Notfenster. Machen Sie sich immer nach dem Einsteigen in ein Flugzeug mit dem Öffnungsmechnismus der Tür oder des Fensters vertraut. Er ist in den Sicherheitskarten meist deutlich erklärt, und jeder Flugzeugtyp hat andere Verriegelungsmechanismen. Bedenken Sie, daß bei einem unkontrollierten Notfall von Ihnen abhängen könnte, ob Sie sich und andere durch diese Tür in Sicherheit bringen können. Bei den Notfenstern über den Tragflächen ist zu beachten, daß diese keine Scharniere haben. Ist der Riegel geöffnet, fällt Ihnen das schwere Fenster entgegen, Sie haben es also in der Hand.

Aber Vorsicht beim Öffnen der Türen oder eines Notausganges: In der Regel sollten Sie zunächst auf die Anweisungen und Kommandos der Besatzung hören. Denn es hat überhaupt keinen Sinn, daß Sie eine Tür oder ein Fenster öffnen, vor dem es vielleicht brennt. So könnte das Feuer schnell in die Kabine gelangen. Bevor Sie also einen Notausgang öffnen, sollten Sie sich vergewissern, daß es draußen nicht brennt. Das zweifelsfrei zu entscheiden kann durch Reflexionen oder aber den Rauch unter Umständen schwer sein. Eigenständig tätig werden sollten Sie wirklich nur, wenn die Besatzung nicht mehr in der Lage ist zu reagieren.

Wenn Sie das Flugzeug über die Notrutschen verlassen müssen, sollten Sie unbedingt Ihre Schuhe ausziehen. Stöckelschuhe können die Rutsche beschädigen und zu schmerzhaften Verdrehungen der Fußgelenke führen, desgleichen aber auch Turnschuhe, da die Gummisohle bremst. Ungewollt könnten Sie so eher Salto schlagend die Rutsche herunterkommen. Auch gilt immer: Es muß so schnell wie möglich gehen. Deshalb werden Sie aufgefordert, in die Rutsche zu springen, nicht aber sich erst hinzusetzen und dann zu rutschen. Das kostet wertvolle Zeit. Einmal unten angelangt, sollten Sie sich so schnell wie möglich von der Maschine entfernen und in sicherem Abstand (ca. 100 bis 150 m) mit anderen Passagieren sammeln. Das ist wichtig, damit die Besatzung feststellen kann, wieviele Passagiere draußen sind und wieviele eventuell noch in der Maschine.

Bei einer Notlandung auf dem Wasser ist zu beachten, daß hier die Türen nur auf Anweisung der Besatzung geöffnet werden dürfen, damit kein Wasser in die Kabine eindringt. Beachten Sie, daß Sie die Schwimmweste nicht schon im Flugzeug aufblasen, sondern nur anlegen. Ausnahme sind lediglich die Schwimmwesten von Kleinkindern. Das dünne Gewebe der Schwimmweste wird an Ecken und Kanten leicht beschädigt, außerdem ist eine voll aufgeblasene Weste in den engen Gängen und Türen sehr hinderlich. Ist die Schwimmweste erst einmal zerstört, gibt es in der Notsituation kaum eine Möglichkeit, Ersatz zu finden, es sei denn, es ist z.B. der nebenliegende Sitzplatz frei. In der Regel sollten Sie die Schwimmweste erst aufblasen, wenn sie die Maschine verlassen haben.

Die Notrutschen werden im Falle einer Wasserung zu Flößen. Bis zu 80 Personen finden in einem solchen Floß Platz. Sie können ohne große Schwierigkeiten aus der Tür in das Floß gehen. Gehen Sie bis zum Ende und setzen Sie sich. Wenn das Floß voll ist, steigen Flugbegleiter zu und lösen es vom Flugzeug. Auf dem Wasser soll dann mit den anderen Flößen ein großer Kreis gebildet werden, damit Suchflugzeuge sie besser ausmachen können. Nach Auskunft des Seenotrettungsdienstes soll es heute maximal zwölf Stunden dauern, bis man die Verunglückten gefunden hat und Hilfe eintrifft, egal auf welchem Ozean sie sich befinden. Notwasserungen sind in der heutigen Fliegerei höchst selten. Der letzte bekannte Fall ereignete sich am 2. Mai 1975 mit einer DC-9 im Atlantik, unweit der Insel Ste. Croix.

Immer werden die Piloten versuchen, einen Flughafen anzusteuern. Somit verbleibt auch noch etwas Zeit für die Bestatzung, Sie auf die Situation vorzubereiten. Dabei werden Ihnen nochmals die Sicherheitshinweise erklärt sowie die Kommandos für die Evakuierung. Sie werden aufgefordert, spitze Gegenstände abzulegen, Brillen und Prothesen zu entfernen. Erfahrungen aus solchen kontrollierten Notlandungen haben gezeigt, daß sie meist sehr effektiv waren, weil die Evakuierung zügig, ruhig und diszipliniert durchgeführt werden konnte. Weitaus kritischer ist ein unvorhergesehener Notfall, bei dem der Bestatzung keine Zeit zur Vorbereitung bleibt. Hier kam es dann auch regelmäßig zu vermeidbaren Todesfällen aufgrund von Panik.

Vor dem Hintergrund dieser höchst seltenen Notfallsituation sollten Sie sich aber auch noch einmal überlegen, welche Kleidung Sie für eine Flugreise wählen. Kunstfasern können im Falle von Feuer zu schwersten Verbrennungen führen. Baumwollkleidung ist da schon etwas resistenter. Auch kann es sein, daß Sie zwar gerade aus 35° C Hitze kommen und es dort, wo Sie hinfliegen, auch warm ist. Bedenken Sie aber einmal, was passiert, wenn Sie aus einem unvorhergesehenen Grund irgendwo in Eis und Schnee oder im Wasser aussteigen müssen. Damit will ich Ihnen nun aber keineswegs nahelegen, Winterkleidung und Pfadfinderausrüstung in Ihrem Handgepäck mitzunehmen, mit der Konsequenz, daß dieses nun wiederum zu umfangreich und zu schwer wird.

## 2. Was kann der Passagier selber tun, um seine Sicherheit zu erhöhen?[1]

*Frage:* »Herr Limley, was gibt es denn aus Ihrem Erfahrungsbereich zum Thema Notfälle an Bord Wichtiges zu sagen?«

*Limley:* »Es gibt viele Dinge, die der Sicherheit der Passagiere dienen könnten, wenn man alles richtig machen würde: z.B. die Art des Anschnallens. Es kostet nichts, gerade in der Start- und Landephase – die ja statistisch die ist, in der die meisten Unfälle passieren – den Sicherheitsgurt fest über dem Beckenknochen angeschnallt zu haben und mit dem Rücken hinten fest an der Lehne zu sitzen. Das ist die richtige Anschnallart. Viele Fluggäste sitzen da und lassen den Gurt weit und locker um sich herumhängen.

Ich denke da an alle möglichen Situationen, die auftreten können. Ein Startabbruch aus hoher Geschwindigkeit reicht unter Umständen schon aus, um jemanden erheblich mehr zu verletzen, falls er schlecht angeschnallt ist, als bei ordentlicher Fixierung mit dem Gurt. Auch bei einem relativ moderaten Aufprall wird der Körper nach vorn geschleudert und dann gegen den Sitz, den Tisch oder welchen Gegenstand auch immer, wenn der Gurt nicht fest angelegt ist. Wenn Sitze nachgeben – was schon vorgekommen ist – oder sonstige Dinge passieren, da hat man keinen Einfluß drauf. Aber man kann etwas für sich tun, wenn man sich ordentlich anschnallt. Das ist das Optimum, das einem möglich ist – mehr kann man selbst nicht machen.

Darüber hinaus hat jeder bessere Chancen bei einem Unfall, wenn er den Kopf herunternimmt und die Knie umfaßt. Das ist viel zu wenig im Bewußtsein der Leute. Es gilt nicht für jeden denkbaren Fall, aber statistisch gesehen ist es mit Sicherheit die geeignetste Schutzhaltung, um einen Unfall zu überstehen.

Auch den Umgang mit den Rückenlehnen sieht man häufig falsch. Sie müssen bei Start und Landung senkrecht stehen, mehr für den Dahintersitzenden als für einen selbst. Bei einer abrupten Verzögerung würde der Hintermann auf der zurückgestellten Rücken-

---

1 Interview mit Ernst Albrecht Limley, Leiter der Emergency-Ausbildung bei der Lufthansa, am 21. 9. 1994 in Frankfurt a. M.

lehne aufprallen. Vor Start und Landung wird die richtige Position der Rückenlehnen durch die Flugbegleiter überprüft. Wer später seine Rückenlehne erneut zurückstellt, handelt grob fahrlässig. Es gibt solche Vorfälle. Wir erhalten darüber manchmal Beschwerden von Fluggästen, die sich in einer solchen Situation unsicher fühlen. Man ist natürlich als Fluggast in einer schlechten Position, dies einem Vordermann zu sagen. Man traut sich nicht, seinen Vordermann anzusprechen, oder möchte mit diesem nicht in Konflikt kommen. Trotzdem hat man ein ungutes Gefühl, wenn man ein bißchen sicherheitsbewußt ist. Man sollte also wissen, daß bei Start und Landung die Rückenlehne senkrecht gestellt sein muß, damit der Hintermann bei einem Unfall nicht erheblich am Kopf verletzt wird.

Tische sind manchmal nicht hochgeklappt. Da sieht man manchmal kurz vor einer Landung, daß Passagiere ihren Tisch wieder herunterklappen. Es gehört mit zu den Aufgaben der Flugbegleiter, die Kabine vor Start und Landung diesbezüglich zu prüfen. Aber es geht weiter z.B. mit Fußstützen, die noch ausgeklappt sind, oder mit weiteren Dingen, die Gefahr bergen können, z.B. Gläsern. Ein Glas vorne in der eigenen Sitzablage sieht zwar harmlos aus, aber es kann sich zu einer Bedrohung entwickeln, wenn der Flug nicht so verläuft, wie man es erwartet. Ich glaube, wir alle neigen zu dem Fehler, daß wir uns den abnormen Fall und die damit zusammenhängenden Umstände nicht vorstellen. Wir meinen immer, es müßte alles so bleiben, wie es augenblicklich ist, also Licht an Bord, gute Sicht etc. Wer nimmt sich schon die Zeit zu prüfen, wo der nächste Notausgang ist, wie weit entfernt er ist, wieviele Sitzreihen nach vorne, wieviele nach hinten, so daß man sich notfalls bei extremen Sichtverhältnissen wie Dunkelheit oder starkem Rauch orientieren kann? Als sicherheitsbewußter Passagier müßte ich dies tun.«

*Frage:* »Wie ist das bei anderen Fluggesellschaften?«

*Limley:* »In Amerika wird zum Teil angesagt: ›Lokalisieren Sie die Ausgänge, die Ihnen am nächsten sind.‹ Man wird also aufgefordert, die Ausgänge zu visualisieren. Es wird meist nicht gesagt: ›Zählen Sie die Sitzreihen bis zum Ausgang.‹ Viele halten dies für übertrieben, aber ich persönlich finde, man kann für die eigene Sicherheit nicht genug tun. Denn das wissen wir genau aus der Unfallforschung, daß der vorbereitete und informierte Passagier bessere Chancen hat als der, der vollkommen unvorbereitet ist.«

*Frage:* »Wo liegen weitere Probleme mit dem Passagierverhalten?«

*Limley:* »Anschnallzeichen werden manchmal nicht beachtet. Natürlich ist dies in manchen Situationen verständlich, aber das macht es nicht ungefährlicher. Wenn man z.B. auf die Toilette gehen will und dort eine Reihe Wartender vorfindet, ist man geneigt, die Anschnallzeichen zu ignorieren, wenn gerade der Übergang vom Reiseflug in den Sinkflug einsetzt. Wir haben neulich dieses Thema diskutiert, weil wir von Regreßanforderungen bei anderen Fluggesellschaften gehört haben. Wir werden unseren Fluggästen in einem solchen Fall sagen: ›Die Anschnallzeichen sind an.‹ Sie entscheiden dann, ob Ihnen der Gang zur Toilette wichtig ist. Kommt man in eine Turbulenz und ein Fluggast wird verletzt, dann solle es nicht heißen, er sei nicht entsprechend aufgefordert worden. Wenn die Flugbesatzung schon in Erwartung der Landung angeschnallt auf ihren Sitzen sitzt und ein Fluggast noch versucht aufzustehen, dann muß der Flugbegleiter den Passagier notfalls sogar anschreien und ihm das Kommando geben: ›Bleiben Sie angeschnallt sitzen, wir landen gleich.‹«

*Frage:* »Und nach der Landung?«

*Limley:* »Auch hier kann man häufig beobachten, daß Fluggäste vor Erreichen der Parkposition aufstehen und versuchen, ihr Handgepäck aus den Staufächern zu entnehmen. Dies ist sträflicher Leichtsinn. Viele täuschen sich über die enorme Bremswirkung, über die ein Flugzeug verfügt. Wir alle kennen die enorme Beschleunigungskraft beim Start, wenn wir in die Sitze gedrückt werden. Die Bremskraft ist jedoch deutlich höher. Ein Flugzeug braucht zum Beschleunigen auf eine bestimmte Geschwindigkeit mehr Strecke als zum Abbremsen von dieser Geschwindigkeit. Erst nach dem Erreichen der Parkposition und dem Abstellen der Triebwerke kann man sich gefahrlos abschnallen.«

*Frage:* »Wie heißen denn die Kommandos, wenn evakuiert wird?«

*Limley:* »›Gurte los, Schuhe aus, alles liegen lassen, raus!‹ Und dann ruft man bei verfügbarem Notausgang: ›Hierher!‹ Und dann: ›Springen, rutschen, weg vom Flugzeug!‹«

*Frage:* »Wie wäre das englische Kommando?«

*Limley:* »›Seatbelts off, shoes off, leave everything, get out! Come this way! Jump, slide, run away.‹ Diese Kommandos haben wir in unserer Vorschrift für Notfälle neben vielen anderen Verfahren veröffentlicht. Im Unterschied zu anderen Fluggesellschaften haben wir in unseren Flugzeugen kein sogenanntes EVAC-Signal installiert. [Ein solches Signal ist im gesamten Flugzeug zu hören und ordnet praktisch für jeden die sofortige Evakuierung an, d. A.] Wir haben prinzipiell die Anweisung, daß die Evakuierung von der Cockpitbesatzung eingeleitet wird, weil wir davon ausgehen, daß die Cockpitbesatzung in der Regel die meisten Informationen hat, die man für eine derartige Entscheidung braucht. Ohne zwingende Notwendigkeit wollen wir unseren Fluggästen dieses risikoreiche Verfahren nicht zumuten. Wir schulen aber auch unsere Flugbegleiter, daß jede Information, die für eine Entscheidung zur Evakuierung wichtig ist, umgehend ans Cockpit weitergeleitet wird. Erst wenn eine Evakuierung zwingend erforderlich ist, z. B. das Flugzeug in mehrere Teile zerbrochen ist und man erwarten kann, daß keine Reaktion aus dem Cockpit erfolgt, dann ist der Flugbegleiter aufgefordert, die Evakuierung eigenständig einzuleiten.«

*Frage:* »Wie war das in Warschau? Da waren die beiden Piloten ausgefallen und das Flugzeug erheblich beschädigt.«

*Limley:* »Dies war graduell unterschiedlich. Im hinteren Bereich der Kabine hatte der Aufprall andere Auswirkungen als im vorderen Bereich. Aus diesem Grund bestand zunächst im hinteren Kabinenbereich kurzzeitig Unklarheit, ob das Cockpit eine Evakuierung anordnen würde. Die Flugbegleiter haben das, was wir lehren, versucht durchzuführen, also mit dem Cockpit in Kontakt zu treten, aber dann realisiert, daß kein Kontakt herstellbar war, und aufgrund der Situation die Evakuierung eingeleitet. Das war eine Sache von Sekunden.«

*Frage:* »Welchen Abstand zum Flugzeug soll man nach der Evakuierung einnehmen?«

*Limley:* »So weit wie möglich, aber nicht in Richtung einer noch aktiven Startbahn oder sonstiger Gefahrenzonen. Es gibt Beispiele, daß Passagiere aus dem Flugzeug rauskamen und trotzdem zu Tode gekommen sind, weil sie es nicht ernst nahmen, weit weg vom Flugzeug zu kommen. Also: Sich aus der Gefahrenzone so weit wie möglich raushalten.«

*Frage:* »Aber auf der anderen Seite wieder sammeln, damit die Crew feststellen kann, wieviel Leute schon draußen sind.«

*Limley:* »Auf keinen Fall einfach verschwinden. Das ist natürlich schwierig, dies in einer solchen Situation von Passagieren zu verlangen. Man kann nur den ersten beiden Passagieren, die ins Freie kommen, zurufen: ›Sie helfen unten, sammeln dann Passagiere in sicherer Entfernung.‹ Was die Passagiere dann machen, kann man nicht beeinflussen.«

*Frage:* »Welcher Passagier ist Ihnen denn in so einer Situation am liebsten?«

*Limley:* »Mir ist in der Situation der Passagier lieber, der den Anweisungen der Besatzung folgt, wenn diese handlungsfähig ist. Man kann nicht erwarten, daß der Passagier für jede denkbare Situation die richtige Antwort kennt. Zum Beispiel würde er wahrscheinlich die Tür in ein bestehendes Feuer hinein öffnen, wenn er raus will. Für solche Fälle sind die Flugbegleiter trainiert; sie kennen ihre Aufgaben genau.«

*Frage:* »Also unbedingt wichtig: Den Anweisungen der Besatzung Folge zu leisten. In einer Notsituation kann es ja auch mal vorkommen, daß die Besatzung nicht verfügbar ist...«

*Limley:* »Deshalb ist es so wichtig, daß die Passagiere sich vorher informiert haben, damit sie dann notfalls auch Aufgaben der Besatzung übernehmen können. Also, nehmen wir mal an, daß beide Flugbegleiter auf dem A 320 im vorderen Kabinenbereich handlungsunfähig sind. Da wäre es wichtig, wenn jemand da wäre, der weiß, wie eine solche Tür aufgeht. Ich sehe oft Besucher in unserem Trainingscenter, die beim Öffnen einer Tür fragen: ›Wo fasse ich hin? Wie mache ich das? Wie geht das?‹ Das hat sich keiner anhand der Sicherheitsinstruktion jemals bewußt gemacht. Oder ich denke an den Manchester-Unfall, wo es zu lang gedauert hat, bis ein Notfenster geöffnet wurde. Die dort sitzende junge Frau hat den uns vorliegenden Berichten nach durch Ziehen an der Armlehne versucht, das Notfenster zu öffnen. Offenbar war sie sich nicht bewußt, wie das Notfenster zu öffnen war. Man hat aus Zeitungsberichten lesen können, daß zwei Passagiere bei einem Unfall in Amerika einen Boxkampf darüber austrugen, wie das Notfenster zu öffnen sei. Der eine wollte wohl so, der andere so, oder der eine nicht und der andere doch.

Es gibt aber auch Fluggäste, die die Sicherheitsinstruktionen genau lesen. Zum Beispiel hat ein Passagier uns darauf hingewiesen, daß nach seiner Meinung in unseren Sicherheitsinstruktionen ein Fehler ist. Bei der Boeing 747 müsse man nach der Zeichnung für den Overwing Exit den Hebel entgegen dem Uhrzeigersinn drehen, er habe jedoch gesehen, daß es umgedreht sei. Ebenso müsse man der Zeichnung nach nach rechts hinten weggehen, obwohl man doch nach links hinten das Flugzeug verlassen müsse. Die Lösung: Er saß auf der gegenüberliegenden Flugzeugseite. Darauf kommt man selbst manchmal gar nicht, daß derartige Mißverständnisse möglich sind. Wir wollten nicht sagen: ›Hebel im Uhrzeigersinn drehen‹, sondern ›Hebel nach oben bewegen und in die Endposition drehen‹. Ich sage immer, daß man unsere Sicherheitsinstruktionen mal 1.000 Personen vorlegen und dann ein Interview machen sollte mit Fragen: ›Was verstehen Sie aus dieser Zeichnung?‹ Dies müßte nicht nur im deutschen Sprachraum geschehen, sondern z. B. auch in Asien oder sonstwo. Wir würden wahrscheinlich überrascht sein, was man alles mißverstehen kann. Dies geht uns ja manchmal schon mit einem Satz in unserer Vorschrift so. Je nach Erziehung und Herkunft verstehen Besatzungsmitglieder unter einem Satz in der Vorschrift nicht das, was der Autor verstehen wollte.«

*Frage:* »Was ist mit Behinderten und Verletzten im Falle einer Evakuierung? Wie geht man damit um?«

*Limley:* »Wir folgen hier den Empfehlungen der amerikanischen CAMI (Civil Aeromedical Institute der FAA), die hierzu Tests durchgeführt hat. In unseren Vorschriften steht, daß wir Behinderte vorzugsweise in der Mitte zwischen zwei Notausgangspaaren unterbringen. Mit Hilfe ihrer Begleiter oder des Kabinenpersonals sind sie am Ende der Evakuierungsschlange am besten in der Lage, den Notausgang zu erreichen. Ich bin deshalb überzeugt, daß diese Sitzanordnung für behinderte Passagiere richtig ist, da jeder langsamere Passagier in Gefahr ist, von den anderen überrannt zu werden. Eine andere Sitzordnung würde die Gesamtevakuierungszeit deutlich erhöhen. Wenn man einen Evakuierungstest sieht, ist es immer wieder erstaunlich, wie gering die Fortbewegungsgeschwindigkeit in der Kabine ist und in welch kurzen Zeiten dennoch eine Evakuierung möglich ist, nämlich den berühmten 90 Sekunden. Dies natürlich nur im Test, die Wirklichkeit muß nicht immer so aussehen. Beim Unfall in Manchester haben die Stärkeren und Schnelleren – egal, wo sie im Flugzeug saßen – auf Kosten der langsameren Passagiere ihr Leben gerettet und diese überrannt.

Ich möchte aber unbedingt feststellen: Fliegen ist sicher, und wir wollen ja gerade Flugangst beseitigen, nicht verstärken. Nicht immer erreicht man durch Zeigen von Notrutschen, Feuerlöschern, Flößen und weiteren Notausrüstungsgegenständen, daß einer sagt: ›Mensch, toll, da ist eine Menge Sicherheit eingebaut.‹ Aber wer hat z. B. einen Feuerlöscher in seinem Auto? Sicher nicht jeder. Auf Lufthansa-Flugzeugen gibt es eben über das behördlich vorgeschriebene Minimum hinaus zusätzliche Feuerlöscher an Bord. Es gibt Flöße für den Notwasserungsfall. Jedes Flugzeug transportiert tagtäglich ein erhebliches Mehrgewicht für derartige Flöße über die Ozeane. Für den plötzlichen Druckverlust gibt es Sauerstoffmasken – russische Flugzeuge waren damit früher nicht ausgerüstet. Man konnte darüber streiten, ob dies notwendig sei oder nicht. Ich persönlich meine, ja. Obwohl man nicht sterben würde, in der kurzen Zeit, in der man ohne Sauerstoff ist. Passagiere würden unter Umständen bewußtlos werden, je nachdem, in welcher Flughöhe man ist. Passagiere, die an Atmungsorganen erkrankt sind, wären in einem solchen Fall mehr gefährdet. Reinhold Messner hätte natürlich keine Probleme, wie man aus seiner Besteigung von Bergen um die 8.000 m ohne Sauerstoff weiß. Ein gesunder Mensch wird ohne Sauerstoffmaske nicht ernsthaft zu Schaden kommen, weil der Notabstieg mit 6.000 bis 8.000 Fuß pro Minute durchgeführt wird und man in relativ kurzer Zeit auf einer verträglichen Höhe wäre.«

*Frage:* »Nochmal zum Thema Notausgänge. Immer wieder sitzen dort Personen, die doch im Zweifelsfall große Probleme mit dem Öffnen eines Notausgangs hätten?«

*Limley:* »Deswegen finde ich das, was in Amerika zur Zeit praktiziert wird, gut. Es ist mein Vorschlag, ein ähnliches Verfahren auch bei der Lufthansa einzuführen. Wenn der Gesetzgeber eine bestimmte Maßnahme nicht fordert, ist die Umsetzung manchmal nicht einfach. Ich habe vorgeschlagen, daß nichtdiensttuende Besatzungsmitglieder vorzugsweise an Notfenstern plaziert werden. Mir passiert es manchmal, daß ich bei Flugreisen dorthin gesetzt werde.«

*Frage:* »Letztes Thema: Kindersitze?«

*Limley:* »Das wird aus meiner Sicht hoffentlich nicht mehr lange dauern, bis wir im Flugzeug entsprechende Sitze anbieten. Ich meine, das muß kommen. Alle Experten sind sich einig darüber, daß eine optimale Sicherung von Kleinkindern nur spezielle Sitze gewährleisten können. Der von einigen Fluggesellschaften angebotene sogenannte Loopbelt ist bei uns bereits sehr lange umstritten. Das Kind sitzt dabei auf dem Schoß eines Erwachsenen und ist gesichert durch einen eigenen Gurt, der am Erwachsenengurt mittels einer Schlaufe befestigt ist. In unserer Abteilung ist der Gurt abgelehnt worden nicht zuletzt wegen der Aussagen des auf diesem Gebiet maßgebenden Experten Dick Chandler von der bereits erwähnten CAMI. Nach seiner Überzeugung ist der Loopbelt nicht zu verwenden, weil in einem Crash ein Klappmessereffekt auftritt und das Kind praktisch zwischen dem Oberkörper und den Beinen des Erwachsenen eingequetscht wird. Dabei bricht ihm das Rückgrat. Herr Chandler hat behauptet, es gibt keinerlei Beweis, daß ein Kind, das nur mit den Händen auf dem Schoß gehalten wird, schlechter gesichert ist als eins, das durch so einen Loopbelt gesichert ist. Wir hier vom Emergency-Training sehen uns mehr und mehr mit Anfragen nach dem Loopbelt konfrontiert, weil andere Fluggesellschaften (z.B. in England, wo er vorgeschrieben ist als provisorisches Rückhaltesystem) diesen Gurt benutzen.

Ich hoffe, daß zukünftig bessere Lösungen möglich sind. Wir sind dabei, im A 340 demnächst spezielle Kindersitze anzubieten.«

## 3. Nochmal Statistik – die sicheren und die weniger sicheren Fluggesellschaften

Sicherheit hat ihren Preis. Das wird leider von vielen Fluggesellschaften im Wetteifern um Marktanteile immer wieder verdrängt. Aber auch den Passagieren scheint es bislang egal zu sein, frei nach der Devise: »Mit welcher Airline komme ich am billigsten von A nach B?« Dabei ist es höchste Zeit, daß sich ein verschärftes Sicherheitsbewußtsein breit macht. Passagiere, die sich ihren Flug nach Sicherheitsaspekten aussuchten, würden die Gesellschaften zwingen, nachhaltig sich selber zu überprüfen und mehr in diesem Bereich zu tun. Das käme dann allen Passagieren und Fluggesellschaften gleichermaßen zugute.

Natürlich möchte man gerne so billig wie möglich fliegen. Aber dann sollte man sich fairerweise auch eingestehen, welches Risiko man für sich und etwa mitreisende Familienangehörige eingeht. Leider kann man heute längst nicht mehr erwarten, daß für alle Gesellschaften die gleichen Standards gelten und alle gleich sicher sind. Drehen wir es einmal um: Alle Fluggesellschaften sind den gleichen Risiken unterworfen, was äußere Einflüsse angeht. Von daher sind sie alle gleich »unsicher«. Mit diesen Unsicherheitsfaktoren geht nur jede Gesellschaft anders um. Die eine investiert z.B. in einen neuen Flugzeugpark mit modernerem Equipment, in das die Erfahrungen der letzten Jahre eingeflossen sind. Die renommierten Gesellschaften legen darüber hinaus großen Wert auf die Auswahl ihres Personals. Das trifft für Flugbegleiter und Piloten gleichermaßen zu, obwohl hier gerade in der jüngsten Zeit Tendenzen zu beobachten sind, die doch wieder Wirtschaftlichkeitsaspekten mehr Vorrang geben. Andere Gesellschaften kämpfen ums nackte Überleben am Markt, und das mit zum Teil überaltertem Fluggerät, schlecht ausgebildeten und überprüften Piloten, mangelhaft oder auch gar nicht gewarteten Flugzeugen.

Auf jeden Fall sollte sich der Passagier vor Buchung einer Reise als erstes nach dem Flugzeugtyp und der Fluggesellschaft erkundigen. Als zweites sollte er außerdem die vorhandenen Alternativen abfragen. Als Faustregel kann gelten: Flugzeuge sowjetischer Bauart sind derzeit extrem unsicher. Das kommt vor allem daher, daß die gesamte Ersatzteilproduktion zusammengebrochen ist. Zu beachten ist dabei auch, daß das Kontroll- und Aufsichtssystem nicht mehr funktioniert. Abgesehen davon sind die Systeme veraltet; Flugzeuge der sowjetischen Bauarten gehören zu den größten Umweltverschmutzern unter der zivilen Luftverkehrsflotte. Diese Maschinen werden aber immer noch von vielen Gesellschaften im ehemaligen Ostblock und vor allem von indischen und chinesischen Fluggesellschaften geflogen.

Im allgemeinen kommt die Boeing 747, also der Jumbo-Jet, in der Unfallstatistik bisher sehr gut weg, das Flugzeug verfügt vom technischen Standpunkt auch über die meisten Redundanzsysteme. Die Alternativen wie zum Beispiel der A 340 sind noch zu jung, um hier verläßliches Zahlenmaterial zu liefern. Im großen und ganzen arbeiten Boeing und McDonnell-Douglas mit sehr bewährtem Fluggerät, in dem die Erfahrungen des Nachkriegs-Luftverkehrs konsequente Weiterentwicklung erfahren haben. Aber natürlich gibt es auch hier Ausnahmen, wie der Absturz der Boeing 767 der Lauda-Air oder auch der MD 81 der SAS in Helsinki deutlich gemacht haben. Auf jeden Fall sind westliche Flugzeugtypen aber den russischen Maschinen vorzuziehen.

Anhaltswerte über die sichereren und die weniger sicheren Fluggesellschaften und Flugzeugtypen enthalten die folgenden Tabellen. Hieraus lassen sich aber keine Gesetzmäßigkeiten ableiten. Ein Zusammenstoß etwa eines Jumbo-Jets mit einer Cessna aufgrund eines Lotsenfehlers könnte diese Statistik schlagartig gravierend verändern, wenn man schlicht die Zahl der getöteten Passagiere zugrunde legt.

Im übrigen neige ich eher dazu, Statistiken zu mißtrauen, da sie sich je nach Betrachtungswinkel vortrefflich zum Untermauern aller möglichen Argumente benutzen lassen. Da halte ich es eher mit Winston Churchill, der mal gesagt haben soll: »Ich glaube nur der Statistik, die ich selber gefälscht habe!«

Sieht man sich dazu die Liste der sichersten Fluglinien an, stellt man fest, daß sie erschreckend kurz ist. Nur fünf von den hier betrachteten Fluglinien verzeichneten in den Jahren 1969 bis 1994 weder einen Unfall noch einen Zwischenfall (ein Zwischenfall ist definiert als ein Vorkommnis, das die Flugsicherheit beeinträchtigt, also kein Unglück mit Sach- oder Personenschäden).

Die sichersten Fluglinien der Welt (1969–1994)

| Fluglinie | Unfälle | Todesfälle | Zwischenfälle |
|---|---|---|---|
| Southwest | 0 | 0 | 0 |
| Aer Lingus Airline | 0 | 0 | 0 |
| America West | 0 | 0 | 0 |
| Cyprus | 0 | 0 | 0 |
| Tower | 0 | 0 | 0 |

*Quelle: Flight International vom 21. 1. 1989, 17.–23. 1. 1990, 16.–22. 1. 1991, 29. 1.–4. 2. 1992, 27. 1.–2. 2. 1993, 19.–25. 1. 1994, 18.–24. 1. 1995*

Man fragt sich, wo die großen, bekannten Fluglinien in der Tabelle der sichersten Fluglinien geblieben sind.

Vergleicht man allerdings die unsichersten Flugzeugtypen mit der Liste der gelieferten Flugzeuge und Unfälle (bis Ende Juni 1994) ergeben sich merkwürdige Ungereimtheiten.

Folgt man den Angaben von Airbus Industrie, bis Ende Juni 1994 insgesamt 1.175 Flieger ausgeliefert zu haben, von denen nur 13 einen Unfall hatten, so ist es doch seltsam, daß in den Jahren 1988 bis 1993 sechs tödliche Unfälle und 25 nicht-tödliche Unfälle bzw. Zwischenfälle, also 31 Unfälle, in der Zeitschrift *Flight International* aufgeführt sind. Einer von beiden muß sich verzählt haben!

Es gibt allerdings auch noch eine andere Betrachtungsweise, die das Ergebnis gleich schlagartig verändert. Die Airbus-Statistik berücksichtigt nämlich verschiedene Faktoren erst gar nicht. Zum Beispiel die wesentliche größere Zahl von ausgelieferten Boeing-Flugzeugen über einen Zeitraum von immerhin 36 Jahren seit der Erstauslieferung einer Boeing 707. Natürlich kommt Airbus bei so einer Betrachtung besser weg, weil man sich erst seit 1974 am Markt befindet. Etwas aufschlußreicher ist da die Tabelle, die die Totalverluste der großen Flugzeughersteller in bezug auf die durchgeführten Starts auflistet.

Sie sehen also, es kommt immer darauf an, wie man eine Statistik auswerten möchte.

Die weniger sicheren Fluglinien nach Unfällen (1988–1994)

| Fluglinie | Unfälle | Todesfälle | Zwischenfälle |
|---|---|---|---|
| Aeroflot | 23 | 525 | 12 |
| China | 10 | 830 | 3 |
| USAir | 6 | 220 | 5 |
| United | 6 | 193 | 17 |
| Indian | 4 | 344 | 10 |
| CAAC | 4 | 224 | 4 |
| Avianca | 3 | 319 | 1 |
| American Eagle | 3 | 156 | 2 |
| Pakistan International | 2 | 221 | 6 |
| Continental | 2 | 23 | 9 |
| VASP Brasilian | 2 | 4 | 1 |
| Iran Air | 1 | 425 | 1 |
| Lauda Air | 1 | 223 | 0 |
| Thai International | 1 | 113 | 4 |
| Air Inter | 1 | 87 | 2 |
| Korean Air | 1 | 80 | 5 |
| Martinair | 1 | 56 | 0 |
| British Midland | 1 | 47 | 3 |
| Alitalia | 1 | 46 | 3 |
| Olympic | 1 | 34 | 3 |
| Delta | 1 | 13 | 10 |
| Avia | 1 | 13 | 0 |
| Varig | 1 | 12 | 3 |
| Northwest | 1 | 8 | 11 |
| Philippine | 1 | 8 | 4 |
| El Al | 1 | 4 | 0 |
| Air France | 1 | 3 | 4 |
| Lufthansa | 1 | 2 | 4 |
| Aloha | 1 | 1 | 1 |
| LOT Polish | 1 | 1 | 0 |
| British Airways | 0 | 0 | 27 |
| American | 0 | 0 | 20 |
| KLM | 0 | 0 | 4 |
| TWA | 0 | 0 | 4 |
| Royal Nepal Airlines | 0 | 0 | 3 |

*Quelle: Flight International vom 21. 1. 1989, 17.–23. 1. 1990, 16.–22. 1. 1991, 29. 1.–4. 2. 1992, 27. 1.–2. 2. 1993, 19.–25. 1. 1994, 18.–24. 1. 1995*

Gelieferte Flugzeuge und Unfälle (bis Ende Juni 1994)

| Flugzeugtypen | Jahr der Erstlieferung | Anzahl gelieferter Flugzeuge | Unfälle (absolut) | Unfälle (in Prozent) |
|---|---|---|---|---|
| Airbus Industrie | | | | |
| A300B2/B4 | Mai 74 | 248 | 6 | 2,42 |
| A300-600 | März 84 | 169 | 1 | 0,60 |
| A310 | März 83 | 248 | 2 | 0,80 |
| A320 | März 88 | 461 | 4 | 0,87 |
| A321 | Jan. 94 | 10 | 0 | 0 |
| A330 | Dez. 93 | 6 | 0 | 0 |
| A340 | Jan. 93 | 33 | 0 | 0 |
| Gesamt: | | 1175 | 13 | 1,10 |
| Boeing | | | | |
| 707 | Okt. 58 | 856 | 110 | 12,85 |
| 720 | Juli 60 | 154 | 12 | 7,79 |
| 727 | Okt. 63 | 1831 | 58 | 3,17 |
| 737 | Feb. 68 | 2625 | 57 | 2,17 |
| 747 | Jan. 70 | 1031 | 18 | 1,74 |
| 757 | Dez. 82 | 612 | 0 | 0 |
| 767 | Aug. 82 | 542 | 2 | 0,37 |
| Gesamt: | | 7651 | 257 | 3,36 |
| McDonnell-Douglas | | | | |
| DC-8 | Sep. 59 | 556 | 61 | 10,97 |
| DC-9 | Dez. 65 | 976 | 68 | 6,96 |
| MD-80 Serien | Okt. 80 | 1101 | 10 | 0,90 |
| DC-10 | Aug. 71 | 446 | 17 | 3,80 |
| MD-11 | Dez. 90 | 119 | 0 | 0 |
| Gesamt: | | 3198 | 156 | 4,87 |
| Lockheed | Apr. 72 | 249 | 11 | 1,60 |

*Quelle: Airbus Industrie*

Verluste von Boeing und Airbus (bis 15. September 1994)

| Flugzeugtypen | Verluste | Starts (in Mio) | Verhältnis: Verluste in % zu Mio Starts |
|---|---|---|---|
| Boeing | | | |
| 737-300/4/5 | 8 | 13,32 | 0,6 |
| 757 | 0 | 3,98 | 0 |
| 767 | 2 | 3,84 | 0,52 |
| 747-400 | 1 | 0,74 | 1,35 |
| Gesamt: | 11 | 21,88 | 0,5 |
| Airbus Industrie | | | |
| A300-600 | 2 | 0,86 | 2,3 |
| A310 | 2 | 1,75 | 1,14 |
| A320/321 | 4 | 2,13 | 0,5 |
| A330 | 0 | 0,004 | 0 |
| A340 | 0 | 0,009 | 0 |
| Gesamt: | 8 | 4,753 | 1,68 |

*Quelle: ATA*

## 4. Einschätzungen eines Piloten[1]

*Frage:* »Sie haben in den 50er Jahren zu fliegen begonnen, haben über 36 Jahre hinweg die Modifikationen der Flugzeuge, der Cockpits selber bewußt bis zu Ihrer Pensionierung 1992 erlebt. Sie waren Sicherheitspilot der Lufthansa und immer als ein sehr kritischer Beobachter der Szene bekannt. Gemessen an den Standards, die Sie in Ihrer Anfangsphase erlebt haben, wo liegen diese Standards heute?«

*Caesar:* »Man kann die Fliegerei in den 50er, 60er Jahren mit der Fliegerei heute gar nicht mehr vergleichen. Als sie nach dem Krieg wieder aufgenommen wurde, geschah das mit amerikanischen Leihkapitänen, bis dann die deutschen Weltkrieg II-Piloten, die teilweise bei der Lufthansa schon vor dem Krieg geflogen hatten, wieder so weit waren. Diese Fliegerei war extrem individualistisch. Die Amerikaner ... waren praktisch so autark, daß sie es sich leisten konnten, zu tun was sie wollten, und sie beeinflußten damit vermutlich auch die Generation der älteren deutschen Piloten. Natürlich gab es damals schon Regeln, aber die wurden als lose Empfehlung betrachtet. Ein Paradebeispiel dafür war, daß diese ›Leihkapitäne‹ verpflichtet waren, eine bestimmte Anzahl von Stunden pro Monat zu leisten. Um möglichst viel in den USA frei zu haben, pflegten sie es so zu machen, daß sie an 15 Tagen eines Monats ihre Leistung abrissen, in den nächsten 15 Tagen des Folgemonats auch, dann hatten sie an 30 aufeinanderfolgenden Tagen praktisch die doppelte Anzahl der Stunden, die im Grunde für diesen Zeitraum vorgesehen waren, und anschließend vier Wochen auf ihrer Erdbeerfarm in den USA frei. Das heißt: Sie waren häufig übermüdet, sie flogen ja damals auf der Super Constellation Langstrecke. Das führte dazu, daß der deutsche Relief-Pilot – so nannte man damals den Vertreter des Kapitäns – und der 2. Offizier, der Copilot, sehr viel mehr Zeit am Steuer zubrachten als eigentlich drei Piloten, die im Schichtdienst die beiden Sitze da vorne wechselseitig einnehmen sollten, im Dienst sein durften. Ich erinnere mich an einen Flug nach Rio de Janeiro 1958, der ging damals von Hamburg über Frankfurt, Paris, Dakar, das waren 24, 25

1 Interview mit Flugkapitän a. D. Heino Caesar, ehemaliger Sicherheitspilot der Lufthansa, am 24. 8. 1994 in Quickborn.

Stunden reine Flugzeit und mit Zwischenstops eine Dienstzeit von 28–30 Stunden. Ich habe davon einmal 20 Stunden Flugzeit im rechten Sitz zugebracht, da war ich nahezu bewußtlos und kippte vorn über. Der amerikanische Kapitän dieses Fluges erschien nur zum Start und zur Landung, die übrige Zeit lag er auf dem Bett und schlief, war ja auch ganz günstig, dann war er wenigstens zu Start und Landung ausgeschlafen, und die beiden deutschen Piloten da vorne durften währenddessen die ganze Zeit den Flug beaufsichtigen. Die Autopiloten waren ja damals noch viel einfacher und rudimentärer als heute. Jede Kursänderung mußte von Hand durchgeführt werden, wir hatten Navigatoren an Bord und Funker, die mit Schlackertasten arbeiteten. Die Cockpit-Besatzung einer Super-Constellation nach Rio bestand aus sieben Mann: drei Piloten, zwei Flugingenieuren, einem Funker und einem Navigator. Funker und Navigator arbeiteten nur über See außerhalb des Sprechfunkbereiches und außerhalb der terrestrischen Navigation und hatten deswegen ein relativ komfortables Leben. Sie waren unangreifbar, auf sie war man ja angewiesen, während der junge deutsche Copilot und der Relief-Pilot teilweise ein hartes Leben hatten. Das ist mit den heutigen Sitten im Cockpit mit geregelten Arbeitskonzepten und festgelegter Aufgabenverteilung nicht zu vergleichen. Wir haben in den vergangenen 35 Jahren durch manchmal teuer bezahlte Erfahrungen viel dazugelernt. Die heutigen Standards sind höher und bei weitem sicherer.«

*Frage:* »Wenn heute diskutiert wird, ob die Dienstzeit von maximal 14 Stunden erhöht werden kann, wie beurteilen Sie das aus ihrem heutigen Wissens- und Erfahrungsstand?«

*Caesar:* »Wenn wir in 40 Jahren keine Fortschritte, auch im sozialen Bereich, erreicht hätten, dann wäre es um die Fliegerei miserabel bestellt. Die Flugzeuge waren natürlich früher handwerklich ermüdend, man mußte noch viel von Hand erledigen, was einem heute die Automatik abnimmt. Trotzdem kann man die Arbeitsbelastung in etwa vergleichen, weil heute die Überwachung sehr komplexer Systeme, die auch programmiert und geladen werden müssen, in bezug auf Ermüdung durchaus mit der handwerklichen Belastung, die Sie früher auf den alten Maschinen hatten, vergleichbar ist. Das heißt, die Gesamtbelastung der Besatzung ist nicht zurückgegangen.

Wir haben damals unsere Situation als extrem ermüdend, erschöpfend empfunden. Wir haben es aber in vieler Hinsicht – so unerfahren wie wir mit unseren 23, 24 Jahren waren – von der kämpferischen, sportlichen Seite aus gesehen und waren in bezug auf Professionalität weit von unserem heutigen Kenntnisstand entfernt. Es gab das Wort ›human factor‹ nicht, entsprechende Verfahren existierten nicht mal in Ansätzen – genausowenig, wie es das Wort ›Besatzungskoordination‹ gab, oder andere Begriffe, die uns heute geläufig sind. Man nahm auf Menschen viel weniger Rücksicht und war sich über die Grenzen einfach nicht im klaren. Wenn ich heute eine Besatzung von zwei Mann die Überwachung dieses hochkomplexen Systems über mehr als zwölf Stunden durchführen sehe – im Nachtflug, nach Zeitverschiebung, müde, dann sträuben sich mir die Haare.

Sicher sind die meisten Piloten hervorragend ausgebildet und geschult. Wenn sie ausgeschlafen sind und keinen anderen Handicaps unterliegen, also selbst im Idealfall, können sie nur über eine gewisse Dauer ihre volle Leistung erbringen. Diese Leistung sinkt aus einer Vielzahl von Gründen über die Zeitkurve hinweg langsam ab. Man muß berücksichtigen, daß gerade gegen Ende des Fluges eine physische und eine geistige Erschöpfung eintritt. Gerade in der hochanspruchsvollen Phase des Anfluges, der Landung, letztendlich auch des Rollens auf einem vollbesetzten Airport kommen auf diese Besatzung besondere Belastungen zu. Genau in dieser Phase sollten sie frisch und leistungsfähig sein.

Ich habe mir ursprünglich mal vorgestellt, als die Zwei-Mann-Langstrecken-Flugzeuge auf den Markt kamen, daß eine vernünftige Flugdienstzeit – also Vorbereitungszeit, Flugzeit, Zwischenstops, Nacharbeitungszeit – für eine derartige Besatzung vielleicht bei zehn Stunden liegen würde. Das heißt, daß man mit einer Zwei-Mann-Besatzung einen Flug von Frankfurt an die amerikanische Ostküste würde durchführen können, auch nach Chicago, was immerhin eine Flugzeit in Richtung Westen von neun Stunden bedeutet, vielleicht bei Tagesflügen auch noch mehr. Ich selber habe Flugdienstzeiten von 14 Stunden geleistet mit einer Minimum-Besatzung von drei Mann auf der konventionellen Boeing 747–200 an die amerikanische Westküste, und wenn man diesen Flug irgendwann mittags ausgeruht antrat, also nicht morgens um vier Uhr aufstehen mußte, und dann nach 12 Stunden reiner Flugzeit und einer Gesamtarbeitszeit von 14, 15 Stunden beendete, dann war dieser Anflug in Los Angeles je nach Schwierigkeitsgrad und Wetter mit einer enormen, wenngleich unbewußten geistigen und körperlichen Anstrengung verbunden. Das führte dazu, daß man sich klatschnaß und verschwitzt im Sitz wiederfand, wenn man sein Flugzeug schließlich abstellte. Der Rückflug war im Grunde noch viel anstrengender, weil er ja meistens am späten Nachmittag begann. Man konnte nicht vorschlafen im eigentlichen Sinne, und wenn man den Flug antrat, dann schlaffte man nicht nur aufgrund der lokalen Tageszeit schon wieder ab, sondern es war inzwischen in Deutschland schon früher Morgen. Und da der Körper sich während eines Drei-Tages-Flugs an die Westküste nicht umstellte und man nach wie vor der Zeitverschiebung unterlag, fühlte man sich eben so, wie man sich nach einem durchwachten Tag und einer durchwachten Nacht morgens um drei fühlt, nämlich todmüde und mit dem einzigen Wunsch, jetzt ins Bett zu gehen. Und genau in diesem Zustand flog man los – für 12, 13 Stunden.

Die Drei-Mann-Cockpit-Besatzung, zwei Piloten und ein Flugingenieur auf den konventionellen Maschinen wie DC 10 und Boeing 747–200, erlaubte es aufgrund einer fortschrittlichen Firmenregelung, daß bei großer Müdigkeit jeweils einer nach Absprache im Sitz einnicken, vor sich hindösen konnte, unter der Voraussetzung, daß die beiden anderen erklärten, so weit klar zu sein, nicht auch noch einzunicken. Es war ein sogenanntes ›Napping‹ – ein verniedlichender Ausdruck, der Schlummern bedeuten soll, weil man von Tiefschlaf nicht gerne reden wollte, aber faktisch war man innerhalb von 30 Sekunden total weg, bis einen die Kollegen weisungsgemäß nach 20 Minuten wieder weckten. Heute ist das Problem ja, daß wir auf relativ langen Strecken nur noch zwei Mann Besatzung haben und die Redundanz wegfällt, wenn jetzt wirklich einer auch mal kurz die Augen zumacht. Es besteht die Gefahr, daß der andere dann auch einnicken könnte, ein unhaltbarer Zustand.«

*Frage:* »Sie sagten eben, Sie hätten sich eine maximale Dienstzeit von zehn Stunden für zwei Piloten vorgestellt. Heute ist bei Lufthansa 14 Stunden für zwei Piloten gang und gäbe, auch auf den europäischen Strecken – das heißt 14 Stunden Flugzeit, Starts und Landungen, die schon nah an der Leistungsgrenze eines Menschen liegen.«

*Caesar:* »Ich glaube, daß die gesetzlich zulässigen Ansprüche, die heute an einen Piloten gestellt werden, sehr hart an der Grenze des Vernünftigen liegen, wenn diese Grenze nicht schon überschritten ist. Ich halte das in Ausnahmefällen für eine Zwei-Mann-Besatzung machbar, wenn der Flug aus der Heimatbasis heraus nach vorausgehenden vielleicht zwei, drei Tagen Ruhetagen angetreten wird, ohne von vorherigen Flügen mit Zeitverschiebung belastet zu sein. Ich halte es aber in Ost-West-Richtung mit starker Zeitverschiebung, Tag-und Nacht-Rhythmus-Änderung in Folge hintereinander für nicht zumutbar. Die Bestrebung ist ja, daß man generell bei allen Airlines in Europa diese langen Dienstzeiten aus Produktivitätsansprüchen durchzusetzen versucht.«

*Frage:* »Der Mensch – das schwächste Glied der Kette?«

*Caesar:* »Den Verlust des Flugzeuges nicht abgewendet zu haben, wird einer Besatzung statistisch gesehen einmal bei einer Million Starts zugeschrieben. Wenn man unterstellt, daß kein Flug ohne Störung durch das Wetter, durch die Maschine, durch das Terrain, durch die Flugsicherung, durch anderen Verkehr, durch was der Teufel auch durchgeführt werden kann, ohne daß Piloten bestimmte, vom Normalablauf abweichende Entscheidungen treffen müssen, dann kann man feststellen, daß diese Piloten ihre Aufgabe ungeheuer erfolgreich erfüllen. Ihre eigentliche Aufgabe ist ja die Gefahrenabwehr, als einzig wirklich flexibles System in diesem Mensch-Maschine-Umfeld-System. Um die Unfallgefahr noch weiter zu reduzieren, ist es deshalb nach wie vor am erfolgversprechendsten, in gute Pilotenauswahl zu investieren, in intensives Training, und Arbeitsbedingungen zu ermöglichen, die verhindern, daß Piloten durch eine an Bewußtlosigkeit grenzende Müdigkeit daran gehindert werden, ihre Fähigkeiten überhaupt zum Tragen zu bringen. Das ist einer der wesentlichsten Gesichtspunkte, die heute ganz deutlich außer acht gelassen werden, wenn Aufsichtsbehörden derartig extensive Flugdienstzeiten für legal erklären und selbst davon noch Ausnahmeregeln genehmigen. Mediziner, die das befürworten, Beamte, die so etwas querschreiben, sollten erst mal mehrere derartige Flüge – und zwar ohne zu ruhen und ohne Ablenkung, in verantwortungsvoller Aufgabe – kontinuierlich mit Arbeitsbelastung konfrontiert an Bord dieser Flugzeuge durchführen, um an sich selber zu beurteilen, ob sie ihr eigenes Leben einer derartigen Dauerbelastung unterwerfen oder es einem so belasteten Mann anvertrauen wollten.«

*Frage*: Thema: ›Aufsichtsbehörden‹?

*Caesar:* »Ein paar einfache Hintergründe: Wir haben mit der Luftaufsichtsbehörde als Piloten wenig zu tun gehabt. Die Aufsichtsbehörden sind ja verpflichtet, alle Gesellschaften in einem gewissen Abstand zu durchleuchten, z. B. das Vorschriftenwesen im Flugbetrieb, die Einhaltung dieser Vorschriften, die Handbücher, die Vollständigkeit der Handbücher auf gesetzliche Vorschriften usw. In einem gut geführten personalintensiven Betrieb wie der Lufthansa war meist alles in Ordnung. Was wir erlebt haben als Piloten war eigentlich nur, daß ab und zu Prüfer mitflogen, um dann pflichtgemäß die Arbeit der Besatzung zu überwachen. Es waren häufig pensionierte Kapitäne oder Piloten, die fluguntauglich geworden waren oder die aus irgendeinem Grunde ihre frühere Gesellschaft verlassen hatten. Sie hatten meist viel Erfahrung, nicht immer aber intime Kenntnisse des Typs, sondern sie beaufsichtigten allgemein die Arbeit der Besatzung nach grundsätzlichen Kriterien. Es fiel den Besatzungen dann häufig auf, daß diese Prüfer über das Bürokratische hinaus die professionelle Arbeit wenig beurteilen konnten, weil sie nicht unbedingt mit den Arbeitskonzepten und den Grundphilosophien, die diesen Arbeitskonzepten zugrundelagen, vertraut waren. Das Plädoyer eines Berufspiloten muß dahin gehen, daß diese Prüfer so hochqualifiziert werden wie möglich und daß sie ausreichend und adäquat bezahlt vorhanden sein sollten. Leider wird das nicht funktionieren, weil Besoldungsvorschriften verhindern, daß Behörden die benötigten qualifizierten Fachleute überhaupt bekommen.

Es gibt hervorragende Leute beim Luftfahrtbundesamt, enorm kompetent, aber das ist eben nicht durchgängig der Fall. Die Behörden sind personell, finanziell und organisatorisch gar nicht in der Lage, selbst in gut regulierten Ländern wie der Bundesrepublik, ihre Aufgabe in einem Maße auszuüben, auf das das reisende Publikum eigentlich Anspruch hätte. Der Fluggast sollte wissen, daß große und gut geführte Gesellschaften aus Tradition und ihres Rufes wegen weit mehr für seine Sicherheit tun, als der Gesetzgeber vorschreibt.

Das Problem ist, daß der Gast offensichtlich nicht bereit ist, dafür auch mehr Geld zu bezahlen, mit dem diese Sicherheit dann auch letztendlich finanziert werden müßte.«

# Quellenverzeichnis

## Verwendete und weiterführende Literartur


Asseline, Michel: *Le pilot, est-il coupable?*, Edition 1, Paris 1993

Bogus Parts – Detecting the Hidden Threat, Flight Safety Foundation Digest, Januar 1994

Chase, Joseph: *Bogus Parts: A Continuing Threat to Safety in Aviation*, Flight Safety Foundation, New York 1964

Chase, Joseph: *The Problem of Bogus Parts*, Flight Safety Foundation, New York 1957

Dempsey, Paul/Andrew R. Goetz: *Airline Deregulation and Laissez-Faire Mythologie*, Quorum Books, Boston 1992

Dinges, Wolfgang: *System Mensch Flugzeug – Das Verkehrsflugzeug als Mensch-Maschine-System*, Air Report Verlag Peter Bachmann, Rossdorf 1982

Friedman, Peter M.: *The Politics of Bogus Parts*, Pleasant Hill, California, Januar 1994

Gallimore, Peter L.: *Certification of Aeronautical Parts*, Group Qualiy Assurance, Boeing Commercial Airplane Group, Speech held at the Presentation to the Air Carriers Purchasing Conference, Hawai, September 1993

Hübener, Simone: *Bogus Parts – Der Handel mit nicht anerkannten Luftfahrzeug-Bauteilen*, Studienarbeit im Fach Flugbetriebstechnik an der Technischen Universtität Berlin, Berlin, Juni 1994

Jacquet, Norbert: *Airbus – L'assassin habite à l'Élysée*, Edition Premiere Ligne, Paris 1994

MacLeod, Sarah: *ARSA Calls for Bogus Parts Changes*, Aronautical Repair Station Association, Presseinformation vom 26.10.1993

Nader, Ralph/Wesley J. Smith: *Collision Course – the Truth about Airline Safety*, TAB-Books, USA 1994

National Transport Safety Board: *25th Annual Report to Congress – 1992*, Washington/DC, 1993

Oster, Clinton V./John S. Strong/Knut C. Zorn: *Why Airplanes Crash*, Oxford University Press, New York 1992

Perrow, Charles: *Normale Katastrophen – Die unvermeidbaren Risiken der Großtechnik*, Reihe Campus, Frankfurt a.M. 1989
Sarazin, James / Christian Paris: *L' A320 – Enquête sur les secrets de la guerre du ciel*, Plon, Paris 1993
Taylor, Laurie: *Air Travel: How safe is it?*, BSP Professional Books, London

## Flugunfallberichte

Bericht über die Untersuchung der flugbetrieblichen Störung mit dem Flugzeug Airbus A 310–304 am 11.2.1991 in Moskau, AZ.: 6 X 002–0/91, Flugunfalluntersuchungsstelle beim Luftfahrt-Bundesamt, 17. Februar 1994

Commission D'Enquete sur l'accident survenu le 26 juin 1988 à Mulhouse-Habsheim (68) à l'Airbus A 320, immatriculé F-GFKC (rapport final), édition des documents administratifs, journal officiel de la République Francaise, 24 avril 1990.

Commission D'Enquete sur l'accident survenu le 20 janvier 1992 à L'Airbus A 320 F-GGED près du Mont Sainte-Odile (Bas-Rhin) Rapport Final, édition des documents administratifs, journal officiel de la République Francaise, 26 mars 1994.

Gutachten in der Strafsache gegen unbekannten Täter an Lauda-Air wegen § 186 StGB, AZ 22 d Vr 5741/91 von Prof. Dipl.-Ing. Dr. techn. Ernst Zeibig, Band I-III, Wien 1992.

Lauda Air Luftfahrt Aktiengesellschaft Boeing 767–300ER OE-LAV, Dan Chang District, Suphan Buri Province, Thailand
26 May B.E. 2534 (A.D. 1991), Aircraft Accident Investigation Committee, Ministry of Transport and Communications, Thailand

Report on the Accident to Airbus A 320–211 Aircraft in Warsaw on 14 September 1993, Main Commission Aircraft Accident Investigation, Warsaw, März 1994

Report on the Accident to Boeing 737–400 G-OBME
near Kegworth, Leicestershire on 8 January 1989
ISBN 0 11 5509860 , Department of Transport, Air Accident Investigation Branch, Royal Aerospace Establishment

Report on the Convair 340/580 LN-PAA Aircraft, Accident North of Hirtshals, Denmark, on September 8, 1989, The Aircraft Accident Investigation Board/ Norway submitted February 1993.

## Weitere verwendete Quellen, Zeitschriften und andere Publikationen


A 300 AOM, Airbus Industrie (Aircraft Operation Manual)
A 310 AOM, Airbus Industrie
A 320/321 AOM, Airbus Industrie und Lufthansa
A 340 AOM, Airbus Industrie und Lufthansa
Air Line Pilot, ALPA
Air Transport World
Airbus Information
ASRS File, NASA
Aviation Week & Space Technology
Aviation Weekly
B 757/767 Manual, Boeing
B 767 Maintenance Manual, Boeing
Bordbuch der Lufthansa
CF-Info der Lufthansa
Check-In
Cockpit Info, Vereinigung Cockpit
Cockpit Report, Vereinigung Cockpit
Conde Nast Traveller, New York, USA
DV FLi der Lufthansa
FAA Information, FAA Washington DC, USA
Flight International, London
Flight Safety Foundation, Arlington, Virgina, USA
Flug Revue
Frankfurter Allgemeine Zeitung
Hapag Lloyd – Safety Report
ICAO, Safety Task Force Information
ISASI forum Proceedings 1992
JAA-Information, Hoofddorp, Holland
LBA-Info, Braunschweig
Manager Magazin
NASA
New York Times
NTSB, Washington DC, USA
Profil, Wien
Seattle Post
Seattle Times
Spiegel, Hamburg
Stern, Hamburg
The Guardian, London
The Independent, London
The Times, London
Times Magazine, New York
USA Today, New York
Washington Post

# Glossar

## Maßeinheiten:

| | | |
|---|---|---|
| 1 nautische Meile (nm) | = | 1,85 km |
| 1 Fuß (ft) | = | 0,3 m |
| 1 Knoten (kt) | = | 1,85 km/h |

## Abkürzungen:

| | |
|---|---|
| AAIC | Aircraft Accident Investigation Comitee hier: thailändisches Flugunfalluntersuchungskomitee |
| AD-Note | Airworthiness Directive: eine Lufttüchtigkeitsanordnung der amerikanischen Luftaufsichtsbehörde FAA |
| AFS | Automatisches Flugführungssystem |
| AOM | Aircraft Operation Manual: Bedienungshandbuch bei Airbus-Flugzeugen |
| APU | Auxillary Power Unit: Hilfsgas- o. a. Hilfsstromturbine im Heck eines Flugzeuges |
| ASRS | Aviation Safety Reporting System: Flugsicherheitsmeldesystem der amerikanischen NASA |
| ATA | Air Transport Association: einflußreiche Handelsorganisation der großen US Fluggesellschaften |
| ATC | Air Traffic Control: Luftverkehrsüberwachung |
| ATIS | Automatische Wetteransage im Flugfunkverkehr |
| BAZ | Österreichisches Bundesamt für Zivilluftfahrt |
| BEA | Bureau Enquetes-Accidents: französische Flugunfall-Untersuchungsstelle |
| CAMI | Civil Aeromedical Institute: Flugmedizinisches Institut der US Luftaufsichtsbehörde FAA |
| CAT | Clear Air Turbulences: Turbulenzen in klarer Luft |

| | |
|---|---|
| CFIT | Controlled Flight Into Terrain: kontrollierter Flug in den Boden, einen Berg oder ein erdnahes Hindernis |
| CRM | Cockpit Resource Management: Trainingsprogramm für Cockpitbesatzungen |
| CSD | Constant Speed Drive: Antrieb für den Stromgenerator am Triebwerk |
| CVR | Cockpit Voice Recorder: ein Endlos-Tonband, das alle Geräusche und Gespräche der letzten 30 Minuten im Cockpit aufzeichnet |
| DCV | Directional Control Valve: für das Auf- und Zufahren der Schubumkehr zuständiges Steuerungsventil |
| DDG | Dispatch Deviation Guide: Anweisung zur Verwendung der Minimum Equipment List (MEL) |
| DFDR | Digital Flight Data Recorder: digitaler Flugdatenschreiber, auf dem alle wesentlichen Flugparameter festgehalten werden |
| DFS | Deutsche Flugsicherung GmbH mit Sitz in Offenbach |
| DGAC | Direction Generale de l'Aviation Civile: französische Luftaufsichtsbehörde |
| DoT | Department of Transportation: US-amerikanisches Verkehrsministerium |
| DoT IGO | Inspector General Office beim DoT: Büro des Generalinspekteurs des US-Verkehrsministeriums |
| ECAM | Electronic Centralized Aircraft Monitoring: bei Airbus-Flugzeugen ein elektronisches, rechnergestütztes Überwachungssystem für die Triebwerke und die Fehlerbearbeitung. Die Anzeige erfolgt auf Monitoren im Cockpit. |
| EEC | Electronic Engine Control: Triebwerkssteuerungscomputer, der in seinem Speicher selbständig Triebwerksdaten, festgestellte Systemfehler sowie Ergebnisse von Selbstkontrollen an eigenen und von ihm überwachten Systemen speichert |
| EICAS | Engine Indication and Crew Alerting System: bei Boeing-Flugzeugen ein Triebwerksanzeige- und Crew-Alarm-System |
| ELT | Emergency Location Transmitter: ein Funksender, der nach einem Unfall ein Signal zur Ortung durch Funkpeilung oder über Satelliten ermöglicht |
| EUCARE | European Confidential Aviation Safety Reporting Network: seit Juli 1993 an die Technische Universität Berlin angebundenes anonymes Berichtsystem für die Luftfahrt |
| FAA | Federal Aviation Administration: US-amerikanische Luftaufsichtsbehörde mit Sitz in Washington DC |
| FAR | Federal Aviation Regulation: eine Anordnung der FAA (sie hat Gesetzescharakter) |
| FCU | Flight Control Unit: Flugkontrolleinheit, eine Schalttafel für Eingabebefehle. Hier können auch Kommandos der Piloten in |

| | |
|---|---|
| | bezug auf Flugrichtung, Höhe, Sink- oder Steiggeschwindigkeit oder Flugpfadwinkel eingegeben werden. Über dieses System wird ebenfalls der Autopilot gesteuert. |
| FDR | Flight Data Recorder: Flugdatenschreiber |
| FMC | Flight Management Computer: Rechner für dreidimensionale Flugwegberechnung |
| FMS | Flight Management System: Anbindung des FMC an die Flugzeugsysteme Autopilot und Autothrottle (Schub) |
| FSF | Flight Safety Foundation: eine Stiftung mit Sitz in Arlington/USA, die von zahlreichen verschiedenen Interessengruppen der Luftfahrtindustrie gegründet wurde. Ihr Hauptaugenmerk ist die Sicherheit des Flugverkehrs. |
| FUS | (deutsche) Flugunfalluntersuchungsstelle beim LBA in Braunschweig |
| GPS | Global Positioning System: satellitengestütztes Navigationssystem |
| GPWS | Ground Proximity Warning System: ein Bodenannäherungswarnsystem |
| GSF | (deutsche) Gesellschaft für Strahlenforschung |
| HUD | Head Up Display: über ein HUD werden die wesentlichen Flugparameter auf die Frontscheibe eingespiegelt |
| IATA | International Air Transport Association: internationaler Lufttransportverband mit Sitz in Montreal, Kanada und einem Büro in Genf. Größte internationale nichtstaatliche Organisation der Weltluftfahrt mit mehr als 200 Fluggesellschaften. |
| ICAO | International Civil Aviation Organisation: internationale Zivilluftfahrt-Organisation der UNO, ein Zusammenschluß zahlreicher, gleichberechtigter Staaten zur Förderung der internationalen Zivilluftfahrt und Entwicklung sowie Herausgabe internationaler Standards für Sicherheit, Zuverlässigkeit und Regelmäßigkeit des Luftverkehrs. |
| ICRP | International Comission for Radiation Protection: internationale Strahlenschutzkommission |
| IFALPA | International Federation of Airline Pilots Associations: internationale Föderation der Berufspilotenvertretungen |
| IFR | Instrument Flight Rules: Instrumentflugregeln |
| ILS | Instrument Landing System: bodengestütztes Instrumentenlandesystem |
| JAA | Joint Aviation Administration: europäische Luftaufsichtsbehörde mit Sitz in Hoofddorp, Holland |
| JAR | Joint Aviation Regulation: Anordnung der JAA |
| LBA | Luftfahrt Bundesamt: deutsche Luftaufsichtsbehörde mit Sitz in Braunschweig |
| LOFT | Line Orientated Flight Training: Linienflugtraining im Simulator |

| | |
|---|---|
| MAK | Luftaufsichtsbehörde der GUS-Staaten |
| MEL | Minimum Equipment List: Auflistung von Flugzeugkomponenten oder -Systemen, die Fehlfunktionen aufweisen dürfen |
| NOTAM | Nachrichten für Luftfahrer |
| NTSB | National Transport Safety Board: unabhängige US-amerikanische Unfalluntersuchungsbehörde mit Sitz in Washington DC |
| OEM | Original Equipment Manufacturer: Originalteil-Hersteller |
| PCU | Power Control Unit: ein hydraulisch-mechanisches Steuergerät, das Lenkbefehle auf das Seitenruder überträgt |
| PIMU | Propulsion Interface and Monitor Unit: ein Computersystem in Boeing-Flugzeugen, mit einem eigenen Bildschirm, das in einem Raum unter dem Cockpit eingebaut ist. Auftretende Fehlermeldungen sind hier im Rahmen der vorgeschriebenen täglichen Checks sowie vor jedem Abflug von einem Wartungstechniker abzulesen. |
| QAR | Quick Access Recorder: ein Datenaufzeichnungsgerät (ähnlich dem DFDR, nur können nicht so viele Informationen verarbeitet werden), das die aus Wartungssicht wesentlichen Flugzeugsysteme überwacht und Fehler speichert |
| QDM/QDR | Peilung bzw. Kurse zu einem bodenseitigen Navigationssender oder von diesem weg |
| SDR | Service Difficulty Reports: in der Datenbank der FAA gespeicherte Meldungen von Schwierigkeiten im Flugbetrieb |
| TCAS | Traffic Alert and Collision Avoidance System: Kollisionswarnsystem, das den Piloten vor einem drohenden Zusammenstoß mit einem anderen Flugzeug warnt |
| UFO | Unabhängige Flugbegleiter Organisation mit Sitz in Walldorf bei Frankfurt |
| USALPA | amerikanischer Berufspilotenverband |
| VC | Vereinigung Cockpit: deutscher Berufspilotenverband mit Sitz in Frankfurt a. M. |
| VFR | Visual Flight Rules: Sichtflugregeln |
| VOR | Very High Frequency Omnidirectional Range: ein UKW-Drehfunkfeuer, mit dessen Hilfe der Pilot seinen Kurs sowie in vielen Fällen auch seine aktuelle Entfernung zu diesem Funkfeuer an seiner Cockpitanzeige ablesen kann. Die Navigation mittels VOR ist z. Z. das wichtigste international angewandte Kurz- und Mittelstrecken-Funknavigationsverfahren. |